EX LIBRIS
PREMOREL HIGGONS

DICTIONNAIRE UNIVERSEL

DE,

LA NOBLESSE DE FRANCE.

DE L'IMPRIMERIE DE PLASSAN, RUE DE VAUGIRARD, N° 15,
DERRIÈRE L'ODÉON.

DICTIONNAIRE UNIVERSEL

DE

LA NOBLESSE DE FRANCE.

Cet Ouvrage contient un article analysé sur toutes les Familles nobles du royaume, mentionnnées dans le P. Anselme ; l'Armorial-Général de MM. d'Hozier; le Dictionnaire de la Noblesse, publié, avec privilége du Roi, par M. de la Chesnaye-des-Bois ; le Tableau historique de la Noblesse, par M. de Waroquier; les Généalogies des Mazures de l'Iie-Barbe, par le Laboureur; les Généalogies d'André du Chesne; les Nobiliaires de Chorier, de l'abbé Robert de Briançon, de Pithon-Curt, Meynier, dom Pelletier, Guichenon, Artefeuil, Louvet, le marquis d'Aubais, Blanchard, Palliot, Wlson de la Colombière, et dans les recherches officielles de Bretagne, Champagne, Normandie, Bourgogne, Picardie, Limosin, Guienne, etc., enfin de toutes les provinces de France.

Par M. DE COURCELLES,

Ancien magistrat, chevalier et historiagraphe de plusieurs ordres, éditeur de la continuation de l'*Art de vérifier les Dates*, et auteur de l'*Histoire généalogique et héraldique des Pairs de France*, *des grands-dignitaires de la couronne*, etc., etc., et du *Dictionnaire historique et biographique des généraux français*, depuis le onzième siècle jusqu'en 1822.

TOME CINQUIÈME.

A PARIS,

AU BUREAU GÉNÉRAL DE LA NOBLESSE DE FRANCE,

RUE DE SÈVRES, N° 111, FAUBOURG SAINT-GERMAIN.

1822.

DICTIONNAIRE UNIVERSEL

DE

LA NOBLESSE DE FRANCE.

A

ALBRET, *sirerie*, puis *duché*. La sirerie ou vicomté d'Albret, située dans les landes de Gascogne, et resserrée d'abord dans des limites assez étroites, s'étendit dans la suite, et renfermait, avant la révolution, outre le bourg d'Albret, la ville de Nérac, qui devint le chef-lieu du duché d'Albret; celles de Castel-Jaloux et Montréal, ainsi que d'autres lieux moins considérables. Elle embrassait une étendue de vingt lieues en longueur, et d'à peu près autant en largeur. Oihenhart a avancé, mais sans preuves positives, que les sires d'Albret descendaient des rois de Navarre. Un auteur du 14e siècle les fait sortir au contraire de Garcias-Ximenès, comte de Bigorre, dont il place la mort en 758, et établit la descendance non interrompue des vicomtes d'Albret depuis Garcias-Inigo, fils et successeur de Garcias-Ximenès, dont il place la mort à l'an 802; mais, indépendamment de l'amovibilité des fiefs à cette époque, et jusqu'à la fin du 9e siècle, cette généalogie renferme des contradictions insolubles qui doivent la faire rejeter; aussi tous les historiens dignes de foi se bornent-ils à reconnaître, pour tige certaine des sires ou vicomtes héréditaires d'Albret, Amanieu Ier, qui mourut, l'an 1060, d'une chute de cheval. Henri I, issu au 15e degré d'Amanieu, obtint des lettres-patentes du roi Henri II, du 29 avril 1550, portant érection de la vicomté

d'Albret en duché. Ce prince mourut en 1555, laissant
de Marguerite d'Orléans, sa femme, Jeanne d'Albret,
reine de Navarre, mariée, en 1548, avec Antoine de
Bourbon, duc de Vendôme, et par elle roi de Navarre
et duc d'Albret, père de Henri (IV), appelé à la couronne de France en 1589. Ses domaines y furent réunis de droit lors de son avénement. Le duché d'Albret
en fut détaché par Louis XIV, en 1652, et donné avec
ses dépendances, au duc de Bouillon, en échange des
principautés de Sédan et de Raucourt, mais sous la condition que le duc d'Albret n'aurait rang et séance que
du 20 février 1652. Les ducs de Bouillon ont possédé le
duché d'Albret jusqu'à l'époque de la révolution.

Armes : Les anciens sires d'Albret portaient : *De
gueules plein;* à partir de Charles I, sire d'Albret, connétable de France, ils écartelèrent aux 1 et 4 *de France*, aux 2 et 3 d'Albret. Les seigneurs d'Orval, formés
par Arnaud-Amanieu, 3ᵉ fils de Charles II, sire d'Albret, et d'Anne d'Armagnac, et éteints par mâles, le 10
mai 1524, ajoutaient à l'écartelure d'Albret *une bordure engrêlée d'argent*. La branche des seigneurs de
Verteuil et de Veyres, formée au commencement du
14ᵉ siècle par Bérard, fils d'Amanieu IV, sire d'Albret,
et de Rose du Bourg, et éteinte par mâles, en 1374,
portait *de gueules plein*. Les barons de Miosseus, ayant
pour tige Étienne, bâtard d'Albret, fils naturel de Gilles d'Albret, seigneur de Castelmoron, et éteints le 3 septembre 1676, écartelaient au 1 contre-écartelé *de France* et *d'Albret*; au 2 de sable à 2 lions léopardés d'or,
lampassés et armés de gueules, qui est d'*Aiguillon*; au 3
de *Bourbon*, et au 4 contre-écartelé *de Foix* et *de
Béarn*.

D'ANCHÉ, famille ancienne et distinguée, originaire
du Poitou, qui paraît avoir pris son nom d'une terre
seigneuriale, située sur la rive droite du Clain, à 4
lieues et demie de Poitiers, à 2 au-dessus de Vivonne,
et à 93 de Paris, et qui comprenait 125 feux, ou environ 550 habitants. Elle a fait, en 1739, par-devant M.
Clairambault, généalogiste des ordres du roi, les preuves de son ancienne extraction, remontées à Guillaume
d'Anché, écuyer, seigneur de la Fayole et de Puyboyer,

terre relevante du château de Civray, vivant en 1479, contemporain et peut-être frère de Pierre d'Anché, seigneur de la Brosse, écuyer du roi et commissaire aux revues des compagnies des ordonnances de S. M., dans les années 1489, 1492 et 14,7. Il donna sous ces dates trois quittances scellées du sceau de ses armes, telles que les por'ent encore les membres actuels de cette famille. Les descendants de Guillaume d'Anché ont constamment suivi le parti des armes, et se sont subdivisés en plusieurs branches : 1° les seigneurs du Puy-d'Anché, maintenus dans leur ancienne extraction par jugements des commissaires pour le régalement des tailles en Poitou, des années 1584 et 1598, et par M. Barentin, intendant à Poitiers, en 1667 ; 2° les seigneurs de la Grêlière, maintenus, en 1700, par M. Begon, intendant à la Rochelle ; 3° les seigneurs de la Bourgonnière, des Renardières, de Fief-Richard, existants, et maintenus par l'intendant de Poitou, en 1607 ; 4° les seigneurs du Bessé et de la Borie, en Angoumois, existants en 1747, et maintenus, en 1666, par M. d'Aguesseau, intendant de Limosin et d'Angoulême. Ces diverses branches se sont alliées aux maisons d'Aitz, de Bremetot du Breuil-Hélion, de Céris, des Gittons, du Jau du Treuil, de Lambertye, de Massougnes de Souvigné, de la Maison-Neuve, de Montalembert, de Montberon, de Partenay, de Pons, de Ragot, de Rechignevoisin, Robert de Boisvignier, de la Rochefoucauld, de Turpin, de Thibault, de Volvire, etc.

La branche de Fief-Richard subsiste en la personne de :

Pierre d'Anché de Vivonne, né le 17 février 1758, capitaine d'infanterie en retraite, fait chevalier de l'ordre royal et militaire de Saint-Louis à l'armée de Condé, le 8 février 1798, lequel a un neveu et deux petits neveux.

Armes : D'argent, au lion de sable, lampassé, armé et couronné de gueules.

ANGER DE KERNISAN. *Voyez* pour l'origine de cette maison de chevalerie le tom. IV de cet ouvrage, pag. 256.

Au commencement du 17ᵉ siècle, un Anger, seigneur du Plessis-Anger, eut deux fils : l'aîné, fut seigneur du Plessis-Anger, et sa postérité s'éteignit dans le même siècle; le puîné, Jean-Pasquier Anger, seigneur de la Thébaudaie, chef de la seconde branche, épousa, en 1647, Mathurine Le Commandoux, fille unique de Joseph Le Commandoux, seigneur de Saint-Denis, du Clos-Caro, etc., près Ploërmel, évêché de Saint-Malo. Jean Anger, l'un de ses fils, seigneur de Saint-Denis, né en 1654, mort en 1717, fut père de Jean Anger, seigneur de Saint-Denis, né en 1700, mort en 1766. Ce dernier eut pour fils François Anger, seigneur de Kernisan, officier distingué, chevalier de l'ordre royal et militaire de Saint-Louis, mort en 1785, père de Jean-Louis-Marie-Marc Anger de Kernisan, chef actuel de cette famille.

ANGOULÊME, *comté*, puis *duch'-pairie.* La ville d'Angoulême, capitale de la province d'Angoumois, et où siégeaient les comtes particuliers de cette province, était habitée du temps de César par les *Agesinates.* Sous Honorius, ce pays se trouvait compris dans la seconde Aquitaine, avec laquelle cet empereur la céda aux Visigoths. Clovis, l'an 507, ayant gagné sur ces derniers la bataille de Vouillé, s'empara de l'Angoumois, qui fut depuis gouverné par des comtes bénéficiaires, d'abord soumis à l'autorité des ducs d'Aquitaine, ensuite à celle des rois de France de la seconde race. Turpion, fils d'Adalelme et frère de Bernard et d'Eménon, comtes de Poitiers, fut établi comte d'Angoulême, en 839, par l'empereur Louis le Débonnaire, et fut tué, l'an 863, dans un combat contre les Normands. Eménon, son frère, lui succéda, et devint aussi comte de Périgord. Il mourut, le 22 juin 866, d'une blessure qu'il avait reçue, le 14, dans une bataille qu'il livra à Landri, comte de Saintes, qui lui-même périt dans l'action. Wulgrin lui fut substitué par Charles le Chauve, dont il était parent. Alduin Iᵉʳ, son fils, lui succéda au comté d'Angoulême, en 886. Guillaume Iᵉʳ, surnommé Taillefer, fils d'Alduin, devint comte d'Angoulême, en 916. Comme il ne laissa en mourant, en 962, que des enfants naturels, Arnaud, *dit* Bouration, fils aîné de Bernard, comte de Périgord, et celui-ci petit-fils par Guillaume, son père, de Wulgrin, s'empara du comté d'Angoulême. Il en jouit toute sa vie, malgré les efforts des enfants naturels de Guillaume Taillefer; mais, à la mort de Bouration, Arnaud Manzer ou le Bâtard, fils de Guillaume, vainquit Guillaume Ramnulfe et Richard le Simple, frères de Bouration, et se mit en possession du comté d'Angoulême. Sa postérité subsista jusqu'en 1218, date de la mort d'Aimar Taillefer, comte d'Angoulême, qui, d'Alix de Courtenay, fille de Pierre de France, n'eut qu'une fille, Isabeau d'Angoulême, fiancée à Hugues, sire de Lusignan, comte de la Marche. Mais Jean sans Terre, roi d'Angleterre, l'enleva, en 1220, comme on était sur le point de conclure ce mariage, auquel il avait été invité. Il épousa Isabeau, qui, devenue veuve, en 1216, se remaria avec le même Hugues, sire de Lusignan. Les enfants de son premier lit eurent l'Angleterre en partage. Hugues XI, *dit* le Brun, sire de Lusignan, né du second, succéda aux comtés d'Angoulême et de la Marche. Hugues XIII de Lusignan, petit-fils de Hugues XI, engagea le comté d'Angoulême au roi Philippe le Bel, en 1301, et mourut au mois de novembre 1303, sans laisser d'enfants. L'an 1283, il avait fait un testament, dans lequel il instituait son héritier Gui ou Guiart, son frère; mais, ce dernier lui ayant fait depuis la guerre, Hugues cassa son testament, et en fit un nouveau, en 1297, en faveur de Geoffroi, son cousin. Cependant, à la mort de Hugues XIII, Gui prit le titre de comte de la Marche et d'Angoulême, après avoir brûlé le dernier testament de son frère; mais le roi Philippe le Bel, informé de cette supercherie, qui le privait de plusieurs avantages que lui avait faits Hugues XIII, et d'ailleurs indisposé contre Gui, qui avait pris le parti des Anglais, et leur avait livré Cognac et Merpin, le fit condamner à une amende si considérable, qu'il obligea ce comte à renoncer à la succession. Philippe le Bel transigea ensuite, en 1303, avec Marie de la Marche, comtesse de Sancerre, et Isabelle, femme d'Hélie-Rudel, sire de Pons, sœurs de Hugues XIII, pour les prétentions qu'elles avaient aux comtés de la Marche et d'Angoulême, et réunit ainsi ces deux grands fiefs à la couronne. Philippe le Long donna le comté d'Angoulême à Jeanne de France et à Philippe d'Evreux, son mari, et l'érigea en *comté pairie* en leur faveur; mais Charles, leur fils, en

fut privé pour félonie, en 1351. Le roi Jean en investit Charles d'Espagne, *dit* de la Cerda, connétable de
France, qui fut assassiné en 1354. Ce comté fut cédé
en toute souveraineté à l'Angleterre par le traité de
Bretigny, en 1360; mais, en 1372, les habitants
d'Angoulême, ayant chassé les Anglais de leur ville, se
donnèrent au roi Charles V. Louis, second fils de ce
prince, d'abord comte de Valois, créé duc d'Orléans,
en 1392, joignit ensuite à cet apanage les comtés d'Angoulême, de Périgord et de Dreux. Il eut pour successeur, en 1407, Jean d'Orléans, son troisième fils, père
de Charles d'Orléans, comte d'Angoulême, en 1459,
marié, en 1487, avec Louise de Savoie. Leur fils, François Ier, étant monté sur le trône, en 1515, érigea, l'année suivante, en faveur de sa mère, par lettres du mois
de février, le comté d'Angoulême en *duché*. Il fut réuni à la couronne à la mort de cette princesse, en 1531,
et donné, l'an 1582, par Henri III, à Diane, fille naturelle et légitimée de Henri II, morte en 1619. Charles de Valois, fils naturel du roi Charles IX, obtint, au
mois de janvier de la même année, le duché d'Angoulême, en titre de duché simple ou non pairie. Louis-
Emmanuel de Valois, son fils, lui succéda, en 1650,
et mourut en 1653. Marie-Françoise, fille et héritière
de Louis-Emmanuel, mariée, dès 1649, à Louis de
Lorraine, duc de Joyeuse, obtint avec son mari la sur-
vivance du duché d'Angoulême et du comté de Ponthieu leur vie durant. Il mourut en 1654, et elle en
1696. Le duché d'Angoulême fut ainsi réuni à la couronne.

Armes : Les anciens comtes d'Angoulême portèrent
jusqu'en 1218 *losangé d'or et de gueules.*

D'ARMAGNAC DE CASTANET, barons de Tauriac,
seigneurs de Castanet et de Cambairac, en Rouergue,
branche puînée de l'illustre maison des comtes d'Armagnac et de Rodez. La confusion qui règne dans toutes
les lignes de cette grande maison, la plupart inconnues à
l'Historien des Grands-Officiers de la Couronne, semble
avoir jeté sur l'origine de chacune d'elles un voile d'autant
plus impénétrable, que notre funeste révolution a
anéanti dans les terriers et les chartriers du Languedoc

et de la Guienne les seules sources où l'on eût pu puiser
avec succès les moyens de résoudre les difficultés qui
naissent sur l'ordre de progéniture de ces diverses branches. Les seigneurs de Castanet et de Cambairac ne
peuvent donc plus espérer de retrouver le chaînon qui
les rattache à l'illustre race dont ils sont sortis. Ils partagent cette vicissitude avec plus de six autres rameaux,
tous issus de la même tige, mais à des époques différentes, et jusqu'à présent inconnues. On trouve des traces
fréquentes de toutes ces branches isolées de la maison
d'Armagnac dans l'Histoire générale de Languedoc.
Celle des seigneurs de Castanet a toujours porté les armes d'Armagnac en plein. Elle a pour premier auteur
connu Pierre d'*Armagnac*, Ier du nom, chevalier, seigneur de Castanet et de la Bastide de Nantel, qui é-
pousa Réale *de Faudoas* (1), fille aînée de Béraud de
Faudoas, IIe du nom, chevalier, seigneur d'Avensac,
co-seigneur de Plieux et de l'Ile-Bozon, et de Luce de
Castanet, sa première femme. Cette dernière était fille
de Géraud, seigneur de Castanet, en Rouergue, et
sœur d'Anselme, *dit* Anselin de Castanet. Réale de
Faudoas, héritière de Guyon de Castanet, son cousin
germain, fils d'Anselme, eut de lui la terre de Castanet, qu'elle porta à noble et puissant seigneur Pierre
d'Armagnac, son mari (2). Ce dernier soutint le parti
de Géraud d'Armagnac, comte de Pardiac, dans la guerre que ce comte fit, en 1293, à Menaud, sire de Bar-
basan, chevalier qui refusait de lui rendre hommage (3).
La postérité de Pierre d'Armagnac a formé deux branches, l'une dite des seigneurs de Castanet et barons de
Tauriac, éteinte vers la fin du 17e siècle; la seconde,
dite des seigneurs de Cambairac, existante. Ces branches se sont alliées aux maisons d'Adhémar, d'Ardène

---

(1) Il est à observer que, vers le même temps où Pierre d'Armagnac épousait Réale de Faudoas, fille aînée de Béraud, Jean,
comte d'Armagnac, se rendait arbitre d'un accord passé par le
même Béraud et Jean de Faudoas, frères, avec Bertrand de Faudoas. (*Trésor généalogique, par D. Caffiaux, tom. I, pag.* 255.)

(2) Histoire généalogique de la maison de Faudoas, in-4°,
pag. 138.

(3) Histoire générale de Languedoc, par D. Vaissète, tom. III,
pag. 406.

de Tizac, de Baragnes de Gardouch, de Barrière, de Bérail, de Mazerolles, d'Espagne de Ramefort, de la Farelle, de Fénélon, de Foulaquier, de Jean de Saint-. Projet, de Marquès, de Marsa de Lartigue, de Morlhon-Valette, de Pelet-la-Vérune, de Valaquier, de Vernhes; etc., etc. La seconde, aînée actuelle, est représentée, au XIIᵉ degré, par cinq frères :

1°. François-Hilaire d'Armagnac de Castanet, chevalier, seigneur de Cambairac, né le 11 avril 1757, capitaine de cavalerie, chevalier de l'ordre royal et militaire de Saint-Louis, ci-devant brigadier des mousquetaires gris. Il a émigré et fait les campagnes de l'armée de Condé. Il a épousé Marie-Pétronille-Honorine *de Toulouse-Lautrec*, fille de Charles-Joseph-Constantin, comte de Toulouse-Lautrec, et de Jeanne-Marie-Françoise d'Aroux de la Serre. De ce mariage sont issus :

     a. François-Hilaire-Casimir d'Armagnac de Castanet, né en 1806;

     b. Raymond d'Armagnac de Castanet, né en 1814;

     c. Anne-Françoise-Clémentine d'Armagnac de Castanet, née en 1803.

2°. Pierre-Casimir d'Armagnac de Castanet, né le 8 septembre 1758, ancien page du roi, capitaine au régiment de Vivarais, infanterie, chevalier de Saint-Louis, qui a servi à l'armée de Condé;

3°. Claude d'Armagnac de Castanet, prêtre, ancien chanoine et vicaire-général;

4°. Louis-Victor d'Armagnac de Castanet, ancien officier au régiment de Vivarais, chevalier de Saint-Louis. Il a fait les campagnes de l'émigration à l'armée de Condé;

5°. César-Auguste d'Armagnac de Castanet, ancien élève du roi à l'Ecole-Militaire.

Armes : Écartelé, aux 1 et 4 d'argent, au lion de gueules, qui est *d'Armagnac;* aux 2 et 3 de gueules, au léopard-lionné d'or, qui est *de Rodez.* Couronne de marquis.

On peut consulter pour la généalogie de cette maison, le tome I de l'*Histoire généalogique des pairs de France, des Grands-Dignitaires de la Couronne, des principales familles nobles du royaume, et des maisons princières de l'Europe*, publié au mois de janvier 1822.

D'AUBIER DE LA MONTEILHE, de Rioux, de Condat, de Sauzet : famille ancienne d'Auvergne, où elle réside encore de nos jours. La filiation qui va suivre est prouvée par les jugements et arrêts qui ont maintenu cette famille dans sa noblesse de race ; par les preuves faites pour le service militaire par-devant M. Chérin, généalogiste des Ordres du roi, le 17 mars 1782 ; preuves reproduites et développées par M. Pavillet, ancien premier commis au cabinet des mêmes Ordres, et par Jean Berger, historiographe de la province et noblesse d'Auvergne, archiviste du duché d'Auvergne et de Mgr. le comte d'Artois, le 2 mai 1790.

I. Pierre, *aliàs* Perrot d'AUBIER, écuyer, servit en qualité d'homme d'armes dans les guerres de son temps, en la compagnie d'André de Chauvigny, qui fit montre à Bourges, en 1356. Il fut père de Jean Ier, qui suit.

II. Jean d'AUBIER, Ier du nom, vicomte du Pont-de-l'Arche, en 1379, eut pour fils Jean II, qui suit.

III. Jean d'AUBIER, IIe du nom, chevalier, seigneur d'Aubière, près de Clermont-Ferrand, fut écuyer de Jean de France, duc de Berry et comte d'Auvergne. Il vivait en 1401 et 1412, et eut pour fils :

1°. Louis I, qui suit ;
2°. Guillemet, *aliàs* Guillaume d'Aubier, chevalier.

IV. Louis d'AUBIER, Ier du nom, chevalier, seigneur d'Aubière, servait en qualité d'homme d'armes, en 1425 et 1429. Il eut deux fils :

1°. Louis d'Aubier, seigneur d'Aubière, qui servait en qualité d'homme d'armes, en 1447. Il ne laissa qu'un fils, qui porta la terre d'Aubière dans une maison étrangère ;
2°. Jean III, qui continue la descendance.

I. .2

V. Jean d'Aubier, IIIe du nom, écuyer, seigneur du Cendre, homme d'armes des ordonnances du roi, en 1447, 1449 et 1450 (1), épousa Antoinette *de Laizer*, · fille de Raynard de Laizer, damoiseau, et de Marguerite de Veyssière, dame de la montagne de Veysseras, aux successions desquels elle renonça, le 23 août 1471, au profit de Jacques de Laizer, damoiseau, seigneur de Sioujeat, son neveu, se qualifiant dans cet acte veuve de Jean d'Aubier, écuyer (2). Leurs enfants furent :

> 1°. Annet, dont l'article suit ;
> 2°. Guillaume d'Aubier, l'un des 50 hommes de guerre chargés de la garde du château du Fa, en 1474.

VI. Annet d'Aubier, écuyer, servit dans les guerres de son temps, ainsi que ses ancêtres, en qualité d'homme d'armes, et vivait en 1468. Il eut pour fils :

> 1°. Jean IV, qui suit ;
> 2°. Bernard d'Aubier, homme d'armes de la compagnie du comte de Castres, en 1485.

VII. Jean d'Aubier, IVe du nom, écuyer, vivant en 1474, était homme d'armes de la compagnie du Belloy, en 1482. Il eut pour fils :

VIII. Charles d'Aubier, guidon d'une compagnie de 50 lances des ordonnances du roi, en 1545, enseigne de 40 hommes de guerre, en 1548, mort en 1551. Il fut père d'Emmanuel, qui suit.

IX. Emmanuel d'Aubier, Ier du nom, connu sous le nom de *capitaine d'Aubier*, fut condamné à mort par contumace en 1569, par le parlement de Bordeaux, qui s'était mis en état de rébellion contre le roi Charles IX. Le capitaine d'Aubier fut aussi un des premiers à s'attacher au roi Henri IV. Il fut père d'Antoine, qui suit.

---

(1) Mémoires pour servir à l'Histoire de Bretagne, par D. Morice, tom. III, colonne 1515.

(2) Armorial général de France, par M. d'Hozier, registre I, partie 1re, pag. 324; Dictionnaire in-4° de la noblesse, par M. de la Chesnaye des Bois, tom. VIII, pag. 378.

X. Antoine d'Aubier, Ier du nom, chevalier, seigneur
de la Monteilhe, de Rioux, de Condat, de Ser-
ment, etc., fit diverses acquisitions, le 15 juin 1615, et
fit, le 6 août 1621, son testament, par lequel il veut
être inhumé dans la chapelle de sa famille, fondée dans
l'église de la Queuille. Il avait épousé, en 1589, Françoise *de la Salle de Puy-Germaud*, dont il eut :

1°. Antoine d'Aubier, écuyer, mort sans postérité ;

2°. Joseph, dont l'article suit ;

3°. Jean d'Aubier, écuyer, seigneur de Serment,
tué à l'armée d'Italie, sans postérité ;

4°. Antoinette d'Aubier, vivante en 1621 ;

5°. Gabrielle d'Aubier, mariée, par contrat du 1er
juin 1631, avec René *de la Tour d'Auvergne*,
seigneur de la Roche, de Donzenac, de Saint-
Exupéry, etc., fils de Jean de la Tour d'Auvergne, seigneur d'Alagnac, de Chevenon, etc., et
de Marguerite de Murat (1).

XI. Joseph d'Aubier, chevalier, seigneur de Rioux,
de la Monteilhe, de Condat, de Serment, etc., légataire de son père, le 6 août 1621, épousa Anne *Tixier de
Lavault*, proche parente de François Tixier de Lavault,
conseiller du roi Louis XIII et de la reine Marie de Médicis, et maître des eaux et forêts de la Basse-Marche.
Elle est qualifiée veuve de Joseph d'Aubier, écuyer, et
ayant la garde noble de leurs enfants, dans un acte du
17 juillet 1654, qui énonce que les titres de feu son
mari ont été la proie des flammes dans le pillage et l'in-

_____

(1) Jean de la Tour d'Auvergne était fils d'Antoine-Raymond
de la Tour, fils aîné d'Agne IV de la Tour d'Auvergne, seigneur
d'Oliergues, et d'Anne, comtesse de Beaufort, vicomtesse de Turenne. Antoine de la Tour d'Auvergne, frère aîné d'Antoine-Raymond, a formé la branche des ducs de Bouillon, d'Albret et de
Château-Thierry, qui s'est éteinte, en 1804 ou 1805, par la mort du
dernier duc de Bouillon, dernier rejeton de l'illustre et puissante
maison de la Tour d'Auvergne, alliée à presque toutes les maisons
princières et couronnées de l'Europe. La branche des barons de
Planchat et de Saint-Exupéry s'est éteinte dans les petits-enfants de
Gabrielle d'Aubier et de René de la Tour d'Auvergne. (Voyez
l'*Histoire des Grands-Officiers de la Couronne, par le Père Anselme*, tom. *IV*, *pag.* 549.)

cendié de la maison de Rioux, par des gens de guerre.
De leur mariage sont issus :

1°. Louis II, dont l'article suit;

2°. Jean d'Aubier, capitaine au régiment royal,
tué au siége de Salins, en 1673, sans postérité;

3°. Antoine d'Aubier, seigneur de Rioux, écuyer
du roi, inspecteur-général des haras d'Auvergne, mort sans enfants du mariage qu'il avait
contracté avec Marie *de Champflour;*

4°. Anne d'Aubier, mariée, en 1669, à Guillaume
de Sageot de Murol, trésorier des troupes du
roi et des fortifications d'Alsace et d'Allemagne,
fils de Louis de Sageot de Murol, gentilhomme
de Gaston, duc d'Orléans, frère du roi Louis XIII;
2° à Charles-Louis *de Bouillé du Chariol,* seigneur de Reillac, fils d'Amable de Bouillé, chevalier, seigneur du Chariol et de Montluisant,
et de Gilberte de la Richardie.

XII. Louis d'Aubier, IIᵉ du nom, chevalier, seigneur de Rioux, de la Monteilhe et de Condat, capitaine au régiment Royal, infanterie, épousa, en 1679,
Jeanne *Goyt,* fille de Pierre Goyt, écuyer, payeur des
gages des officiers de la cour des aides de Clermont-
Ferrand. De ce mariage sont issus :

1°. Antoine II, qui suit;

2°. Emmanuel, qui forme la seconde branche rapportée ci-après;

3°. Marie d'Aubier, mariée avec Antoine-Andro-
dias *Auger du Chastel,* auquel elle porta la terre de Murol, dont il prit le nom.

Branche aînée.

XIII. Antoine d'Aubier, chevalier, seigneur de Condat, Revialle et Daire, capitaine d'infanterie, épousa,
en 1712, Marguerite *de Saint-Giron de Tavernolles,*
demoiselle d'une ancienne famille d'Auvergne. D'eux
naquit :

XIV. Emmanuel-Joseph d'Aubier, seigneur de Con-

dat, qui épousa Marguerite *de Rigaud-Monteynard.*
D'eux sont nés :

1°. Emmanuel d'Aubier, né le 18 août 1757;
2°. Marie d'Aubier;
3°. Marie-Ursule d'Aubier.

XV. Emmanuel d'Aubier de Condat, II° du nom,
seigneur de Daire, d'abord officier au régiment de Jar-
nac, dragons, émigré en 1791, devenu aide-de-camp
général du duc de Deux-Ponts, ensuite chef d'escadron
au service d'Autriche, chevalier de Saint-Louis, marié,
en 1802, à Marie-Agnès *d'Apchier*, dont sont issus :

1°. Joseph-Marie d'Aubier, né le 20 mai 1803;
2°. Jean-Emmanuel d'Aubier, né le 25 juin 1805.

Branche puînée, prise au 12° degré.

XIII. Emmanuel d'Aubier, II° du nom, chevalier,
seigneur de la Monteilhe, second fils de Louis et de
Jeanne Goyt, épousa, le 23 juin 1715, Anne *Vallenet*,
d'une famille qui a fourni des chevaliers vénitiens; il
mourut le 15 mai 1759, laissant cinq enfants :

1°. Antoine d'Aubier, né en 1716, qui fut doyen
du chapitre royal de Verneuil, en Bourbonnais;
2°. Antoine d'Aubier, né en 1717, dont l'article
suit ;
3°. Gabriel d'Aubier, né en 1719, abbé de l'abbaye royale de Bonne-Aiguë, en Limosin;
4°. Emmanuel-Antoine d'Aubier, né en 1723, qui,
après avoir servi long-temps et avec distinction
dans le régiment de la Reine, cavalerie, fut lieutenant-colonel au régiment de Royal-Norman-
die, cavalerie, et chevalier de Saint-Louis;
5°. Anne d'Aubier, mariée, en 1759, à Philippe-
Joseph comte *du Crozet de Liganez.*

XIV. Antoine d'Aubier, chevalier, seigneur de Rioux
et de la Monteilhe, né le 25 juillet 1717, conseiller du
roi au conseil supérieur de Clermont-Ferrand, en 1771,
mort en réclusion le. . . . . 1794, avait épousé
Jeanne *de Champflour*, d'une famille qui a donné à

l'église, dans le 18ᵉ siècle, deux évêques vénérés pour
leurs vertus. De ce mariage sont nés :

1°. Emmanuel d'Aubier, qui suit ;
2°. Jean-Baptiste d'Aubier, né le 2 janvier 1751,
qui fut chanoine de la cathédrale de Clermont,
prieur de Saint-Etienne, procureur-syndic de la
noblesse et du clergé, en 1788, et fusillé, en
1794, à Lyon, par ordre du comité révolutionnaire ;

3°. Marie d'Aubier, née en 1753, mariée, le 10 février 1777, à Benoit *Fabre de Saint-Mande.*

XV. Emmanuel d'Aubier, IIIᵉ du nom d'Emmanuel,
chevalier, seigneur de Rioux, de la Monteilhe et de
Sauzet, né le 20 septembre 1749, gentilhomme ordinaire du roi Louis XVI (1), a été nommé, le 13 mars
1793, chambellan du roi de Prusse. La lettre de ce monarque, à M. d'Aubier, porte que c'est en témoignage
de son estime pour le dévouement à Louis XVI, dont
il a donné de si grandes preuves.

Il a rejoint Son Altesse Royale Monsieur, frère de
Louis XVIII, en 1814.

Le 1ᵉʳ mai 1814, à l'arrivée de Louis XVIII à Compiègne, il est rentré dans ses fonctions de gentilhomme
ordinaire de la chambre du roi, qui lui furent confir-
mées par brevet du 1ᵉʳ octobre. Il a été nommé par le roi
de Prusse chevalier de l'ordre de l'Aigle rouge, deuxiè-

---

(1) Il en a exercé les fonctions auprès de Louis XVI jusqu'au
dernier instant, l'ayant suivi à l'assemblée législative, le 10 août
1792, et ayant veillé à son chevet la première nuit de sa captivité aux
Feuillants. Il demeura auprès de son bon maître jusqu'à ce qu'il en
fût arraché par ordre de l'assemblée, la nuit du 11 au 12 août ; chargé, par ce prince et sa famille, d'informer ses frères et le roi de
Prusse des événements du 10 août et de leurs conséquences, il
les joignit près de Luxembourg, le 22 août, et fit la campagne a-
vec eux.
Le 12 décembre suivant, il se rendit aux avant-postes pour faire remettre aux généraux français sa réquisition de le recevoir prisonnier
et de le transférer à la barre pour y défendre Louis XVI ; il en a le
reçu portant refus ; il fit pareille réquisition au ministre de France
à la Haye, et fit parvenir à M de Malesherbes sa prière de lui
procurer les moyens d'arriver pour être entendu sur faits justifica-
tifs de son maître. M. de Malesherbes lui répondit, par lettre du

me classe, dite des commandeurs, et chevalier de la Légion-d'Honneur, le 6 juin 1818, pour prendre rang du 27 décembre 1814.

Le 20 mars 1815, il se rendit en Auvergne, pour y diriger un projet de mouvement qui établît communication des fidèles qui voudraient s'armer dans le centre du royaume avec l'armée du duc d'Angoulême et les fidèles de Bordeaux, à la tête desquels était S. A. R. MADAME, duchesse d'Angoulême; mais cela fut éventé, avant que le mouvement éclatât. Il fut mis sous surveillance et envoyé à Lyon, et fut nommé chevalier de Saint-Louis, le 17 juillet 1816; colonel, le 2 octobre de la même année; et officier de l'ordre royal de la Légion-d'Honneur, le 12 juillet 1820.

Il a épousé, le 4 novembre 1768, Jeanne *Margeride-Crevecœur*. De ce mariage sont issus :

1°. Antoine d'Aubier, qui suit;
2°. Jérôme-Emmanuel d'Aubier de la Monteilhe, dont l'article viendra;
3°. Jean-Baptiste d'Aubier de Rioux, dont l'article viendra aussi ensuite.

XVI. Antoine d'AUBIER DE LA MONTEILHE, chevalier, seigneur de Sauzet, né le 12 décembre 1769, fut d'abord officier au régiment d'infanterie de Viennois, ensuite lieutenant au corps royal d'artillerie, puis lieutenant dans la garde royale, créée en 1791, et qui fut licenciée en 1792; émigra en août; joignit les princes; fit

___

12 janvier 1793, que ce prince le conjurait de ne point se compromettre, parce que cela serait inutile, le qualifiant une des personnes dont il était le plus aimé, et qu'il estimait le plus. Cette lettre étant tombée entre les mains du roi de Prusse, par effet des circonstances de guerre, ce monarque lui envoya la clef de chambellan, en lui écrivant une lettre qui fait autant d'honneur à ce prince, par les sentiments qu'il y exprime pour Louis XVI, qu'elle en fait à Emmanuel d'Aubier, par l'estime qu'il lui témoigne.

Emmanuel d'Aubier a signalé son dévouement à Louis XVI par beaucoup d'autres traits; quelques-uns ont été cités par du Rosoy; d'autres dans divers ouvrages, entre autres dans celui de Pelletier, dans les Essais historiques de Beaulieu, et dans les Mémoires de Bertrand de Molleville; il est souvent fait mention de lui dans l'excellent ouvrage de M. Hue, sur les dernières années du règne de Louis XVI.

la campagne dans les compagnies de cavalerie des gentilshommes d'Auvergne; passa, en mars 1793, au service du roi de Prusse; fut aide-de-camp du maréchal
de Kalkreuth; décoré de l'ordre du Mérite militaire;
fait chef d'escadron et ensuite major.

Il a épousé, en 1805, Henriette *de Hausen*, fille du
baron de Hausen, lieutenant-général des armées du roi
de Prusse, grand'croix de l'ordre prussien de l'Aigle
Noir, et chevalier de l'ordre de St.-Jean-de-Jérusalem.

Ils n'ont qu'un fils nommé Gustave de Hausen Aubier, conformément aux lettres-patentes du roi de Prusse, portant réunion des deux noms; il est né en janvier
1809.

Jérôme-Emmanuel d'AUBIER DE LA MONTEILHE, seigneur de Sauzet, frère d'Antoine d'Aubier, né le 23
décembre 1770, débuta par être officier au régiment de
Viennois; passa au régiment du maréchal de Turenne;
de là au service du roi d'Espagne, en qualité de lieutenant au régiment de Naples; rentra en France, en 1801;
y épousa, au mois de juin, Marie-Claudine *de Champflour,* et mourut en 1805. Il a laissé deux filles vivantes.

Jean-Baptiste-Antoine d'AUBIER DE RIOUX, frère des
deux précédents, fut d'abord officier d'infanterie en
France, puis émigra; fit deux campagnes dans l'armée
de Condé, et fut ensuite lieutenant d'infanterie au service du roi de Prusse; y épousa la fille de S. Exc. le
grand-écuyer Mardefeld; fut fait prisonnier à Magdebourg; et, devenu veuf, rentra au service de France. Il y
est devenu, en 1814, major au régiment de la Martinique, chevalier de Saint-Louis et de la Légion-d'Honneur; en mai 1815, fut chargé, par M. le comte de Vau-
giraud, gouverneur-général des Antilles, de venir rendre compte au roi de l'état des choses; en 1816, fut nommé lieutenant-colonel de la légion départementale de
la Haute-Vienne, et, en 1817, lieutenant de roi à St.-
Jean-Pied-de-Port.

Il a épousé en secondes noces Petra *de Flor*, fille d'un
gentilhomme espagnol, nièce de l'évêque du Mexique,
native de Burgos, d'une famille très-fidèle aux Bourbons. De ce mariage sont issus:

    1°. Prosper-Antoine d'Aubier, né en 1811, en Es-
       pagne, décédé;

2°. Emmanuel d'Aubier, né à Limoges, en 1815;

3°. Susanne d'Aubier, née à Paris, en 1814.

Tel est l'état actuel de cette famille.

Armes: D'or, au chevron de gueules, accompagné en chef de deux molettes d'éperon d'azur, et en pointe d'un croissant du même; la devise: *unguibus et rostro fidelis*, surmontée d'une bannière, qui remonte à l'époque des croisades.

Sur les tombeaux de cette famille et sur les vitraux des chapelles où ils étaient, l'écusson était surmonté d'une bannière blanche, traversée d'une grande croix rouge; la tradition et un manuscrit, jadis conservé à la bibliothèque de la cathédrale de Clermont, disent que, lorsqu'en 1095 la croisade fut résolue à Clermont, *cet insigne en cimier sur leurs armoiries* fut accordé à ceux qu'on chargea de porter les bannières; et leurs descendants continuèrent d'en jouir. La famille d'Aubier a été maintenue dans son ancienne noblesse par arrêt du parlement de Paris, du 26 février 1780, confirmé par un arrêt du conseil-d'état du roi, du 15 septembre suivant, établissant ses preuves filiatives depuis Antoine-d'Aubier, seigneur de Rioux et de la Monteilhe, marié, en 1589, avec Françoise de La Salle de Puy-Germaud. Ces mêmes preuves ont été enregistrées aux archives royales de Prusse, pour l'admission d'Antoine d'Aubier de la Monteilhe aux états, après vérification de leur authenticité, faite à Paris par trois commissaires, membres des états, devant le ministre de Prusse, en présence de M. Pavillet, principal commis de M. Chérin, actuellement professeur de l'école des chartes, qui a affirmé la vérité des actes et signatures; preuves qui remontent à l'année 1356, et qui furent registrées en la chancellerie royale de Prusse, le 23 juillet 1803, suivant un diplôme signé *Frédéric-Guillaume.*

D'AUVERGNE, famille ancienne, originaire de l'Ile-de-France, qui s'est transplantée en Berry vers la fin du 16ᵉ siècle Elle a donné plusieurs officiers dans des grades supérieurs, et a contracté de bonnes alliances. Elle remonte par filiation à:

V.   3

I. Jean d'Auvergne, Ier du nom, écuyer, sieur d'Anguiller, qui fut père de :

II. Jean d'Auvergne, IIe du nom, seigneur de Gagny, lieutenant pour le roi au bailliage de Senlis, et en la ville et châtellerie de Pontoise, lequel épousa, le 21 février 1520, Marie *de Sailly*, de laquelle il laissa entr'autres enfants, Jean III, qui suit.

III. Jean d'Auvergne, IIIe du nom, sieur des Grands Buissons, écuyer tranchant de M. le duc d'Alençon, frère du roi, épousa Anne *Baudry*, et en eut :

IV. Robert d'Auvergne, sieur de la Grossivière, qui, par arrêt de la cour des aides, du 23 août 1601, fut déclaré issu de noble lignée. Il avait épousé, par contrat du 18 mai 1597, Anne *de Bonnafault,* qui le rendit père d'Antoine, qui suit :

V. Antoine d'Auvergne, sieur de la Grossivière, chevau-léger de la garde du roi, épousa, 1°, le 23 mai 1633, Claude *des Boisvilliers;* 2°, le 13 octobre 1659, Claude *Malineau.* Ses enfants furent ;

Du premier lit :

1°. Hippolyte I, qui suit;
2°. Charles d'Auvergne;⎫ tués au service, étant ca-
3°. Florimond d'Auver-⎬ pitaines au régiment
gne;   ⎭ de la Vieille-Marine.

Du second lit :

4°. Ursule d'Auvergne,⎫ reçues à Saint-Cyr, au
né en 1661;   ⎪ mois de mars 1686, sur
5°. Agnès d'Auvergne,⎪ preuves établies depuis
née en 1663;   ⎬ Jean d'Auvergne, sei-
6°. Madelaine d'Auver-⎪ gneur de Gagny, et
gne, née en 1664;   ⎪ Marie de Sailly, son é-
7°. Marie-Thérèse d'Au-⎭ pouse, leurs trisaïeux.
vergne, née en 1670.

VI. Hippolyte d'Auvergne, Ier du nom, écuyer,

seigneur de la Grossivière, épousa Élisabeth *de Launay*, dont il eut douze garçons et une fille. Plusieurs servirent dans la guerre de la succession d'Espagne, et deux furent tués à la bataille de Malplaquet, en 1709. De ces douze garçons, il y en eut trois mariés, savoir :

1°. Antoine d'Auvergne, l'aîné, écuyer, seigneur de la Grossivière, qui n'eut qu'un fils, mort sans postérité ;

2°. Hippolyte II, qui suit ;

3°. Jacques d'Auvergne, auteur d'une seconde branche rapportée ci-après.

VII. Hippolyte d'Auvergne, II° du nom, écuyer, seigneur de Meusne, a eu pour fils :

1°. Hippolyte III, qui suit ;

2°. N.... d'Auvergne, capitaine au régiment de Limosin, décédé chevalier de Saint-Louis ;

3°. N.... d'Auvergne, capitaine aide-major au bataillon de Châteauroux, qui n'a eu que des filles.

VIII. Hippolyte d'Auvergne, III° du nom, écuyer, seigneur de Meusne, eut pour fils :

1°. Hippolyte d'Auvergne, IV° du nom, écuyer, seigneur de Meusne, capitaine au régiment provincial de Châteauroux, chevalier de Saint-Louis, marié, en 1770, avec Marie *du Plessis*, dont il y a postérité existante ;

2°. Florimond, dont l'article suit.

IX. Florimond d'Auvergne, écuyer, seigneur des Cognées, officier au régiment de Bourbon, cavalerie, épousa : 1°, le 9 octobre 1764, Françoise-Antoinette *Huguet de Sémonville*, fille de M. Huguet de Sémonville, chevalier de Saint-Louis, major de la ville de Calais ; 2° Anne-Madelaine *de Baillon*, fille de Georges de Baillon, seigneur de la Plotonnière et de Buchepot. Il a eu pour enfants ;

Du premier lit :

1°. Jean-Baptiste d'Auvergne, ancien capitaine au régiment de Champagne, chevalier de l'ordre royal et militaire de Saint-Louis, marié, mais sans enfants mâles;

2°. Hippolyte d'Auvergne, vivant, célibataire;

Du second lit :

3°. Pierre-Florimond, qui suit;
4°. Jean-Baptiste-Narcisse d'Auvergne, vivant, non marié.

X. Pierre-Florimond d'Auvergne, ingénieur-vérificateur du cadastre du département de l'Indre, a épousé, le 15 novembre 1808, Henriette *Beaubois*, et a trois fils existants :

1°. Louis-Henri d'Auvergne ;
2°. Alcide d'Auvergne ;
3°. Armand d'Auvergne.

SECONDE BRANCHE.

VII. Jacques d'Auvergne, écuyer, sieur de Champdaloitte, fils puîné d'Hippolyte 1er, seigneur de la Grossivière, et d'Élisabeth de Launay, épousa, en 1728, Marie *de Turmeau*, de laquelle il laissa :

1°. Jacques-Amable, dont l'article suit ;
2°. Hippolyte, chevalier d'*Auvergne*, qui servit aux grandes Indes, fut ensuite capitaine d'une compagnie d'élèves à l'école militaire, et chevalier de l'ordre royal et militaire de Saint-Louis ;
3°. Jean d'Auvergne, qui, en 1784, était premier capitaine de grenadiers au régiment du Port-au-Prince, et vivait sans alliance ;
4°. Quatre filles, non mariées en 1784.

VIII. Jacques-Amable d'Auvergne, chevalier de l'ordre royal et militaire de Saint-Louis, lieutenant-colonel de cavalerie, commandant de l'équitation de l'école royale militaire, épousa, le 17 mai 1764, Isidore-Vincente *de Bongars*, fille de Guillaume de Bongars, écuyer, capitaine au régiment de Bruxelles, infanterie, et de Marie Martinez, et nièce de Jacques de Bongars, commandeur de l'ordre de Saint-Lazare, brigadier des armées du roi, et son lieutenant à l'école royale militaire. De ce mariage sont issus :

1°. Guillaume-Amable d'Auvergne, né le 27 novembre 1764, nommé par le roi élève de l'école militaire, au mois d'août 1774;

2°. Jacques d'Auvergne, né le 9 avril 1775;

3°. Hippolyte d'Auvergne, né le 17 mars 1776;

4°. Thomas-Alexandre d'Auvergne, né le 7 mars 1778;

5°. Marguerite-Vincente d'Auvergne, née le 28 novembre 1767;

6°. Isabelle-Apolline d'Auvergne, née le 9 avril 1769;

7°. Madelaine d'Auvergne, née le 6 avril 1770; nommée par le roi à une place de Saint-Cyr, le 18 juin 1778;

8°. Thérèse d'Auvergne, née le 15 avril 1774.

Armes : D'argent, à la fasce de gueules, chargée de trois coquilles du champ, et accompagnée de six merlettes rangées de sable.

On peut consulter sur cette famille l'Histoire de Berry, par la Thaumassière, pag. 1133; le Dictionnaire in-4° de la noblesse, tom. XIII, pag. 156, et l'Armorial gravé de Chevillard, Nobiliaire de Normandie.

AUXONNOIS, *comté.* Ce petit pays, dont Auxonne est la capitale, était habité du temps de César par une partie des *Sequani.* Sous Honorius, il faisait partie de la cinquième lyonnaise. Ce pays passa successivement de la domination des Romains sous celle des premiers rois de Bourgogne, des Français, des rois du second royaume de Bourgogne, et enfin des comtes de Bourgogne, vers l'an 1002. Étienne, second fils de Guillaume I, *dit* le Grand, comte de Bourgogne, de Vienne et de Mâcon, eut en partage les comtés d'Auxonne et de Vienne. Sa postérité masculine posséda le premier jusque vers le milieu du 13e siècle. Hugues de Châlons, issu, au 6e degré, d'Étienne Ier, étant devenu comte de Bourgogne par son mariage contracté, au mois de février 1230, avec Alix de Méranie, céda le comté d'Auxonne à Hugues IV, duc de Bourgogne, et depuis ce temps l'Auxonnois demeura réuni au domaine des ducs de Bourgogne.

AVICE, en Normandie et en Bretagne; famille ancienne, originaire de cette première province. Elle a pour premier auteur :

I. Jean AVICE, Ier du nom, de la paroisse de Saint-Côme en Normandie, qui servit avec distinction dans les guerres de son temps, et fut anobli en considération de ses services, par lettres en forme de charte du mois d'octobre 1479; il paraît avec la qualité d'écuyer dans deux actes des 15 juin et 30 mai 1487, et vivait encore en 1500. Il eut pour enfants :

1°. Michel, dont l'article suit;
2°. Françoise Avice, mariée avec Jean *de Tilly*, seigneur d'Escarbouville et de la Hogue, fils de Richard de Tilly, seigneur de Sermentot, et de Jeanne de Hotot de Beaumont.

II. Michel AVICE, Ier du nom, écuyer, nommé avec cette qualité dans des actes de 1488, 1493 et 1500, fut seigneur de Mary et de Turqueville, procureur-général du roi au bailliage de Cotentin, et s'allia avec Raoulette *de Breville*, fille de noble homme Thomas de Breville, écuyer. Il mourut le 23 décembre 1526, ayant eu de son mariage :

1°. Jacques, qui suit;
2°. Louis Avice, chanoine d'Avranches;
3°. Gabriel Avice.
} qui partagèrent les successions paternelle et maternelle avec leur frère aîné, le 15 mai 1559.

III. Jacques AVICE, Ier du nom, écuyer, seigneur de Turqueville, ne vivait plus le 19 mars 1542. Il avait épousé Barbe *Lenfant*, dame d'Atteville, de laquelle il eut, entr'autres enfants :

1°. Michel II, dont l'article suit;
2°. Jean Avice, prêtre;
3°. François Avice, auteur de la branche des *sieurs*

de la Fresnais, en Normandie, rapportée en son rang;

4°. Louise Avice, qui vivait le 10 juillet 1546;

5°. Marie Avice, mariée à Marin *de Gourmont*, seigneur de Fontaines, fils de Pierre de Gourmont, seigneur de Fontaines et de Troncq, et de Catherine Suhart (1).

IV. Michel Avice, écuyer, seigneur de Turqueville et d'Atteville, partagea, le 19 mars 1542, avec Jean Avice, son frère, les biens de Jacques Avice, seigneur de Mary, leur père; il est nommé dans une sentence rendue au bailliage de Carentan entre lui et Louise, sa sœur, le 10 juillet 1546. Il avait épousé Catherine *de Gonneville*, avec laquelle il fit une fondation, le 11 août 1550, en l'église paroissiale de N.-D. de Turqueville. Il en eut :

1°. Étienne, dont l'article suit;

2°. Jacques Avice.

V. Étienne AVICE s'établit en la paroisse de Cancale, en Bretagne, et épousa, par contrat du 10 mai 1553, passé devant Quinin et de Guelnac, notaires des cours de Châteauneuf et du Plessis-Bertrand (acte dans lequel il est qualifié fils de Michel Avice, écuyer, et de Catherine de Gonneville, et natif de la paroisse de Saint-Côme en Normandie), demoiselle Jeanne *Gicquel*, de laquelle il eut :

1°. Jean II, qui suit;

2°. Robert Avice, auteur de la seconde branche, rapportée ci-après.

VI. Jean AVICE, IIe du nom, né à Cancale, le 30 octobre 1575, épousa, par contrat du 18 août 1600, Gillette *Arson*, de laquelle il eut :

1°. Gilles I, dont l'article suit;

2°. Julienne Avice.

---

(1) La noblesse de Marie Avice fut jurée dans les preuves de Charles de Gourmont de Gié, son petit-fils, reçu chevalier de Malte au grand-prieuré de France, le 19 octobre 1622.

VII. Gilles Avice, Ier du nom, sieur de la Croix, né à Cancale, le 3 janvier 1603, partagea avec Julienne, sa sœur, les successions de leurs père et mère, le 26 février 1628, par acte passé devant Macé et Paumier, notaires à Châteauneuf. Il avait épousé à St.-Malo, le 14 septembre 1622, Françoise *Gravé*, avec laquelle, le 7 décembre 1644, il acquit d'Alexandre Tranchant un moulin et plusieurs pièces de terre. Leurs enfants furent :

1°. Gilles II, qui suit ;
2°. Jean Avice, âgé de 20 ans le 17 septembre 1659.

VIII. Gilles Avice, IIe du nom, sieur de la Croix, né à Saint-Malo, le 2 février 1636, épousa, par contrat du 5 mai 1663, passé devant Gui le Grand et Hommet, notaires royaux à Saint-Malo, Jeanne *Grout de la Villejan*, de laquelle sont issus :

1°. Gilles III, qui suit ;
2°. Jacques Avice, né le 25 juin 1672, vivant le 29 janvier 1715.

IX. Gilles Avice, IIIe du nom, sieur de la Croix et de Vauharion, né le 20 juillet 1663, fut reconnu, par acte en forme du 25 février 1713, signé du Pougin et de Geneviève, commis au notariat de Valognes, par André Avice, sieur de Tourville, chef de la branche établie en Normandie, comme issu de Michel Avice, et ce dernier de Jacques Ier, seigneur de Turqueville, tige commune de la branche dudit sieur de la Croix, établie en Bretagne depuis 250 ans, et de celle dudit sieur de Tourville. Ce fut ce dernier qui donna audit sieur Gilles Avice, sieur de la Croix, toutes les collations de titres qui lui manquaient sur les degrés antérieurs à Étienne, le premier qui fit souche en Bretagne, et qui servirent à remonter ses preuves jusqu'à Jean Avice, anobli par le roi, au mois d'octobre 1479. Gilles Avice fut maintenu dans sa noblesse sur cette même production, par M Ferrand, intendant en Bretagne, le 29 janvier 1715. Il avait épousé, le 8 février 1695, Hélène *le Dieu*, de laquelle il laissa :

X. Pierre Avice, écuyer, sieur de Vauharion, né à

Saint-Malo, le 25 août 1708, marié avec Nicole *le Bret*, dont il eut une fille, nommée Hélène Avice, née à Cancale, le 10 mars 1732, et mariée avec Pierre *Onfroy*, mère de Françoise Onfroy, épouse de N.... Beaudoin.

SECONDE BRANCHE.

VI. Robert AVICE, second fils d'Étienne Avice, et de Jeanne Gicquel, naquit à Cancale, le 1er février 1588. Il épousa, par contrat du 8 avril 1614, Briande *le Bret*, de laquelle il eut :

VII. Thomas AVICE, sieur de la Basserue, né à Cancale, le 16 octobre 1617, marié avec Briande *Septlivres*, qui le rendit père de :

1°. Josselin, qui suit ;
2°. N.... Avice, sieur des Rochettes, qui eut un fils et une fille :

    a. Jean Avice, écuyer, sieur des Rochettes, lieutenant de frégate, père de Jacques Avice, écuyer, sieur de la Croix, qui, de demoiselle de *la Louptière*, eut une fille, N.... Avice, mariée à Saint-Malo, à N.... *de la Pallu*, écuyer ;
    b. Marie Avice, femme de N.... *le Mercier*.

VIII. Josselin AVICE, écuyer, sieur de la Ville-Espéneaux, né à Cancale, le 4 février 1642, épousa, en la même ville, le 3 avril 1673, Louise *Hamon*. Il en eut :

IX. François AVICE, écuyer, sieur de la Ville-Espéneaux, né à Cancale, le 4 novembre 1679, marié, le 6 novembre 1706, avec Perrine *du Chêne*, qui le fit père de :

1°. Guillaume, qui suit ;
2°. Claude-Dominique Avice, auteur de la troisième branche, rapportée ci-après.

X. Guillaume AVICE, écuyer, né à Cancale, le 19 mars 1709, marié avec Jeanne *Bourdé*, dont est issu :

XI. Joseph Avice, écuyer, sieur de la Villejean, né à Cancale, le 20 juillet 1751, marié avec Marie *Vaévien*. Il en eut Claude, qui suit.

XII. Claude Avice, écuyer, né à Cancale, le 24 juillet 1782, a épousé Anne *Hamon*, dont il a :

     1°. Théodore Avice ;
     2°. Alphonse Avice ;
     3°. Aristide Avice.

TROISIÈME BRANCHE.

X. Claude-Dominique Avice, second fils de François et de Perrine du Chêne, épousa Perrine *Gilbert*, dont il eut :

     1°. Claude-Pierre, qui suit ;
     2°. Bertrand Avice ;   } vivants sans postérité mâle.
     3°. Jean Avice ;

XI. Claude-Pierre Avice, écuyer, marié avec Anne *des Bois*, laquelle a pour enfants :

     1°. Jean-Baptiste Avice, écuyer ;
     2°. Edmond Avice, écuyer.

SIEURS DE LA FRESNAIS, en Normandie.

IV. François Avice, *dit* de la Fresnais, écuyer, a cette qualité et est dit fils de feu Jacques Avice, écuyer, sieur de Mary, dans des lettres-patentes du roi Henri II, du mois de juin 1557, registrées en la chambre des comptes, le 3 septembre de la même année. Il obtint deux sentences des bailliages de Carentan et de Cotentin, rendues en sa faveur, les 20 et 28 septembre 1557, et passa deux actes, les 1er mai 1562 et 21 mars 1567. Il eut pour fils :

V. Louis Avice, Ier du nom, écuyer, sieur de la Fresnais, qui obtint, le 22 octobre 1577, une sentence du bailliage de Carentan, portant reconnaissance de son contrat de mariage avec Anne *Tellée*. Il est nommé dans trente-une pièces, dans la plupart desquelles il est qualifié écuyer, depuis le 30 mars 1559, jusqu'au 23 février 1589. Il fut père de :

VI. Louis AVICE, IIe du nom, écuyer, sieur de la Frésnais, conseiller du roi, vicomte de Carentan, marié, par contrat passé par-devant Ogier et Besnard, tabellions au siége de Sainte-Marie-du-Mont, le 7 octobre 1601, avec Jeanne *Osebert*, fille de noble homme Maurice Osebert, sieur de Renoncier, et de demoiselle Mélanie Bazan. Leurs enfants furent :

1°. Charles, dont l'article suit ;
2°. Pierre Avice, sieur des Landes, écuyer, né le 4 septembre 1622, maintenu dans sa noblesse, par arrêt du conseil d'état du roi, du 12 janvier 1668. Il fut père d'André Avice, sieur de Tourville, dont la postérité subsistait, en 1781, dans la personne du chevalier de Tourville, lieutenant des vaisseaux du roi à Brest ;
3°. Jean Avice, ⎫
4°. Michel Avice, ⎬ dont on ignore la destinée.
5°. Jacques Avice ; ⎭

VII. Charles AVICE, écuyer, sieur de la Fresnais, conseiller du roi, vicomte de Carentan, né le 30 août 1620, obtint, le 17 mars 1664, un arrêt de la cour des aides de Normandie. Il avait épousé Susanne *Clerette*, de laquelle il eut :

1°. René Avice, né le 25 décembre 1647, ⎫
2°. Charles-Michel Avice, né le 12 octobre 1661, ⎬ maintenus, avec leur oncle, par arrêt du conseil-d'état du roi, du 12 janvier 1668.
3°. Pierre Avice, né le 22 juillet 1666; ⎭

Armes : D'azur, à neuf pommes de pin d'or.

Cette famille paraît avoir formé plusieurs autres branches, une entr'autres en Guienne, vers le milieu du 16e siècle. Elle y subsistait, en 1660, dans la personne d'Aubin *Avice*, seigneur de Mongon, époux d'Artemise *de Nesmond*, et père de Marie-Bérénice *Avice*, mariée, en 1684, à Antoine *de Baylens*, marquis de Poyanne, gouverneur de Navarreins et de Dax, sénéchal des Landes. (*Histoire des Grands-Officiers de la Couronne, tom. IX, pag.* 204.)

On ignore à quelle branche appartenaient :

1°. Le chevalier d'Avice, gentilhomme du comte du Plessis-Praslin, qui servit avec distinction dans les guerres de son temps; fut blessé au siége de Pondesture, au mois d'octobre 1643; servit très-utilement au siége de Saint-Ya, au mois de septembre 1644; se distingua en qualité d'ingénieur au siége de Roses, où il fut blessé, en 1645, et à celui de Porto-Longone, où il fut également blessé, en 1646. Il se distingua d'une manière particulière au combat de Crémone, le 30 juin 1648, et accompagna le maréchal du Plessis-Praslin dans tous les lieux où le péril était le plus imminent. Il était capitaine au régiment du Plessis-Praslin, lorsqu'il fut choisi par le roi Louis XIV pour lui apprendre le dessin. Ce fut en cette qualité que, le 22 octobre 1655, il présenta à ce monarque trois planches qu'il avait dressées par son ordre exprès, et qui représentaient les trois principales actions de son sacre. (*Gazettes de France des* 4 *novembre* 1643, 23 *septembre* 1644, 17 *et* 31 *mai* 1645, 13 *novembre* 1646, 15 *juillet* 1648 *et* 30 *octobre* 1655.)

2°. Le chevalier Avice, commandant un corsaire français, qui se rendit maître d'un corsaire anglais de 24 canons et de 100 hommes d'équipage (*Gazette* du 10 *juin* 1758.)

Nous avons donné, tom. I de cet ouvrage, pag. 64, une Notice sur une autre famille *Avice*, établie en Normandie, qui paraît n'avoir de commun que le nom avec celle dont on vient de donner la généalogie.

B

DE BACQUEHEM, seigneurs de Barette, du Liez et de Roquegny, en Flandre; maison ancienne et distinguée, issue de l'illustre maison de Neufville, au rapport de l'historien du Cambresis, qui ajoute qu'elle a

pris son nom d'un village situé au pays d'Artois. Il en est
fait mention depuis Arnould de Bacquehem, qui, l'an
1150, donna à l'abbaye de Saint-Aubert deux maisons,
sises au faubourg de Cambray, du consentement de
Gillotte, sa femme, et de leurs fils Arnould et Jacques
de Bacquehem. Arnould I, élit sa sépulture dans l'église de la même abbaye, avec plusieurs de ses descendants. Arnould II, son fils, épousa, l'an 1213, Jeanne
de Wilbem, dont il eut Toussaint de Bacquehem, allié
avec la fille du seigneur de Courteville-sous-Cassel. Il
fut père d'Arnould III de Bacquehem, chevalier, qui
avait épousé Florette de Caudry, avec laquelle il fut
inhumé, l'an 1310, dans l'église du village de Caudry.
Arnould III eut pour fils Arnould IV de Bacquehem, qui
fut un des principaux capitaines de son temps, et l'un
des partisans d'Édouard III, roi d'Angleterre, lorsque ce
prince ravagea la Picardie, en 1339. Froissard parle
de ce seigneur avec éloge; et du Chesne, en son Histoire d'Angleterre, rapporte qu'Édouard, se voyant
obligé de combattre les troupes du roi Philippe de Valois, qui s'avançait vers Cambray pour s'opposer à ses
desseins, rangea son armée en trois corps de bataille,
dont le premier fut commandé par le duc de Gueldre,
le marquis de Nusse, le marquis de Blanquebourg,
Jean de Hainaut, frère du comte Guillaume, le comte
de Salm, le sire de Fauquemont, Guillaume de Montfort et Arnould de Bacquehem. Ce dernier paraît avoir
été père de Jacques de Bacquehem, inhumé, en 1371,
avec Anne, sa femme, en l'église de Moncy-Preux-lès-
Arras. Dans celle de Saint-Martin, on voyait la tombe
de Toussaint II de Bacquehem, seigneur du Liez, décédé en 1500. Cette famille, qui s'est perpétuée jusqu'à
nos jours, et subsiste dans le marquis de Bacquehem,
a formé des alliances avec les familles de Baillon de
Bellemotte, de Bethencourt, de Boubrais, de Briastre,
de Cunchy du Tremblay, de Dauneux, de Godin, de
Hibert, de Louverval, de Reffin, de Saint-Quentin,
de Sautain, etc.

Armes : D'or, fretté de gueules; au canton de sinople ayant une fasce d'argent, chargée de trois merlettes de sable. Couronne de marquis.

BATAILLE, seigneurs, puis comtes de Mandelot, en Bourgogne : maison d'origine chevaleresque de cette province, dont les titres établissent littéralement la filiation depuis Jean Bataille, chevalier, seigneur justicier de Saint-Gilles, nommé avec ces qualités précédées de l'épithète de *Monseigneur* (inhérente à la chevalerie réelle ou militaire), dans une sentence du bailliage de Montcenis, du lundi après la nativité de Saint-Jean-Baptiste 1324. Il est rappelé dans une inscription sépulcrale de l'an 1583 ; dans un arrêt du grand-conseil, du 19 août 1604, et dans les preuves faites par ses descendants pour l'ordre de Saint-Jean de Jérusalem, en 1521, 1643, 1755 et 1775. La maison de Bataille compte une longue suite de générations entièrement consacrées au service de nos rois, soit dans des grades supérieurs de l'armée, soit dans les fonctions les plus éminentes de la magistrature. Elle s'est alliée directement aux maisons de Baillet-Vaulgrenant, de la Baume, de Beaumont en Chalonnais, du Blé d'Uxelles, de Bournonville, de Busserolles, de Chargères, de la Châsse, de Damas de Marcilly, de Gellan, le Goux de la Berchère, de Jaucourt, de Languet de Rochefort, de Lantin, de Lanty, de Marchamp, de Montbelliard, de Mypont, du Pin, de Pontoux, de Rouvray, de Royer de Saint-Micault, de Thiard de Bragny, de Tournon, de Vallerot, de Verdun, etc. Cette maison a formé trois branches principales : 1° les seigneurs du Drosson et du Tillot, éteints, au 6e degré, dans la personne de Guyot Bataille, tué à la bataille de Morat, le 22 juin 1476 ; 2° les seigneurs de Pausy et de Flagny, éteints, au 9e degré, vers le milieu du 17e siècle ; 3° les seigneurs, puis comtes de Mandelot, qui, au 12e degré, ont formé deux rameaux : l'aîné, existant ; le second, éteint, le 22 avril 1819, dans la personne du commandeur Bataille, officier-général de marine. Le premier rameau est donc le seul qui représente aujourd'hui toute cette maison. Il a pour chef actuel :

Henri-Camille-Sophie *Bataille*, chevalier, comte de Mandelot, seigneur de Mavilly, de Lancey, de Mandelot, etc., chevalier de l'ordre royal et militaire de St.-Louis, ancien officier supérieur des dragons d'Artois, né à Flavigny, le 2 mars 1753. Il a émigré et fait les campagnes de l'armée des princes et de l'armée de

Condé. Il a épousé, par contrat du 7 avril 1772, Ma-
rie-Louise-Philiberte *de Clermont-Montoison*, décédée le 12 mars 1817, fille de Louis-Claude de Clermont-Montoison, baron de Chagny, brigadier des armées du roi, et de feue Anne-Charlotte de Levis. De
ce mariage sont issus :

1°. Alphonse-Louis-Henri-Catherine Bataille de
Mandelot, né au château de Chagny, le 13 novembre 1783, marié, le 30 mars 1803, avec
Mélanie Joséphine *de la Rue-Mareilles*. Il est
mort, le 2 janvier 1806, laissant :
Camille-Joséphine Bataille de Mandelot, née
le 1er janvier 1804, décédée le 16 juin
1807 ;

2°. André-Adolphe-François Bataille de Mandelot, né le 15 septembre 1785, reçu chevalier de
Malte au berceau, marié, le 6 novembre 1810,
avec Adèle *Guillemin de Courchamp*, morte le 20
avril 1813. Il lui reste de ce mariage un fils
unique :
Camille-Marguerite-Sosthène Bataille de Mandelot, né le 18 janvier 1813.

Armes : D'argent, à trois flammes de gueules, mou-
vantes du bas de l'écu. Couronne de marquis. Cri de
guerre : *Bataille par Dieu.*

BATAILLE, en Languedoc. Cette province paraît
avoir été le berceau du nom de Bataille, où il florissait
dès le milieu du 11e siècle, et d'où il paraît s'être successivement répandu dans plusieurs autres contrées du
royaume. Roger et Raymond Bataille, frères, donnèrent
en alleu, le 10 des calendes de février, lune XXIX (23
janvier) de la seconde année du règne de Philippe Ier
(1062), la moitié du château de Prouille, et les deux tiers
de celui de Mirepoix à la comtesse Rangade (de Carcassonne), fille d'Amélie, et au comte Roger, son fils, à
cause des dommages qu'ils leur avaient occasionés. Ces
deux seigneurs consentirent en même temps à ce que
cette comtesse et le comte, son fils, obligeassent Pierre-
Roger Bataille, leur frère, à leur céder le reste de ces
deux châteaux, dont ils lui firent hommage, quoiqu'ils

eussent été jusqu'alors en franc-alleu. (*Histoire générale de Languedoc*, tom. *II, pag.* 205.)

Bernard et Roger Bataille sont compris au nombre
des seigneurs possessionnés au comté de Carcassonne,
qui, après avoir levé l'étendard de la révolte contre le
comte de Toulouse, se soumirent en 1124. (*Ibid. preuves, col.* 427, 428.)

Raymond Bataille souscrivit, l'an 1149, un acte de Roger, vicomte de Carcassonne. Le même Raymond, Roger-
Isarn et Guillaume Bataille, ses frères, fils de Beliscende,
rendirent hommage à Raymond Trencavel en 1150. Ro-
ger-Isarn et Guillaume firent un second hommage à Roger-Bernard, comte de Foix, pour le château de Mirepoix,
en 1160. L'année suivante, Raymond Bataille rendit
hommage à Raymond Trencavel, vicomte de Béziers.
(*Ibid. preuves* 427, 428, 524, 559, 577, 578.)

Isarn Bataille fut l'un des seigneurs et chevaliers du
château de Mirepoix, qui, l'an 1207, donnèrent les
coutumes de cette baronnie. (*Ibid.*, tom. *III, preuves,
col.* 207.)

Bernard Bataille de Mirepoix, co-seigneur de ce
château, fit, en 1223, avec ses autres co-possesseurs,
(au nombre de plus de 12, de diverses maisons), pro-
messe au comte de Foix de lui remettre cette place,
lorsque ce serait sa volonté. (*Ibid. col.* 279.)

Raymond Bataille était, en 1272, seigneur châtelain
du château de Montréal de Sos. (*Ibid.*, tom. *IV, preuv.*,
pag. 53.)

Jean Bataille fut premier écuyer du corps, et maître
de l'écurie du roi Charles le Bel, le 3 janvier 1321. Ce
prince lui donna, le 30 juin 1323, une somme de 500
livres; et, par d'autres lettres du 21 janvier 1325, celle
de 2000 livres, en compensation de 100 livres de terre
à héritage qu'il avait promis lui faire asseoir, pour lui
et ses hoirs, en la sénéchaussée de Toulouse. Le Père
Anselme pense qu'il est le même que Jean Bataille,
queux du roi, qui fut payé, le 26 juin 1326, de ce qui lui
restait dû pendant son exercice de cette charge.
Nous observerons cependant que le même auteur avait
dit ailleurs, que Jean Bataille, premier écuyer du corps
du roi, mourut le 9 mars 1325, ce qui fait croire qu'il

y a erreur dans cette date, comme nous le présumons,
ou qu'il y a eu deux grands-officiers, l'un grand-écuyer,
et l'autre grand-queux, tous deux des mêmes nom et
prénom. Le premier fut père de Jean Bataille et d'autres enfants, qui étaient sous la tutelle de Jean Pastourel, écuyer, le 27 mai 1329, lorsqu'ils payèrent au roi
les sommes dues pour solde des comptes de leur père,
et s'obligèrent d'acquitter les cédules qu'on apporterait, dans le cas où elles n'auraient pas été comprises
dans l'inventaire qui en avait été fait. (*Histoire des
Grands-Officiers de la Couronne*, tom. *VIII*, pag.
465, 828.)

L'an 1339, un Jean Bataille était homme d'armes de
la compagnie du comte de Foix, qui fit montre à Mont-de-Marsan. (*Histoire de Languedoc*, *Ibid.*, col. 183.)
Un autre Jean Bataille donna quittance à Carcassonne,
le 2 juin 1383, de 82 francs, 3 gros et 3 deniers pour
les gages de lui, homme d'armes, d'un pillart et d'un
page, à raison de quatre mois de service employés à la
défense de la sénéchaussée de Carcassonne. (*Histoire des
Grands-Officiers*, *ibid.*, pag. 465.) On ne trouve aucunes traces, dans le Languedoc, de cette illustre
famille.

BATAILLE, en Artois et en Flandre. Lotin Bataille,
le premier sujet connu de cette famille, possédait, au
commencement du 13e siècle, des dîmes inféodées à
Bailleul en Flandre. Par un titre conservé dans le chartrier de l'évêché de Térouanne, du mois de décembre
1230, il reconnut pour lui, sa femme et ses fils, que ces
dîmes appartenaient à l'église de Térouanne. Baudouin
Bataille, frère de Lotin, déclara, la même année, qu'il
n'avait aucun droit sur ces dîmes, et cette renonciation
fut encore consentie, au mois de décembre 1249, par
Nicolas, Jean, Bernard, Guillaume, Anne et Marie Bataille, frères et sœurs de Baudouin et de Lotin.

Pierre Bataille vendit au comte de Saint-Pol, au mois
d'août 1348, une rente qu'il avait sur le moulin d'Orville.

Jacqueline Bataille, veuve de Watier d'Escaillon,
épousa, en secondes noces, vers 1390, Pierre d'Auby,
veuf de Jeanne de la Tramerie, qui fit un testament,

le 12 juillet 1400, et ne vivait plus le 20 avril 1420, époque à laquelle Jacqueline Bataille, sa veuve, passa un accord avec Jeanne d'Auby, fille du premier lit dudit Pierre, et alors veuve de Jacques d'Ollehain, chevalier.

·BATAILLE, en l'Ile-de-France et en Brie.

Jean Bataille, l'aîné, demeurant à Pontoise, fournit aveu, le 4 décembre 1416, à l'abbaye de Saint-Denis en France, pour un fief qui avait appartenu à feu messire Eustache Baillet, prêtre.

Pierre Bataille, Ier du nom, général des aides sous Louis XI, avait un frère, célèbre avocat, nommé Nicolas Bataille, que le roi Louis XI envoya, en 1473, vers le duc de Bourgogne, pour la composition de leurs différents. Nicolas Bataille mourut en 1482. Il en est parlé avec éloge dans la chronique scandaleuse. Pierre eut pour fils Claude, qui suit.

Claude Bataille, conseiller en la cour des aides, en 1532, épousa Jeanne *le Picard*, fille de Guillaume le Picard, et nièce de Jean le Picard, archidiacre de Meaux. Il en eut Pierre II, qui suit.

Pierre Bataille, IIe du nom, écuyer, seigneur de Balleau, près Jouarre, d'Autonne, Panchard et Chambry, près Meaux, conseiller en la cour des aides, épousa Isabeau *Ferret*, fille de Nicolas Ferret, seigneur d'Orgeval. Leurs enfants furent :

1°. Nicolas Bataille, conseiller à la cour des aides, époux de Louise *le Guet,* dont il n'eut point d'enfants ;

2°. Marie Bataille, femme de Louis *l'Huillier*, seigneur de la Malmaison, fils de Christophe l'Huillier, écuyer, seigneur du même lieu, grand-maître des eaux et forêts de France, et de Charlotte Tête de Ragny ;

3°. Marguerite Bataille, dame du Chemin, en Brie, mariée : 1° avec Georges *Pillouin*, sieur d'Ableiges ; 2° à Pierre *Viole*, sieur de Roquemont, près Lagny, et en partie de Noiseau sur Amboise, commissaire ordonnateur des guerres, fils de Nicolas Viole, correcteur des comptes, et de Claude Chambon de Soulaire ;

4°. Antoinette Bataille, femme de Guillaume *Courtin*, seigneur de Gournay et du Bois le Vicomte, conseiller du roi et auditeur des comptes, fils de Jean Courtin, seigneur des mêmes lieux et de Madelaine Budé;

5°. Marthe Bataille, mariée à Gui *de Brestay*, maître des requêtes, dès 1534, et précédemment président du grand conseil.

Voyez sur cette famille la *généalogie de l'ancienne et illustre maison des Luilliers*, in-4°, pag. 74.

Armes : Coupé émanché en ondes d'argent et de gueules (1).

BATAILLE, en Bretagne. Cette maison paraît ancienne dans cette province, où elle subsistait encore en 1488. Geoffroi Bataille, écuyer, servait dans les guerres de son temps contre les Anglais, en la compagnie de Pierre de la Roche-Rousse, qui fit montre à Avranches, le 10 octobre 1380, et à Nantes et à la Guerche, les 7 décembre et 7 janvier suivants (v. s.). Il servait en la même qualité sous la charge du sire de Derval, chevalier banneret, dont la compagnie fut reçue à Thérouanne, le 28 septembre 1383 (2). La maison de Bataille, en Bretagne, a produit dans la personne de Guillaume Bataille un chevalier banneret, qui illustra son nom par plusieurs beaux faits d'armes. Monstrelet et le moine de Saint-Denis rapportent qu'il combattit et blessa en champ clos un chevalier anglais, nommé Jean Carmien, qui lui avait manqué de fidélité. Il combattait en Guienne, dès l'an 1404, étant alors sénéchal d'Angoulême et commandant une compagnie de 6 écuyers, le 1er septembre 1418 (3); servait sous le dauphin, la même année, commandant une compagnie d'un écuyer banneret et de 17 écuyers qui firent mon-

(1) Elles sont ainsi désignées dans les preuves de Geoffroy l'Huillier d'Orgeval, reçu chevalier de Malte au prieuré de France, le 30 mars 1612, et elles étaient aussi empreintes sur la tombe de Pierre Bataille, IIe du nom, inhumé au charnier des Innocents.

(2) Mémoires pour servir de preuves à l'Histoire de Bretagne, tom. II, col. 259, 263.

(3) *Ibid.*, col. 984.

tre à Saint-Sauveur de Charros, en Guienne. Il était
conseiller et chambellan de ce prince, qu'il accompagna en Angoumois, l'an 1421. Il avait peut-être pour
sœur Marguerite Bataille, à laquelle le dauphin, régent
du royaume, fit don de 200 livres tournois, le 28 février
1420, tant en considération des bons services de feu
Pierre Esparris, son mari, que pour l'aider à soutenir
son état. Le sceau des armes de Guillaume Bataille, chevalier banneret, apposées à une quittance qu'il donna
le 16 février 1404, représente *trois coquilles avec un
lambel à trois pendants*. Le dernier mai 1451, Guillaume de Quengo, Jamet d'Yvignac et Jean de la Pé-
lissonnière plaidaient au parlement de Bretagne, au sujet du manoir du Roscoet, provenant de la succession de
Guillaume Bataille. Ce dernier, avait pour contemporain
et peut-être pour très-proche parent, Charlot Bataille, é-
cuyer, qui commandait une compagnie de 16 écuyers
pour la défense du pays de Touraine, compagnie qui fit
montre à Chinon, le 12 décembre 1418 (1). Le dernier
qu'on trouve de cette famille en Bretagne est Antonin
Bataille, l'un des archers de la compagnie de Gilbert
de Bourbon, seigneur de Montpensier, qui comparut à
Saint-Aubin du Cormier, le 22 mars 1488. Il paraît
avoir péri à la bataille de ce nom, qui eut lieu le 28 juillet de la même année (2).

BATAILLE, en Champagne. La famille des seigneurs
de Chaltray et de Villevenard, du nom de Bataille, établit sa filiation depuis Guillaume Bataille, écuyer, époux
d'Hélène de Pradine, fille de Christophe de Pradine,
et de Marie de Barrois, avec laquelle il est mentionné
dans des actes de 1547, 1550, 1553, 1554, 1559, 1566
et 1567. Leurs descendants se sont alliés aux familles
de la Berge, de Chanteloup, de Choisy, Lefèvre de Ba-
noise, Mauclerc, de Rovoire, etc., et ont été maintenus dans leur noblesse de race, au mois d'août 1667,
par M. de Caumartin, intendant en Champagne.

Armes : D'azur, à trois fasces crénelées d'or.

---

(1) Mémoires pour servir de preuves à l'Histoire de Bretagne,
tom. II, col. 986.
(2) *Ibid.*, tom. III, col. 636.

BATAILLE DE FRANCES, autre famille qui portait : D'or, à l'arbre terrassé de sinople.

BATAILLE. Une famille de ce nom existait dans la vicomté de Rochechouart, sur les confins du Poitou et du Limosin, en 1322. Une autre, en Soissonnais, eut pour auteur Gui Bataille, de la ville de Soissons, lequel fut anobli au mois de mars 1398; et une troisième, en Dauphiné, existait aux 15e et 16e siècles.

BEAUNE, comté, chef lieu de l'ancien pays de Beaunois, en Bourgogne. Warnier, comte de Dijon, d'Auxois et de Beaune, vers la fin du 9e siècle, eut pour successeur Manassès, dit le Vieux, seigneur de Vergy, auquel, sauf la suzeraineté, il transporta tous ses droits. Giselbert, fils aîné de Manassès I, lui succéda aux comtés de Châlons-sur-Saône, de Beaune et d'Auxois. Il obtint aussi le duché de Bourgogne, après la mort de Richard le Justicier, son beau-père. Werra, l'une de ses filles, eut les comtés de Châlons et de Beaune, et épousa Robert de Vermandois, qui succéda à Giselbert, son beau-père, dans ces comtés, en 956. Adélaïde, fille unique de Robert, avait été mariée, vers 945, avec Lambert, fils de Robert, vicomte d'Autun. Lambert fut le successeur de Robert de Vermandois, l'an 968; mais on ne voit pas qu'il ait pris la qualité de comte de Beaune, ni qu'elle ait été prise par aucun de ses successeurs.

DE BÉRENGER DE FONTAINES, Grandmesnil, Fouqueran, Cerqueux, Canon, Hérenguerville, Montaigu, Trelly, etc.; maison d'origine chevaleresque, de la province de Normandie, où elle est connue dès le 12e siècle. Elle paraît originaire d'Italie, et s'est fixée depuis dans le midi de la France. Elle a fourni un lieutenant-général au service de Hollande; et à celui de France, des officiers supérieurs très-distingués, un capitaine de 100 hommes d'armes, deux chevaliers de l'ordre du roi, gentilshommes ordinaires de la chambre, et plusieurs chevaliers de l'ordre royal et militaire de Saint-Louis. Elle a donné plusieurs chevaliers de Malte et un chevalier de l'ordre du Saint-Esprit de Montpellier.

Titres. Henri IV fit don de la baronnie de Grand-mesnil à Jean de Bérenger, VIIe du nom, gentilhomme ordinaire de la chambre du roi, chevalier de son ordre, sous-lieutenant dans les provinces du Maine et de l'Anjou, gouverneur d'Argentan, et capitaine d'une compagnie d'arquebusiers. Cette famille a en outre les titres de comtes de Fontaines et comtes de Bérenger dans les actes, brevets et commissions, dès 1691.

Armes : De gueules à deux aigles rangées au vol abaissé d'argent, becquées, membrées et couronnées d'or. (*Voyez* la planche héraldique qui termine ce volume.)

On peut consulter sur cette maison, entr'autres ouvrages, les recherches de Marle, Chamillart, Boissy et la Galissonnière, le Mercure de France du mois d'avril 1691, et la Roque, Traité du ban et arrière-ban.

Elle n'a pas été comprise dans la Recherche de Montfaut, en 1463, parce qu'elle était établie à cette époque dans le duché d'Alençon, qui ne figure pas dans cette recherche.

DE BERNAGE, marquis de Chaumont ; famille ancienne, originaire de la ville de Paris, qui remonte à Louis de Bernage, écuyer, avocat au parlement, époux, vers l'an 1520, d'Anne Chevalier, fille de Nicolas Chevalier, avocat au parlement, et de Marie de Luc. Charles de Bernage, l'un de ses descendants, fut pourvu, le 5 mars 1647, d'une charge de conseiller-secrétaire du roi, maison couronne de France et de ses finances, dont il obtint, le 28 avril 1668, les lettres d'honneur, registrées au grand conseil, le 23 février 1669. Cette famille a donné un prélat à l'église de Grasse, deux généraux, trois conseillers d'état, dont deux furent secrétaires et grand'croix de l'ordre royal et militaire de Saint-Louis, des maîtres des requêtes et des premiers présidents de cours souveraines. Elle s'est alliée aux familles de Voyer-d'Argenson, de Rouillé d'Orfeuil, de Martin de Vaucresson, Danès, de Lusson, le Picart, etc.

Armes : D'or, à trois fasces de gueules, chargées chacune de cinq flanchis d'argent.

DE BERNAGE, en l'Ile-de-France, famille différente de la précédente, et dont était :

Jean-Frédéric *de Bernage*, écuyer, seigneur de Saint-Hilliers, près de Mantes, des Epesses et de l'Isle, pensionnaire du roi, et garde honoraire des archives de la reine, époux de dame Marie-Agnès *Thistel*, et père, entr'autres enfants, de :

1°. Jean-Mathieu-René, qui suit ;
2°. Charles-Hyacinthe-Laurent de Bernage de Saint-Hilliers, écuyer, garde-du-corps du roi, compagnie de Luxembourg.

Jean-Mathieu-René *de Bernage de Saint-Hilliers*, écuyer, commis au département des affaires étrangères, marié, par contrat du 21 juillet 1788, avec Marie-Catherine-Adélaïde *Foucher*, fille de Jacques-Léon Foucher, seigneur de Riville, de la Barberie, de la Verrerie et des Frètes, et de dame Marie-Catherine-Marguerite Bouchard. De ce mariage sont issus :

1°. Léon qui suit ;
2°. Charles-Constant de Bernage, né en 1793, mort dans la campagne de Russie, au mois de mars 1813.

Léon *de Bernage de Saint-Hilliers*, né à Versailles, le 24 mai 1790, a épousé, le 12 décembre 1815, Françoise-Madelaine *Caigné*, de laquelle sont issus :

1°. Constantin-Philéas-Eric de Bernage, né le 31 mars 1820 ;
2°. Bathilde-Astérie de Bernage, née le 22 mai 1817 ;
3°. Élise-Fortunée de Bernage, née le 15 novembre 1818 ;
4°. Georgette-Léonie-Zéphirine de Bernage, née le 4 août 1821.

BÉZIERS, *comté* et *vicomté*, comprise dans la Narbonnaise première, lors de la conquête des Gaules par les Romains, fit ensuite partie de la Septimanie. Charles Martel, en 773, chassa de Béziers les Sarrasins, qui

s'étaient emparés de cette ville sur les Goths, l'année
précédente. Pepin le Bref devint maître du comté de
Béziers, l'an 752, et en conserva le gouvernement à un
comte goth, qui lui avait remis cette place. Adémar
fut établi comte de Béziers par Charlemagne, au commencement du 9ᵉ siècle, et confirmé par Louis le Débonnaire. Arnaud succéda à Adémar, avant l'an 822. Le
comté de Béziers fit partie du marquisat de Gothie,
au commencement du 10ᵉ siècle, et entra avec ce marquisat dans la maison de Toulouse. Depuis ce temps,
il n'y eut plus de comtes particuliers de Béziers, et ce
comté fut réuni à la couronne, en 1229.

Quant aux vicomtes de Béziers, le premier qu'on trouve revêtu de cette dignité est Raynard, Iᵉʳ du nom, auquel
Carloman donna en propriété, l'an 821, les villages
d'Aspéran et d'Alignan, dans le diocèse de Béziers, a-
vec plusieurs autres domaines, en récompense de ses
services : il était alors employé au siége de Vienne, sous
ce monarque. L'historien du Languedoc conjecture que
ce Raynard descendait d'Ildéric, ou de ces autres Espagnols réfugiés dans la Séptimanie, auxquels Charles
le Chauve avait confirmé la propriété des mêmes terres
que Charlemagne avait données à défricher à leurs ancêtres. Raynard épousa Dide, avec laquelle, le 16 juillet 897, il fit un échange avec Fructuarius, évêque de
Béziers. Il ne vivait plus le 14 décembre de la même
année, et avait eu une fille unique, nommée Adélaïde,
qui dès lors avait porté en mariage la vicomté de Béziers à Bozon, vicomte d'Agde, qui réunit ainsi ces deux
vicomtés, et les possédait encore en 920. Teudon, successeur et sans doute fils de Bozon, était vicomte de
Béziers et d'Agde, en 926 et 933. Il fut père de Jonus,
qui possédait les mêmes vicomtés, en 937. Raynard II,
fils de Jonus, était vicomte de Béziers et d'Agde, en
961, et ne vivait plus le 20 octobre 969. Son fils, Guillaume, vicomte de Béziers et d'Agde, était marié, le 24
août 977, avec Ermentrude. Il épousa en secondes
noces Arsinde, avec laquelle, après avoir restitué, le
dernier février 990, plusieurs églises et autres biens
qu'il avait usurpés, il fit un voyage de dévotion à Rome. Il avait une sœur nommée Adélaïde, épouse du vicomte de Narbonne. Guillaume avait fait son testament
avant d'entreprendre son voyage; et l'on voit qu'il n'a-

vait alors que deux filles, nées de sa première femme, et nommées :

> 1°. Garsinde, qui eut en partage la ville de Béziers et les droits sur l'évêché, et fut mariée, 1° à Raymond, fils aîné de Roger, comte de *Carcassonne*, auquel elle porta les vicomtés de Béziers et d'Agde; 2° à Bernard, seigneur d'*Anduse*.
>
> 2°. Sénégonde, qui eut la ville d'Agde, avec les droits sur l'évêché, et épousa Richard I, vicomte de *Milhaud*, en Rouergue.

Guillaume, comte de Carcassonne, et Garsinde, vicomtesse de Béziers et d'Agde, son épouse, eurent deux fils, Pierre-Raymond et Guillaume-Raymond. Le premier épousa Rangarde de la Marche, dont il eut, entr'autres enfants, Roger III, comte de Carcassonne, en 1060, mort sans postérité, en 1067, et Ermengarde, mariée à Raymond-Bernard, vicomte d'Albi, issu des vicomtes d'Albigeois, branche aînée des vicomtes de Lautrec. Raymond-Bernard fut père de Bernard-Aton, premier vicomte de Carcassonne, en 1083, qui épousa Cécile de Provence, et laissa trois fils et quatre filles. Le second fils, nommé Raymond-Trencavel I, fut père de Roger II, et ce dernier de Raymond-Roger, qui eut pour fils Raymond-Trencavel II, dernier vicomte d'Albi, de Béziers, de Carcassonne et de Razès, qui, l'an 1247, céda ces vicomtés au roi saint Louis.

DE BIAUDOS (1), seigneurs de Biaudos, marquis de Castéja, seigneurs et barons de la Harye, de Mézos, de Couvonge, de Demange aux Eaux, de Treverey, de Berbure, etc., au pays des Landes, en Lorraine et en Artois. Cette maison, illustrée par une longue continuité de services militaires dans des grades supérieurs, par la possession de plusieurs terres titrées, et par de belles alliances, a pris son nom d'une seigneurie jadis considérable, située à trois lieues de Bayonne et à cinq lieues de Dax. Il est de

---

(1) Cet article complète et rectifie la notice insérée pag. 101 du tome Ier de cet ouvrage.

tradition dans le pays des Landes, que, vers le milieu
du 11ᵉ siècle, les sires de Gramont et de Beaumont,
dans une guerre violente qu'ils se firent, s'en rapportè-
rent comme haut arbitre au seigneur de Biaudos, qui
mit fin à leurs différents, par un traité dont il leur proposa les conditions, et qui fut signé par ces seigneurs
dans sa capererie (château) de Biaudos. On voit, en 1348,
Adhémar, seigneur de Biaudos, Bertrand, Bernard et
Arnaud de Biaudos figurer parmi les seigneurs qui sous-
crivirent un accord fait en vertu d'une sentence de Bernard d'Albret, vicomte de Tartas, sur les différents
mus entre Pierre d'Albret, seigneur de Guissen, et
Arnaud-Guillaume, seigneur de Gramont. Les titres
de cette maison établissent littéralement sa généalogie
depuis Georges de Biaudos, écuyer, sieur de Biaudos,
ainsi qualifié dans son contrat de mariage, du 2 octobre
1481, avec Catherine de Berrant, fille de noble homme Pierre de Berraut, sieur de Peyroux, et de Ber-
tranne de Gramont. Les descendants de Georges de
Biaudos ont formé quatre branches : 1° celle des barons
de Biaudos, éteinte peu après le milieu du 18ᵉ siècle;
2° la première branche des marquis de Castéja, éteinte
après 1755; 3° la seconde branche des marquis de Castéja, éteinte le 18 novembre 1816; 4° celle des comtes
de Castéja, chefs des nom et armes de cette maison.
Ces diverses branches ont produit plusieurs personnages de marque, entr'autres trois maréchaux-de-camp
et trois brigadiers des armées du roi, des gouverneurs
de places, un commandeur de l'ordre royal et militaire
de Saint-Louis, des colonels propriétaires de régiments
de leur nom, une sous-gouvernante du roi Louis XV
et des enfants de France, etc., etc., et se sont alliées
aux maisons d'Andelard, de Bassabat, de Baylens-
Poyanne, de Bedorède, de Bervoët, de Borda, de Cau-
le, de Gramont, de Guillerme, du Hamel, de Jac-
quier de Rosée, de la Lanne, de Midot de Villers,
de la Motte-Baraffle d'O'Corolles, de Pâris de Gâville,
de Partenay d'Ainval, du Pé de la Graulhet, du Pire
d'Hinges, de Pleurre de Saint-Quentin, de Roll-Mont-
pellier, de la Salle, de Salomon de la Lande, de Valier, etc., etc. La branche des comtes de Castéja avait
pour chef au 10ᵉ degré :

X. Stanislas Catherine (1, DE BIAUDOS, comte de Castéja, maréchal des camps et armées du roi, le 1er janvier 1784; commandant du département du Pas-de-Calais, en 1790; mort à Maestricht, en émigration, le 10 mai 1792. Il avait épousé, le 3 février 1779, Marie-Françoise-Élisabeth *des Friches Doria*, fille de Marie-Marguerite-Françoise-Firmin des Friches, comte Doria, marquis de Payens, et de N.... de la Mothe du Fossé de Vatteville. De ce mariage sont issus :

1°. André, qui suit;
2°. François de Biaudos, vicomte de Castéja, chevalier de Malte et de l'ordre royal de la Légion-d'Honneur, chef d'escadron au régiment des cuirassiers d'Orléans, marié, le 5 juillet 1819, avec Caroline *de Bombelles*, fille de Marc-Marie, marquis de Bombelles, ancien maréchal des camps et armées du roi, ambassadeur extraordinaire de France en Portugal, aujourd'hui évêque d'Amiens, et premier aumônier de S. A. R. madame la duchesse de Berry, et d'Angélique-Charlotte, née baronne de Mackau. Madame la vicomtesse de Castéja a été nommée, le 1er novembre 1820, dame pour accompagner madame la duchesse de Berry.

XI. André DE BIAUDOS, comte de Castéja, officier de l'ordre royal de la Légion-d'Honneur, commandeur de l'ordre impérial de Léopold d'Autriche, successivement, en 1815, commissaire du roi pendant les *cent jours*, administrateur-général dans la 16e division militaire, puis préfet du Haut-Rhin pendant l'occupation étrangère, aujourd'hui préfet du département de la Haute-Vienne, a épousé, par contrat du 30 juin 1802, Alexandrine-Françoise *de Pons de Renepont*, fille de Bernard-Alexandre-Élisabeth de Pons, marquis de Renepont, et de Catherine-Louise-Julie de Chestret. De ce mariage est issu :

René-Léon de Biaudos-Castéja, né à Paris, le 22 février 1805, aujourd'hui page du roi.

---

(1) Filleul du roi de Pologne Stanislas le Bienfaisant, duc de Lorraine et de Bar.

On peut consulter la généalogie détaillée de cette maison dans le tome II de l'*Histoire généalogique et héraldique des pairs de France, des grands dignitaires de la couronne, des principales familles nobles du royaume et des maisons princières de l'Europe*, publié en 1822.

Armes : Écartelé, aux 1 et 4 d'or, au lion de gueules ; aux 2 et 3 d'argent, à trois merlettes de sable. Couronne de marquis. Supports : deux lions, celui de senestre en baroque. Cimier : un lion issant.

DE **BONNECHOSE** (1); famille ancienne de Normandie, distinguée par une longue continuité de services militaires et par de belles alliances. L'historien de cette province cite un Robert de Bonnechose (*Bonnescoz*) dans le rôle des seigneurs renommés depuis Guillaume le Conquérant (1066) jusqu'au règne de Philippe Auguste, qui acheva, l'an 1204, de soumettre entièrement la Normandie, et d'en expulser les Anglais (2).

Jean de Bonnechose fut du nombre des seigneurs normands qui, l'an 1191, accompagnèrent Philippe Auguste en Palestine, et qui se trouvèrent au siége de St.-Jean-d'Acre, au mois de juillet de cette année.

On a rapporté dans le tom. Ier de cet ouvrage une condamnation prononcée, en 1463, contre Jean II de Bonnechose, par Rémont Monfaut, commissaire du roi Louis XI ; mais il fallait ajouter que cette condamnation n'était fondée que sur défaut de production de titres de la part de Jean II, seigneur d'Hienville. Il tarda peu à recouvrer une partie de ses titres, qu'avait dispersés une confiscation des biens de Colin de Bonnechose, père de Jean, faite par Henri V, roi d'Angleterre ; car, en 1471, ayant été taxé aux francs-fiefs pour sa terre d'Hienville, et Jean *le jeune*, son frère, pour le fief de Vieuxpont, à la somme de 33 écus ; ces deux frères en furent exemptés par jugement des commissaires, du 4

(1) Cet article doit rectifier celui qui se trouve p. 105 du tom. I de cet ouvrage.

(2) Du Moulin, édit. de 1631, pag. 40, col. 2 du catalogue placé à la fin de l'Histoire de Normandie, après la page 564.

mai de la même année, « *après avoir justifié par let-*
tres et par information qu'ils étoient hommes nobles,
nés et extraits de noble lignée, ayant de tout temps, eux
et leurs prédécesseurs, fait le service de guerre comme
les autres nobles. » Il est bon d'observer que Guillaume
de Bonnechose, écuyer, cousin du 3ᵉ au 4ᵉ degré de
Jean II, fut maintenu par le même Rémond Monfaut,
en 1463 (1), ce qui achève de prouver que le jugement
prononcé contre Jean et son frère ne fut rendu que
faute de produire. La filiation de cette famille, établie
d'après le jugement du 4 mai 1471, et ceux qui l'ont
maintenue dans son ancienne extraction, en 1540, 1641,
1642, 1659, 1660, 1665, 1666, 14 avril et 13 juin
1667, et 1ᵉʳ et 5 décembre 1669, remonte à Jean de
Bonnechose, écuyer, qui vivait, en 1294, avec sa femme Jeanne de Boishelin. Leur descendance s'est subdivisée en un grand nombre de branches, entr'autres :
1° les seigneurs de la Boulaye et de la Francardière,
existants, au 15ᵉ degré, en deux rameaux; 2° les seigneurs de la Lande et de la Fleurielle, éteints peu
après l'an 1769; 3° les seigneurs de la Fontaine, du Mé-
nil-Germain et de Ferrières, éteints le 13 septembre
1773; 4° les seigneurs de Vaux-Roger, existants au 13ᵉ
degré; 5° les seigneurs de Bocmâzier et de Quetteville,
éteints peu après 1784; 6° les seigneurs de Berville et
de Beauval, éteints à la fin du 17ᵉ siècle; 7° les seigneurs
de la Cour du Bosc, existants au 12ᵉ degré; 8° les seigneurs de Vaudecourt, existants au 15ᵉ degré; 9° les
seigneurs de Bonneville, et des Parts, éteints en 1776;
10° les seigneurs de Vaudemont et de Malouy, éteints
peu après 1784; 11° les seigneurs de Bellouet, éteints
au milieu du 18ᵉ siècle; 12° les seigneurs de Bougy et
de Courval, existants au 13ᵉ degré; 13° les seigneurs de
Prémonts, existants au 14ᵉ degré; 14° les seigneurs de
Boisnormand et de la Cornillière, éteints en 1632. Ces
diverses branches ont contracté des alliances directes
avec les familles d'Abos de Grandcamp, d'Agis de Mé-
licourt, d'Anfray, d'Aprix, d'Assy, d'Aussy, de Barrey,

---

(1) Tableau généalogique et historique de la noblesse, par War-
toquier, in-12, tom. IV, pag. 2. Recherche de Montfaut, édition
de 1818, par M. Labbey de la Roque, pag. 23.

de Baudot, de Baudouin du Fay, de Baudry de Piencourt, de Bernières, Besnard de la Morandière, de
Bocquensey, du Bois du Clos, de Boissel de Monville,
de Bonardi du Ménil, de Bonenfant-Montfréville, des
Boulayes, le Bourgeois de la Varende, de Bucaille, de
Camproyer, de Cintrey, de Clinchamp, du Collet
de Boves, de Costard, de Coulomp, de Courcol, du
Crotay, de Cuillier, Dandel d'Asseville, le Duc, d'Es-
cageul, d'Escorches de Sainte-Croix, de l'Espée, d'Espinay de Champigny, de l'Espinay, des Issards, de
Fautereau de Mainières, de Fayel, Le Filleul de la
Chapelle, de Fontenailles, de Fouqueville, de Franque-
ville, le Gentil, de Georges, de Gisay, de Glesquin, le
Got, de Graindorge, de Grieu, de Grimouville, de Gros-
lot, de Guiry, de Guerpel, Hardy de la Roche, des Hayes
de Boisbrun, des Hayes de Bonneval, de Heudey, de
la Houssaye, de Hudebert, d'Irlande, de Jambon de
Boscbenard, de Lambert de Jeanville, de Lieurey, de
Louvel de Repainville, de Louis de la Suhardière, de
Lucas, le Maignen, de Maillet de Friardel, de Malher-
be de Beauvais et de Malicorne, le Mancel, de May, de
Mironnel, de Monnay, le Nantier, le Normand de Mai-
sières, d'Orte, d'Osmond, Papillon des Haistereaux,
de Perier, de Pierre du Pin, du Plessis, de Pluviers, le
Prévost de Fourches, de Pontoulain, du Quesnay, de
Rouil, le Roux de la Fleurielle, de Sainte-Marie, de
Scelles, de Seney d'Argence, de Sousmont, de Se-
vrey, de Tolly, le Tonnellier de Conty, de la Vache,
de Vattetot, le Velain du Ronceray, de Venois, de
Vielle, etc.

Armes : D'argent, à trois têtes de sauvage de sable,
posées de front (1). Couronne de marquis. Devise : *Fi-
de ac virtute.*

---

(1) C'est ainsi qu'elles étaient représentées dans le vitrage d'une
des chapelles des Quinze-Vingts, à Paris, où saint Louis, dit-on,
permit de les y mettre, en considération des services rendus à ce
monarque par un Bonnechose. Les mêmes armoiries se voyaient
encore dans l'église du mont Saint-Michel, parmi celles des 119
gentilshommes, qui, l'an 1423, défendirent cette place contre les
Anglais, et forcèrent leur chef, le comte de Montgommery, d'en
lever le siége. (*Dictionnaire de la Noblesse, in-4°., Paris, 1771,
tom. II, pag. 656.*) Voyez aussi la généalogie de toutes les branches

DE BOULT; maison d'origine chevaleresque, qui tirait son nom de ses château et village de Boult, au comté de Bourgogne, bailliage de Vesoul, et dont on trouve grand nombre d'anciens titres des 12e, 13e et 14e siècles aux archives de l'officialité de Montbéliard, des abbayes de Montbenoît et autres. On y voit que Girard, seigneur de Boult, écuyer, épousa, vers 1460, Adeline de Saint-Mauris en Montagne, fille de Thiébaud et de Claudine d'Andelot, et qu'étant le dernier de cette branche, son fils Nicolas de Boult, marié : 1° à Claudine de la Pallud; 2° à Françoise de Villers; 3° à Claudine de Noidans, avait pris par cette raison le nom de *Saint-Mauris*, dit *de Boult*, et en écartelait les armes. Mais cette maison paraît s'être éteinte peu après cette époque. Elle a donné des chevaliers et hommes d'armes aux armées de Bourgogne, et des sujets à ses chapitres nobles, et s'est constamment alliée aux plus anciennes maisons de chevalerie de la province.

Armes : Palé d'or et de sable de quatre pièces.

BRIE, *comté*. Cette province était habitée du temps de César par les *Meldæ*, et faisait partie de la quatrième Lyonnaise sous Honorius. Lorsque cette province passa sous la domination des Français, elle fit partie du royaume de Neustrie. Vers la fin de la seconde race et au commencement de la troisième, elle était gouvernée par des comtes particuliers, connus sous la dénomination de comtes de Meaux. Herbert II de Vermandois, comte de Meaux (1) ou de Brie, devint comte de Troyes ou de Champagne, en 968, et réunit ces deux provinces,

---

de cette famille, dans le premier volume de l'*Histoire généalogique et héraldique des pairs de France, des grands-dignitaires de la couronne, des principales familles nobles du royaume, et des maisons princières de l'Europe*, publié au mois de janvier 1822.

(1) Il y eut aussi par la suite des vicomtes de Meaux, dont le premier connu est Hugues I, seigneur d'Oisy, châtelain de Cambray, vivant en 1096. Cette vicomté passa successivement dans les maisons de la Ferté-Gaucher, de Coucy, de Guines, de Châtillon, de Luxembourg, de Bourbon, de Béthune, par acquisition en 1627. Maximilien-Henri de Béthune, mort en 1729, était le trente-unième vicomte de Meaux.

qui depuis ce temps n'ont point été séparées, jusqu'à
leur réunion à la couronne, en 1361. La Brie était divisée en *Brie Champenoise*, dont Meaux était la capitale; *Brie Française*, qui avait pour chef-lieu Brie-Com-
te-Robert; et *Brie Pouilleuse*, dont le chef-lieu était
Château-Thierry. On distinguait aussi cette province en
Brie Haute et Basse. Meaux était la capitale de la première, et Provins de la seconde. Cette dernière ville
était anciennement la capitale et le lieu où résidaient
les comtes de Brie.

C

DE CALBIAC, en Agénois; famille ancienne, et qui,
depuis l'an 1600, n'a pas cessé, de père en fils, de donner des officiers de divers grades dans les armées de nos
rois. Elle remonte par preuves sa filiation suivie à Jean
de Calbiac, qui se maria le 4 août 1630. Un grand nombre de ses descendants furent décorés de la croix de
l'ordre royal et militaire de Saint-Louis. Pierre de Calbiac ayant eu à soutenir un procès contre quelques habitants de sa paroisse, qui lui disputaient sa noblesse,
y fut maintenu, par arrêt de la cour des aides et finances de Guienne, du 11 avril 1778, rendu après la
vérification des titres de cette famille. Pierre de Calbiac
émigra avec quatre de ses fils, officiers dans différents
corps. Deux furent tués à l'armée de Condé, à l'attaque
du village d'Ober-Kamlach. Lui-même, après avoir
servi dans l'armée des princes, est mort à Londres, et
deux autres de ses fils, Martial et Guillaume de Calbiac,
anciens capitaines, chevaliers de l'ordre royal et militaire
de Saint-Louis, échappèrent au désastre de Quibéron.
Ces deux frères ont obtenus, le 10 mai 1817, des lettres-patentes de S. M. Louis XVIII, qui les confirment
dans les possession et qualité de nobles et d'écuyers, qui
avaient été ci-devant accordées à feu leur père par la ci-
devant cour des aides de Guienne, avec autorisation de
se qualifier tels, et de les transmettre à leurs descendants,
mâles et femelles, avec tous les titres, armoiries, honneurs, etc.

Armes : Coupé, au 1 d'or, à deux croissants rangés

en fasce de gueules ; au 2 d'azur, à deux tours d'argent, crénelées, ajourées et maçonnées de sable, aussi rangées en fasce. Casque taré de profil, orné de ses lambrequins aux émaux de l'écu.

CAMBRÉSIS, *comté*. Cette petite province, dont Cambray (et non pas Cateau-Cambrésis) est la capitale, était habitée du temps de César par les *Nervii*, et comprise sous Honorius dans la seconde Belgique. De la domination des Romains, le Cambrésis passa successivement sous celle des Suèves, des Vandales et des Alains. Les Goths s'en emparèrent en 414. Les Français l'envahirent sur ces derniers, en 425 ; et nos premiers rois, à partir de Clodion, firent de Cambray le siége de leur empire. Ragnacaire, roi de Cambray, frère de Rigomer, roi du Mans, et tous deux du sang de Mérovée, furent mis à mort, vers l'an 509, par Clovis Ier, leur parent, qui s'empara de leurs états. Vers la fin du même siècle, Cambray était gouverné au nom du roi de France, par des comtes particuliers. Le premier que l'histoire fasse connaître est Landry, favori de Fredégonde, qui, à l'instigation de cette odieuse princesse, dirigea les assassins qui frappèrent Chilpéric, roi de Soissons, l'an 584, au retour d'une partie de chasse qu'il avait faite à Chelles. Charlemagne établit pour comte de Cambray Eudes, que quelques-uns disent issu des ducs ou rois d'Aquitaine. Il eut pour successeur, sous Lothaire, Hotton, auquel succéda Majon, que Balderic qualifie comte illustre. Isaac ou Sigard était comte de Cambray en 863. Arnould, comte héréditaire de Cambray et de Valenciennes, étant mort sans enfants, peu après l'an 1007, l'empereur Henri, à la requête d'Herbert, archevêque de Cologne, donna le gouvernement temporel de Cambray à l'évêque Herlnin et à ses successeurs, sous le vasselage de l'empire. Les rois de France, prétendant à la suzeraineté sur Cambray, réclamèrent vainement contre ces innovations ; mais les évêques, mettant à profit les circonstances, ménagèrent les choses si habilement, que pendant long-temps ils furent regardés comme indépendants, tant de l'empire que de la France. Cambray fut érigé en duché et en principauté de l'empire, l'an 1510, par l'empereur Maximilien, en faveur de Jacques de Croy, alors évêque de Cambray, et pour

V.   7

ses successeurs. Lors de la révolution des Pays-Bas, le duc d'Alençon établit, en 1581, un gouverneur à Cambray. Ce fut Bélagny (Jean de Montluc) qui remplit cette mission, mais avec tant de hauteur, que les habitants, pour se délivrer de l'oppression, ouvrirent leurs portes aux Espagnols, en 1595. Ces derniers possédèrent le comté de Cambray jusqu'en 1677, époque à laquelle Louis XIV en fit la conquête. Il fut réuni à la couronne par le traité conclu à Nimègue, le 17 septembre 1678.

CARLADÈS, *vicomté.* Le pays de Carladès, situé dans la Haute-Auvergne sur les confins du Rouergue, tirait son nom de la ville de Carlat, qui fut d'abord le chef-lieu de cette vicomté (établi depuis dans la ville de Vic). On en voit des traces dès le commencement du 9e siècle. Louis le Débonnaire s'empara du château de Carlat, en 839. Gilbert II, vicomte de Carlat, épousa, vers le milieu du 11e siècle, Nobélie, fille unique et héritière d'Odon, vicomte de Lodève. Par suite de ce mariage, la vicomté de Lodève passa, avec celle de Carlat, dans la maison des vicomtes de Milhaud. Le Carladès entra depuis par alliance, au commencement du 14e siècle, dans la maison d'Armagnac, et successivement dans celles d'Albret et de Bourbon. Le roi François Ier l'unit à la couronne, en 1351, après la mort du connétable de Bourbon. Louis XIII le démembra, en 1642, et le donna à perpétuité au prince de Monaco. Ses descendants l'ont possédé jusqu'à l'époque de la révolution.

Armes : Les vicomtes de Carlat, de la maison de Milhaud, portaient : *De gueules, au léopard lionné d'or,* qui sont les armoiries des comtes de Rodez.

CARLET de la ROZIÈRE; famille ancienne, originaire du Piémont, établie en France au commencement du 15e siècle. Elle n'a pas cessé depuis d'être employée utilement dans les armées de nos rois, auxquelles elle a fourni plusieurs officiers d'une bravoure exemplaire et d'un mérite distingué.

I. Louis-Charles CARLET de la ROZIÈRE, chevalier de l'ordre royal et militaire de Saint-Louis, officier au ré-

giment de Canisy, se fit d'abord remarquer au combat
de Morbeigno, gagné par les Français sur les Espagnols,
le 10 novembre 1655, et fut blessé grièvement dans
cette affaire. Il fut nommé capitaine sur le champ de
bataille, et peu d'années après officier supérieur dans
le même corps, avec lequel il se trouva à la bataille de
Rocroy, en 1643; aux combats de Fribourg, en 1644;
à la bataille de Nortlingue, le 3 août 1645; à celle de
Lens, en 1647; à Seneff, le 11 août 1674; à Turckeim,
le 5 janvier 1675; aux siéges de Condé, de Bouchain et
d'Aire, la même année; et, le 27 juillet 1678, à l'assaut du fort de Kehl, qui lui fournit une nouvelle occasion de signaler sa valeur. Il mourut, en 1701, dans
un âge très-avancé. Il eut pour fils aîné, Marc, qui
suit.

II. Marc CARLET DE LA ROZIÈRE, chevalier de l'ordre
royal et militaire de Saint-Louis, entra jeune dans la
carrière des armes, et devint successivement officier,
capitaine, puis, en 1726, major du régiment de Conty, infanterie. Il fit avec ce corps toutes les campagnes
de son temps; combattit à Fleurus, le 1er juillet 1690;
à Mons, en 1691; à Steinkerque, en 1692; à Neerwinde, en 1693; à la fameuse journée d'Hochstedt, le 13
août 1704; à Malplaquet, le 11 septembre 1709; à Denain, le 24 juillet 1712. Il mourut couvert d'honorables
blessures, en 1744, âgé de 86 ans, et fut inhumé dans
l'une des églises de Neuf-Brisach, où sa famille lui fit
ériger un mausolée, qui subsistait encore à l'époque de
la révolution. Il eut pour fils aîné Jean, qui suit.

III. Jean CARLET DE LA ROZIÈRE, chevalier, né en
1696, brigadier des armées du roi, chevalier de l'ordre
royal et militaire de Saint-Louis, entra, en 1709, dans
le régiment de Conty, infanterie, et fit avec ce corps la
campagne de Flandre, sous le maréchal de Villars. Il
combattit à Denain, à côté de son père, et y reçut une
blessure grave. Nommé aide-major du même régiment,
en 1726, il se trouva avec ce corps au siége et à l'assaut
de Fribourg, au mois de novembre 1733; aux batailles
de Parme et de Guastalla, les 29 juin et 19 septembre
1734, et fut blessé dans ces trois actions. Il servit avec
distinction à la défense de Prague, en 1742, et eut la

poitrine traversée par une balle à l'affaire du col de
l'Assiette, en 1747. A la paix de 1763, il fut nommé
brigadier des armées du roi, et commandant de la place de Calais, où il resta pendant quatorze ans. Ayant
ensuite obtenu sa retraite, il se retira auprès de son fils,
au château de la Rozière, en Champagne, où il mourut, en 1780, âgé de 84 ans, après en avoir passé 64 au
service de trois de nos rois.

IV. Louis-François CARLET, chevalier, marquis de la
Rozière, maréchal des camps et armées du roi, général-major au service de la Russie, puis lieutenant-général des armées portugaises, naquit au Pont-d'Arche,
près Charleville, le 10 octobre 1733. Il entra au service, en 1745, en qualité de volontaire, et fit ses premières armes en Italie. Nommé lieutenant au régiment de
Touraine, infanterie, en 1746, il se trouva, le 11 octobre de la même année, à la bataille de Raucoux; à
celle de Lawfeld, le 2 juillet 1747; au siége de Berg-
op-Zoom, que le comte de Lowendal emporta d'assaut, le 16 septembre; à celui de Maestricht, qui capi-
tula, le 7 mai 1748. En 1750, il passa du régiment de
Touraine aux écoles de mathématiques et de dessin, établies à Paris et à Mézières. En 1752, il suivit aux In-
des-Orientales le savant abbé de la Caille (1), en qualité d'ingénieur dans la brigade destinée pour les colonies, et fut employé à l'Ile-de-France aux fortifications,
et à rédiger un plan de défense. De retour en Europe,
en 1756, il fut nommé aide-de-camp du comte de Revel, et aide-maréchal-général-des-logis de l'armée auxi-
liaire de France, destinée pour la Bohême. Il commença les campagnes de la guerre de *sept ans* à l'armée de
Westphalie ; et le 5 novembre 1757, il se trouva à la
bataille de Rosbach, où il fut chargé de la direction
d'une division d'artillerie. Le comte de Revel ayant été
tué, M. de la Rozière fut attaché au corps d'armée du
duc de Broglie, et fit, avec ce général et les maréchaux
d'Estrées et de Soubise, toutes les campagnes de cette

(1) C'est à ce célèbre astronome qu'on doit la chronologie d'é-
clipses pour 1800 ans, publiée dans la 1re édition de l'Art de vérifier
les dates.

.guerre. Il se trouva à la prise de Bremen, le 15 janvier 1758, et fut fait capitaine de dragons sur le champ de bataille de Sundershausen, le 23 juillet. Il y avait été blessé, et avait eu un cheval tué sous lui. Il combattit à Lutzelberg, le 10 octobre de la même année; à Bergen, le 13 avril 1759; à la bataille de Minden, le 1er août, et commanda l'un des détachements qui couvrirent la retraite de l'armée à la suite de cette action. Il servit au passage de la Lahnn; à l'affaire de Corbach, au mois de juillet 1760, et à la prise de Cassel, en 1761. Ce fut lui qui enleva d'assaut, l'épée à la main, la cascade de Cassel, et qui pénétra le premier dans cette place. Il se trouva aux batailles de Grienberg, où il fut blessé d'un coup de sabre à la tête, et de Fillinghausen, et au passage du Weser. A l'affaire de Frauenberg, il fut sur le point de faire prisonnier le prince Ferdinand de Brunswick; mais, au moment où il atteignait ce général, son cheval s'abattit, et il ne lui resta dans la main que la housse du prince, qui ne dut son salut qu'à cet incident et à la vitesse de son cheval. La manière distinguée dont il s'était conduit dans cette affaire lui valut le grade de lieutenant-colonel de dragons et la croix de Saint-Louis. Quelque temps après, étant allé faire une reconnaissance dans la forêt de Sababord, il fut pris par des montagnards écossais, et conduit au quartier-général du roi de Prusse, qui lui fit l'accueil le plus honorable, et où il resta pendant près de trois semaines, avant d'être échangé (1). De retour à l'armée, il y reprit son grade; se trouva à la bataille de Wilhenstadt; au combat de Morchom; à la retraite de la Hesse, sous le maréchal d'Estrées; à l'affaire de Dilhemstadt, où il chargea vigoureusement l'avant-garde ennemie, à l'affaire d'Amenebourg, où il dirigea les opérations, après que le marquis de Castries et le vicomte de Sarsfield eurent été blessés, et jusqu'à l'arrivée du marquis de Ségur. Il eut encore dans cette action un cheval tué sous lui d'une balle dans la tête. Après la paix de 1763, le marquis de la Rozière fut employé dans le ministère secret du duc de Broglie, qui savait

(1) Lorsqu'il arriva au quartier-général des ennemis, le grand Frédéric lui dit : « Je désirerais vous renvoyer à l'armée française; » mais, lorsqu'on a pris un officier aussi distingué que vous, on le » garde le plus long-temps possible. J'ai des raisons pour que vous

apprécier ses talents militaires et ses connaissances per-
sonnelles. Il passa en Angleterre, d'après les ordres de
Louis XV, pour reconnaître les côtes de ce royaume,
et s'acquitta de cette commission importante avec autant
d'intelligence que de courage (1). Cette mission était
relative au grand projet dont ce prince était alors occupé contre l'Angleterre (2). De retour en France, il fut

---

» ne soyez pas échangé dans les circonstances présentes; ainsi vous
» resterez avec nous sur votre parole. » Le prince Ferdinand de
Brunswick, se rappelant l'attaque de Frauenberg, dit aux officiers
qui l'environnaient, en montrant le marquis de la Rozière : « Voi-
» là le Français qui m'a fait le plus de peur de ma vie. »

(1) Dans une lettre du comte de Broglie au roi, relativement à
MM. de la Rozière et d'Éon, au sujet de leur séjour en Angleterre
et des soupçons qu'on pouvait en concevoir, ce ministre dit, entr'autres choses : « Je leur ai fait quelques observations; mais ils sont
» partis du principe qu'ils doivent l'un et l'autre se sacrifier plutôt
» que de risquer que le secret ne soit découvert. Si ce principe pou-
» vait les égarer, il est si louable, qu'il est digne de la protection de
» leur maître; j'ose prendre la liberté de la réclamer avec la plus
» grande confiance, et je m'empresse d'autant plus de mettre mes
» instances à cet égard aux pieds de Votre Majesté, que, si les bruits
» qui courent à Paris ne sont pas outrés, M. de la Rozière en aura
» grand besoin, car on n'y parle que de le faire enfermer; mais heu-
» reusement ceux qui tiennent ces propos ne connaissent pas l'appui
» respectable et inviolable sous lequel il ne peut avoir rien à crain-
» dre. » C'est d'après cela que le roi, écrivant de sa main à M. de la
Rozière, le prévenait qu'il devait être arrêté en débarquant à Calais, et mis à la Bastille; que l'ordre était expédié par le duc de
Choiseul, qu'il eût à tâcher de l'éviter, et à se rendre près du comte de Broglie, ce qu'il fit fort heureusement. Ceux qui savent ce
qu'était le ministère secret de Louis XV, concevront facilement cette singularité.

Dans une autre lettre, datée de Paris, le 21 février 1765, au sujet du travail de M. de la Rozière sur l'Angleterre, le comte de Broglie mande au roi : « Je désire que Votre Majesté soit contente de
» son ouvrage, qui est fait avec une intelligence et une netteté peu
» communes, et qui justifient bien l'opinion que j'ai de lui et de ses
» talents, ce dont j'ai eu l'honneur de rendre compte à Votre Ma-
» jesté. Je doute qu'il y ait beaucoup d'autres officiers dans l'armée
» qui en réunissent de pareils, et qui puissent être aussi utiles au ser-
» vice de Votre Majesté. Je ne puis donc assez louer, sire, la rare
» intelligence et le zèle infatigable de cet officier. »

(2) Ce fut à l'occasion des préparatifs de cette descente, que
le duc de Broglie mandait au roi, le 4 juin 1765 : « Je vais char-
» ger M. de la Rozière, qui est le principal instrument de toute cet-
» te besogne, de détailler les préparatifs qu'il conviendrait de faire
» sur nos côtes, soit pour y rassembler des magasins de vivres, d'ar-

chargé par le roi, en 1765, de faire la reconnaissance topographique et hydrographique de toutes les côtes et ports du royaume. Il produisit un projet de défense pour les provinces de Saintonge et d'Aunis, et particulièrement pour le port de Rochefort, projet qui fut approuvé par le roi. En 1767, il fut nommé aide-maréchal-général-des-logis et employé en Bretagne, et dressa un plan particulier de défense pour chacun des ports de cette province. Celui qu'il fit pour le port de Brest, et qui, mis à exécution, fait encore aujourd'hui la sûreté de ce bel établissement maritime, suffit seul pour donner une juste idée du génie militaire de cet officier. Les autres travaux projetés et proposés par le marquis de la Rozière pour les ports de Saint-Malo, du Clos-Poulet, de Lorient, du port Louis, du Croisic et de Belle-Ile, furent approuvés par le gouvernement, et en partie exécutés. A la fin de l'année 1768, le gouvernement le chargea de rédiger, sur les dépêches des ministres et des généraux, l'Histoire des guerres de France, sous les régnes de Louis XIII, Louis XIV et Louis XV; ouvrage qui devait comprendre 12 vol in-4°, avec un vol. de planches, mais qui est resté au nombre des manuscrits de M. de la Rozière, n'ayant pas été imprimé par suite de la révolution. Le roi le chargea, en 1770, de rédiger un plan général de campagne contre l'Angleterre. Il fut nommé, le 11 novembre de la même année, brigadier de dragons des armées, et commandant à Saint-Malo. Quelque temps après, le roi le nomma maréchal-général-des-logis de l'armée destinée à descendre en Angleterre, expédition qui n'eut point lieu. Il fit de nouvelles reconnaissances plus détaillées sur l'Alsace, la Suabe et une partie de la Suisse, et donna le projet, si connu depuis, d'entrer en Allemagne, et d'y soutenir la guerre par la Forêt-Noire et les villes forestières. Le comte de Saint-Germain l'envoya ensuite à

---

rmes, etc , soit pour mettre certains points à couvert des risques qu'on a courus la guerre dernière. On ne peut penser sans frissonner que Brest et Rochefort ne sont point à l'abri d'un coup de main.... M. de la Rozière, qui a bien examiné ces deux ports, ne voit pas sans inquiétude l'état où ils se trouvent aujourd'hui ; il doit sur cela me communiquer ses idées, ce dont j'aurai l'honneur de rendre compte à Votre Majesté. »

Boulogne pour déterminer le plan d'un port et d'un établissement qui pût servir à la marine du roi. En 1777, après avoir indiqué et inspecté une partie des travaux du port de Brest, il se rendit à Cherbourg, pour y examiner les moyens d'y former un port avec des défenses, tant par terre que par mer. Lorsque la guerre eut été déclarée à l'Angleterre, en 1778, il rédigea le plan de descente, fit avec le maréchal de Broglie l'inspection des côtes, et remplit les fonctions de maréchal-général-des-logis de l'armée à la division du général de Vaux. Il rédigea, par ordre du ministre, l'ordonnance concernant les gardes-côtes, du 13 décembre 1778, et détermina l'emplacement et l'espèce, de même que le nombre de batteries nécessaires à la côte de Cancale, pour en assurer le mouillage. Il établit aussi la défense de la rivière de Pontrieux et des îles de Bréhat. Le roi, en considération de plus de 300 ans de services militaires rendus par sa famille, et surtout de ceux qu'il avait personnellement rendus à l'état, érigea, en 1780, la terre de Wagnon et ses dépendances, en Réthelois, *en marquisat de la Rozière*. En 1781, le marquis de la Rozière fut nommé commandant du corps de troupes destiné à s'emparer des îles anglaises de Jersey et de Guernesey; mais, ayant reçu contre-ordre sur le point du départ, cette expédition n'eut pas de suite. Il fut promu au grade de maréchal des camps et armées du roi, le 5 décembre de la même année. La paix ayant été faite, avec l'Angleterre, en 1783, le marquis de la Rozière commanda, depuis 1784 jusqu'en 1787, six bataillons employés aux travaux de la navigation intérieure de la province de Bretagne. Il conserva son commandement de Saint-Malo jusqu'à l'époque de la révolution. Au mois de mai 1791, il émigra avec son fils aîné, capitaine de dragons, et fut chargé de la direction des bureaux de la guerre établis à Coblentz par les princes, frères de Louis XVI. Il fit ensuite la campagne de 1792, en qualité de maréchal-de-camp et de maréchal-général-des-logis de l'armée royale, et fut nommé, cette même année, commandeur, puis grand'croix de l'ordre royal et militaire de Saint-Louis (1). En 1794, il passa d'Allema-

---

(1) Ce fut vers cette époque qu'il reçut du maréchal de Broglie

gne en Angleterre, sur l'ordre qui lui fut adressé de Pétersbourg par M. le comte d'Artois. Il quitta bientôt Londres pour se rendre à Dusseldorff, où était sa famille.
Appelé de nouveau en Angleterre, il y rédigea plusieurs
plans d'opérations militaires, et fut employé en qualité de
quartier-maître général des troupes destinées à débarquer
dans la Vendée. Au retour de cette expédition malheureuse, on lui proposa de très-grands avantages pour entrer au service de la Porte; mais il préféra celui de la
Russie, et y fut reçu en qualité de général-major. Ce fut
dans ce temps que l'impératrice Catherine écrivait au
roi d'Angleterre que, « si M. de la Rozière passait au
» service de la Porte, c'était en quelque sorte tirer l'é-
» pée contre la Russie ; qu'un officier tel que lui devait
» porter ses connaissances et ses services en Angleterre,
» mais non pas chez l'ennemi né de l'empire russe. »
Elle lui fit proposer de l'emploi, qu'il accepta, avec la
permission de rester à Londres, auprès des princes français. Peu de temps après, par des arrangements particuliers, la reine de Portugal lui fit proposer, par son
ambassadeur à Londres, d'entrer à son service, avec le
grade de lieutenant-général et de quartier-maître-gé-
néral de ses armées. Arrivé à Lisbonne, au mois de janvier 1797, avec son fils aîné, colonel de cavalerie, il
procéda immédiatement à la formation de son état-major. Il passa à Londres, en 1799, d'après une demande
du gouvernement britannique; mais le prince-régent de
Portugal, ayant lui-même besoin de cet officier-général, le rappela, en 1800, et lui donna, l'année suivan-

une attestation écrite au nom des princes français, pleine d'expressions les plus honorables et les plus flatteuses ; elle est datée de Liè-
ge, le 21 novembre 1792, et porte, entr'autres choses : « Qu'il y a
» peu d'officiers dans les armées du roi qui aient rendu d'aussi utiles
» services que M. le marquis de la Rozière, non-seulement pendant
» les campagnes qu'il a faites, mais pendant les intervalles de paix,
» qu'il a remplis par des reconnaissances des côtes du royaume, des
» projets pour les défendre et pour fortifier les places maritimes,
» projets qui ont presque tous été adoptés, et dont la plupart ont
» été mis à exécution, entr'autres ceux de Brest et de Rochefort.
» Ses talents, que relève une grande modestie, son attachement
» pour son roi, pour ses devoirs, et son parfait désintéressement,
» lui ont mérité l'estime générale et l'approbation de LL. AA. RR.,
» et personne n'est plus digne que lui d'obtenir, dans des temps
» plus heureux, les récompenses dues à des travaux aussi multi-
» pliés. Ce serait une grande satisfaction pour moi, si mon suffra-
» ge pouvait un jour contribuer à les lui faire obtenir. *Signé* le ma-
» réchal duc *de Broglie.* Vu et approuvé, *Signé* LOUIS-STANISLAS-
» XAVIER. *Signé* CHARLES PHILIPPE. »

V.   3

te, le commandement en chef de l'armée destinée à défendre le nord du Portugal. Les talents qu'il développa
pendant toute cette campagne lui méritèrent la dignité de commandeur de l'ordre royal et militaire de
Christ. Il fut nommé, en 1802, inspecteur-général des
frontières et côtes du royaume, ne devant recevoir d'ordre qu'immédiatement de S. A. R. le prince-régent.
C'est une des premières charges militaires du Portugal.
L'artillerie, le génie et toutes les troupes dans les places et sur les côtes étaient à son commandement, et il
recevait partout les honneurs dus aux maréchaux commandant en chef les armées. Peu de temps après, le marquis de la Rozière commença ses fonctions d'inspecteur-
général des frontières, qu'il a exercées pendant plusieurs années, et jeta les fondements d'un nouveau plan
général de guerre et de défense relatif à la situation topographique du pays et au nombre de troupes dont se
composait son armée; plan dont les Anglais ont su
tirer un grand parti dans la dernière guerre soutenue en Portugal contre les Français. Cet officier-
général, aussi recommandable par ses vertus privées
que par ses rares talents militaires, mourut à Lisbonne, le 7 avril 1808. On a de lui un grand nombre d'ouvrages imprimés et inédits, entr'autres, 1° les
Stratagèmes de guerre, Paris, 1756; 2° la *Campagne du maréchal de Créquy, en Lorraine et en Alsace, en* 1677, Paris, 1764; 3° la *Campagne de Louis,
prince de Condé, en Flandre, en* 1674, Paris, 1765; 4°
la *Campagne du maréchal de Villars et de Maximilien-
Emmanuel, électeur de Bavière, en Allemagne, en* 1703,
Paris, 1766; 5° la *Campagne du duc de Rohan dans la
Valteline, en* 1635, *précédée d'un discours sur la guerre des montagnes, avec carte;* 6° *Traité des armes en
général,* Paris, 1764. Outre sa belle *carte de la Hesse,*
qu'il fit graver, en 1761, on a encore de lui la *carte des
Pays-Bas catholiques* et celle *du combat de Seneff.* Parmi les manuscrits précieux qu'il a laissés, on distingue
l'*Histoire des guerres de France sous Louis XIII,
Louis XIV et Louis XV,* dont on a parlé plus haut;
Relation de la campagne des Prussiens, en 1792, *et de celle de* 1801 *en Portugal;* plus, *des devoirs du maréchal-
général-des-logis de l'armée, et de l'officier d'état-major; de l'art d'asseoir les camps, de faire des reconnaissances, du choix des positions, de la marche des*

colonnes en campagne, etc., etc. (1). Le marquis de
la Rozière avait épousé, en 1769, mademoiselle *de
Grandville*, dont il a eu plusieurs enfants, entr'autres,
quatre fils :

1°. Jean, dont l'article suit ;

2°. Achille Carlet de la Rozière, chef d'escadron,
chevalier de Saint-Louis ;

3°. Félix Carlet de la Rozière, chef d'escadron de
cuirassiers, chevalier de Saint-Louis et de la
Légion-d'Honneur, décédé sans alliance ;

4°. Alphonse Carlet de la Rozière, chef d'escadron dans les lanciers de la garde royale, chevalier de Saint-Louis et de la Légion-d'Honneur.

V. Jean CARLET, marquis de la Rozière, maréchal
des camps et armées du roi, né à Paris, le 10 avril 1770,
entra au service, en 1784, comme sous-lieutenant au
régiment d'Orléans, dragons. Il devint capitaine de cavalerie ; fut adjoint au corps de l'état-major-général de
l'armée, en 1788, et fut employé en cette qualité en Bretagne. Il émigra avec le marquis de la Rozière, son père,
au mois de mai 1791 ; fit, comme aide-maréchal-général-
des-logis de l'armée des princes, la campagne de 1792, et
fut nommé, cette même année, colonel de chasseurs
royaux, pendant le siège de Thionville. Après le licenciement de l'armée des princes, il passa au service d'Autriche, dans le régiment hongrois des hussards de Wurmser,
avec lequel il fit les campagnes de 1793 et 1794. Passé
ensuite à la solde de S. M. Britannique, il fit les campagnes de 1795 et 1796; obtint, en cette dernière année, la
croix de l'ordre royal et militaire de Saint-Louis, et entra
ensuite au service de Portugal comme colonel de cavalerie. Il fit la campagne de 1802, en qualité d'adjudant-
général de cavalerie de l'armée portugaise du Nord,
dont son père avait le commandement. Il fut nommé
successivement chevalier et commandeur de l'ordre de
Christ. Il fut fait adjudant-général de son père, lorsque
celui-ci fut chargé de l'inspection-générale des côtes et
frontières de Portugal, et fut nommé, en 1803, officier-
général au service de cette puissance. Rentré en France, en 1814, après la restauration du trône légitime, il
fut admis au service dans son grade de maréchal-de-camp,

(1) *Voyez* le tom. II, pag. 147, du *Nobiliaire universel de
France*, par M. de Saint-Allais, et le tom. IV, pag. 476, du *Dic-
tionnaire historique et biographique des généraux français*, par
M. le chevalier de Courcelles.

et employé comme tel, en 1815, à Angers, sous les ordres de S. A. S. Mgr. le duc de Bourbon. La même année, S. M. Louis XVIII lui confia le commandement du
département de la Haute-Vienne. Placé dans des circonstances difficiles, lors du licenciement de l'armée, le marquis de la Rozière sut, par sa modération et sa fermeté,
mériter l'estime de ses chefs et de tous ceux qui servaient sous ses ordres. Il eut ensuite un commandement
dans le Midi. Il est aujourd'hui porté sur le tableau des
maréchaux-de-camp disponibles.

Armes : D'argent, au chêne de sinople, accompagné
en chef de deux étoiles d'azur, et accosté de deux fleurs
de lys du même ; à deux épées de gueules, passées en
sautoir sur le fût de l'arbre. Devise : *Lilia semper et armis et corde.*

Le CARUYER (1), seigneurs de Beauvais, de Lainsecq, de Crétot, de Muchedent, de St.-Germain et de
Riberval, en Bourgogne et en Normandie ; famille ancienne, originaire du pays de Caux, et recommandable par les services militaires qu'elle n'a cessé de rendre dans les armées de nos rois.

I. Gabriel Le Caruyer, 1er du nom, écuyer, sieur
de Launay et de Bruquedalle, servit avec distinction
dans les guerres contre la ligue. Henri IV lui adressa,
le 13 août 1590, une lettre de cachet, pour qu'il eût à
se rendre en armes et équipage au siége de la ville de
Paris. Le 10 octobre de la même année, ce monarque
lui donna un certificat conçu dans les termes les plus
honorables, voulant, dit ce prince, que cette attestation passe aux descendants dudit Gabriel Le Caruyer,
comme une marque de sa reconnaissance des services
qu'il lui avait rendus et qu'il ne cessait de lui rendre
en toutes occasions de guerre. Gabriel reçut de nouvelles marques de la satisfaction de ce monarque, par
des lettres-patentes de noblesse qu'il lui accorda, au
mois de septembre 1597, dans lesquelles il est dit que
Gabriel Le Caruyer était déjà réputé issu de noble race
paternelle et maternelle. Il fut déchargé de la taxe des
franc-fiefs à raison de sa terre de Bruquedalle, par arrêt du 21 juin 1607. Il fut député de la noblesse du
bailliage de Caux, en 1622, et avait épousé, au mois
d'avril 1584, Marguerite *Le Cauchois* (2), dont il eut :

(1) Le nom trouve aussi orthographié *Le Caruier* dans les titres.
(2) *Le Cauchois :* De gueules, au chevron d'or ; un tronc de chêne à deux branches de sinople entrelacées dans le chevron.

1°. Gabriel, dont l'article suit ;

2°. Adrien Le Caruyer, écuyer, sieur de Bruque-dalle, qui fut déchargé de la taxe des francs-fiefs, par arrêt du 20 mars 1638. Il avait épou-sé, le 3 septembre 1614, Marguerite *de Saint-Ouen* (2), de laquelle il laissa :

A. Gabriel Le Caruyer, écuyer, sieur de Bru-quedalle, volontaire dans la compagnie des chevau-légers du duc d'Orléans, pourvu, le 1er mars 1665, de la charge de gentil-homme servant ordinaire *de Mademoiselle,* maintenu avec Pierre, son frère puîné, par jugement de l'intendant de la province de Normandie, du 12 juin 1667. Il avait épou-sé, le 8 mars 1641, Anne *Le Cauchois,* qui le rendit père de cinq fils :

    a. N.... Le Caruyer de Bruquedalle, en-seigne de la compagnie de Monge, au régiment des gardes-françaises ;

    b. Louis Le Caruyer, écuyer, sieur de Boucondeville, capitaine au régiment du maréchal de Brézé, blessé de deux coups de mousquet à la bataille de Denain ;

    c. N.... Le Caruyer d'Orsival,

    d. N.... Le Caruyer de Sainte-Marie,

le premier capitai-ne, et le second lieutenant au régi-ment de la Couron-ne, tués au siége d'Étampes en 1652 ;

    e. N.... Le Caruyer, servant le roi en Canada, en 1667.

B. Pierre Le Caruyer, écuyer, sieur de Bon-neval, auteur de la branche des *seigneurs de Crêtot,* qui existait près de Dieppe en 1780 ;

C. Nicolas Le Caruyer, écuyer, sieur du Mesnil, garde-du-corps de S. A. R. Mgr. le duc d'Orléans, maintenu dans sa nobles-se, le 9 juillet 1668.

II. Gabriel LE CARUYER, IIe du nom, écuyer, sei-gneur de Bois-le-Comte, partagea, avec Adrien Le Ca-

—

(2) *De Saint Ouen :* De sable, au sautoir d'argent, cantonné de quatre aiglettes au vol abaissé du même.

ruyer, son frère puîné, et transigea avec lui sur ce partage, le 27 décembre 1624 Il alla s'établir en Bourgogne, et épousa, à Auxerre, le 5 juin 1622, Marie *de Forthois*, qui le rendit père de Guillaume qui suit.

III. Guillaume LE CARRUYER, écuyer, seigneur de Launay, épousa, par contrat du 20 novembre 1644, Anne *de la Ferté* (1) *de Meung*, de laquelle il eut :

1°. Nicolas dont l'article suit ;
2°. Guillaume Le Caruyer de Lainsecq, mort sans alliance ;
3°. N... Le Caruyer, seigneur de Bassou, capitaine au régiment Royal-la-Marine, tué au siége de Barcelonne, en 1697, n'étant point marié.

IV. Nicolas LE CARUYER, 1er du nom, écuyer, seigneur de Beauvais, épousa, en 1684, Catherine-Diane *Fernier*, dont :

1°. Nicolas Le Caruyer, écuyer, seigneur de Beauvais, marié avec N... *Fremy*, mort sans posiérité ;
2°. Georges-Guillaume, dont l'article suit ;
3°. Otanne Le Caruyer, épouse du seigneur *de la Rivière* ;
4°. Marie-Anne Le Caruyer, morte sans alliance.

V. Georges-Guillaume LE CARUYER, écuyer, seigneur de Beauvais, de Bassou, de Chassenay, etc., épousa, le 30 avril 1727, Marguerite *Regnard*, de laquelle il laissa :

1°. Nicolas II, dont l'article suit ;
2°. Edme-Guillaume Le Caruyer, écuyer, seigneur en partie de Lainsecq et de Bassou, capitaine au corps royal d'artillerie, chevalier de l'ordre royal et militaire de Saint-Louis, marié, en 1768, avec Marie-Anne *Robinet*, dont sont issus trois fils et deux filles, entr'autres ;

A. Augustin-Edme Le Caruyer de Lainsecq, élève de l'école militaire d'Auxerre, en 1784, aujourd'hui capitaine de 1re classe au corps royal du génie, chevalier des ordres royaux et militaires de Saint-Louis et de la Légion-d'Honneur, non marié.

B. Adélaïde-Madelaine Le Caruyer de Lainsecq, mariée, en 1792, à Jacques-Edme-Antoine *de Druy*, chevalier, ancien officier au régiment de Conty infanterie.

C. Victoire Le Caruyer de Lainsecq, pension-

(1) *De la Ferté* : Écartelé, aux 1 et 4 d'hermine, au sautoir de gueules ; aux 2 et 3 contre-écartelés d'argent et de gueules.

naire de la maison royale de Saint-Cyr, en
1789, non mariée.

VI. Nicolas LE CARUYER, IIe du nom, chevalier,
seigneur de Beauvais, de Lainsecq, de Bassou, de Chas-
sénay, Villemenan, la Mothe, et autres lieux, ancien
chef de brigade au corps royal d'artillerie, chevalier
de l'ordre royal et militaire de Saint-Louis, servit avec
distinction, et reçut plusieurs blesssures graves. Il fut
élu député suppléant de la noblesse du bailliage d'Auxerre, suivant procès-verbal du 27 mars 1789 et jours suivants, pour représenter la noblesse dudit bailliage aux
états-gégnéraux. Il avait épousé, en 1766, Ursule-Ed-
mée *Robinet*, de laquelle sont issus :

1°. Nicolas-Guillaume Le Caruyer, mort à l'âge
de 9 ans;
2°. Charles-Henri, qui suit;
3°. Gasparde-Ursule Le Caruyer de Beauvais, mariée, par contrat du 9 septembre 1786, avec
Germain *Rondé de Signy*, chevalier, ancien officier au corps royal d'artillerie;
4°. Bonaventure-Jeanne-Delphine Le Caruyer de
Beauvais, mariée, par contrat du 5 février 1793,
avec Pierre-Jules-Joseph *de Vathaire de Guerchy* (1), chevalier, ancien officier au régiment
d'Auvergne, fils d'Edme-Paul de Vathaire, chevalier, seigneur de Guerchy, ancien aide-major
au régiment d'Auvergne, chevalier de l'ordre
royal et militaire de Saint-Louis, et de Fran-
çoise-Mélanie Potherat de Billy.

VII. Charles-Henri LE CARUYER, chevalier de Beauvais, élève de l'école militaire d'Auxerre, en 1779,
élève sous-lieutenant d'artillerie, en 1786, aujourd'hui
maire de la commune de Lainsecq, a épousé, en 1795,
Marie-Thérèse-Victoire *Sapey*, dont sont issus quatre filles et trois fils, qui sont dans la carrière militaire.

SEIGNEURS DE MUCHEDENT.

I. Louis LE CARUYER, Ier du nom, écuyer, sieur de
Saint-Martin et de Muchedent, en Normandie, hom-
me d'armés des ordonnances du roi, frère puîné de
Gabriel 1er Le Caruyer, obtint, en récompense de ses

(1) *De Vathaire* : D'azur, au chevron d'or, accompagné de trois
roses du même. (Voyez *la généalogie de cette famille dans le tome XVIII du Nobiliaire, pag.* 194, *et la Notice imprimée à la
lettre V de ce Dictionnaire, tom. IV, pag.* 207.)

services militaires, du roi Henri IV, au mois de septembre 1597, des lettres de noblesse, qui furent registrées
en la cour des aides de Rouen, le 23 décembre 1599.
Il épousa, la même année, Marguerite *Le Marinier* (1),
dont il eut :

1°. Pierre, dont l'article suit ;

2°. Michel Le Caruyer, mort sans postérité ;

3°. Louis II, auteur de la branche des *seigneurs
de Saint-Germain,* rapportée ci-après.

II. Pierre Le Caruyer, Ier du nom, écuyer, sieur
de Muchedent, né au mois d'avril 1601, servit en qualité d'homme d'armes dans la compagnie de Gaston,
duc d'Orléans, frère du roi Louis XIII, et partagea a-
vec ses frères la succession de leur père, le 8 avril 1637.
Il épousa, l'an 1628, Marguerite *d'Espinay* (2), dont
il eut un fils, qui suit.

III. Anne Le Caruyer, écuyer, seigneur de Muchedent, né l'an 1630, servit dans le régiment de Saint-
Pol, infanterie, et ne vivait plus en 1667. Il avait épousé, en 1658, Madelaine *de Martel* (3), qui le rendit
père de Gabriel qui suit.

IV. Gabriel Le Caruyer, écuyer, seigneur de Muchedent, fut maintenu dans sa noblesse par M. de la Galissonnière, intendant de la province de Normandie, le 11
juillet 1667, ainsi que Jean Le Caruyer, écuyer, sieur
de Riberval, et François Le Caruyer, écuyer, sieur de
la Heuze, qui servaient alors à l'armée du roi. Il fut
père d'un fils, qui suit, et de deux filles dont on ignore les alliances.

V. Pierre Le Caruyer, IIe du nom, écuyer, seigneur de Muchedent, épousa mademoiselle *d'Escourt,*
dont il eut :

1°. N.... Le Caruyer de Muchedent, marié, en
1761, à N.... *de Guiran de Dampierre* (4), dont
il n'eut pas d'enfants;

2°. Une fille, dont on ignore la destinée.

---

(1) *Le Marinier :* De gueules, au pal d'argent, chargé de trois
coquilles d'azur.

(2) *D'Espinay :* Palé d'or et d'azur de quatre pièces ; au chef
de gueules, chargé de quatre croisettes d'argent, posées en deux
bandes.

(3) *De Martel :* D'or, à trois marteaux de sinople.

(4) *De Guiran :* D'azur, à la bande d'or, accompagnée de deux
colombes d'argent, becquées et membrées de gueules ; à la bordure engrêlée du même.

SEIGNEURS DE SAINT-GERMAIN.

II. Louis Le Caruyer, IIe du nom, écuyer, sieur de Saint-Germain, né à Muchedent, le 31 mai 1611, servit, ainsi que son frère aîné, en qualité d'homme d'armes dans la compagnie de *Monsieur*, frère de Louis XIII. Il fut maintenu dans sa noblesse, en 1667. Il épousa à Verberie, le 10 août 1649, Jacqueline *de Mondésir*, dont il eut :

1°. Jean Le Caruyer, sieur de Riberval, }
2°. Franç. Le Caruyer, sieur de la Heuze, } qui servaient dans les armées du roi en 1667 ;
3°. Claude, dont l'article suit.

III. Claude Le Caruyer, écuyer, seigneur de Saint-Germain, né à Verberie, le 8 avril 1651, servit en qualité de mousquetaire, et fut fait capitaine de dragons dans le régiment de Tessé. Il avait épousé, le 9 mai 1684, Marguerite *Le Cornu d'Orme* (1), dont il eut deux fils :

1°. François-Honnête, qui suit ;
2°. Alexandre Le Caruyer de Riberval, chevalier de l'ordre royal et militaire de Saint-Louis, capitaine de grenadiers au régiment de Boulonnais, tué au siége de Mons, en 1746, sans avoir été marié.

IV. François-Honnête Le Caruyer, chevalier, seigneur de Saint-Germain, né à Verberie, le 25 novembre 1686, capitaine au régiment de Boulonnais, chevalier de l'ordre royal et militaire de Saint-Louis, épousa à La Fère, le 21 novembre 1730, Marie-Françoise *du Royer de Bournonville* (2), qui le rendit père de François-Alexandre, qui suit.

---

(1) *Le Cornu :* De gueules, à l'aigle d'argent.

(2) *Du Royer :* Gironné d'or et d'azur de huit pièces ; à huit écussons de l'un en l'autre, et un écusson de gueules au centre de l'écu.

V. François-Alexandre LE CARUYER, chevalier, seigneur de Saint-Germain, né au château de Savriennois, près La Fère, le 24 février 1733, servit pendant 25 ans dans la compagnie des gendarmes de la garde, d'où il s'est retiré avec le grade de capitaine de cavalerie et la croix de Saint-Louis. Il épousa à Paris, le 20 mars 1770, Bonne-Marie *Doré de Menneville* (1), dont il eut :

1°. François-Gilbert Le Caruyer de Saint Germain, né à Versailles, le 28 février 1771 ;

2°. Alexandre-François Le Caruyer, chevalier de Riberval, né à Paris, le 25 avril 1777 ;

3°. Deux demoiselles.

Armes : D'azur, à trois gerbes d'or.

DE CASTANET; illustre et ancienne maison de chevalerie de Languedoc, qui a pris son nom d'une terre située à deux lieues et demie de Villefranche, en Bourgogne, laquelle est passée, vers le milieu du 14ᵉ siècle, dans une branche puînée de l'illustre maison des comtes d'Armagnac (2). Bernard de Castanet, l'un des premiers auteurs de cette maison, souscrivit, en 1162, le contrat de mariage de la fille de Roger, comte de Foix, avec Guillaume-Arnaud, seigneur de Marquefave. Bernard de Castanet, issu de Bernard I par plusieurs degrés, fut nommé évêque d'Albi, le 7 mars 1275, par le pape Innocent V. Il assista au concile tenu à Aurillac, en 1278; obtint, en 1297, la sécularisation de son chapitre, et jeta les fondements d'une nouvelle cathédrale, sous le titre de Sainte-Croix et de Sainte-Cécile. Il fut transféré au Puy, en 1308 : fut créé cardinal, évêque de Porto, le 18 décembre 1316, et mourut à Avignon, le 14 août 1317, emportant les regrets et la vénération générale par son désintéressement et sa probité sans exemple. (*Voyez* l'article d'Armagnac de Castanet.)

Armes : Écartelé, aux 1 et 4 de gueules, au lévrier

---

(1) *Doré :* D'azur, à six écussons d'or.

(2) *Voyez* l'Histoire généalogique de la maison de Faudoas, in-4°, pag. 135.

d'argent, colleté du champ, bouclé et cloué d'or, surmonté de deux faucons d'argent; à la bordure crénelée
de huit pièces d'argent; aux 2 et 3 d'argent à la cotice
de pourpre; à la bordure crénelée de six pièces de
gueules.

DE CHAMBARLHAC ou CHAMBARLHIAC, en Ve-
lay et en Vivarais, l'une des plus anciennes maisons de
la province de Languedoc, qui tire son nom de la seigneurie de *Chambarlhac* (1) ou Chambarlhiac. située
dans le Haut-Vivarais, au ci-devant diocèse de Valence,
possession considérable, puisqu'elle comprenait 272
feux ou environ 1360 habitants, indépendamment des
autres biens qui se trouvaient dans sa mouvance. Il paraît que cette terre est sortie de la maison de Chambarlhac à une époque très-reculée, et qu'elle est entrée dans
celle de Truchet bien avant le 15ᵉ siècle, temps où cette
dernière en était en possession, et qui paraît l'avoir toujours eue depuis.

La maison de *Chambarlhac* a fourni un grand nombre d'officiers distingués au service de nos rois, et un
comte au chapitre noble de Brioude, en 1582.

On lit dans l'histoire du département de la Haute-Loi-
re (Vélay), par M. Dulac de la Tour, imprimée au Puy,
en 1813, que :

« Charles VI, visitant le Languedoc, s'arrêta dans la
» ville du Puy, en 1394, et que ce monarque logea pen-
» dant trois jours dans la maison de M. Pierre de Cham-
» barlhac, chanoine de la cathédrale, issu d'une fa-
» mille illustre et ancienne, qui subsiste avec l'éclat et
» la distinction, qui sont inséparables du mérite. »

Raymond *de Chambarlhac*, chevalier, fut présent à
la fondation de la chartreuse de Bonnefoy, le 24 juillet
1179, par Raymond, comte de Toulouse. Dans cet acte,
Raymond de Chambarlhac, prend la qualité de *miles*.

Le 26 septembre 1343, Guillaume *de Chambarlhac*,

---

(1) Le nom est ainsi orthographié très-souvent dans les titres.
On a donné, tom. III, pag. 139 de cet ouvrage, une Notice sur une
très-ancienne maison *de Chamberlhac*, en Périgord, qui pourrait
avoir la même origine.

seigneur du château et mandement de Chambarlhac, reçut un hommage de Pierre, seigneur de la Roche, dont la minute fut reçue par Pierre-Zacharie Detirangas, notaire royal.

I. Hugon DE CHAMBARLHAC DE LHERM, damoiseau, vivait en 1326; il rendit hommage, le 9 mars de la même année, à Raymond VII, vicomte de Turenne, baron de Fay, pour les biens qu'il possédait en la mouvance de cette baronnie. Il fut père de :

1°. Raymond, qui suit ;
2°. Pierre de Chambarlhac, qui assista, le 4 mars 1362, à l'hommage rendu par noble Artaud de Roche à Louis d'Anduse, seigneur de la Voulte, en présence de Jean de Girbaru, notaire royal, et clerc au diocèse de Valence.

II. Raymond DE CHAMBARLHAC DE LHERM, damoiseau, rendit hommage à Guillaume Roger, IIIᵉ du nom, comte de Beaufort, vicomte de Turenne, baron d'Alais, d'Anduse et de Fay, le 3 mai 1352. Il fut père de :

1°. Pons. dont l'article suit ;
2°. Pierre de Chambarlhac, chanoine de la cathédrale du Puy, qui eut l'honneur de loger pendant trois jours le roi Charles VI, en 1394.

III. Pons DE CHAMBARLHAC DE LHERM, damoiseau, seigneur de Lherm, au nom de Bermonde, *aliàs*, Garianne *Rochette*, sa femme, rendit hommage à Raymond-Louis de Beaufort, vicomte de Turenne, baron de Fay, le 15 novembre 1399. De leur mariage est issu :

IV. Jean DE CHAMBARLHAC DE LHERM, 1ᵉʳ du nom, damoiseau ; qui paraît dans une reconnaissance de la rente des Estreyts, du 26 mars 1400. Il eut pour fils :

V. Jean DE CHAMBARLHAC DE LHERM, IIᵉ du nom, damoiseau, seigneur de Lherm, qui paraît dans une reconnaissance, faite en sa faveur, de la rente des Estreyts, le 10 septembre 1479. Il fut père de :

1°. Louis, dont l'article suit ;

2°. Pierre de Chambarlhac, qui fut père de Jean de Chambarlhac, avec lequel il vivait en 1524.

VI. Louis de Chambarlhac, Ier du nom, damoiseau, seigneur de Lherm, vivait le 15 avril 1510, et donna une quittance générale à Pierre et à Jean de Chambarlhac, père et fils, de la paroisse des Vostres, le 15 septembre 1524. Il eut pour fils :

1°. Jean, dont l'article suit ;

2°. Antoine de Chambarlhac, dominicain.

VII. Jean de Chambarlhac, IIIe du nom, seigneur de Lherm, reçut quittance des biens paternels d'Antoine de Chambarlhac, son frère, religieux dominicain, le 15 avril 1510 ; il fit, le 21 décembre 1534, devant Archier, notaire, son testament, par lequel il institue héritier, noble Antoine de Chambarlhac, son fils ; fait un legs à noble Pierre, son autre fils, et fait mention de Colombe des Estres, femme dudit Antoine ; il eut pour fils :

1°. Antoine, dont l'article suit ;

2°. Pierre de Chambarlhac, qui fit son testament, le 15 juillet 1557, en faveur de nobles Claude et Alexandre de Chambarlhac, ses neveux ; et fit un legs à Colombe des Estres, veuve dudit Antoine de Chambarlhac, son frère, et à Pierre de Chambarlhac, leur fils ;

3°. Autre Pierre de Chambarlhac, chanoine et comte de Brioude, en 1582 ;

4°. Louis de Chambarlhac, qui fut père de :

A. Guillaume de Chambarlhac, héritier de son oncle, Pierre de Chambarlhac, le 15 juillet 1557. Il partagea, le 24 juin 1558, avec Claude de Chambarlhac, fils d'Antoine, les biens de Jean de Chambarlhac, leur aïeul, et testa le 12 octobre 1563. Il eut pour fils, Pierre de Chambarlhac, qui fit son testament, le 23 juillet 1618, et avait épousé, le 7 mars 1566, Antonie, *dite* Marionne *des Cours,* dont :

a. Alexandre de Chambarlhac, seigneur de Lherm, marié, le 1er juillet 1604, avec Catherine d'Allard, dont il eut : 1° Jacques de Chambarlhac, seigneur de Lherm, marié, le 28 avril 1647, avec Laurence de Brenas; 2° Alexandre de Chambarlhac, seigneur de Bascarnier, qui épousa, le 25 novembre 1659, Cyprienne Prautin : 3° Antoine de Chambarlhac, seigneur de Varenne, maintenu, avec ses frères, le 28 septembre 1669;

b. Pierre de Chambarlhac, marié, le 28 septembre 1610, avec Jeanne, dite Janette de Crose, qui testa le 17 mai 1641. Il fut père de : 1° Louis de Chambarlhac de Lherm, marié, le 2 septembre 1638, avec Claude Gubert; 2° Pierre de Chambarlhac, mentionné dans le testament de sa mère, et maintenu, avec son frère, le 8 septembre 1669;

c. Marie, mentionnée dans le testament de son père, du 23 juillet 1618;

B. Claude de Chambarlhac, héritier, avec Guillaume de Chambarlhac, son frère, de Pierre, leur oncle, le 15 juillet 1557.

VIII. Antoine DE CHAMBARLHAC DE LHERM, Ier du nom, écuyer, épousa, par contrat du 20 mai 1527, Colombe des Estres, qui était veuve de lui, le 15 juillet 1557. Il en eut :

1°. Claude, dont l'article suit;
2°. Pierre de Chambarlhac, à qui Claude, son frère, fit une donation, le 16 février 1557, par acte reçu par Marion, notaire.

IX. Claude DE CHAMBARLHAC DE LHERM, Ier du nom, écuyer, épousa, par contrat du 11 janvier 1557, reçu par Istor, notaire, Anne des Cours, qui, étant veuve, fit une donation, le 19 mai 1607, par acte reçu par Guilhet, notaire, insinué au sénéchal du Puy, le 20 août

suivant, en faveur d'Antoine, *dit* le Jeune, l'un de ses
fils, qui furent :

    1°. Antoine, *dit* le Vieux, qui suit;
    2°. Antoine de Chambarlhac, *dit* le Jeune, qui
       fonda la branche *de Chambarlhac* de Marthe-
       zey, rapportée en son rang.

X. Antoine de Chambarlhac, IIe du nom, dit *le
Vieux*, damoiseau, seigneur de Lherm, épousa, par
contrat du 21 mai 1581, Marguerite *Guillot*, et rendit
hommage au seigneur baron de Fay, le 16 mars 16.1.
Ses enfants furent :

    1°. Jean *l'Aîné*, dont l'article suit;
    2°. Jean *le Jeune*, qui fonda la branche des ba-
       rons de Chambarlhac de l'Aubepain, rapportée
       en son rang;
    3°. Alexandre de Chambarlhac, qui, comme pro-
       cureur fondé de noble Jean, son frère, rendit
       hommage au baron de Fay, le 17 août 1639,
       avec dérivation de l'hommage rendu, en 1352,
       par noble Pons de Chambarluac, son septième
       aïeul;
    4°. Marguerite de Chambarlhac, mariée, par con-
       trat du 4 octobre 1644, avec Pierre *Blanc de Mo-
       lines*, seigneur de Champs, fils de Henry Blanc
       de Molines, et de Catherine Bayle.

XI. Jean de Chambarlac, IIIe du nom, seigneur
de Costechaude, au diocèse du Puy, épousa, le 22 février 1637, Charlotte *Jolivet*, et fit son testament le 21
juin 1667. Il eut pour fils :

XII. Antoine de Chambarlhac, IIIe du nom, seigneur de Costechaude, maintenu dans sa noblesse, par
jugement de M. Bazin de Bezons, intendant de la province de Languedoc, du 25 septembre 1669. Il avait
épousé, par contrat du 12 janvier 1671, Marie *Blanc de
Molines*, dont il eut :

    1°. Claude, dont l'article suit;
    2°. Antoine de Chambarlhac, qui fonda la secon-
       de branche rapportée ci-après.

XIII. Claude DE CHAMBARLHAC, capitaine dans un régiment provincial, épousa, par contrat du 25 juillet 1701, demoiselle Marianne de *Clavieres*. De ce mariage est issu :

XIV. Pierre-Guillaume DE CHAMBARLHAC, écuyer, seigneur de Beaupré, de Montregard et autres places, marié, par contrat du 26 janvier 1745, avec dame Éléonore *de Bannes*. Ce contrat fut reçu par Demeure, notaire. Il servit comme lieutenant dans le régiment d'Auvergne, fit son testament, le 30 juillet 1782, devant Verdier, notaire, et institua pour son héritier messire Joseph-Florimond de Chambarlhac, son fils, qui suit.

XV. Joseph-Florimond, baron DE CHAMBARLHAC, chevalier de Saint-Louis, chef de division, lieutenant-colonel dans le corps des chevaliers de la couronne, par brevet de S. M. et de MONSIEUR, frère du roi, du 18 novembre 1791, a épousé, le 5 avril 1806, mademoiselle Pierrette-Josephe *de Solmes de Verac*, fille légitime de Jacques de Solmes de Verac, ancien gendarme de la garde, et de dame Rose de Chambarlhac. De ce mariage sont issues :

1°. Marie-Adèle de Chambarlhac;
2°. Marie-Éléonore de Chambarlhac;
3°. Marie-Victorine de Chambarlhac.

SECONDE BRANCHE.

XIII. Antoine DE CHAMBARLHAC, IVe du nom, seigneur de Montgros, second fils d'Antoine de Chambarlhac, IIIe du nom, et de Marie Blanc de Molines, eut pour fils :

XIV. Antoine DE CHAMBARLHAC, Ve du nom, né le 12 novembre 1708, seigneur de Montgros, qui épousa Catherine *Joanique*, et donna procuration, le 22 mai 1752, à André de Chambarlhac, son fils aîné, pour l'autoriser à se marier. Ses enfants furent :

1°. André, dont l'article suit;

2°. Claude de Chambarlhac de Montgros, seigneur de la Bessée, marié, par contrat du 13 février 1753, avec demoiselle Marie *Mollin*. Il mourut à l'armée ;

3°. Un autre fils mort au service.

XV. André DE CHAMBARLHAC, seigneur de la Chaux, officier, puis lieutenant-colonel au régiment du Roi, major de la place de Maubeuge, épousa, d'après la procuration de son père, en 1752, Marie *Mathieu*, de laquelle il a eu :

XVI. Dominique-André, baron de CHAMBARLHAC, né le 17 mai 1754, lieutenant-général au corps royal du génie, commandeur de la Légion-d'Honneur, et chevalier de l'ordre royal et militaire de Saint-Louis, fut d'abord cadet au régiment du Roi, depuis le 1er janvier 1763 jusqu'en 1773, qu'il passa lieutenant en second du génie à l'école de Mézières ; fut reçu ingénieur, le 18 janvier 1775 ; capitaine, le 30 mars 1786 ; lieutenant-colonel, le 8 novembre 1792 ; chef de brigade, directeur des fortifications, le 21 mars 1795 ; général de brigade, le 1er février 1805 ; lieutenant-général, par ordonnance du 20 août 1814 ; commandeur de la Légion-d'Honneur, le 15 août 1806 ; chevalier de Saint-Louis, le 27 juin 1814 ; et admis à la retraite en vertu de l'ordonnance du 1er août 1815. Employé à l'armée des Vosges, en 1792, il a soutenu le siège du fort de Vauban, où il a été fait prisonnier de guerre, le 14 novembre 1793, et conduit en Hongrie. Rentré en France, le 23 septembre 1795, il se trouva aux différentes affaires et batailles de l'armée du Rhin et Moselle, en l'an IV ; fut blessé à la jambe par un boulet à ricochet, au siége de Kehl, en l'an V ; servit à l'armée d'Allemagne, en l'an VI, et en l'an VII, au siége de Philisbourg ; fut chargé de la démolition des places de Cassel, Ehrenbreistein et Dusseldorff, en l'an VIII et l'an IX ; servit au siége de Gaëte, armée de Naples, en 1806 ; aux siéges de Magdebourg, Colberg, et Stralsund, à la grande armée, en 1807 et 1808 ; défendit la citadelle de Passau, à l'armée d'Allemagne, en 1809 ; fut nommé commandant du génie en Hollande, par ordre du 21 septembre 1810 ; commandant du génie à Dantzick, en 1811 ; servit à la grande armée,

V.   10

en 1812; fut commandant du génie à Stettin, en 1813, où il fut fait prisonnier, et rentra en France à la paix, en 1814.

BARONS DE CHAMBARLHAC DE L'AUBEPAIN.

XI. Jean DE CHAMBARLHAC DE LHERM, *le Jeune*, IVe du nom, écuyer, second fils d'Antoine de Chambarlhac, seigneur de Lherm, damoiseau, et de Marguerite Guillot, épousa, par contrat du 22 novembre 1654, Marie *Blanc de Molines*, et testa le 29 juin 1671. Il eut pour fils :

XII. Jean DE CHAMBARLHAC DE LA CHAUMETTE, Ve du nom, écuyer, marié, par contrat du 27 novembre 1698, avec Marie-Thérèse *Allirand*, dont il eut :

XIII. Jean-Antoine DE CHAMBARLHAC DE L'AUBEPAIN, Ier du nom, chevalier, marié, par contrat du 16 septembre 1723, avec Marie-Madelaine *de Goyx*. De ce mariage sont issus :

 1°. Jean-Antoine, dont l'article suit ;
 2°. Louis-Joseph de Chambarlhac, premier capitaine commandant au régiment d'Auvergne infanterie, avec lequel il fit la campagne de 1760, et fut blessé cette année au combat près de Rhinberg, et chevalier de l'ordre royal et militaire de Saint-Louis.

XIV. Jean-Antoine DE CHAMBARLHAC DE L'AUBEPAIN, Ier du nom, chevalier, député à l'assemblée provinciale de la noblesse du Puy et du Vélay, épousa, par contrat du 21 novembre 1750, Isabeau *de Sahuc*. De ce mariage est issu :

XV. Jacques-Antoine, baron de CHAMBARLHAC DE L'AUBEPAIN, né en 1754, ancien officier au régiment d'Auvergne, lieutenant-général des armées du roi, chevalier de l'ordre royal et militaire de Saint-Louis, commandeur de la Légion-d'Honneur ; ainsi que son oncle Louis-Joseph, et son père, il a été plusieurs fois député de la noblesse aux états provinciaux du diocèse du Puy et de Vélay. Il est père de :

1°. Jean-Antoine de Chambarlhac, lieutenant-colonel au premier régiment des chasseurs à cheval du roi, chevalier de la Légion-d'Honneur, admis aux pages de Monsieur, frère du roi, d'après le certificat de M. le Maistre, généalogiste, du 9 mars 1786 ;

2°. Alexandre de Chambarlhac, lieutenant au 64° régiment de ligne ;

3°. Louis-André-Antoine de Chambarlhac.

BRANCHE DE CHAMBARLHAC DE MARTHEZEY.

X. Antoine DE CHAMBARLHAC, II° du nom, *dit* le Jeune, écuyer, seigneur de la Roche-lès-Fay, au diocèse du Puy, second fils de Claude de Chambarlhac de Lherm, et d'Anne des Cours, épousa, par contrat du 27 novembre 1606, reçu par Jordon, notaire, noble Sébastienne *de Chambon*, fille de noble Étienne de Chambon. Anne des Cours lui fit une donation, par acte passé devant Guilhot, notaire, le 19 mai 1607, insinuée au sénéchal du Puy, le 20 août. Sébastienne de Chambon était veuve d'Antoine de Chambarlhac, lorsque, par acte reçu par Bort, notaire, elle donna quittance, le 23 juillet 1639, de la somme de 60 livres qu'elle déclara vouloir employer à l'arrière-ban, ayant alors la curatelle de Claude de Chambarlhac, son fils, qui suit :

XI. Claude DE CHAMBARLHAC, I°° du nom, écuyer, seigneur de Fontmourette et de la Roche-lès-Fay, épousa, par contrat passé devant Rion, notaire, le 24 octobre 1638, Isabeau *de Cortial*, fille de noble Jean de Cortial, seigneur de Villelongue, et de Françoise du Pont. Il fut maintenu dans sa noblesse par M. de Bezons, intendant en Languedoc, le 13 décembre 1668. De son mariage sont issus :

1°. Charles, dont l'article suit ;

2°. Florimond de Chambarlhac, écuyer, seigneur de l'Arzalier, qui servit en qualité de volontaire dans le régiment de Saint-Cierge, cavalerie,

ainsi que l'atteste un certificat du sieur de la Bar-
ge, du 15 décembre 1667. Il fit un don à Charles de Chambarlhac, son frère, lors de son mariage avec Marguerite Tardy de Grangeneuve;

3°. Alexandre de Chambarlhac, seigneur des
Grangers, vivant en 1689;

4°. N.... de Chambarlhac, femme de Louis *de
Besson du Bouchet*, écuyer, seigneur de Salla-
crap, vivant en 1689.

XII. Charles DE CHAMBARLHAC, Iᵉʳ du nom, écuyer,
seigneur de la Roche, épousa, par contrat passé devant
Chomel, notaire royal, le 6 octobre 1689, Marguerite
de Tardy de Grangeneuve, fille de noble Durand Tardy, sieur de Grangeneuve, et de demoiselle Catherine
de Cellières. Il fit registrer ses armes à l'armorial général, le 30 mars 1698. Il eut, entr'autres enfants :

1°. Claude II, dont l'article suit ;

2°. Florimond de Chambarlhac, écuyer, sieur de
la Roche, qui fut présent au contrat de mariage
de Claude, son frère. Il devint officier au régiment d'Aunis, et s'allia avec Anne-Marie *de la
Grevol*, dont il eut une fille unique :

Marie-Madelaine de Chambarlhac, mariée
le 28 décembre 1745, avec Charles-Barthélemi *de Chambarlhac de Marthezey*, son
cousin-germain.

XIII. Claude DE CHAMBARLHAC, IIᵉ du nom, écuyer,
sieur de Marthezey, épousa, par contrat du 9 décembre 1722, passé devant du Moinet et Aulhanier, notaires royaux, Marie-Madelaine *de Mayosson*, fille de
Jean-François de Mayosson, sieur de la Geneventière,
et de feu dame Anne de l'Hospital. Leurs enfants
furent :

1°. Charles-Barthélemi, dont l'article suit ;

2°. Marianne de Chambarlhac de Marthezey, religieuse de la congrégation de Saint-Joseph de
la ville de Saint-Didier, vivante en 1773.

XIV. Charles-Barthélemi DE CHAMBARLHAC, écuyer,
seigneur de Marthezey, épousa, par contrat passé de-

vant Lardon, notaire royal, le 28 décembre 1745, Marie-Madelaine *de Chambarlhac*, sa cousine-germaine,
dont il eut :

XV. Charles de CHAMBARLHAC, IIe du nom, écuyer,
seigneur de Marthezey, marié, par contrat passé devant
Basset, notaire royal, le 13 septembre 1773, avec
Françoise *Randon*, fille de feu Jean-Marie Randon, et
de Jeanne Souchon. Leurs enfants furent :

> 1°. Charles-Marie-François, qui suit ;
> 2°. Louis de Cham-
>   barlhac,
> 3°. Joseph-Gabriel de
>   Chambarlhac,

morts au service.

XVI. Charles-Marie-François DE CHAMBARLHAC DE
MARTHEZEY, écuyer, a épousé, par contrat passé devant
Coissieu, notaire à Saint-Peray, le 22 janvier 1812,
Hélène-Zoé *Barnaud de Villeneuve*, fille d'Étienne
Barnaud de Villeneuve, ancien capitaine au régiment
d'Auxerrois infanterie, chevalier de l'ordre royal et mi-
litaire de Saint-Louis, et de feu Marie-Madelaine Tra-
col. Leurs enfants sont :

> 1°. Charles-Camille de Chambarlhac, né à Firmi-
>   ny, le 11 octobre 1812 ;
> 2°. Marie-Madelaine-Adèle de Chambarlhac, née
>   à Firminy, le 12 mars 1814.

Armes : D'azur, au chevron d'or, accompagné de
trois colombes d'argent, becquées et membrées de
gueules.

La branche de l'Aubepain écartèle au 2 d'or, à l'au-
bépin terrassé de sinople, qui est *de l'Aubépain ;* au 3
de sinople, à un camp de trois tentes d'argent, celle du
milieu supérieure, qui sont des armes *de récompense
militaire.*

CHAMPAGNE, *comté.* Du temps de César, la Champagne était habitée par les *Tricasses*, les *Remi*, les *Ca-
talauni*, les *Senones*, les *Lingones* et par une partie des
Meldæ. Sous l'empire d'Honorius, la Champagne fai-

sait partie de la seconde Belgique et de la quatrième Lyonnaise. Les *Lingones* dépendaient de la première Lyonnaise. Vers l'an 456, Mérovée se rendit maître de Reims et de Châlons; mais la Champagne ne fut entièrement conquise par les Francs que sous Clovis. Après la mort de ce monarque, et le partage de ses états entre ses enfants, la Champagne passa successivement aux rois d'Austrasie, de Neustrie et d'Orléans et de Bourgogne, sans qu'aucun de ces princes ait jamais possédé entièrement ce pays. Herbert, comte de Vermandois, mort en 943, est le premier prince qui ait rendu le comté de Troyes ou de Champagne héréditaire dans sa famille. Cette première race des comtes de Champagne s'éteignit dans la personne d'Étienne Ier, petit-fils d'Herbert, mort en 1019, ou en 1030, selon M. Pithou.

Eudes, comte de Blois, comme plus proche héritier d'Étienne, se mit en possession de ses états de *Champagne* et de *Brie*. Le roi Robert, qui prétendait les réunir à la couronne, se détermina à lui en accorder l'investiture. Jeanne, comtesse de Champagne et de Brie, reine de Navarre, épousa, l'an 1284, le roi Philippe le Bel. Louis Hutin, leur fils, succéda à cette princesse, l'an 1305, dans le comté de Champagne et le royaume de Navarre. En 1361, les comtés de Champagne et de Brie furent réunis à la couronne, et n'en ont pas été séparés depuis.

Armes. Les comtes de Champagne et de Brie de la seconde race portaient : *D'azur à la bande d'argent, accostée de deux cotices vidées et contrepotencées d'or.*

DE CHEFDEBIEN. Nous croyons devoir insérer ici quelques développements à la généalogie imprimée sur cette famille, tom. IV, pag. 346 de cet ouvrage.

I. Robert DE CHEFDEBIEN, écuyer, seigneur de Painparé, eut *de Mathurine Lemoyne*, son épouse :

1°. Charles, qui suit;
2°. Gilles de Chefdebien, qui, avec son frère Charles, Anne Pannetier, Gilles du Vivier, et Jean Dupré, obtint de Léon X un bref qui les

autorise à avoir un autel portatif, à faire dire
la messe dans des lieux interdits, etc. Renée, sa
fille, épousa François *Myron*, fils de François
Myron, seigneur de Beauvoir et de Linières, et
de Geneviève de Morvilliers;

3°. François de Chefdebien, général des finances
en Languedoc, fut marié deux fois et ne laissa
point d'enfants; il eut un fils adoptif, nommé *Mathurin*, conseiller au grand-conseil, et
président de la cour des aides de Montpellier,
qui fut père de François, chevalier, seigneur de
Caxac, président de la chambre des comptes,
dont la fille unique, nommée Charlotte, fut mariée à Jacques-Philippe *de Baderon*, chevalier,
seigneur de Maussac, président en la même chambre des comptes de Languedoc.

II. Charles DE CHEFDEBIEN, écuyer, seigneur de Chavenay et de Painparé, prit possession dudit Chavenay,
par droit de retrait-lignager, le 28 mai 1535, en présence de Louis Gaultier, notaire. Il épousa, par contrat passé devant Galibert Damalry, notaire à Chavenay, le 15 décembre 1541, Martine *de Noyelles*,
fille de Roland de Noyelles et de Françoise de Rosseau,
dame de La Busardière. En considération de ce mariage,
sa belle-mère lui donna les dimes qu'elle possédait
dans les paroisses de Blou, Longué et ailleurs, par acte passé devant Laurent Bargnet, notaire de la Baro-
nie de Romefort, le 10 septembre 1542. Sa veuve fit
testament en faveur de René, leur fils unique, qui suit,
dans le château de Puisserguier, le 3 juillet 1579, par-
devant André Gizard, notaire à Puisserguier.

III. René DE CHEFDEBIEN, baron de Puisserguier,
seigneur de Chavenay, etc., épousa : 1° par contrat du
27 octobre 1574, passé devant Pierre Denemause, notaire de Montpellier, Marguerite *de Bandinel*, fille de
Jean-Antoine de Bandinel, président en la chambre
des comptes de Montpellier et de Françoise de La Croix-
Castries; 2° Catherine *d'Auderic de Savinhac*, sœur de
Charles d'Auderic, chevalier de Malte, laquelle, en
qualité de femme et procuratrice dudit baron de Puisserguier, transigea avec Françoise de La Croix, mère

de la première femme de son mari; acte qui fut reçu
le 7 novembre 1594, par Noël Planque, notaire de
Montpellier. René vendit sa terre de Puisserguier, en
1595. fonda des prières dans l'église de Vézières, sur
la sépulture de son père et de ses prédécesseurs, le 24 décembre 1596; vendit la terre de Chavenay à très-illus-
tre dame religieuse et princesse, madame Éléonore *de
Bourbon*, abbesse du monastère et ordre de Fontevrault, par acte reçu, le 10 décembre 1596, par René
Leriche, notaire royal en la sénéchaussée de Saumur;
acheta la place, terre et seigneurie noble d'Armissan,
par acte du 14 juillet 1597, passé devant Durand Bosquet, notaire royal de Narbonne. Tous ses enfants du
second lit moururent en bas âge, et il laissa seulement
de Marguerite de Baudinel :

    1°. René, second du nom, qui, au nom de son pè-
    re, remit les dénombrements, et rendit hom-
    mage au roi en la chambre du conseil de la cour
    de M. le sénéchal de Carcassonne, pour les sei-
    gneuries d'Armissan, du Quatourze, et la co-
    seigneurie de Saint-Pierre d'Ellec, le 24 juin,
    et le 1er juillet 1608; il servit dans l'armée roya-
    le au siége de Montauban, et mourut de ses
    blessures, en 1621 (1);
    2°. Jean-François, qui suit.

    IV. Jean-François DE CHEFDEBIEN, seigneur d'Armis-
san, du Quatourze et autres lieux, gentilhomme ordinaire de la chambre du roi, fit un partage et un accord avec son frère, le 31 janvier 1615, par-devant
Durand Bosquet, notaire de Narbonne. Par contrat reçu par le même notaire, le 1er septembre 1622, il

_____

(1) René, 1er du nom, passa sa vie dans les combats, et fut doué
d'une valeur peu commune. Le 29 juin 1586, étant sorti de son
château de Puisserguier avec quatorze des siens, sa troupe fut mi-
se en déroute; mais lui seul soutint la charge de quatre. Sa bravoure et sa probité lui méritèrent cette épitaphe, que l'on voit au
milieu du sanctuaire de l'église paroissiale d'Armissan : *Ci gît noble René de Chefdebien, écuyer, seigneur d'Armissan et autres
lieux, qui, après avoir vécu 60 ans en homme de bien, et reçu 28
blessures pour le service du roi, décéda le 17 janvier 1615. Dieu
lui fasse miséricorde. Amen.*

épousa Marguerite *de Vieu*, fille de Jacques de Vieu, gouverneur du château d'Angles, et de Françoise Bonafous. Françoise de La Croix, son aïeule maternelle, lui légua 1000 livres par son testament, reçu, le 6 mars 1624, par Guillaume Barral, notaire d'Agde. En qualité d'héritier de sa mère et de son frère, et de légataire de Jean de Bandinel, son oncle maternel, et de Françoise de La Croix, son aïeule maternelle, il transigea avec Jean-Antoine de Bandinel, sieur de Sigaret, son cousin-germain, le 3 janvier 1629, par-devant Antoine Austry, notaire d'Agde; rendit hommage au roi à raison de ses terres, le 31 juillet 1631, et fut breveté gentilhomme ordinaire de la chambre du roi, le 6 février 1639. Le certificat de son service en cette qualité est du 14 mars de la même année. Il servit dès sa jeunesse ; assista à la plupart des siéges et combats de son temps ; fut blessé plusieurs fois, surtout au combat de Leucate, où il était des plus avancés, comme il paraît par le certificat de M. le maréchal de Schomberg, en date du 13 mars 1639. C'est principalement en récompense de ses services que le roi accorda le titre de VICOMTE à ses descendants, par des lettres-patentes données à Poitiers, en décembre 1651. Son testament, dans lequel il fait mention de tous ses enfants, fut reçu, le 25 février 1644, par Jacques Cassaignes, notaire de Narbonne. Le 14 décembre 1648, Pierre Falconis, notaire de Narbonne, reçut le testament de sa veuve, dont il avait eu :

1°. Henri-René, qui suit ;
2°. Étienne-César de Chefdebien d'Armissan, sieur du Quatourze, capitaine de chevau-légers dans le régiment des Montiers de Mérinville, en 1653; de cavalerie au régiment de Marey, dans l'armée de Portugal, en 1662; major du régiment de cavalerie de Bulonde dans l'armée française, en Portugal, le 1ᵉʳ janvier 1667; lieutenant-colonel du même régiment, le 26 juin de la même année; fut maintenu en sa qualité de noble d'extraction, avec Gilibert, son frère, et le vicomte d'Armissan, son neveu, par jugement souverain de MM. les commissaires du roi, le 14 janvier 1669; servit dans les occasions les plus périlleuses du siége de Candie, depuis le 19 juin jusqu'au 29

août 1669. dont il eut un certificat de F. Vincent
Rospigliosi, général des galères de la religion, et
eut ordre de M. le prince de Condé pour commander à Vic, en 1673. Par son testament du 9
avril 1675, reçu par Jacques Cassaignes, notaire de Narbonne, il institua son héritier messire
Gilibert de Chefdebien d'Armissan, son frère
germain, capitaine d'une compagnie de chevau-
légers. Il mourut à Paris, en 1684 : et son testament fut ouvert et publié, le 13 janvier 1685,
par André Rigaud, notaire de Narbonne ;

3°. Jean-François de Chefdebien d'Armissan, second du nom, sieur de Casenenve, capitaine dans
le petit vieux régiment de Saint-Même, en 1654 ;
fut nommé major du même régiment, en 1659. Il
était major du régiment de Bourbonnais, lorsqu'il
eut ordre de M. le prince de Condé de commander
à Thiel, en 1673. Il épousa, en 1675, Polixène *de
Sacqui*, fille de Louis de Sacqui, lieutenant-colonel du régiment de Bourbonnais, gouverneur
des château et vallée de Queyras, et de Françoise
de Perron, dont le contrat fut reçu par Antoine
Martelly, notaire d'Ollioules ; il fut lieutenant
de roi du château Trompette, en 1676; gouverneur de Queyras, par la démission de son beau-
père, en 1685. Ayant donné sa démission en faveur de son neveu, en 1692, il eut des lettres d.
commandement. Il fit son testament, reçu par
Bailly et de Villaines, notaires au Châtelet de
Paris, le 14 mai 1692, et mourut le lendemain ;

4°. Jean de Chefdebien d'Armissan, sieur de Com-
belongue, prêtre, docteur en théologie, chanoine à Aleth, chanoine à Narbonne, ensuite
prieur-curé de Coursan ;

5°. Gilibert, qui suivra après la postérité de son frère ;

6°. Marie-Marguerite de Chefdebien, mariée,
en 1643, à François *de Casteràs*, baron de Sour-
nia, sieur Delpuch, gouverneur du château de
Quéribus ;

7°. Marguerite de ⎫ religieuses professes dans l'ab-
    Chefdebien, ⎬ baye royale de N.-D. des O-
8°. Garsinde de ⎭ leux, au diocèse de Narbon-
    Chefdebien,   ne, en 1650.

V. Henri-René DE CHEFDEBIEN, chevalier, vicomte
d'Armissan, baron de l'Haute, seigneur du Quatourze,
du Villars, de Fargues et autres places, né le 16 septembre
1623, baptisé, le 30 mai 1624, paroisse de Saint-Just
de Narbonne, fut nommé gentilhomme ordinaire de la
chambre du roi, par brevet du 26 juillet 1651; obtint,
par lettres du mois de décembre de la même année, pour
lui, ses successeurs et ayant-cause, l'érection de sa terre
d'Armissan en *vicomté*, en récompense de ses services
militaires et de ceux de ses prédécesseurs, « notam-
» ment de Jean-François de Chefdebien, son père, le-
» quel, poussé d'une généreuse émulation, a passé sa
» vie sous le faix honorable des armes, entr'autres au se-
» cours de Leucate, où il fut grièvement blessé, des-
» quelles blessures il est mort. » Ces lettres furent registrées à la cour des comptes de Montpellier, le 18
janvier 1653, et au bureau des finances, le 18 avril 1661.
Le roi, en considération de ses services, lui avait fait
don de ses droits sur les terres de Fontlaurier et autres, le 30 juillet 1652, ainsi que des droits de lods
sur la terre et baronnie de l'Haute, le 26 avril 1659.
Il avait épousé : 1° par contrat passé par-devant Ful-
crand Amiel, notaire de Béziers, le 1er octobre 1651,
Marie-Anne *de Lom*, fille de Jean de Lom, trésorier
général de France, et d'Anne de Seigneuret; 2° par
contrat passé devant Antoine Chopy, notaire de Narbonne, le 5 juin 1656, Isabeau *de Reboul*, fille de Rau-
lin de Reboul, seigneur de Marmorières, et de Marie
de Rouch. Il fit son testament par-devant Jacques Cassaignes, notaire de Narbonne, le 15 mars 1665, testament par lequel, après avoir institué son fils aîné son
héritier universel, et fait des legs à ses autres enfants,
il laissa le soin de ses honneurs funèbres à Isabeau de
Reboul, sa seconde femme, et à Étienne-César, Jean-
François, Jean et Gilibert de Chefdebien, ses frères.
Ses enfants furent ;

Du premier lit :

1°. Jean-Henri-René de Chefdebien, chevalier,
vicomte d'Armissan, qui, étant âgé d'environ
15 ans, fut maintenu dans sa qualité de noble
d'extraction, le 14 janvier 1669, avec Etienne-

César et Gilibert, ses oncles. Il mourut sans avoir été marié;

Du second lit :

2°. Jean-François, dont l'article suit;
3°. Blanche de Chefdebien, mariée, en 1686, à Louis *de Chambert,* seigneur de Bizanet, de Saint-Amans et autres places;
4°. Françoise-Marguerite de Chefdebien, morte sans alliance.

VI. Jean-François DE CHEFDEBIEN, IIIᵉ du nom, chevalier, vicomte d'Armissan, chevalier de l'ordre royal et militaire de Saint-Louis, gouverneur de Queyras, capitaine de grenadiers au régiment de Piémont, baptisé le 3 février 1663, paroisse Saint-Just de Narbonne, épousa, par contrat reçu, le 19 juillet 1700, par Jean Rouan, notaire de Narbonne, Anne-Louise *de Chefdebien d'Armissan,* fille de Gilibert de Chefdebien d'Armissan et de Marie Isabeau d'Auderic d'Alcoynes de Lastours, du consentement de Jean de Chefdebien d'Armissan, oncle des parties, et du conseil de Henri et Jean-François, frères de l'épouse. Il n'eut qu'une fille, Marie-Thérèse, qui suit, et mourut à l'armée dans le Milanais. Son testament, du 1ᵉʳ février 1702, reçu par Jean Rouan, notaire de Narbonne, fut publié par le même notaire, le 3 août de la même année. Anne-Louise de Chefdebien, vicomtesse d'Armissan, sa veuve, rendit hommage au roi en la cour des comptes de Montpellier, le 4 décembre 1722.

VII. Marie-Thérèse DE CHEFDEBIEN D'ARMISSAN, baptisée le 3 juillet 1701, paroisse Saint-Just de Narbonne, épousa, par contrat reçu par Jean Rouan, notaire de Narbonne, le 21 septembre 1722, Antoine-Marie *de Ponte,* comte d'Albaret, fils d'Étienne de Ponte, comte d'Albaret, et de Marie-Marguerite de Birague de Visque, lequel Étienne de Ponte sortait de la même maison dont étaient Pierre de Ponte, grand-maître de l'ordre de Malte, en 1534, plusieurs chevaliers de l'ordre de l'Annonciade, etc. Elle fut mère de :

1°. Joseph-Louis de Ponte, comte d'Albaret, chevalier, commandeur des ordres de Saint-Maurice et de Saint-Lazare de Savoie ;

2°. D'Anne-Luc de Ponte d'Albaret, évêque de Sarlat ;

3°. De Jean-François-Marie-Étienne de Ponte, vicomte d'Albaret, marié, le 10 avril 1759, à Josephe-Thérèse-Ange *Delpas*, fille de Don Ange-Charles-Joseph Delpas, marquis de Saint-Marsal, et de Done Marie-Marguerite-Jeanne-Ignace de Ros, dont il a eu plusieurs enfants.

V. Gilibert DE CHEFDEBIEN D'ARMISSAN, né le 7 novembre 1639, baptisé le 9 octobre 1651, paroisse Saint-Just de Narbonne, lieutenant de la compagnie Mestre-de-Camp du régiment de Poitou, en 1655, capitaine au régiment d'Ollier, en 1664, au régiment d'Enghien, incorporé dans le régiment de la reine, en 1668, eut ordre de servir à la suite du régiment de Cravates, en 1670, et par lettre de passe au régiment de Gassion, en 1671. S'étant joint avec Étienne César, son frère, à la production du vicomte d'Armissan, leur neveu, ils furent ensemble déclarés nobles et issus de noble race et lignée par MM. les commissaires du roi, à Montpellier, le 14 janvier 1669, et comme tels inscrits par noms, surnoms, armes et lieu de leur demeure, dans le catalogue des véritables nobles de la province de Languedoc. Il rendit hommage au roi en la cour des trésoriers de France de Montpellier, le 22 août 1679, à raison des seigneuries de la Haute et Basse-Planasse. Il rendit aussi hommage au roi en la cour des comptes de Montpellier, le 13 octobre 1691, tant de son chef qu'au nom du vicomte d'Armissan, son neveu, à raison de la terre et vicomté d'Armissan. Son testament fut reçu, le 21 juin 1699, par Jean Rouan, notaire de Narbonne ; il mourut cette année là. Sa veuve demanda et obtint la confirmation du jugement de maintenue de noblesse, le 20 décembre de la même année. Il avait épousé, par contrat passé devant Antoine de St.-Jacques, notaire de Narbonne, le 31 juillet 1677, Marie-Isabeau *d'Auderic d'Alcoynes de Lastours*, fille de Henri, qui avait été tué au siége d'Orbitello, et de Henriette Dupac de Ponserme, et nièce de Sébastien d'Auderic, chevalier de Malte. L'acte de ce mariage eut lieu de l'avis et agrément d'Étienne-César et de Jean-François, frères de l'époux, ainsi que de dame Isabeau de Reboul vicomtesse d'Armissan, veuve de son frère aîné.

Gilibert de Chefdebien eut pour enfants : Anne-Louise, née le 18 août 1678, et mariée à Jean-François, troisième du nom, son cousin-germain ; Henri, qui ne fut point marié, et Jean-François, qui suit.

VI. Jean-François DE CHEFDEBIEN D'ARMISSAN, IVe du nom, seigneur de la Haute-Planasse, né le 10, baptisé le 20 juillet 1683, paroisse Saint-Just de Narbonne, lieute-nant d'infanterie au régiment de Piémont, en 1701, devint chef des nom, armes, titres et prérogatives de la maison de Chefdebien, en 1702, par la mort de Jean-François, troisième du nom, son beau-frère, et son cousin-germain. Il épousa, par contrat passé devant Jean Rouan, notaire de Narbonne, le 16 février 1711, Ma-rie-Marguerite *de Chambert*, sa cousine, nièce d'Anne de Chambert, chevalier de Malte, et fille de Louis de Chambert, seigneur de Bizanet, Saint-Amans et autres places, et de Blanche de Chefdebien d'Armissan. Son testament, du 24 septembre 1748, fut reçu par Jean Martin, notaire de Narbonne ; et celui de sa veuve fut reçu, le 5 janvier 1755, par Pierre-Paul Maupel, no-taire de Narbonne, ouvert et publié par le même, le 14 août de l'année suivante. Leurs enfants furent :

1°. Jean-Louis-Joseph de Chefdebien d'Armissan, chevalier de l'ordre royal et militaire de Saint-Louis, capitaine de grenadiers au régiment de Piémont, tué à Rosbach, le 5 novembre 1757 ;

2°. François-Anne, qui suit.

VII. François-Anne DE CHEFDEBIEN, chevalier, vicom-te de Chefdebien d'Armissan, baron de l'Haute, sei-gneur de Bizanet, Saint-Amans, le Villars de Fargues, le Peyrou et autres places, coseigneur de Narbonne, de Moussan et de Cuxac, ancien capitaine au régiment de Piémont infanterie, pendant les guerres de Bohê-me et de Flandre, prisonnier au siége de Prague, che-valier de l'ordre royal et militaire de Saint-Louis, chef de division des canonniers gardes-côtes de Narbonne, né le 13 mai 1718, baptisé le 16 du même mois, pa-roisse de Saint-Just de Narbonne, a épousé, par con-trat passé devant Jean Martin, notaire de Narbonne, le 24 juin 1752, Gabrielle *de Solas*, fille de François de Solas, seigneur de Montlaurez, et de Gabrielle-Priscile-Françoise d'Alphonse, dame de Malvezin, dont il a eu un grand nombre d'enfants, notamment ceux qui suivent :

1°. François-Marie de Chefdebien d'Armissan, chevalier de l'ordre de Saint-Jean de Jérusalem, major à la suite du régiment des chasseurs de Malte, né le 15, baptisé le 17 avril 1753, paroisse Saint-Just de Narbonne ;

2°. Marie-Louis-Paul, élève d'artillerie à Bapaume, compris dans la grande réforme de 1772, major d'une brigade d'infanterie nationale au service de l'état de Virginie, en 1778, né le 28 mars, baptisé le 1er avril 1754, paroisse Saint-Just de Narbonne ;

3°. Paul-Serge-Anne, chevalier de Malte, capitaine au régiment d'Anjou infanterie, né le 12, baptisé le 16 juin 1755, paroisse Saint-Paul de Narbonne ;

4°. François-René, prêtre, licencié en droit, né le 19, baptisé le 20 mai 1760, paroisse la Major de Narbonne ;

5°. François-Guillaume-Gabriel, chevalier de Malte, lieutenant des vaisseaux du roi, né le 14, baptisé le 15 février 1763, paroisse la Major de Narbonne ;

6°. Louis-François-Gabriel, chevalier de Malte, sous-lieutenant de remplacement au régiment d'Anjou, né le 13, baptisé le 14 février 1767, paroisse la Major de Narbonne ;

7°. Marie-Joseph-Louis, né en 1776, présenté pour être reçu de minorité dans l'ordre de Malte, mort en 1778, pendant que l'on faisait ses preuves.

Armes. Voyez le tome IV de cet ouvrage et la planche héraldique qui termine ce volume.

DE CHILLAUD, ou CHILHAUD, en Périgord ; famille noble, distinguée par ses services, et par son attachement et sa fidélité à ses souverains. Pierre Chillaud fit son testament, le 10 mai 1549, par lequel il nomma

Bertrand Chillaud, son oncle, tuteur et curateur des enfants qu'il avait eus de Catherine-Chalup, sa femme, fille de Jacques Chalup, conseiller au sénéchal de Périgueux, et de Françoise Pastoureau : ses deux fils aînés étaient Antoine, seigneur de Pronsaut, et Jean, seigneur des Fieux, qui furent anoblis, en 1584, par le roi Henri III. D'Antoine de Chillaud, sont venus les seigneurs de Pronsaut et d'Adian, près de Périgueux, et de Soumensat en Agénois. Les seigneurs de Fonlosse, en la paroisse de Luzignac en Périgord, descendent d'un autre frère d'Antoine et de Jean.

Jean de Chillaud, seigneur des Fieux, fut l'un des hommes les plus braves de son temps; ce fut lui, qui, secondé par quelques-uns de ses compatriotes, aussi valeureux et aussi déterminés que lui, délivra la ville de Périgueux du joug des Huguenots, le jour de Sainte-Anne, 26 juillet 1581 ; c'est en mémoire de cette action héroïque, que ce jour-là, on fesait, tous les ans en cette ville, une procession générale, après laquelle il y avait un sermon, où entrait toujours l'éloge de Jean de Chillaud ; toutes les autorités y assistaient, et les membres de la famille de Chillaud y occupaient la première place.

Jean de Chillaud devint vice-sénéchal du Périgord, et maire de Périgueux. Il eut de Paule de la Porte, sa seconde femme, Bertrand de Chillaud, marié à Isabeau de Fayole, fille de Philippe et de Catherine de Taillefer. De lui sont issus les seigneurs de Charensac, en Périgord, et de Paranchères, près Sainte-Foy-sur-Dordogne.

Jean de Chillaud, fils aîné de Bertrand, fut seigneur des Fieux, de la Chapelle-Gonaguet et de la Jarte, en la paroisse de Coursac. Il ne laissa que deux filles de Jeanne-Claude de Lasteyrie-du-Saillant, sa femme, fille de Jean, et de Gabrielle du Puy, héritière de la Jarte :

1°. Isabeau de Chillaud, mariée, en 1660, à François *d'Anglars*, seigneur de Pechauré, fils de Raimond, seigneur du Claux et de N... d'Escars-de-Cavaignac;

2°. Marthe de Chillaud, qui épousa Jean *de Lasteyrie-du-Saillant*, fils de Raimond et d'Isabeau d'Escars, auquel elle porta le fief de la Jarte.

Toutes ces différentes branches sont aujourd'hui éteintes ; le dernier rejeton de la branche des seigneurs de Paranchères a été tué, comme royaliste, d'un coup de fusil, dans une rue de Bordeaux, pendant les *cent jours*, en 1815. Il ne reste plus aujourd'hui de cette famille, que la branche de M. de Chillaud de la Rigaudie, actuellement président de la cour royale de Bordeaux, et membre de la chambre des députés de 1815 et 1820.

La famille de Chillaud a donné nombre d'ecclésiastiques et de militaires distingués, ainsi que plusieurs magistrats.

Armes. Les branches sorties d'Antoine de Chillaud portaient : *De gueules, à un monde, ou globe d'or, croisé de même, surmonté d'un laurier aussi d'or, couché en chef, et accompagné de trois besants d'or, rangés deux en fasce et un en pointe.*

Et les branches issues de Jean de Chillaud, seigneur des Fieux, portaient : *De gueules, au lion d'or, tenant en pal un caducée d'argent, accompagné de trois besants d'argent, rangés deux en fasce et un en pointe,* avec cette devise : *Cum civibus libertatem præsto,* par allusion à la délivrance de Périgueux.

Ces armes furent données par Henri III, lors de l'anoblissement, en mars 1584.

Il y a erreur à cet égard dans l'Armorial général de M. Hozier, où on donne à cette famille les armes de la maison du Chilleau, en Poitou.

DE CLARIS, anciennement CLARISSE, marquis de la Verne de Rodes, comtes de Clairmont, libres barons d'Argenteau, aux Pays-Bas. Cette famille a pour premier auteur connu :

I. Pierre DE CLARIS ou CLARISSE, seigneur de Clastres, près de Saint-Quentin, en Picardie, mort au mois de février 1542. Il avait épousé Jeanne *de Vienne*, décédée le 15 juillet 1536, de laquelle il eut :

V. 12

II. Louis de CLARIS, Ier du nom, seigneur de Clastres, époux de Marie *le Batteur*, et père de Roger, qui
suit.

III. Roger DE CLARIS, seigneur de Dielbeke, fondateur du couvent des capucins à Lières, épousa Sara
Breyl, morte le 30 novembre 1634. Il eut pour fils :

IV. Louis DE CLARIS, écuyer, seigneur de Dielbeke,
Beckerseële, Berchem, Cobbeghem, etc., amman de
la ville d'Anvers, en 1630, créé chevalier, par lettres de
Philippe IV, roi d'Espagne, du 20 octobre 1632. Il
épousa Marie *Noirot,* qui le rendit père de Louis-Roger, qui suit.

V. Louis-Roger DE CLARIS, chevalier, seigneur de
Dielbeke, de Beckerseële, Berchem, Cobbeghem, Montfort, Zellick et Rigaerde, chevalier de l'ordre de St.-
Jacques, conseiller-d'état et du conseil des finances des
Pays-Bas, obtint l'érection, en titre de *comté,* de la
terre et seigneurie de Clairmont, ou *Galli de Ciara-
monte,* en Suède, par lettres du roi Philippe IV, du 19
février 1653. Il mourut le 6 juillet 1663. Il avait épousé Anne-Marie *de Meulenaère-Cortewyle,* morte le 7
décembre 1704. Leurs enfants furent :

    1°. Louis-Antoine, dont l'article suit ;
    2°. Marie de Claris, mariée à Jean-Pierre *Helman*,
        seigneur de Ruysbroeck, baron de Wille-
        broeck, etc.

VI. Louis-Antoine DE CLARIS, chevalier, comte de
Clairmont, libre baron d'Argenteau et de Hermalle,
seigneur de Montleone et de Meerbeke, conseiller-d'é-
tat, premier audiencier du roi d'Espagne aux Pays-Bas,
grand-bailli des ville et pays de Tenremonde, mourut
le 26 mars 1715. Il avait épousé Christine *de Deckère,*
morte le 10 février 1713, fille de Pierre-Pascal de Deckère, chevalier, seigneur de la baronnie de Montleone,
de laquelle il eut :

VII. Philippe-Louis DE CLARIS, comte de Clairmont,
libre baron d'Argenteau et de Hermalle, conseiller du

conseil de guerre et premier audiencier du roi aux Pays-
Bas, lieutenant-feld-maréchal des armées de l'empereur,
tué au siége de Semlin, en Hongrie, l'an 1686. Il était
allié avec Anne-Françoise *de La Verne de Rodes*, fille
unique et héritière de Ferdinand, marquis de La Verne
de Rodes, et de Madelaine de Steenberghe. Ils eurent
pour fils :

VIII. Louis-Ferdinand-Joseph DE CLARIS, né en 1696,
marquis de la Verne de Rhodes, comte de Clairmont,
libre baron d'Argenteau et de Hermalle, grand-bailli
d'épée du pays de Tenremonde, conseiller-d'état d'é-
pée et chambellan de LL. MM. II. et RR., lieutenant
en la souveraine cour féodale de Brabant, mort en 1773.
Il avait épousé, en 1731, Marie - Anne *de Hohenlohe-Bartenstein*, chanoinesse de Thorn, reçue dame
de la croix étoilée, le 3 mai 1733, morte le 16 septembre 1758, fille de Philippe-Charles-Gaspard, prince
de Hohenlohe-Bartenstein, et de Sophie-Léopoldine,
princesse de Hesse-Rhinfels-Wanfried. De ce mariage
est issue :

> Marie-Élisabeth-Waldburge-Anne-Louise DE CLA-
> RIS, née le 27 novembre 1736, mariée, le 17 oc-
> tobre 1751, avec Charles-Joseph-Auguste, comte
> *de Limbourg-Styrum-Bronchorst*, seigneur de
> Wisch et de Borckloe, enseigne héréditaire du
> duché de Gueldre et du comté de Zutphen, vi-
> ce-amiral de Frise, de Groningue et d'Omme-
> lande, chambellan de LL. MM. II. et RR., mort
> au château d'Argenteau, le 15 février 1760.

On peut consulter sur cette famille *le Nobiliaire des
Pays-Bas*, in-12, tom. *I, pag.* 247, 325, 543, et les
*Quartiers généalogiques des familles nobles des Pays-
Bas*, in-4, pag. 74 et 184.

Armes : D'argent, à la fasce d'azur. Supports : deux
griffons d'or.

DE CLARIS, seigneurs de Florian et de Saint-Martin,
en Languedoc. Cette famille paraît avoir une souche
commune avec celle *de Clari* ou *Clary* de Vindrac,
dont on parlera plus bas, non sur la simple analogie du
nom et des armes, mais par la co-habitation primitive

du même lieu, ayant toutes deux leurs premiers établissements dans la ville et juridiction de Cordes, en Albigeois.

Cette famille paraît avoir étendu ses rameaux jusque dans le Vivarais, ou peut-être avoir eu pour berceau ce pays, où elle existait avec distinction, dès le commencement du 13ᵉ siècle. On voit un Guillaume *Clari*, parmi les gentilshommes du Languedoc, qui étaient tenus envers le roi à l'hommage et au service militaire à cause de leurs fiefs mouvants de la couronne. Il comparut au ban indiqué à Saint-Germain-en-Laye, trois semaines avant la Pentecôte de l'an 1236.

Gerenton *de Clari*, écuyer, de Privas, en Vivarais, vivait, vers l'an 1270, et possédait un fief dans le mandement de Cheilus, dont il dota sa fille, en la mariant, l'an 1308, avec Pierre *de Cheilus*, damoiseau (1).

Pierre *de Claris*, vice-bailli du Vivarais, épousa, vers l'an 1410, Armandite *d'Auvergne*, remariée, avant l'an

(1) Histoire du Comtat-Venaissin, par Pithon-Curt, tom. IV, pag. 155.

M. Villaret, dans son Histoire de France (*Paris*, 1763, *tom. XI*, *p.* 336), fait mention d'un combat singulier entre le sire de Clary, *gentilhomme de Languedoc*, et Pierre de Courtenay, seigneur anglais. Ce dernier s'était vanté de n'avoir trouvé personne en France qui eût osé combattre contre lui. « Le sire de Clary, ajoute cet »auteur, ne put entendre cette bravade insultante pour la noblesse »se française sans la relever, et offrit de soutenir l'honneur de sa »nation : la proposition fut acceptée. Ces deux champions de la »gloire patriotique combattirent devant la comtesse de Saint-Paul. »Courtenay, blessé, désarmé, s'avoua vaincu, et repassa en An-»gleterre, d'où, peu de temps après, il envoya au roi de France »deux chevaux de selle, six petits arcs, une gerbe de grandes et »une de petites flèches, une gerbe de javelots et huit pièces d'é-»carlate, pour reconnaître les honneurs qu'on lui avait prodigués à »la cour de France. Il n'en usa pas de même à l'égard de son vain-»queur, le sire de Clary, qui, pour prix de son courage, ne re-»cueillit que la haine du duc de Bourgogne. On voulut le traiter »en coupable pour avoir combattu sans le congé du roi : il fut obli-»gé de se tenir caché pendant quelque temps, jusqu'à ce qu'il »eût obtenu son pardon de la cour. »

Quoique nous ayons cru devoir rapporter ici cette note, nous devons dire que plusieurs circonstances, telles que le combat livré en présence de la comtesse de Saint-Paul et la haine du duc de Bourgogne, nous font présumer que ce sire de Clary appartenait à la maison *de Clary-Wallincourt*, et que M. Villaret s'est trompé en qualifiant le sire de Clary gentilhomme de Languedoc.

1435, avec Thomas *Alberti*, et fille de Pierre d'Auvergne, et d'Audoave De Merles, de la ville de Viviers. Il en eut :

1°. Jean de Claris, marié avec Louise *Alberti*, fille de Thomas Alberti, et de Raimonde Félix, sa première femme. Elle était veuve de Jean Claris et sans enfants, lorsqu'elle fit son testament, le 15 octobre 1454;

2°. Isabelle de Claris, mariée, le 5 septembre 1435, avec Guillaume *de Piolenc*, damoiseau, co-seigneur de Saint-Julien, de Saint-Paulet et de Tresques, fils de Dieudonné de Piolenc, seigneur des mêmes terres, et de Garsinde de Montaigu. Elle fit son testament, le 7 mai 1466;

3°. Claudine de Claris, alliée, le 21 avril 1439, avec Gui *Godelli*.

Telles sont les seules traces qu'on ait pu découvrir de cette branche de Clari ou Claris du Vivarais. Celle des seigneurs de Florian et de Saint-Martin, en Albigeois, prouva filiation depuis noble et grège homme François *de Claris*, habitant de la ville de Cordes, ainsi qualifié dans le contrat de mariage de noble Antoine *de Claris*, son fils, avec Marie *de Lorme*, du 4 janvier 1505. Leurs descendants ont donné plusieurs officiers de divers grades d'infanterie et de cavalerie, la plupart décorés de la croix de Saint-Louis; un autre en la chambre des comptes de Montpellier, en 1708; un directeur-général des fortifications d'Alsace, ingénieur en chef des armées du roi, et brigadier de cavalerie, tué au siége de Prague, en 1742; et se sont alliés aux familles d'Amalric, d'Arlende de Mirabel, d'Arvieu, Dolhadeau, de Fizes, de Massiot, de Molles, du Merlet, de Perdrix, de Pize, de Portal, Salgues, de Villas, etc.

Cette famille a été maintenue dans son ancienne noblesse, le 27 mars 1723.

Jean-Pierre *de Claris* de Florian, né le 6 mars 1755, l'un des 40 de l'académie française, gentilhomme ordinaire de la chambre du duc de Penthièvre, lieutenant-colonel de cavalerie, mourut à Sceaux, le 13 septembre 1793, au sortir des cachots où la tyrannie de Robespierre l'avait plongé. Il a laissé un souvenir qui sera toujours cher aux amis des mœurs et des lettres.

Armes : D'or, à l'aigle de sable ; au chef d'azur, chargé d'un soleil d'or.

DE CLARY ou CLARI, seigneurs de Vindrac, de la Capelle, de Sainte-Luce et de Nartous, en Albigeois.

I. Arnaud DE CLARY, fit son testament, le 23 mars 1559. Il eut pour enfants :

1°. Emeric, qui suit ;

2°. Antoinette de Clary, mariée avec Amand *de Saint-Amand*, qui donna quittance dotale à Arnaud de Clary, son beau-père, le 15 janvier 1554.

II. Emeric DE CLARY, écuyer, habitant de Cordes, en Albigeois, fut marié, le 21 avril 1594, avec Marthe *de la Gausie*, fille de Françoise de la Gausie, seigneur d'Escornebœuf et de Dantejac. Il obtint du roi Henri IV une permission de chasser à l'arquebuse, le 28 septembre 1600, et fit son testament, le 9 janvier 1621. Ses enfants furent, entr'autres :

1°. Jean dont l'article suit ;

2°. François de Clary, substitué à son frère dans la succession paternelle, le 9 janvier 1621.

III. Jean DE CLARY, seigneur de la Capelle, docteur et avocat en la cour de parlement de Toulouse, épousa, le 20 juin 1626, Jeane *Dièche*, fille de Jacques Dièche, et d'Antoinette Bermond. Il reçut deux lettres de convocation pour le ban et arrière-ban de la noblesse, les dernier juillet 1641 et 21 juillet 1642. Il fit son testament, le 7 mars 1661, par lequel on voit qu'il avait alors de son mariage :

1°. Jacques qui suit ;
2°. Toinette de Clary,
3°. Anne de Clary,
4°. Marie de Clary,
} légataires de leur père, le 7 mars 1661.

IV. Jacques DE CLARY, Ier du nom, seigneur de Vindrac et de la Capelle, fournit aveu et dénombrement des biens nobles qu'il possédait dans la juridiction de Cordes, le 2 avril 1689, et fut pourvu de la charge de conseiller au parlement de Toulouse, le 2 décembre 1690. Il avait épousé, le 15 août 1667, Marie-Claire *de Jean*, fille de Jacques de Jean, conseiller au parlement de Toulouse, et d'Anne de Resseguier. De leur mariage est issus :

V. Jacques DE CLARY, IIe du nom, seigneur de Vindrac, de la Capelle et de Sainte-Luce, conseiller au parlement de Toulouse, marié, le 21 mai 1705, avec Claire *de la Gorée*, fille de feu Gabriel de la Gorée, conseiller au même parlement, et de Jeanne de Projan. Ils eurent, entr'autres enfants :

VI. Blaise-Jacques-Pierre-Gabriel DE CLARY, chevalier, seigneur de Vindrac, de la Capelle, de Sainte-Luce, de Nartous et autres places, né le 7 octobre 1709. Il épousa, le 1er juin 175-, Hyppolyte-Claude *d'Yzarn de Freissinet*, fille de feu Casimir d'Yzarn de Freissinet, comte de Valady, seigneur de Saint-Jean-le-Bas, au diocèse de Vabres, et d'Élisabeth de Roquefeuil. Ils eurent, entr'autres enfants :

VII. Jeanne-Élisabeth-Gabrielle DE CLARY, mariée, par contrat du 9 février 1772, avec François-Gabriel, vicomte *de Solages*, président du collége électoral du département du Tarn, chevalier de l'ordre royal de la Légion-d'Honneur, fils de Gabriel, chevalier de Solages, maréchal des camps et armées du roi, et de Marie de Juillot de Longchamps.

Armes : D'argent, à l'aigle de sable ; au chef d'azur, chargé d'un soleil d'or.

DE CLARY, en Languedoc. François de Clary, docteur en droit, avocat au parlement de Toulouse, ensuite avocat général au grand conseil, par provisions du 15 mai 1587, y fut reçu le 30 septembre suivant. Ayant pris le parti de la ligue, il fut rétabli dans ses fonctions, dont il avait été suspendu, par lettres registrées le 12 décembre 1589, et devint maître des requêtes le 30 avril 1594, juge-mage de Toulouse en 1608, puis premier président au même parlement le 21 juillet 1611.

Armes : De gueules, à l'aigle d'argent ; au chef cousu d'azur, chargé d'un soleil d'or.

DE CLARY-WALLINCOURT, maison d'ancienne chevalerie, originaire du pays de Cambrésis. Elle a pris son nom d'une terre située à trois lieues de Cambray, non loin de la châtellenie de Wallincourt, et a pour souche un puîné de l'illustre maison de ce nom, appelé Geoffroy de Wallincourt, sire *de Clary*, qui vivait l'an 1151. Fauvel de Clary, l'un de ses descendants, vivait l'an 1220 (1). Une charte de l'abbaye du mont Saint-Martin, de l'an 1296, fait mention de Nicolas, sire *de Clary*, et de Hugues *de Clary*, époux de Mathilde *de Grousclus*. Nicolas avait épousé Joye *de Lagnicourt*, de laquelle il laissa Guillaume, Jean et Agnès *de Clary*. Celle-ci fut conjointe avec Hugues *des Wasières*, fils de Hellin, seigneur de Heudicourt, et d'Alix de Commines.

Simon *de Clary*, chevalier, vivait en 1302. Hugues *de Clary*, qualifié aussi chevalier, en 1391, fut père de Jean *de Clary*, échevin de Cambray, en 1438. Monstrelet fait mention d'un Lancelot *de Clary*, tué à la bataille d'Azincourt, en 1415. Enfin Isabeau *de Clary* était mariée, en 1431, avec Jean *de Bossut*, seigneur d'Imbrechies et de la Motte (2).

La maison de Clary-Wallincourt est éteinte, et la terre de Clary est entrée dans la maison de Bische, vers l'an 1420.

Armes : D'argent à la fasce d'azur. Les seigneurs de Clary, de la maison de Bische, écartelaient aux 1 et 4 d'argent, à trois tourteaux de sable, qui sont les armes de *Bische*.

D'une autre branche était Jean *de Clary*, chevalier du Cambrésis, qui, au rapport de Rosel, portait : *D'or, à la bande d'azur, chargée de trois merlettes de sable; sur le tout un écusson d'argent, à la fasce d'azur.*

CLARY. Louvet fait mention d'un messire Geoffroy de Clary, chevalier, relaté dans le dénombrement du

---

(1) Anciennes remarques de la noblesse Beauvaisine, par Louvet, pag. 342.

(2) État de la noblesse du Cambrésis, par Le Carpentier, pag. 403.

comté de Clermont en Beauvaisis, dont les armes étaient : *D'argent, à la bande de sable ; au chef de gueules, chargé d'un lion d'or.*

DU CLUZEL, en Périgord. Cette maison paraît tirer son nom et son origine de l'ancien château du Cluzel, situé dans la paroisse de Cubjac, à trois lieues de Périgueux, relevant en suzeraineté des comtes de Périgord, à cause de leur châtellenie d'Auberoch. Ce château, ayant été réuni, ainsi que le fief qui en dépendait, à la seigneurie de Cubjac, perdit son ancien nom du Cluzel, et n'est plus connu aujourd'hui que sous celui de Cubjac.

La seigneurie de Cubjac a appartenu de toute ancienneté à la maison du Cluzel, et cette possession est justifiée par une foule de titres, depuis l'an 1223 jusqu'en 1400, qu'Arnaud du Cluzel en rendit hommage au duc d'Orléans, comme comte de Périgord.

Le plus ancien seigneur du Cluzel, dont le nom soit parvenu jusqu'à nous, est Bernard, vivant vers l'an 1160. De lui était issu, par un cadet, noble Antoine du Cluzel, damoiseau, seigneur du But, connu par des actes de 1491 et 1493. Cette maison est représentée de nos jours par :

1°. M. le comte du Cluzel de la Chabrerie, ancien capitaine aux gardes-françaises, aujourd'hui lieutenant-général et commandeur de l'ordre royal et militaire de Saint-Louis ;
2°. M. le marquis du Cluzel, ancien officier au régiment du Roi, chevalier de Saint-Louis ;
3°. M. du Cluzel, de la branche des anciens seigneurs de Brouillaud, et de Saint-Parc, ancien mousquetaire du roi, dont le père, élevé à l'école des cadets gentilshommes de Metz, eut le poignet emporté d'un biscaïen au siége de Prague ; l'oncle fut tué à Rosbach ; et le grand-oncle, Nicolas du Cluzel, mourut le premier à la tête des grenadiers du régiment de Piémont, sur l'ouvrage couronné de Philisbourg.

Armes : D'or, au pin de sinople ; au cerf passant de gueules, brochant sur le fût de l'arbre.

V.   13*

DE CORNELY; famille ancienne, originaire de
Rouergue, établie à Camboulit, en Quercy, dès la fin
du 13e siècle, et de nos jours à Issns, près de Villefranche de Lauragais.

D'après des notes trouvées dans les archives des cha-
pelains de Peyrusse en Rouergue, il paraît que cette famille jouissait dans cette petite ville d'une haute considération, fondée sur d'importants services. En effet, les
Anglais s'étant emparés, l'an 1163, du château de Peyrusse, ce fut un Cornély qui, secondé d'un Médicis,
parvint, à la tête des habitants, à expulser les ennemis
de cette place, et à la faire rentrer sous l'autorité de
Hugues II, comte de Rouergue.

Raymond *de Cornely*, élevé au siége épiscopal de Cahors, en 1280, assista, le 19 septembre 1286, au concile provincial de Bourges, convoqué par Simon de
Beaulieu, archevêque et primat Ce prélat rendit hommage à Frotard, vicomte de Lautrec, et possédait la
seigneurie de Cahors par indivis avec le roi Philippe le
Bel. Ce fut Raymond de Cornely qui fit bâtir le château
de Montpezat. Il contribua en outre à rendre le Lot na-
vigable au dessous de Puy-l'Évêque. Il mourut en 1293,
et fut inhumé en une chapelle qu'il avait fait construire
dans la cathédrale.

I. Bertrand DE CORNELY, Ier du nom, neveu de l'évêque Raymond, acquit le château de Camboulit, près
de Figeac, avec les seigneuries de Cambes et de Bous-
sac. Il épousa Helix *de Jós*, du lieu de Beduer, de laquelle il eut :

1°. Bérignon de Cornely, qui, le 30 juillet 1362,
     fit son testament, par lequel il fonda une cha-
     pelle à Camboulit, qu'il dota de 7 setiers de sei-
     gle de rente, et institua Jean de Cornely, son
     frère, pour son héritier ;
2°. Jean Ier, qui a continué la descendance.

II. Jean DE CORNELY, Ier du nom, seigneur de Camboulit, héritier universel de son frère, consentit, en
1393, une reconnaissance de quelques grains d'or, qui
fut acquittée par Pierre de Cornely, son fils et héritier.

III. Pierre DE CORNELY, seigneur de Camboulit, reçut plusieurs reconnaissances des habitants de cette seigneurie, et accensa le fief de Cante-Perdrix. Il ne vivait plus en 1489, date d'une transaction passée par Jeanne *de Gourdon*, sa veuve, en qualité de mère et tutrice de Jean de Cornely, qui suit.

IV. Jean DE CORNELY, IIe du nom, seigneur de Camboulit, eut pour fils :

1°. Charles de Cornely, doyen du chapitre de Figeac ;
2°. Antoine, qui suit.

V. Antoine DE CORNELY, seigneur de Camboulit, épousa Claude *de Cazenac*. Il fit son testament, le 9 août 1545, et sa veuve, le 8 septembre 1566. Ils eurent pour fils, Charles qui suit.

VI. Charles DE CORNELY, seigneur de Camboulit, épousa, le 3 mai 1560, Isabeau *de Cadrieu*, qui était veuve de lui, lorsqu'elle fit son testament, le 21 juillet 1605. Elle eut pour fils :

VII. Marc DE CORNELY, Ier du nom, seigneur de Camboulit, qui épousa : 1°, le 8 mai 1596, Françoise *de Las-Cases*, 2° le 9 avril 1604, Marguerite *Pauc de la Rue*. De ce dernier mariage est issu Bertrand, qui suit.

VIII. Bertrand DE CORNELY, IIe du nom, seigneur de Camboulit, épousa, le 19 octobre 1627, Anne *de Caluzac*, dont il eut :

IX. Marc DE CORNELY, IIe du nom, seigneur de Camboulit, allié, le 2 avril 1662, avec Anne *de Colomb*, et père de :

X. Jean-Joseph DE CORNELY, Ier du nom, seigneur de Camboulit. Il fut marié, le 15 mai 1709, avec Madelaine *de la Porte*, et fut père de Jean-Joseph II, qui suit.

XI. Jean-Joseph DE CORNELY, IIe du nom, seigneur de Camboulit, épousa, le 31 août 1746, Anne *de Los-*

tanges, fille de Laurent de Lostanges de Beduer, seigneur de Jarniost, en Lyonnais, brigadier des armées du roi, et de Jeanne Desmarets. De ce mariage sont issus :

1°. Bertrand-Anastase, qui suit ;
2°. Jean-Joseph de Cornely ;
3°. Anne de Cornely, mariée, à Sarlat, à noble Mathurin *Veyssière de Palomière* ;
4°. Élisabeth de Cornely, alliée, à Villefranche de Rouergue, avec noble François *du Fau de là Roque.*

XII. Bertrand Anastase DE CORNELY, né le 1er octobre 1749, fut reçu page de S. M Louis XVI, en 1766. Il passa des pages officier au régiment de Navarre, infanterie ; fut fait chevalier de Saint-Louis, en 1791, et se retira avec le grade de lieutenant-colonel, après 36 ans de services y compris 12 années d'émigration. Il a épousé, le 17 août 1803, Marie-Louise-Françoise *de Prud'homme*, fille de Bertrand de Prud'homme, chevalier, seigneur du Roc et de Bellecombe, et de Marie-Henriette de Lavaur. De ce mariage sont issus :

1°. Marie-Bertrand-Frédéric de Cornely, né le 18 octobre 1804, entré à l'état-major, le 1er janvier 1822 ;
2°. Joseph-Henri de Cornely, né le 19 avril 1806.

Armes : D'argent, au cerf élancé de gueules, accompagné de trois corneilles de sable, la dernière surmontant une étoile d'azur ; au chef d'azur, chargé de trois étoiles d'argent. Couronne de comte.

COUTEAUX. Alexandre-Julien-Procope Couteaux, procureur pour le roi au siège de la connétablie et maréchaussée de France, à la table de marbre du palais, à Paris, obtint de S. M. Louis XVI, au mois d'avril 1782, des lettres-patentes de noblesse, en récompense de 31 années de services dans l'exercice de sa charge, et en considération de son mérite personnel et de ses lumières, auxquelles on dut de salutaires réformations dans la discipline des maréchaussées du royaume.

Armes : D'azur, à deux couteaux d'argent, passés
en sautoir, liés d'or. L'écu timbré d'un casque taré de
profil à trois grilles, orné de ses lambrequins d'azur,
d'argent et d'or. Devise : *Sicut armis.*

CROQUET (1) ou CROCQUET DE BELLIGNY. La noblesse de cette famille, orginaire de Paris, a été jurée à
Malte, en 1623 et 1624, dans les preuves de Chistophe
Perrot de la Malmaison et dans celles de Pierre de Bou-
bers de Voisinlieu, lors que ces deux seigneurs furent
reçus chevaliers de l'ordre de Saint-Jean de Jérusalem.
Elle a pour auteur :

Jean CROQUET, d'abord quartinier de la ville de Pa-

---

(1) Dubuisson, tom. I, pag. 118 de son *Armorial des principales familles du royaume,* donne les armoiries des Croquet de Paris à une famille *du Croquet de Guyencourt,* originaire de la ville
d'Amiens, dont l'un des auteurs, Jean *du Croquet,* citoyen de cette
ville, épousa Marie *de Hangest,* et fut père de Nicolas et Jean *du
Croquet,* qui assistèrent au mariage d'Anne *du Croquet,* leur sœur,
veuve en premières noces de Jacques *Mouret,* avec Antoine *du
Bos,* écuyer, seigneur de Flers et de Malassise, fils de Nicolas du
Bos, écuyer, seigneur de Hurt et de Drancourt, trésorier-général
de France, et de Jacqueline de Louvencourt ; mariage dont le contrat fut passé par-devant Saint-Fussien, notaire à Amiens, le 21
janvier 1626. (*Recherche de Picardie, grand in-folio; et Nobiliaire
in-4° de Picardie, pag.* 50.)
De l'un de ces deux frères est issu Firmin *du Croquet,* conseiller
au présidial d'Amiens, en 1692, et subdélégué de l'intendant de Picardie (*Ibid. pag.* 564), dont le fils, Firmin-Antoine *du Croquet
de Guyencourt,* fut pourvu, en 1721, d'une charge de conseiller-
secrétaire du roi, maison couronne de France et de ses finances.
(*État de la France, tom. IV, pag.* 100.)
La terre de Guyencourt, en l'Ile-de-France, diocèse de Chartres,
avait été érigée en vicomté en faveur de Charles de Bérulle, maître
des requêtes, par lettres du mois de février 1657. (*Dictionnaire des
Gaules, par Expilly, tom. III, pag.* 702.)
Jean Le Carpentier fait aussi mention d'une famille patricienne
de Cambray du nom *du Crocquet,* dont il dit ne point connaître les
armoiries, et dont était Jacquemart *du Crocquet,* échevin de Cambray, en 1270, qualifié, en 1273, écuyer et prevôt de Crèvecœur.
Bède *du Crocquet* était aussi échevin de Cambray et homme de fief
de Saint-Aubert, en 1535, 1536, 1541 et 1555. Il épousa Eremburu-
ge *de le Flie,* fille de Jean de le Flie, écuyer, et d'Isabeau de Was-
nes, de laquelle il eut Bède et Simon *du Crocquet.* (*État de la noblesse du Cambresis par Le Carpentier, part. III, pag.* 458
et 459.)

ris, en 1500, puis échevin de la même ville, en 1502. Il avait eu pour fils :

Mathurin Croquet, Ier du nom, écuyer, seigneur de Boischaillot, qui épousa Agnès *de Goulas*, de laquelle il laissa :

1°. Mathurin II, qui suit ;
2°. Catherine Croquet, mariée, par contrat du 15 mars 1522, avec Guillaume *Abot*, écuyer, seigneur de la Chaise, conseiller ordinaire en la cour des grands jours du comté du Perche, nommé, le 18 juin 1526, président en l'échiquier et chancelier d'Alençon, ensuite conseiller au parlement de Paris, fils de Denis Abot, écuyer, seigneur de la Chaise, de l'Oiselière, du Jarossay et de la grande Bretonnière, et d'Antoinette de la Cherve.

Mathurin Croquet, IIe du nom, écuyer, seigneur de Royzray, en Bourbonnais, épousa Denise *Gobelin*, fille de Jacques Gobelin, écuyer, correcteur des comptes, et de Blanche Barentin. Leurs enfants furent :

1°. Pierre, dont l'article suit ;
2°. Catherine Croquet, mariée avec Claude *Perrot*, seigneur de la Malmaison, président aux enquêtes du palais et conseiller au parlement de Paris, fille de Jean Perrot et de Marie d'Auvergne, dame de la Malmaison ;
3°. Marie Croquet, femme de Nicolas *Le Clerc*, seigneur de Saint-Martin, procureur-général au grand-conseil, fils de Jean Le Clerc, écuyer, seigneur du Tremblay et de Saint-Martin, en Brie, procureur-général au parlement de Paris, et de Madelaine Barthélemy d'Orville.

Pierre Croquet, reçu secrétaire du roi, le 12 juin 1572, mort en 1594, avait épousé : 1° Geneviève *Le Bossu* ; 2° Marie *Picou*.

Jean-Baptiste Crocquet, l'un de ses descendants, capitaine à la Martinique, épousa, par contrat du 23 février 1658, Marie *Dyel de Graville*, fille de Michel

Dyel, seigneur de Graville, et de Marie Picart, sa troisième femme. Il eut pour fils :

Pierre CROCQUET, écuyer, capitaine d'infanterie, chevalier de l'ordre royal et militaire de Saint-Louis, qui épousa N.... *Le Grand*, de laquelle il laissa :

Nicolas CROCQUET DE BELLIGNY, écuyer, aussi capitaine d'infanterie, marié avec Catherine *La Verge de la Feuillée*, dont il eut :

Marie-Michel CROCQUET, DE BELLIGNY, écuyer, ancien capitaine d'infanterie, chevalier de l'ordre royal et militaire de Saint-Louis, né à la Martinique, le 20 août 1757. Il a siégé à l'assemblée de la noblesse du bailliage de Montargis, convoquée, en 1789, pour l'élection des députés aux états-généraux, et a épousé, au mois d'avril 1803, à Caudebec, département de la Seine-Inférieure, Marie-Louise-Rosalie *Folloppe*.

Armes : De gueules, à trois crocs d'or.

On peut consulter sur cette famille l'Armorial de la ville de Paris, gravé par Beaumont, pag. 29, 31, 35, 92, 106, 107, 108; l'Armorial général de France, par M. d'Hozier, registre I, partie Ire, pag. 5, et le Dictionnaire in-4° de la noblesse, par la Chesnaye-des-Bois, tom. V, pag. 757, et tom. XIII, pag. 23.

D

DACHON, sieurs des Rigaudières, de la Salmonnières et de Saint-Flessan, en Bretagne. Cette famille a été maintenue par arrêt de la chambre de la réformation du 3 juillet 1670, sur le fondement des priviléges de l'échevinage de la ville de Nantes.

Armes : De gueules, à deux léopards d'or.

DE DAMAS, seigneurs et barons de Villiers, de Morande, de Cormaillon, de Courcelles, titrés comtes de Cormaillon, comtes et barons de Damas; maison d'origine chevaleresque et chapitrale du duché de Bourgo-

gne, où elle tenait un rang considérable dès le milieu
du 11ᵉ siècle. Elle y a formé plusieurs branches, dont
quelques-unes se sont éteintes, et qui toutes ont constamment soutenu l'éclat de leur première origine, par
les utiles et nombreux services qu'elles n'ont cessé de
rendre à nos rois A ces avantages, cette maison joint
celui non moins précieux de compter parmi ses premières alliances une parenté directe avec la maison de Montagu, puînée des ducs de Bourgogne et issue du sang
royal de France. Cette alliance fut contractée, vers l'an
1380, par Jean-Damas, écuyer, seigneur de Bussière,
de Villiers et de Jouancy, avec Marie de Montagu, fille
de Philibert de Montagu, chevalier, seigneur de Cou-
ches, de Saint-Péreuse et de Nolay, et de Jeanne de Vienne ; alliance qui, formée à cette époque, peut fixer l'opinion sur les caractères de noblesse et d'illustration de
cette famille. Ses preuves ont été jurées à Malte, à Saint-
Georges, à Remiremont et à Neuville. Les descendants
de Jean Damas et de Marie de Montagu ont formé deux
branches principales : 1° les seigneurs de Villiers, d'A-
thies, de Sauvigney et de Sandaucourt, fondus par mariages, en 1596 et vers 1600, dans les maisons de Fuligny (1) et de Foudras ; 2° les seigneurs de Cormaillon,
de Courcelles, de Morande, de Fains, de Villers-lès-
Sémur, titrés comtes de Cormaillon, comtes et barons
de Damas. Ces deux branches ont constamment siégé
aux assises de la noblesse des états de Bourgogne, et ont
donné, la première, un grand-veneur de Bourgogne, en
1456, un écuyer d'honneur du duc Charles le Téméraire et un gouverneur de la ville et forteresse d'Auxerre, en 1594 ; la seconde, un lieutenant-général au service de Danemark, à la fin du 17ᵉ siècle, un colonel de
cavalerie, et de nos jours un général-major au service
de Russie, puis lieutenant-général au service de France.
Cette branche compte en outre plusieurs autres officiers dans les armées de nos rois, dont l'un, entr'autres, servit avec distinction dans l'arme du génie, fut

---

(1) Ce fut en vertu de cette alliance que la maison *de Fuligny*,
d'ancienne chevalerie de Champagne, ajouta à ses nom et armes
ceux de *Damas*. Cette maison de Fuligny-Damas s'est éteinte,
par mâles, en 1802.

blessé, le 20 octobre 1688, au siège de Philisbourg, et mourut d'une blessure qu'il avait reçue à l'épaule, devant le château de Namur, dans la nuit du 7 au 8 juin 1692. Les alliances directes de cette maison sont avec celles d'Armstroff, d'Athies, de Beauvau, du Bois d'Aisy. du Bos, de Bouvot, de Chasan, de Chauvigny de Blot, de Chauvirey, de Chavannes, de Clugny, de Crécy, de Damas d'Anlezy, de Fontaines, de Grand d'Aizanville, de Haraucourt, de Marboeuf, de Mouchet, d'Oiselet, de Perrot de la Malmaison, de Pontallier, de Salins, de Sully, etc.

Charles, baron DE DAMAS DE CORMAILLON (1), chevalier, seigneur de Saint-Benoise et autres lieux, était colonel en second du régiment de la Marche, lorsqu'il émigra à l'époque de la révolution. Il fut attaché à la personne de MONSIEUR, aujourd'hui S. M. Louis XVIII, en qualité d'aide-de-camp; fit les campagnes de l'armée des princes, et périt à la malheureuse affaire de Quiberon, le 20 juillet 1795, ayant alors le grade de colonel de cavalerie. Il avait épousé, par contrat du 28 juin 1784, signé par le roi et la famille royale, Marie-Gabrielle-Marguerite *de Sarsfield*, chanoinesse-comtesse de Neuville, fille de Jacques-Hyacinthe, vicomte de Sarsfield, lieutenant-général des armées du roi, inspecteur-général de la cavalerie et des dragons, gouverneur de la citadelle de Lille, commandant pour le roi dans la province de Hainaut et le Cambrésis, et de Marie de Levis. En faveur de ce mariage, Jean-Pierre Damas, comte d'Anlezy, seigneur d'Anlezy, de Fleury la Tour, de Sassangy et autres lieux, maréchal des camps et armées du roi (2), fit donation de tous ses biens au baron de Damas, et, dans le cas où ce dernier le précéderait, aux enfants qui pourraient naître de lui et de mademoiselle de Sarsfield, son épouse. De ce mariage sont issus :

---

(1) Ses deux sœurs, Agnès-Esprite de Damas, née au Fains, le 30 décembre 1748, et Catherine-Charlotte de Damas, née au même lieu, le 17 février 1755, chanoinesses-comtesses de Neuville, existent et n'ont point contracté d'alliance.

(2) Il est mort au château d'Anlezy, le 7 septembre 1800.

V.   14

1°. Ange-Hyacinthe-Maxence, qui suit;

2°. Alfred-Charles-François-Gabriel, comte de Damas, capitaine au 2ᵉ régiment de la garde royale, chevalier de l'ordre royal de la Légion-d'Honneur;

3°. Antoinette-Jeanne-Isidore de Damas, mariée avec Martial-Jacques-Louis, marquis *de Loménie*.

Ange-Hyacinthe-Maxence, baron DE DAMAS, propriétaire de la terre d'Anlezy, né à Paris, le 30 septembre 1785, émigra avec son père. Il entra au service de Russie, en 1795, y devint successivement colonel dans la garde de l'empereur, commandant un bataillon du régiment de Séménowsky, puis colonel des grenadiers d'Astracan, et chef de brigade du régiment de Fanagorie, et enfin général-major; chevalier des ordres de Saint-Georges et de Saint-Wolodimir de la troisième classe, et de l'ordre de Sainte-Anne, deuxième classe. Il entra au service de France, en 1814, en qualité de maréchal-de-camp, fut nommé gentilhomme d'honneur et aide-de-camp de son A. R. *Monseigneur*, duc d'Angoulême, et ensuite fut nommé chevalier de l'ordre royal et militaire de St.-Louis, la même année; promu au grade de lieutenant-général des armées du roi, le 10 avril 1815; nommé, au mois d'octobre, commandant de la 8ᵉ division militaire, dont il continue encore de remplir les fonctions; officier de l'ordre royal de la Légion-d'Honneur, au mois de mars 1815, et commandeur du même ordre, au mois de mai 1820; enfin commandeur de l'ordre de St.-Louis, le 1ᵉʳ mai 1821 (1). Le baron de Damas a épousé, par contrat du 7 juin 1818, signé par le roi et la famille royale, Sigismonde-Charlotte-Laure *de Hautefort*, fille d'Amédée-Louis-Frédéric-Emmanuel, comte de Hautefort, et d'Alix-Julie de Choiseul-Praslin. De ce mariage sont issus:

1°. Charles-Gabriel-Godefroy-Marie-Maxence de Damas, né à Marseille, le 15 mai 1819;

---

(1) *Voyez* pour le détail des services militaires de cet officier-général, le tom. V *du Dictionnaire historique et biographique des généraux français, depuis le onzième siècle jusqu'en* 1822.

2°. Pierre-Marie-Edmond de Damas, né à Marseille, le 13 mai 1820;

3°. Amédée-Jean-Marie-Paul de Damas, né à Marseille, le 4 juillet 1821.

On peut consulter pour la généalogie détaillée de cette maison, le tom. II de l'*Histoire généalogique et héraldique des pairs de France, des grands dignitaires de la couronne, des principales familles nobles du royaume et des maisons princières de l'Europe*, publié en 1822.

Armes : Écartelé, aux 1 et 4 d'argent, à la hie ou poteau de mer de sable en bande, accompagnée de six roses de gueules, en orle, qui est *de Damas de Cormaillon;* aux 2 et 3 d'or, à la croix ancrée de gueules, qui est *de Damas d'Anlezy.* Couronne de comte. Tenants : Deux génies. Devise : *Et fortis et fidelis.*

LE DANOIS DE GEOFFREVILLE, vicomtes de Ronchcres, en Soissonnais, barons de Cernay, en Dormois, titrés comtes et marquis de Geoffreville et de Cernay, en Hainaut, et en Picardie ; maison d'origine chevaleresque de la province de Champagne, également distinguée par son ancienneté et ses services militaires, et qui, le 20 juillet 1754, a obtenu les honneurs de la cour en vertu de preuves faites au cabinet des ordres du ro.. Elle a fait également les preuves d'admission pour les hauts chapitres de Maubeuge et de Mons; à produit 3 lieutenants-généraux, et un maréchal des camps et armées du roi ; un grand'croix de Saint-Louis, en 1766, mort en 1784; des gentilshommes ordinaires de la chambre du roi ; plusieurs gouverneurs de places de guerre, telles qu'Irson, Aubenton, Rumigny, Château-Porcien et Rocroy; des colonels et mestre-de-camp de régiments d'infanterie et de cavalerie de leur nom, et *plusieurs officiers* supérieurs au service de l'empire d'Allemagne. Les barons de Cernay joignaient à leurs titres distinctifs, celui de grands-maréchaux et premiers vicomtes héréditaires du comté de Hainaut. Les alliances directes de cette maison sont avec celles de Beaufort, en Champagne, de Besannes, de Bohan, de Bouzonville, de Chartognes, de Condé de Serrières et de Ronchères; d'Es-

taing, d'Estourmel, de Failly, de Fontaine, de Fouil-
leuse, de Graffeuil, du Guet d'Inaumont, de la Haye
de Chaumont, de Lenoncourt, de Liedekerque, de
Maubeuge, de Miremont, de Moraviski, de Neufchâtel, de Noyelles, d'Orjault, de la Pierre de Bouzies,
de Proisy, de Remont d'Arnicourt, de Rocourt, de
Rolin de Robersart, de Saint-Germain, de Sainzelles,
de Stainville, de Sugny, de Vaux-d'Escordal, le Vergeur, de Villelongue, de Villiers-Wasigny, etc. Dans
les productions faites en 1668, par devant MM. de Caumartin, intendant en Champagne, et Dorieu, intendant
en Soissonnais, par les diverses branches de cette maison, elles justifièrent de leur parenté collatérale avec
la maison de Bourbon.

Armes : D'azur, à la croix d'argent, fleurdelysée de
sable.

   DIJON, *comté*. Les Romains ayant été chassés d'une
partie des Gaules par les Bourguignons, Dijon fit partie du royaume de Bourgogne, sous les premiers rois
de ce nom; ensuite il passa sous la domination des rois
de France, jusqu'au temps de l'établissement des ducs
de Bourgogne à l'occident de la Saône. Dijon, au 9°
siècle, était gouverné par des comtes, qui relevaient
des évêques de Langres. Manassès, seigneur de Vergy,
vivant, en 886, fils de Théodoric II, comte d'Autun,
de Châlons et de Mâcon, fut comte de Châlons-sur-
Saône, de Dijon, d'Auxois et de Beaune; il tenait ces
derniers comtés d'un seigneur nommé Warnier, qui
s'en réserva la suzeraineté. Manassès 1er eut pour successeur Aymar, qui, l'an 901, apporta à Dijon le
corps de Saint-Médard, premier évêque de Noyon.
Manassès II, fils puîné de Manassès 1er, succéda à Aymar. Après lui, on trouve une suite de six ou sept autres comtes de Dijon, jusque vers l'an 1082, que Létalde, le dernier, étant mort sans enfants, Hugues 1er,
duc de Bourgogne, réunit le comté de Dijon à son domaine. Il est probable que Létalde était le premier ou le
second comte héréditaire de Dijon. Car, jusqu'en 1002,
ce comté ne fut gouverné que par des comtes bénéficiaires.

DONCQUER de T'SERROELOFFS, à Dunkerque; famille ancienne, originaire des Pays-Bas, qui remonte, par filiation suivie, à Olivier T'Sallart, dit *Doncquer*, allié à la noble famille de T'Serroeloffs, l'une des sept patriciennes privilégiées de Bruxelles. Philippe le Bon, duc de Bourgogne et de Brabant, le nomma, en 1466, escoutette (chef) de la ville de Malines. C'est en vertu de cette alliance que S. M. Louis XVIII, par lettres patentes du 29 novembre 1814, a permis à Honoré-Hippolyte Doncquer, administrateur des hospices civils et militaires de la ville de Dunkerque, d'ajouter à son nom héréditairement celui de *T'Serroeloffs*. Cette famille a été pendant plusieurs générations en possession de la charge de grand-veneur et grand-fauconnier de Brabant.

IX. Nicolas-François *Doncquer*, écuyer, chef de cette famille au 9ᵉ degré, seigneur de la Motte-Renard, Waerschoc, Stendam, etc., né le 16 janvier 1727, consul-général de S. M. le roi de Danemark, au département de la Flandre maritime, pays conquis et reconquis, Calaisis, Boulonnais et Picardie, par lettres patentes du 19 juillet 1748, et son conseiller, par autres lettres du 1ᵉʳ août 1749, épousa, le 21 avril 1755, Marie-Pétronille *de Clercq*, dont il eut :

1°. Nicolas-Martin Doncquer, né le 20 août 1756, consul du roi de Danemark au département du Nord, du pays de Calais, et de la Somme;

2°. Honoré-Hippolyte, qui suit;

3°. Thomas-François-Félix Doncquer, né le 29 mars 1765;

4°. Sophie-Thérèse-Victoire Doncquer, née le 24 décembre 1767, non mariée.

X. Honoré-Hippolyte *Doncquer de T'Serroeloffs*, né le 12 juillet 1763, a épousé, le 8 octobre 1796, Marie-Rosalie-Yves *de Kerguelen*, fille de Yves-Joseph de Kerguelen, décédé à Paris, contre-amiral de la marine royale, et de dame Marie-Laurence de Bonte, et veuve en premières noces de Joseph-René de Kerguern, capitaine des vaisseaux du roi, tué à l'affaire de Quiberon, étant capitaine au régiment d'Hector, dont il lui est

resté un fils, Chales-Marie-Joseph de Kerguern, officier de marine, né le 19 novembre 1791. De son second
mariage elle a eu :

1°. Hippolyte-Anne-Julien Doncquer de T'Ser-
    roeloffs, né le 28 janvier 1798 ;
2°. Eugène-Anatole-Celestin Doncquer de T'Ser-
    roeloffs, né le 19 novembre 1800;
3°. Zénobie-Marie-Louise Doncquer de T'Serroe-
    loffs, née le 13 octobre 1801.

Armes : Ecartelé ; aux 1 et 4 de sinople, à trois grenades d'argent en barres ; aux 2 et 3 d'or, à la tour
d'azur, mouvante d'une mer au naturel, et dont est issant un fauconnier de carnation, habillé de gueules,
tenant sur sa main dextre un faucon de sable ; sur la mer
un cygne d'argent nageant vers une échelle d'or posée
au pied de la tour ; sur le tout de pourpre, à neuf billettes d'argent, 4, 3 et 2. Devise : *Post tenebras spero
lucem.*

DRUDES (1). Ce dictionnaire étant destiné à faire
suite au Nobiliaire universel de France, dont le 18e et
dernier volume a été publié en 1821, on a cru devoir
mentionner ici quelques corrections et additions à la généalogie de la maison Drudes, de Rudes ou Drudas,
mentionnée dans ce 18e tom. A la page 30, ligne 7, sortit, *lisez :* sortait. Ligne 12, de la même page, après
certificat, *ajoutez :* de M. Maugard, chevalier de l'ordre
royal et hospitalier du Saint-Sépulcre, généalogiste de
l'ordre de Saint-Hubert de Bar, etc., commissaire du
roi pour la recherche et vérification des monuments de
droit public et d'histoire ; et d'un inventaire et procès-
verbal de titres et preuves de noblesse et filiation de
MM. Drudes ou Drudas, dressé au mois d'août 1789,
par messire Charles-Gaspard de Toustain-Frontebosc,
des comtes de Carency, vicomte de Toustain-Riche-
bourg, chevalier de l'ordre royal et militaire de Saint-
Louis et de l'ordre royal et hospitalier du Saint-Sépulcre, officier-supérieur de cavalerie, chevalier de l'ordre

(1) Voyez la Notice insérée pag. 184 du tom. III de cet ouvrage.

du mérite de Saint-Philippe et de l'ordre du Lion de Lim-
bourg, chevalier commandeur dans la langue d'Austrasie ; inspecteur et commissaire perpétuel dans toutes les
langues de l'association chapitrale d'ancienne noblesse,
dite aussi des quatre empereurs, ou l'illustre confrater-
nité de l'Ange gardien, que dès.... etc., etc.

Pag. *ibid.*, lig. 20. Ermentrade, *lisez* : Ermentrude.

Pag. 34, lig. 26. Bijet et Roley, *lisez* : Bigot et Rosty.

Pag. *ibid.*, lig. 28. Pièces, *lisez* : Prières.

Pag. *ibid.*, lig. 32. Explicitement, *lisez* : Implicite-
ment.

Pag. 36, lig. 15. 1776, *lisez* : 1775.

Pag. *ibid*, lig. 30, *ajoutez* : Un des otages de Louis XVI
et de sa famille.

(Le chevalier Alexandre Drudes de Campagnolles a
publié, en 1820, un *Coup d'œil sur l'unité d'origine des
trois branches mérovingienne, carlienne et capétienne,*
de la maison de France, in-8°, et, en 1821, *un Mot
sur les grandeurs de la maison de France,* surnommée
de Bourbon, brochure de huit pages in-8°.)

Pag. *ibid.*, lig. 33, *ajoutez* chevalier de l'ordre royal
et militaire de Saint-Louis.

Pag. 37, lig. 16, *au lieu de* : S. A. R., *lisez* : LL.
AA. RR.

Pag. 38, lig. 4. Vierroix, *lisez* : Viessois.

Pag. *ibid.*, lig. 11. De Rozel, *lisez* : Du Rozel.

DUNOIS, *comté*, puis *duché-pairie*. Le Dunois, *Pa-
gus Dunensis*, dont Châteaudun est la capitale, était
habité par les *Carnutes*, lors de la conquête des Gaules par César. Sous Honorius, ce pays était compris
dans la quatrième Lyonnaise. Le Dunois passa de la
domination des Romains sous celle des Français. Il fit
partie du comté de Blois, et fut vendu, avec ce comté,
l'an 1391, par Gui II de Châtillon à Louis de France,
duc d'Orléans, pour la somme de 200,000 francs d'or.
Charles de France, duc d'Orléans, fils de Louis, donna, l'an 1439, le comté de Dunois, avec la vicomté de
Châteaudun, à son frère naturel Jean, bâtard d'Orléans, en échange du comté de Vertus. Ce fut ce héros
qui rendit le nom de Dunois si célèbre dans l'histoire
par ses exploits. Il mourut en 1468. Louis II, arrière
petit-fils de Jean, obtint l'érection du comté de Dunois

en *duché-pairie*, par lettres du mois de juillet 1527, qui ne furent point registrées. Son fils, François III, lui succéda en 1537. et mourut sans alliance, en 1551. Léonor d'Orléans, fils de François, marquis de Rothelin (troisième fils de Louis Ier, comte de Dunois), succéda à François III, son cousin, et mourut en 1573. Henri II d'Orléans, fils de Henri Ier, mort en 1595, et petit-fils de Léonor, mourut en 1637, et fut père, entr'autres enfants, de Marie d'Orléans, qui, devenue héritière, en 1674, de tous les biens de sa branche, fit donation du comté de Dunois (1) et de la vicomté de Châteaudun à Louis-Henri de Bourbon, son cousin-germain, fils naturel de Louis, comte de Soissons. Louise-Léontine-Jacqueline, fille de Louis-Henri, porta en mariage, l'an 1710, le comté de Dunois et ses droits sur les principautés de Neufchâtel et de Wallengin, en Suisse, à Charles-Philippe d'Albert, duc de Luynes. Cette dernière maison a possédé le comté de Dunois jusqu'à l'époque de la révolution.

E

D'ÉDOUARD, anciennement Édouhart, seigneurs de Grimaux, de Jouancy, d'Étalente et de Corrabœuf, barons de Thenissey, en Bourgogne; famille ancienne, qui, selon Palliot, est originaire d'Angleterre. Elle établit sa filiation depuis Jean d'Édouard, marié, par contrat du 17 janvier 1488, avec Bonne Damas.

Les descendants de Jean se sont alliés aux maisons de Bethoulat, de la Boutière, de Chaugy-Lantilly, de Clugny, de Crécy, de Gellan de Thenissey, du Ruel de Saint-Maurice, de Saint-Martin, de Salins-la-Tour, de Selle, de Vichy, etc.

Benigne d'Édouard de Thenissey, fils de Léonard

---

(1) Dès le mois d'août 1660, Louis XIV avait déclaré par des lottres-patentes, registrées le 3 septembre suivant, que le comté de Dunois était mouvant immédiatement de la couronne de France.

d'Édouard, baron de Thenissey et de Corrabœuf, grand
prevôt de Bourgogne, fut reçu chevalier de l'ordre de
Saint-Jean de Jérusalem, *dit* de Malte, an prieuré de
Champagne, le 6 mars 1650. Ses quartiers étaient
Édouard, Salins-Corrabœuf, Crécy de Venarey, Ter-
nant, Gellan, Saint-Anthôt, Moreau, la Boutière, Ferrière, Charnouil, Baillet de Vaugrenant, Berbis, Bru-
lart, Hennequin, etc.

Armes : D'or, à deux jumelles d'azur, sommées chacune d'un lion léopardé de gueules.

ÉDOUART, seigneurs de Vaux, en Normandie. Denis Edouart, auteur de cette famille, avocat à Falaise,
fut anobli au mois de mai 1404. Son petit-fils, Guillaume
Edouart, fut maintenu par Montfaut, en 1463, dans la
sergenterie de Jumel, élection de Falaise. Ses descendants se sont depuis transportés dans la généralité d'A-
lençon, élection d'Argentan, où ils ont été maintenus
lors de la recherche, en 1667.

Armes : D'argent, au chevron de gueules, accompagné en chef d'un croissant et de deux étoiles, et en
pointe d'une merlette, le tout du même.

D'ELBÉE; famille ancienne de la Beauce, distinguée
par ses services militaires et ses alliances. Elle établit
par titres sa filiation suivie depuis Jean d'Elbée, écuyer,
seigneur de Caumont, du Petit-Mont et de Gossonville,
archer des gardes-du-corps du roi Louis XII, qui,
le 5 février 1500, épousa Madelaine de Guay-Renard.
Ses descendants ont formé plusieurs branches : 1° les
seigneurs de Caumont, existants en 1660; 2° les seigneurs d'Espainville, qui existaient avant la révolution
dans deux fils au service, et une fille, élevée à Saint-
Cyr ; 3° les seigneurs de Belmont, marquis d'Elbée ; 4°
les seigneurs de Jarieux, dont on va donner l'état actuel.
Ces diverses branches ont contamment rempli divers
grades dans les armées de nos rois, et l'une d'elles a produit un généralissime des armées royales de l'Ouest, célèbre par sa bravoure et ses talents militaires, fait prisonnier dans l'île de Noirmoutier, et fusillé, en 1794,

avec la réputation du plus habile général qu'aient eu les Vendéens.

Cette famille a été maintenue dans sa noblesse, en 1586, 1599, 1667, et par arrêt de la cour des aides du 5 mars 1766. Ses alliances directes sont, entr'autres, avec les familles d'Autry, de Brunel, de Buissy, de Chartres, du Chesne, de Clermetz de la Mérie, le Lieur de Poyer, de Pinceloup, de Pinières, de Pontbréant, de Ramezay, de Sénégal de Lalan, de Villedieu-Saint-Fargeau, de Vion de Cottenville, etc.

BRANCHE DE BELMONT.

VIII. Charles-Louis, marquis D'ELBÉE, né le 3 juillet 1783, chevalier de l'ordre royal et militaire de Saint-Louis et de la Légion-d'Honneur, admis de minorité dans l'ordre de Saint-Jean de Jérusalem, dit de Malte, en 1792, ex-maréchal-des-logis des mousquetaires noirs, et lieutenant-colonel des volontaires royaux de Normandie, pendant les *cent jours*, chef d'escadron de cuirassiers, a épousé, en 1815, mademoiselle Ermance *de Monti*, d'une ancienne et illustre maison, originaire de Toscane, qui a donné à l'église un pape et trois cardinaux, un grand-maître de Malte, un ambassadeur extraordinaire en Pologne, lieutenant-général des armées du roi de France, et chevalier de ses ordres. De ce mariage sont issues :

1°. Flavie d'Elbée, née le 17 avril 1816;
2°. Victorine d'Elbée, née le 28 mars 1818.

BRANCHE DE JARIEUX.

VII. Antoine D'ELBÉE, ancien garde-du-corps de la garde constitutionnelle de Louis XVI, conseiller de préfecture à Beauvais. Il a épousé mademoiselle *Evrard*, dont il a :

1°. Léonce d'Elbée, élève du collége de Henri IV;
2°. Victor d'Elbée;
3°. Charles d'Elbée.

Armes : D'argent, à trois fasces de gueules.

L'ESPINE, en latin *Spina*, ou *Spinales*, au Comtat Venaissin; maison d'origine chevaleresque du Dauphiné, qui a pris son nom d'une terre seigneuriale située au diocèse de Die, élection de Montélimar, qu'elle possédait en 1280, et qui s'est successivement répandue au Comtat, en Languedoc et en l'Ile-de-France. Quoiqu'on n'ait pu remonter son berceau au-delà du 13ᵉ siècle, néanmoins elle paraît dès lors avec des caractères de splendeur et d'illustration qui indiquent une origine encore plus ancienne. En effet, Rican, seigneur de l'Espine et d'Aulan, vivant, vers l'an 1280, avec Philippine d'Argenson, son épouse, est qualifié chevalier et pair du Dauphiné dans le contrat de mariage de Marquis, seigneur de l'Espine et d'Aulan, son fils aîné, de l'an 1312.

La descendance de Rican de l'Espine a soutenu la noblesse de son extraction par de nombreux services militaires et des alliances illustres. Admise dans l'ordre de Saint-Jean de Jérusalem, *dit* de Malte, depuis l'an 1526, elle a successivement donné jusqu'à ce jour quinze chevaliers ou dignitaires de cet ordre. Elle a contracté des parentés directes avec les maisons d'Aimini, d'Albaron de Montfrin, d'Alleman, d'Artaud de Montauban, d'Astier de Soubirats, d'Aynard de Montaynard, du Barroux, de Bologne d'Alençon, de Boutin, de Gaudelin de Valouse, de Guilhem, de Guiramand, de Grille d'Estoublon, de Lopès de la Fare, de Panisse, de Parpaille de Molans, de Planchette de Piégon, de Pracontal, du Puy, de Remusat, de Sade, de Saint-Savournin, de Spérandieu, de Suarès, de Tresque, d'Urre, de Vesc, de Vérone, de Vidal de Lirac, de Vincens de Mauléon, etc.

La branche aînée, dite des seigneurs d'Aulan et du Pouet d'Empercy, s'est éteinte, au milieu du 17ᵉ siècle, en deux héritières, filles de Guillaume de l'Espine, et de Jeanne-Baptistine d'Urre du Puy-Saint-Martin. La première, Marguerite-Geneviève de l'Espine, épousa, l'an 1630, Esprit de Boutin, seigneur de Valouse. La seconde, Élisabeth de l'Espine, dame d'Aulan, du Pouet d'Empercy et de la Rochette, fut mariée, le 15 mai 1635, avec François-Marie de Suarès, seigneur de Villabeille.

La seconde branche, dite de l'Espine du Puy, s'est formée du mariage de Raynaud de l'Espine, troisième fils de Michel de l'Espine, dont Guillaume de l'Espine, dernier rejeton mâle de la branche aînée, était le petit-fils, avec Françoise du Puy, fille unique et héritière de Dalmas du Puy, qui imposa à son gendre l'obligation de porter son nom et ses armes Cette branche, perpétuée jusqu'à nos jours, s'est momentanément divisée en deux rameaux : le premier, *dit* des marquis de l'Espine du Puy, existant à Avignon ; le second, connu sous la dénomination des seigneurs du Pouet-Sigillat, qui existait à Malaucène, et qui s'est réuni au premier en la personne d'Antoine-Joseph-Guillaume, marquis de l'Espine, qui recueillit les biens desdits seigneurs du Pouet-Sigillat, après la mort de Jean-Joseph de l'Espine, seigneur du Pouet, dernier rejeton de cet autre rameau, décédé en 1760.

La branche aînée d'aujourd'hui reconnaît encore un rameau séparé de la tige commune, qui s'est transporté en Languedoc depuis plusieurs siècles, connu sous les noms des seigneurs de Saint-Martin de Vignogoult, lequel s'est encore divisé au commencement du 17° siècle, et a formé un nouveau rameau qui s'est transporté en l'Ile-de-France, en la personne de Nicolas de l'Espine, qui vivait en 1600.

Le rameau demeuré en Languedoc s'est éteint, en 1763, dans la personne de Jean-Baptiste de l'Espine, seigneur de Saint-Martin de Vignogoult, conseiller à la cour des aides de Montpellier, dont l'oncle, connu sous le nom de chevalier de l'Espine, est mort lieutenant-colonel du régiment d'Orléans après avoir été honorablement récompensé de ses services. Jean-Baptiste de l'Espine a institué Antoine-Joseph-Guillaume, marquis de l'Espine du Puy, chef de la branche établie à Avignon, son héritier universel.

Le rameau transplanté en l'Ile-de-France, depuis l'époque ci-dessus, et connu sous les noms de l'Espine de Culoison, de l'Espine de Soussigny et de l'Espine de la Thuilerie, a produit également plusieurs officiers estimés dans les armées de terre et de mer de nos rois, et s'est allié aux maisons d'Ay, de Bazin, de Chevrel, de Goubert, de Hardouin-Mansard, comtes de Sagonne, de Nouilles, du Lac de Besse, de Loval, de Nanteuil, du Puis de Fayet, de Valence, de Villebois, etc.

La branche aînée d'Avignon est représentée par les enfants et petits-enfants d'Antoine-Joseph-Guillaume, marquis de l'Espine du Puy, mort en 1785, qui fut garde de l'étendard, et successivement enseigne des galères du roi jusqu'en 1745. A cette époque, il épousa Eugénie-Lucie *de Grille d'Estoublon*, et eut de ce mariage :

1°. Jean-Baptiste-Guillaume, qui suit ;

2°. Philibert-Gabriel-Jean-Joseph-Silvestre, comte de l'Espine, chevalier de l'ordre de Saint-Jean de Jérusalem, et de l'ordre royal et militaire de Saint-Louis, lieutenant-général des armées de François Ier, empereur d'Autriche, chambellan actuel de S. M. I. et R., et commandant (1822) le corps des troupes autrichiennes auxiliaires en Piémont ;

3°. Isabelle de l'Espine, mariée avec Maurice-Antoine *du Barroux*, établi à Caromb, dans le comtat Venaissin, décédée sans postérité en 1816 ;

4°. Adélaïde de l'Espine, mariée avec Alexandre *Vidal de Lirac*, des anciens seigneurs de Lirac et de Saignon, en Languedoc, demeurant à Carpentras.

Jean-Baptiste-Guillaume, marquis de l'Espine du Puy, seigneur du Pouet, de Saint-Martin et de Beaumont, ancien officier de dragons au régiment de Custine, mort au mois de septembre 1819, avait épousé, en 1774, Marie-Françoise-Félicité *de Fallot de Beaumont*. De ce mariage sont issus :

1°. Jean-Joseph-Guillaume, marquis de l'Espine du Puy, chevalier de dévotion de l'ordre d St.-Jean de Jérusalem, chevalier de l'ordre royal de la Légion-d'Honneur, ci-devant page du roi Louis XVI, jusqu'au 10 août 1792, marié, en 1812, avec Joséphine-Élisabeth-Thérèse . *onodei de Campredon*, de la ville de l'Ile de Venisse ;

2°. Louis-Étienne-Marie de l'Espine, chevalier de dévotion de l'ordre de Saint-Jean de Jérusalem, lieutenant de vaisseau dans la marine royale de

France, marié, en 1818, avec Clara *Chaubry*. de Toulon, fille de messire Nicolas-Joseph Chaubry de Blottières, ancien maire de Toulon. De ce mariage sont issus :

　　a. Guillaume de l'Espine, né en 1821 ;
　　b. Marie-Mathilde de l'Espine, née en 1819.

3°. Marie-Rose-Alexandrine de l'Espine, mariée, en 1795, avec Joseph, marquis *d'Anglesy*, d'Avignon, ancien seigneur de Motteville, au diocèse de Vaison ;

4°. Marie-Antoinette-Isabelle de l'Espine, mariée, en 1804, avec Félix, marquis *de Florans*, demeurant à Bedouin ;

5°. Marie-Antoinette-Joséphine de l'Espine, mariée, en 1806, avec Louis-Antoine, baron *du Plessis*, ancien seigneur de Pousillac, demeurant à Avignon ;

6°. Marie-Xavière-Sydonie de l'Espine.

La branche établie en l'Ile-de-France est représentée par les enfants de Charles-Pierre de l'Espine, chevalier des ordres royaux de Saint-Michel et de la Légion-d'Honneur, et chevalier de l'ordre de l'Étoile polaire de Suède, fils de Pierre-Jules de l'Espine, né à Paris, le 2 mars 1707, issu, au 5ᵉ degré, de Nicolas de l'Espine, mentionné dans l'article relatif à la branche de Languedoc, lequel Pierre-Jules était frère aîné de Nicolas de l'Espine de Soussigny, conseiller du roi.

Pierre-Jules de l'Espine avait épousé, le 4 juillet 1746, Geneviève-Jeanne *de Lovat*, sa cousine issue de germain, fille de François de Lovat, conseiller à la cour des comptes de Paris, et de Geneviève de l'Espine. De ce mariage sont issus :

1°. Charles-Pierre de l'Espine, dont l'article suit ;
2°. Geneviève – Marie de l'Espine, décédée sans postérité ;
3°. Anne de l'Espine de Saint-Chaumont, morte aussi sans postérité ;

Charles-Pierre de l'Espine, décédé le 10 décembre 1821, avait épousé, 1° le 6 octobre 1783, Angélique

Boscheron; 2° le 4 octobre 1793, Félicité-Alexandrine-Hélene *Masson.* Il a eu pour enfants ;

Du premier lit :

1°. Angélique-Désirée de l'Espine, mariée, le 1ᵉʳ octobre 1803, à Bernard-Louis-Théodore *Berthier de Viviers ;*

Du second lit :

2°. Charles de l'Espine, né le 15 février 1797, chevalier de l'ordre de Saint-Jean de Jérusalem;
3°. Alexandre-Émile de l'Espine, né le 22 mai 1799, chevalier de l'ordre de Saint-Jean de Jérusalem.

ARMES. *Branches d'Avignon et du Dauphiné :* D'argent, à la croix de gueules, accompagnée au premier canton d'un arbre arraché de sinople. Cimier : Une rose armée d'épines. Supports : Deux lions. Devise : *Decus et tutamen.*

Le comte de l'Espine, lieutenant-général au service d'Autriche, écartèle de gueules, à la bande d'argent, chargée d'un grillon de sable, qui est *de Grille d'Estoublon.* Couronne de comte.

Branche de l'Ile-de-France : Écartelé aux 1 et 4 d'argent, à la croix de gueules, accompagnée au premier canton d'un arbre arraché de sinople, qui est de *l'Espine d'Avignon;* au 2 de gueules, au chevron d'or, accompagné de trois roses d'argent feuillées et tigées de sinople, qui est de *l'Espine de l'Ile-de-France;* au 3 palé d'or et de gueules, à la bande d'argent, chargé de trois têtes de loup d'azur, qui est *de Loval.* Couronne de comte.

F

FENOUILLÈDES, *comté* et *vicomté.* Le pays de Fenouillèdes, situé dans la partie méridionale du diocèse d'Aleth, entre le Capir et le Razès, et dont Saint-

Paul est le chef-lieu, avait des comtes particuliers vers le milieu du 8e siècle. Ce comté faisait alors partie du marquisat de Gothie, dont il fut dans la suite démembré, ainsi que le comté de Bazès.

Le pays de Fenouillèdes était possédé héréditairement et à titre de comté par la maison de Barcelonne, dès l'an 873. Wefred le Velu, comte de Barcelonne et de Fenouillèdes, mort vers l'an 901, eut pour successeur Wifred II, mort sans postérité en 913. Miron, frère de Wifred, devint après lui comte de Barcelonne et de Fenouillèdes, et eut pour fils et pour successeur, en 928, Sunifred, mort en 967. Oliba, frère de Sunifred, lui succéda au comté de Fenouillèdes après sa mort, mais non au comté de Barcelonne, dont Borrel, comte d'Orgel, son cousin-germain, se mit en possession à son préjudice. Bernard, fils d'Oliba, se qualifia comte de Fenouillèdes et de Besalu, l'an 1000. Guillaume I, surnommé le Gros, l'un des fils de Bernard, fut apanagé du comté de Fenouillèdes vers l'an 1014, et lui succéda au comté de Besalu, en 1020. Il fut père de Guillaume II, mort avant l'an 1070, et de Bernard II, mort sans enfants. Bernard III, fils de Guillaume II, devint comte de Besalu et de Fenouillèdes peu après 1 95, et mourut sans postérité l'an 1111. Raymond-Bérenger III, comte de Barcelonne, son beau-père, recueillit sa succession, et réunit le comté de Fenouillèdes à son domaine. Il en donna le domaine utile, en 1112, à Aymeri II, vicomte de Narbonne, son frère utérin, et aux vicomtes de Narbonne, ses successeurs, réservant toutefois la suzeraineté aux comtes de Barcelonne. Ce comté fut cédé, par traité de l'an 1258, au roi saint Louis, qui le réunit à la couronne.

Le pays de Fenouillèdes, avait aussi des vicomtes héréditaires, dont le premier connu est Pierre, vicomte de Fenouillèdes, vivant en 1000 et en 1017. Sa postérité s'éteignit, en 1173, dans la personne d'Arnaud III, vicomte de Fenouillèdes. Ave de Fenouillèdes, sa fille unique, épousa N.... de Saissac, qui fut la tige de la seconde race de ces vicomtes. Le roi Louis VIII confisqua la vicomté de Fenouillèdes sur Pierre de Saissac, leur fils, pour crime d'hérésie, et en investit Sanche-Nugnès, comte de Roussillon, qui lui en fit hommage en 1226. Hugues, fils de Pierre de Saissac, céda, en

2229, au même Sanche-Nugnès, ses droits sur la vicomté de Fenouillèdes et de Pierre-Pertuse. Les descendants de Pierre de Saissac, connus depuis sous le nom de *Fenouillet*, affectèrent leur titre de vicomté à la terre d'Ille, en Roussillon. La vicomté de Fenouillèdes fut confisquée, par droit de commise, par le roi Philippe de Valois, et unie à la couronne vers le milieu du 14e siècle.

Armes : Les vicomtes de Fenouillèdes, de la maison de Saissac portaient : *L'or, à trois grenades de gueules, chacune surmontée d'une étoile du même.*

FERRETTE, *comté.* Le pays qu'on nomma depuis comté de Ferrette était habité, du temps de César, en partie par les *Sequani* et en partie par les *Rauraci.* Sous l'empire d'Honorius, ce pays était compris dans la *Maxima Sequanorum.* Le pays de Ferrette passa successivement de la domination des Romains sous celle des rois de Bourgogne, et des rois de France. Il était compris dans le duché d'Alsace, lorsqu'il fut démembré, en 1103, du comté de Montbéliard, pour former un comté particulier, qui eut pour premier possesseur Frédéric, fils aîné de Thierri I, comte de Montbéliard. On ne connaît aucun diplôme de l'érection du pays de Ferrette en comté, ce qui fait présumer que ce fut Frédéric I, comme issu de race comtale, qui imposa sa qualité à son apanage. Le premier acte où il prit le titre de comte de Ferrette est de l'an 1125. Le comté de Ferrette comprenait, depuis sa réunion à la France, en vertu du traité de Munster, en 1648, 48 paroisses, formant un total de 2182 feux.

Le roi Louis XIV, pour récompenser les services du cardinal Mazarin, lui donna, pour lui et ses successeurs, la propriété du comté de Ferrette, ne se réservant que la souveraineté et le haut domaine. Le cardinal en fit don à sa nièce, Hortense Mancini, et à son mari Armand-Charles de la Porte, et ce comté passa à leurs descendants.

Armes : Les anciens comtes de Ferrette portaient : *De gueules, à deux truittes ou bars adossés d'or.*

V.   16

DE FONTON. Deux pièces originales des 3 et 4 juin 1707, récemment découvertes, établissent d'une manière authentique la communité d'origine des branches de France et de Constantinople de cette famille.

On a cru devoir reproduire ici la notice que nous en avions donnée, tome IV de cet ouvrage, d'autant mieux que ces pièces et des renseignements recueillis ultérieurement ont occasioné des changements qu'une notice additionnelle ne pourrait guère expliquer.

La famille Fonton, recommandable par une longue série de services distingués dans la carrière militaire et la diplomatie, subsiste en deux branches principales, établies, la première en France, la seconde à Constantinople depuis près de deux siècles, lesquelles paraissent originaires de la province de Dauphiné, où la branche française a eu des possessions seigneuriales et des emplois marquants.

La seconde branche, fixée dans la capitale de l'empire ottoman, n'a pu soustraire aux fréquents incendies qui surviennent à Constantinople les titres qui eussent pu faire remonter les preuves filiatives des deux branches au-delà de la fin du 16e siècle; et la branche française de la famille Fonton a perdu, en 1792, de la même manière, mais par le fait de la révolution, les seuls titres qui pouvaient suppléer à cette première calamité; néanmoins, on en a sauvé un nombre suffisant pour constater à la fois la jonction, la noblesse et les illustrations des deux principales branches de cette famille. Par un effet des mêmes pertes, il n'a été possible de remonter que jusqu'aux deux frères messire Gabriel Fonton, dont l'article suit, et messire Joachim Fonton, dont mention a lieu plus loin, celui-ci fondateur de la branche de cette famille établie à Constantinople. On n'a pu jusqu'à présent découvrir aucun document qui puisse indiquer quel a été leur auteur commun; mais, en raison de l'état de considération relevée dans lequel ils ont existé, on est fondé et autorisé à établir la présomption que cet état était aussi celui de la souche dont ils sont sortis.

BRANCHE ÉTABLIE EN FRANCE.

Messire Gabriel FONTON, écuyer, sieur de Vaugelas, en Dauphiné, seul seigneur en toute justice de la terre de l'Etang-la-Ville sous Marly, acquit, par acte passé devant Béchet, notaire à Paris, le 9 janvier 1690, les deux charges de conseiller du roi, trésorier ancien et alternatif de la prevôté de l'hôtel du roi et grande-prevôté de France, dont était pourvu Jacques de Vaude, écuyer. Joachim Fonton, son frère puîné, étant décédé le 3 juin 1707, à Versailles, il fit transporter son corps, le même jour, en sa terre de l'Etang-la-Ville, où il fut inhumé le 4. Dans un testament, daté de Saint-Denis le 1er avril 1712, et qui fut déposé, par acte annexé audit testament, du 21 mars 1714, chez Bouron, notaire à Paris, Gabriel Fonton a les qualités d'écuyer, conseiller du roi, secrétaire de Sa Majesté, maison et couronne de France, ci-devant maître-d'hôtel de feu madame la dauphine de Bavière, conseiller de Sa Majesté, trésorier-général, ancien payeur des gages des officiers de la prevôté de l'hôtel et grande prevôté de France, contrôleur-général de la maison de S. A. R. madame la duchesse d'Orléans, contrôleur ordinaire du gobelet, de la bouche et de la maison de madame la dauphine, gouverneur pour Sa Majesté des ville et château d'Axilan, en Dauphiné, seul seigneur en toute justice de la terre, seigneurie et paroisse de l'Étang-la-Ville sous Marly, etc. L'acte de son décès, marqué au 24 avril 1713, porte qu'il était âgé d'environ 83 ans, et qu'il fut inhumé dans la chapelle seigneuriale de l'Etang-la-Ville. Il avait épousé demoiselle Geneviève *de Ménigand,* nommée dans le contrat de mariage de leur fils unique qui suit.

Messire Antoine-Salomon FONTON, écuyer, sieur de Vaugelas, en Dauphiné, seigneur de l'Étang-la-Ville sous Marly, est qualifié conseiller du roi, et trésorier-général alternatif de la prevôté de l'hôtel et grande-prevôté de France, dans son contrat de mariage passé, avec l'agrément de Sa Majesté et de la famille royale, devant Clément, notaire à Paris, le 14 février 1694, avec demoiselle Marie-Anne-Geneviève

Denis du Choiselle. Il succéda immédiatement à son père dans les charges de trésorier de la prevôté de l'hôtel et de contrôleur-général de la maison de S. A. R. madame la duchesse d'Orléans (1), qualités qu'on lui donne dans l'acte de décès de son père, du 24 avril 1713, auquel il fut présent. Par contrat du 21 mars 1715, passé devant Rigault et Chèvre, notaires à Paris, on lui constitua sur l'état 300 livres de rente pour un capital de 8000 livres par lui payé en conséquence de l'édit du mois de décembre 1713. Il est rappelé avec les qualités de seigneur de l'Étang-la-Ville, gentilhomme-servant de la reine, et contrôleur-général de la maison de S. A. R., dans le partage de sa succession fait devant Doyen et son collègue, notaires à Paris, le 11 février 1744, où son décès est rappelé sous la date du 1er avril 1743, entre la dame du Choiselle et leurs enfants qui furent :

1°. Édouard-Salomon, dont l'article suit ;

2°. Guillaume - René Fonton de Vaugelas ;

3°. Antoine - Guillaume Fonton de la Salle (2) ;

qui, en 1744, étaient capitaines au régiment de Rohan infanterie (3) ;

4°. Anne Fonton de Vaugelas, décédée à Paris, le 31 juillet 1743, alors veuve de messire François de Quillebœuf, chevalier, seigneur de Boissy, maréchal des camps et armées du roi, rappelée dans le partage du 11 février 1744 ;

5°. Henriette-Julie Fonton de Vaugelas, qui, en 1744, était au monastère des dames religieuses de la Croix, rue Charonne, faubourg Saint-Antoine, à Paris ;

---

(1) Il était panetier de la reine, épouse de Louis XV, en 1727 et 1736. (*Etats de la France pour l'année 1727, tom. II, pag.* 346, *et pour l'année 1736, tom. II, pag.* 338.)

(2) Antoine-Guillaume Fonton de la Salle, chevalier de Saint-Louis, s'étant retiré du service après la campagne de 1746, épousa une riche héritière aux Pays-Bas, et s'établit à Bruxelles, où il mourut quelques années après.

(3) L'aîné, M. de Vaugelas, était major du port de Cette, en 1749. (*Etat de la France pour cette année, tom. IV, pag.* 476.)

6°. Marie-Sabine Fonton de Vaugelas, qui vivait en 1744.

Édouard-Salomon FONTON DE L'ÉTANG-LA-VILLE, écuyer, conseiller du roi, commissaire ordinaire des guerres, gentilhomme servant de la reine, a ces qualités dans le partage de la succession de son père, et de celle d'Anne Fonton de Vaugelas, sa sœur, du 11 février 1744. Le même acte porte qu'il était précédemment chargé des affaires du roi aux cours de Vienne et de Saint-Pétersbourg. Il était panetier de la reine en 1749 (1). Il fut seigneur de l'Étang-la-Ville et de Mareil en partie, et s'allia avec demoiselle Marie-Anne *Perdrigeon*, fille de Martin Perdrigeon, ancien greffier du parlement de Paris. Il existe aujourd'hui de ce mariage :

1°. Denis Édouard, qui suit ;
2°. Henri-Martin Fonton, écuyer, né à Paris, le 17 octobre 1748, colonel d'artillerie, en retraite ; chevalier de l'ordre royal et militaire de Saint-Louis ; officier de la Légion-d'Honneur ; actuellement domicilié à Givet, département des Ardennes ; s'étant allié par mariage avec Agathe *de Brunel*, fille de M. de Brunel, chevalier de Saint-Louis, capitaine d'infanterie, de la ville de Metz, et de mademoiselle de Bernard, du Saint-Esprit, et sœur de M. Jean-Philippe de Brunel, chevalier de Saint-Louis et de Saint-Lazare, colonel en retraite, d'une famille noble du pays Messin. De ce mariage sont issus plusieurs enfants.

3°. Marie-Sabine Fonton, mariée à messire Henri-Prosper *de Bernard*, d'une famille noble du Saint-Esprit, ancien capitaine des grenadiers du régiment de Soissonnais, chevalier de l'ordre royal et militaire de Saint-Louis, ci-devant commandant pour le roi la ville et le château fort d'Agde et de Brescou, domicilié à Sorrèze, département du Tarn.

---

(1) État de la France pour l'année 1749, tom. II, pag. 323.

Denis-Édouard FONTON DE L'ÉTANG-LA-VILLE, écuyer,
né à Paris, paroisse Saint-Roch, le 13 novembre 1747,
colonel d'artillerie en retraite, chevalier de l'ordre
royal et militaire de Saint-Louis, officier de la Légion-
d'Honneur, actuellement domicilié à La Fère, département de l'Aisne, a épousé demoiselle Marie-Anne *de
la Fons*, fille de messire Philippe-Gabriel de la Fons,
chevalier, seigneur d'Ardecourt, Happoncourt et autres
lieux, et de Jeanne-Madeleine Commargon.

Armes : D'or, à une épée de gueules et une plume de
sable passées en sautoir, accompagnées en chef d'un
dauphin couché d'azur. Cimier, un soleil d'or. Supports,
deux lévriers.

Ces armoiries ont été enlevées, pendant la révolution,
de la grille du château de l'Etang-la-Ville, où elles é-
taient apposées; mais le soleil qui surmontait le carton-
che y subsiste encore, et l'écusson des armes en bronze
a été retrouvé, et existe encore dans une des caves du
château de l'Étang-la-Ville.

BRANCHE ÉTABLIE A CONSTANTINOPLE.

Messire Joachim FONTON, né à Valence, en Dauphiné, en 1651, frère puîné de Gabriel Fonton, sieur de
Vaugelas, fut envoyé à Constantinople, en 1670, pour
y apprendre les langues orientales. Après avoir suivi
pendant dix ans la carrière d'interprète auprès du consul-général du roi, au Caire en Égypte, il voulut la
quitter, et repassa en France en 1685. Lié à Paris avec
M. de Girardin, qui, l'année suivante, fut nommé à l'ambassade de Constantinople, Joachim *Fonton* se rendit
aux pressantes sollicitations de cet ambassadeur et du
ministre, se détermina à l'accompagner à Constantinople, et ensuite à accepter la charge de secrétaire du roi
et de son premier interprète près la porte Ottomane. Le
26 mars 1686, en présence de M. de Girardin et de madame l'ambassadrice, son épouse, il s'allia, en la chapelle de l'ambassade, (célébration faite par monseigneur
Gaspard Gasparini, vicaire apostolique patriarcal de
Constantinople), avec demoiselle Anne *Joulin*. Joachim
stipule dans cet acte comme français, né à Valence, en

Dauphiné. Quelques années après, se sentant incommo-
dé par la maladie de la pierre, Joachim Fonton revint
à Paris, pour se la faire tailler. Ce fut le fameux Maréchal, chirurgien du grand dauphin, qui lui fit l'opé-
ration à Versailles, dans l'un des appartements du château. Joachim en mourut, le 3 juin 1707. Son acte
d'inhumation (1), du 4 juin, lui donne les qualités de
messire Joachim Fonton, chevalier du Saint-Sépulcre,
conseiller du roi, premier interprète pour Sa Majesté
auprès de son ambassadeur au Levant, faisant son séjour ordinaire à Constantinople, âgé de 56 ans, et
ajoute que messire Gabriel Fonton, seigneur de l'E-
tang-la-Ville, qui avait fait transporter son corps du
château de Versailles, le fit inhumer en sa présence, (en
un cercueil de plomb), dans le caveau de la chapelle
seigneuriale de l'Étang-la-Ville.

Joachim Fonton eut de son mariage onze enfants,
dont l'aîné fut Pierre qui suit.

Pierre FONTON, né à Constantinople, le 28 janvier
1687, et tenu sur les fonts de baptême par M. de Girardin, ambassadeur près la sublime Porte, et par madame l'ambassadrice, son épouse, fut nommé, par brevet, secrétaire du roi, et son premier interprète à l'ambassade près la porte Ottomane; il fut créé, en 1721,
chevalier du Saint-Sépulcre. Il épousa demoiselle Lucrèce *Navoni*, née à Constantinople, mais issue d'une
famille noble vénitienne, qui constate une grande ancienneté dans le service diplomatique de la république
de Venise, près la porte Ottomane. Il mourut à Constantinople, le 27 juillet 1756. L'épitaphe sur sa tombe dans la chapelle de l'ambassade de France en la capitale turque, ayant en tête les armes de la famille,
surmontées d'une couronne de comte, lui donne en
outre la qualification de conseiller du roi. Du mariage
de Pierre Fonton avec Lucrèce Navoni sont issus vingt
enfants des deux sexes. L'aîné des fils a été:

Antoine FONTON, né le 14 octobre 1724, nommé,
par brevet, secrétaire du roi et son premier interprète

_____

(1) Extrait du registre de la commune de l'Étang-la-Ville.

à l'ambassade près la sublime Porte ; employé, en 1752, dans la mission du comte de Broglie, ambassadeur de France à Varsovie ; chevalier de l'ordre pontifical de l'Éperon d'or, et décédé à Constantinople, en 1802, à l'âge de 77 ans.

Charles FONTON, frère puîné d'Antoine, né le 26 novembre 1725, mort à Smyrne, y a résidé et existé pendant une longue suite d'années avec la charge de secrétaire du roi et de son premier interprète au consulat-général de France dans cette contrée.

Joseph FONTON, l'un de leurs frères, était né le 25 mai 1747.

Parmi les filles de Pierre Fonton était feu dame Thérèse Fonton, épouse de feu M. le baron de *Testa*, conseiller aulique de S. M. l'empereur d'Autriche, chevalier de l'ordre de Saint-Léopold, premier interprète et son chargé d'affaires près la porte Ottomane, et mère, entr'autres enfants, d'Elisabeth, baronne de Testa, mariée à son excellence le baron Ignace-Laurent *de Sturmer*, conseiller intime actuel de S. M. l'empereur d'Autriche, ci-devant son internonce et ministre plénipotentiaire près la porte Ottomane, maintenant son conseiller-d'état et des conférences au département des affaires étrangères à Vienne, et commandeur de l'ordre royal de Saint-Étienne.

En 1792, par suite des évènements de la révolution française, la branche des Fonton de Constantinople, au service de France jusqu'à cette époque, comme la famille l'avait été pendant une période non-interrompue de près de deux siècles, soit à Constantinople, soit dans d'autres points principaux de l'empire ottoman, où elle s'est distinguée et honorablement montrée dans le maniement des plus grands intérêts politiques et commerciaux de la France, de même qu'elle a constamment et successivement mérité la haute satisfaction du roi et les témoignages les plus éclatants de son ministère et de ses ambassadeurs, a passé au service diplomatique de la cour impériale de Russie.

De cette masse de longs et loyaux services rendus à

la France par cette famille, au milieu des circonstances les plus délicates et non moins difficiles et épineuses, résulte pour cette branche des Fonton un genre d'illustration très-recommandable.

Les membres qui la représentent de nos jours sont :

1°. Son excellence M. Joseph FONTON, conseiller-d'état actuel de S. M. l'empereur de toutes les Russies, grand'croix de l'ordre de Sainte-Anne de la première classe, chevalier de l'ordre de Saint-Wladimir de la troisième, premier conseiller d'ambassade à la légation impériale de Russie près la porte Ottomane, et, en 1812, plénipotentiaire, pour la Russie, au congrès de Giurgievo et de Bukharest, et signataire du traité de paix entre cette puissance et la sublime Porte, conclu au mois de mai 1812, dans cette dernière ville, capitale de la Valachie. Ledit Joseph Fonton est fils de feu Pierre Fonton et de dame Lucrèce Navoni, et frère de feu dame Thérèse Fonton, baronne de Testa.

Joseph Fonton, au service de France, était secrétaire du roi et son premier interprète à Constantinople pendant l'ambassade de S. E. M. le comte de Choiseul-Gouffier, et avait rempli les fonctions d'interprète, soit à Alep, soit en la capitale turque, pendant celle de S. E. M. le comte de Saint-Priest.

2°. Monsieur Pierre FONTON, conseiller de collège au département impérial des affaires étrangères de Russie, chevalier des ordres de Saint-Wladimir de la quatrième classe, et de Sainte-Anne de la seconde, ci-devant premier secrétaire d'ambassade à la légation de Russie près la porte Ottomane, secrétaire des conférences, en 1811 et 1812, au congrès de Giurgievo et de Bukharest, pour le traité de paix mentionné ci-dessus, et actuellement attaché à la légation de Russie à Naples.

Pierre Fonton, au service de France, a été, par brevet du roi, expédié en 1784, et sous l'ambassade de S. E. M. le comte de Saint-Priest, nommé chancelier de l'ambassade près la Porte, et en a exercé les fonctions pendant toute celle de S. E. M. le comte de Choiseul-Gouffier.

3°. Monsieur Félix FONTON, fils légitime du susdit Pierre Fonton et de feu dame Caroline, née *Bénéveni*, est attaché actuellement avec le rang d'actuaire au département impérial des affaires étrangères en Russie.

4°. Monsieur Antoine Fonton, conseiller de collége au département impérial des affaires étrangères de Russie, chevalier de l'ordre de Sainte-Anne de la seconde classe, et de celui de Saint-Wladimir de la quatrième, ci-devant premier interprète à la légation de Russie près la porte Ottomane, employé en la même qualité au congrès de Giurgievo et de Bukharest, actuellement attaché au ministère des affaires étrangères à Saint-Pétersbourg.

Lesdits Pierre et Antoine Fonton, fils légitimes d'Antoine Fonton, décédé, en 802, à Constantinople, et de dame Élisabeth *Mommartz*, sa légitime épouse.

Armes : D'or, à une épée de gueules et une plume de sable passées en sautoir, accompagnées en chef d'un croissant de gueules, surmonté d'une étoile d'azur et en pointe d'un dauphin renversé d même émail. Cimier : Un soleil d'or. Supports : Deux lévriers. Couronne de comte.

Le croissant est une addition faite par cette branche, lors de son établissement à Constantinople; elle y a ajouté l'étoile du Nord, depuis l'époque de 1792, celle du passage de cette branche de la famille au service diplomatique de la cour impériale de Russie.

G

DE GALATRAVE, en Rouergue ; famille ancienne, que la tradition dit originaire d'Espagne.

Noble Antoine de Galatrave, damoiseau, passa un acte à Milhau, en 1411.

Noble Guillaume de Galatrave, seigneur de Vendeloves, fournit dénombrement au roi pour cette terre, le 13 juin 1658. Il avait épousé, par contrat du 19 mars 1639, passé devant Jouglar, notaire de Saint-Rome, Catherine *de Géraud*, fille de Guillaume de Géraud, et d'Anne du Maigne. Il eut, entr'autres enfants :

Noble Bernardin de Galatrave, seigneur de Vende-

loves, marié, par contrat passé devant Peyre, notaire,
le 1er novembre 1672, avec Isabeau-Gabrielle *du Puy*,
fille de N.... du Puy, docteur et avocat, et de Marthe
de Goudon, dame de Rebourguil. De ce mariage sont
issus :

1°. Guillaume de Galatrave,

2°. Gabriel de Galatrave,

3°. Benoît de Galatrave,

4°. Marianne de Galatrave,

légataires de leur père, le 3 juin 1691 ;

5°. Isabeau-Catherine de Galatrave, mariée, par
contrat passé devant Durang, notaire à Peyrelau,
le 25 août 1701, avec François-Paul *de Solages*,
seigneur de Saint-Etienne de Valhausy, de Sal-
vagnac, etc., fils de Paul de Solages, seigneur de
Robal, et de Geneviève-Catherine de Moustier.

GASCOGNE, *duché*. Les Gascons, peuples belli-
queux, originaires d'Espagne, demeurèrent indépendants jusqu'en 602, époque à laquelle Thierri, roi de
Bourgogne, et Théodebert, roi d'Austrasie, les soumirent à leurs lois. Depuis ce temps, la Gascogne fut
gouvernée au nom des rois francs par des ducs particuliers. Louis le Débonnaire leur adjoignit un comte des Marches de Gascogne. Jusqu'au 8e siècle, la Gascogne fut circonscrite aux pays des Basques et de La-
bour. Ce ne fut qu'après l'an 768, lors de sa réunion à
la Novempopulanie, qu'elle étendit son nom sur tout le
pays compris entre les Pyrénées et la Garonne. Le duché
de Gascogne devint héréditaire dans la famille de San-
che-Mitarra, lequel en fut mis en possession l'an 872.
Sanche-Guillaume, mort en 1032, fut le dernier duc
de Gascogne de cette maison. Bérenger, fils d'Alduin II, comte d'Angoulême, et d'Alaasie, fille de Sanche-Guillaume, lui succéda au duché de Gascogne ;
mais ce prince, étant mort sans enfants, vers l'an 1036,
eut pour successeur Eudes, comte de Poitiers, fils de
Guillaume le Grand, et de Brisque, sœur de Sanche-
Guillaume. Eudes fut tué, le 10 mars 1040, devant le
château de Mauzé, dans l'Aunis, dont il formait le siège. Alors Bernard II, comte d'Armagnac, issu en ligne
masculine des ducs de Gascogne, se mit en possession
de ce pays, et s'y maintint jusqu'en 1052, époque où

Gui-Geoffroy, fils de Guillaume V, comte de Poitiers, le contraignit de le lui céder, moyennant 15,000 sols. Le duché de Gascogne et le *comté de Bordeaux* furent par-là réunis au duché d'Aquitaine.

GATINAIS, *comté*. Cette province, du temps de César, était habitée par les *Senones*, et une partie par les *Aureliani*. Sous Honorius, elle faisait partie de la quatrième Lyonnaise. Les Français, ayant conquis le Gatinais sur les Romains, y établirent des gouverneurs ou comtes particuliers. Sous le comte Geoffroi Ier, au milieu du 9e siècle, le Gatinais avait pour chef-lieu Château-Landon, et pour bornes le comté de Sens, les territoires de Melun et d'Étampes, le comté d'Orléans et le Nivernais. Adèle, fille et héritière de Geoffroi Ier, porta le comté de Gatinais en mariage, en 878, à Ingelger, comte d'Anjou. Leurs descendants ont conservé le Gatinais jusque vers la fin du 11e siècle, temps auquel le roi Philippe Ier le réunit à la couronne, par la cession que lui en fit, en 1069, Foulques le Rechin, comte d'Anjou.

GAY DU PUY D'ANCHÉ, en Poitou; famille ancienne, originaire d'Angleterre, qui, depuis le règne de Charles VIII, n'a cessé de suivre le parti des armes, soit dans les compagnies d'ordonnances, soit dans les bans et arrière-bans de la noblesse du Poitou et de l'Angoumois. Elle a donné un gouverneur de la personne du roi François Ier, lorsque ce prince était duc d'Angoulême, un maréchal-de-camp, des gouverneurs de places, et plusieurs officiers décorés de l'ordre royal et militaire de Saint-Louis.

Pierre GAY, écuyer, seigneur de Lessert, capitaine (gouverneur) de la ville de Cognac, issu de la branche aînée de cette famille, avait épousé, le 2 février 1598, demoiselle Marie *Bernard*, d'une famille noble du pont de Cé, et ne vivait plus le 25 février 1643. Leurs enfants furent :

1°. Arnaud qui suit ;

2°. Jean Gay, écuyer, seigneur de Lessert, capitaine (gouverneur) de la ville de Cognac, qui

partagea la succession paternelle avec Arnaud
Gay, son frère, le 25 février 1645 ;

3°. N.... Gay, mariée, avant 1655, avec Jean *Phi-
lippier*, sieur de Fondeux.

Arnaud GAY, chevalier, seigneur des Fontenelles,
maréchal des camps et armées du roi, servait, dès l'an
1635, en qualité d'enseigne du régiment de la Freze-
lière, avec lequel il fit toutes les campagnes de la Valteline. Il fut blessé à la prise du fort d'Andruie, au mois de
juillet de la même année. Embarqué sur le vaisseau amiral de la flotte du marquis de Brézé (Armand de Maillé, duc de Fronsac et marquis de Graville, gouverneur
de la Rochelle), il se distingua d'une manière remar-
quable dans le combat du 22 août 1640, où l'armée
navale d'Espagne fut battue à la vue du port de Cadix.
Employé sous le duc de Brézé, en 1646, il se trouva,
au mois de juin, à la prise du fort de San-Stefano, sur
les côtes de Toscane, et au siége d'Orbitello. Il était
capitaine au régiment de Piémont infanterie, en 1648,
et en cette qualité, il se signala, au mois de septembre,
à l'attaque des retranchements des Espagnols devant
Furnes, et au siége de Rethel, au mois de décembre
1650 (1). Il a les qualités de maréchal de bataille des
armées du roi, capitaine d'une compagnie entretenue
pour le service de S. M., au régiment de Piémont, et
gouverneur des ville et château du pont de Cé, dans
son contrat de mariage, passé au château de Brie, en
Angoumois, le 27 novembre 1655, avec Anne *de Nesmond*, fille de messire François de Nesmond, chevalier,
seigneur de la Jauvignère, et de dame Marie Laurent.
Arnaud Gay est rappelé comme défunt, avec les qualités de chevalier, seigneur des Fontenelles, et maréchal-
de-camp dans les armées du roi, dans deux actes passés
par sa veuve, les 14 décembre 1667 et 14 octobre 1681.
Ils eurent pour fils :

François-Théodore GAY, 1er du nom, chevalier, sei-

(1) *Gazette de France* des 4 août 1635, 14 septembre 1640, 14
juin 1646, 9 septembre 1648, 29 décembre 1650, titres de famille et tom. V du *Dictionnaire historique et biographique des
généraux français.*

gneur des Fontenelles et du fief des Collauds, marié :
1°, par contrat du 6 octobre 1681, avec Louise d'Anché, fille de messire Antoine d'Anché, chevalier, seigneur du Puy d'Anché, et de dame Marie de Barbeziè-
res (1); 2° avec Louise de Royer de Langlade qui testa
à Civray, le 19 février 1717. Il fit son testament le 24
février 1745, et mourut en son château du Puy d'Anché, âgé de près de 100 ans. Ses enfants furent;

Du premier lit :

1°. François, qui suit;

Du second lit :

2°. Charles Gay des Fontenelles, chevalier, seigneur de la Mallolière, de la Meslière, de Chambres et autres places, marié : 1°, par contrat du
8 février 1723, avec Marie-Anne-Radegonde-
Thérèse *de Tryon de Montalembert*, fille de
Philippe-Ignace de Tryon, chevalier, seigneur
de Legurat, d'Espanvilliers et de la Cour, et de
Marie-Anne de Guerusseaux; 2° avec Anne *de
Jousserand*, et père de :

    A. N.... Gay des Fontenelles, marié avec N....
    Dauphin, vivante en 1821, mère de N....
    Gay des Fontenelles, mariée, vers 1796,
    avec M. *de Mauvise*. et morte en 1808;

    B. Deux filles, dont l'une, Marie Gay des
    Fontenelles, épousa Jean-Pierre, marquis
    d'Orfeuille. chevalier, seigneur de Foucaud,
    de Lussandière, d'Angliers, etc., ancien
    capitaine de cavalerie, fils de Pierre-Fran-
    çois d'Orfeuille, chevalier, seigneur de Fou-
    caud, et de Marguerite-Catherine Jourdain
    de Boistillé;

3°. François Gay des Fontenelles, né le 27 octobre 1691.

---

(1) Ils avaient été mariés en 1648. Antoine d'Anché était fils de
René d'Anché, qui, l'an 1623, épousa Jeanne de la Rochefoucauld.

François Gay, chevalier, seigneur du Puy d'Anché, épousa Ursule-Gabrielle *du Bourg de Porcheresse* (dont la sœur épousa M. de Bremond d'Orlac), fille de Pierre du Bourg, écuyer, seigneur de Porcheresse, et de dame Louise de Melle. Il ne vivait plus le 26 février 1745. Il eut treize enfants, entr'autres :

1°. Théodore Gay, mort avant 1750;
2°. Charles, dont l'article suit;
3°. Pierre-Auguste Gay, qui, le 12 octobre 1761, prit possession de la chapelle de Saint-Médard de Fonteville, au diocèse de Poitiers;
4°. N.... Gay, lieutenant-colonel aux grenadiers de France;
5°. N.... Gay, capitaine au régiment de Plésois;
6°. Jean-Baptiste Gay, chevalier du Puy d'Anché, ancien officier au régiment de Penthièvre. Il s'est trouvé au siége de Fribourg, en 1745, et à la bataille de Raucoux, en 1748. Il servit depuis en Espagne, dans les gardes-walonnes, et siégea à l'assemblée de la noblesse convoquée à Poitiers, en 1789, pour l'élection des députés aux états-généraux du royaume;
7°. Ursule-Thérèse Gay du Puy d'Anché, religieuse au monastère de Puy-Berland, en 1745;
8°. N.... Gay, religieuse à l'Union chrétienne de Poitiers;
9°. N.... Gay,
10°. N.... Gay, } religieuses à Chelles. L'une des trois fut nommée, vers 1774, abbesse de Saint-Antoine de Sens, sous le nom de Vaussay.
11°. N. ..Gay,

Charles Gay, chevalier, seigneur du Puy d'Anché, épousa, le 24 février 1753, Élisabeth-Geneviève *Vallet de Sallignac*, fille de Pierre Vallet de Sallignac, écuyer, seigneur de Mons et de la Puisade, et de dame Marie-Anne de la Puisade, et du consentement de Jeanne-Élisabeth de Voland, sa seconde femme. Charles a eu trois garçons et cinq filles, dont deux mortes en naissant :

1°. N.... Gay du Puy d'Anché, mort en 1778, officier au régiment Royal-Roussillon infanterie;

2°. Jean-Baptiste-Marie Gay, qui suit;

3°. Nicolas-Angélique Gay, chevalier du Puy d'Anché, maire actuel de la commune de Sauzé, ancien officier au régiment de Beauvaisis. Ses lettres d'entrée au service sont de 1782;

4°. Deux filles, l'une morte sans alliance, et l'autre décédée religieuse, à l'abbaye de Puy-Berland;

5°. N.... Gay du Puy d'Anché, vivante, épouse de M. *Giboust de Chastellust.*

Jean Baptiste-Marie GAY DU PUY D'ANCHÉ, chevalier, né à Sauzé, le 26 juillet 1765, entra cadet-gentilhomme au régiment de Bretagne, en 1780; y fut fait sous-lieutenant devant Gibraltar, en 1782; lieutenant à Thionville, en 1788, et capitaine au commencement de l'année 1792. Émigré, la même année, il a fait la campagne à l'armée de Bourbon, comme volontaire, dans une compagnie noble de la légion de Carneville; a fait celle de 1793, et toutes les autres campagnes à l'armée de Condé, jusqu'au licenciement définitif en 1801, dans le corps des chasseurs nobles. Encadré comme sous-lieutenant au régiment de Montesson, capitaine, par brevet du roi, en 1797, pour prendre rang de 1790, il a été reçu chevalier de Saint-Louis par monseigneur le prince de Condé, en 1798, lors du départ de l'armée pour la Russie, avec exemption de quatre ans à parcourir pour l'obtention de cette décoration. Il est colonel en retraite de 1815, avec brevet honorifique de ce grade, donné par le roi, le 21 février 1816, pour y tenir rang du 13 avril 1813 : chevalier de l'ordre noble de Hohenlohe, pour prendre rang de 1799. Il a épousé Marie-Thérèse-Lucie *Froger de Léguille,* fille de feu Michel-Henri Froger de Léguille et de dame Marie-Pauline Desponts, son épouse, lequel Michel-Henri Froger était capitaine de vaisseau, ainsi que son frère, au moment de leur émigration; ils ont péri l'un et l'autre à Quiberon. Leur père était lieutenant-général des armées navales et avait fait les campagnes des Indes, etc. Le contrat de mariage de Jean-Baptiste-Marie Gay du Puy d'Anché a été passé commune du Bonpère, canton de Pouzauge (Vendée), devant Brunet, notaire, le 7 avril 1807. Le régime du temps n'admettait aucunes qualités distinctives dans ces sortes de contrats. Ils ont un fils.

Armes : D'or, au lion d'azur. Couronne de baron.

GÉVAUDAN, *comté.* Le pays de Gévaudan, en Bas-Languedoc, dont Mende est la capitale (1), était habité du temps de César par les *Gabali.* Il faisait alors partie de l'ancienne Celtique, dont il fut démembré par César, l'an 727 de Rome (27 ans avant J.-C.), pour être incorporé à l'Aquitaine première. Les Visigoths s'en emparèrent en 475. Clovis les en chassa, l'an 507, et le Gévaudan fit partie de l'immense héritage de Thierri, l'aîné de ses fils. Théodoric, roi d'Italie, s'en rendit maître en 512. Théodebert, fils de Thierri, en chassa les Goths, vers l'an 533, et réunit le Gévaudan à son royaume d'Austrasie. Eudes, duc d'Aquitaine, s'en rendit possesseur en 688; mais, en 767, le Gévaudan se soumit à Pepin le Bref, et fut conservé par ses descendants. Le premier comte particulier du Gévaudan, que l'histoire fasse connaître, est Pallade, pourvu de ce gouvernement, vers l'an 560, par Sigebert, roi d'Austrasie, qui le déposa, en 571, et nomma à sa place Romain, noble Auvergnat. A ce dernier, avait succédé, avant l'an 584, Innocent, comte de Gévaudan, nommé par le roi Chilpéric. Innocent persécuta et fit périr de sa main saint Ronvent, abbé de Saint-Privat de Javoux. Malgré ce meurtre, le crédit de Brunehaut éleva ce comte au siége épiscopal de Rodès, où il succéda à Théodose, décédé en 584.

Acfred, fils d'Acfred, comte de Carcassonne, était comte de Gévaudan, en 918. Guillaume IV, comte d'Auvergne et duc d'Aquitaine, son frère, étant mort en 926, il lui succéda dans ses domaines, et mourut lui-même sans enfants, en 928. Charles le Simple lui donna pour successeur Ebles, comte de Poitiers; mais, l'an 932, le roi Raoul, sans égard à cette disposition, pourvut du comté de Gévaudan Ermengaud, prince de Go-

(1) Depuis le commencement du 10ᵉ siècle. Antérieurement, Javoux était le chef-lieu du Gévaudan. Cette ville fut détruite, vers l'an 925, par les Hongrois.

thie, second fils d'Eudes, comte de Toulouse. La postérité d'Ermengaud a possédé ce comté pendant plus d'un
siècle. Il fut ensuite réuni au domaine des comtes de
Toulouse. Pons, comte de Toulouse, était aussi comte
de Gévaudan, en 1060. Son fils, Raymond de St.-Gilles,
qualifié comte de Gévaudan, vers la fin du 11ᵉ siècle, alié-
na ce comté en faveur de l'évêque de Mende, sans doute
pour subvenir aux dépenses immenses qu'il fit pour la
guerre d'outre-mer. Aldebert III, évêque de Mende,
étant venu à la cour, en 1161, le roi Louis le Jeune lui
accorda et à ses successeurs les droits régaliens par un
diplôme scellé en or, et qui pour cela est connu sous le
nom de la *bulle d'or*. Cette charte fut non pas le premier,
mais le principal fondement de l'autorité temporelle
dont jouissaient les évêques de Mende dans leur diocèse. Philippe le Bel fit, en 1306, un traité de partage avec
Guillaume, évêque de Mende. Il laissa à ce prélat et à
ses successeurs, le titre de comte de Gévaudan, qu'ils
ont porté jusqu'à la révolution, et lui donna la moitié
de la ville ; ainsi la justice du bailliage se rendait alternativement au nom du roi et à celui de l'évêque. Quand
c'était le tour du roi, la justice se rendait à Marvéjols ;
quand c'était celui de l'évêque, elle se rendait à Mende.

Outre les comtes de Gévaudan, il y avait des vicomtes de ce pays dès le milieu du 10ᵉ siècle, lesquels a-
vaient pour chef-lieu ou résidence la ville de Grezes. Le
premier connu est Bernard, vicomte de Milhaud et de
Gévaudan, en 925 et en 942, proche parent d'Aton I,
vicomte d'Albi. Bernard eut un fils de même nom que
lui, qui succéda, en 951, aux vicomtés de Gévaudan et
de Milhaud. Ces deux vicomtés, qui avaient fait l'apanage de deux de ses fils, furent réunies, vers le commencement du 11ᵉ siècle, par Richard II, vicomte de Milhaud. Ces vicomtés passèrent par alliance des comtes
de Barcelonne aux rois d'Aragon, qui cédèrent tous
leurs droits au roi saint Louis, en 1258, époque de
leur réunion à la couronne.

GUYOT, sieurs de Charmeaux, de Morancourt, de
Menisson et des Herbiers, en Champagne; famille originaire de Paris. Elle établit par titres sa filiation depuis
Claude Guyot, sieur de Charmeaux, chevalier, prevôt
des marchands de la ville de Paris pendant les années

1549, 1550, 1551, 1552, 1564 et 1565; reçu, le 8 octobre 1573, président en la chambre des comptes. Son fils, Antoine Guyot de Charmeaux, fut successivement pourvu des mêmes dignités, et honoré de l'estime du roi Henri IV, qui le nomma conseiller en son conseil d'état. Ses descendants se sont alliés en ligne tant directe que collatérale aux maisons d'Allonville, de Beaufort, Hue de Miroménil, de Mathé, de Molé, du Pont de Compiègne, Guérin des Herbiers de la Rochepalière, de Ségur de Cabanac, etc. Cette famille subsiste en deux rameaux, formés, au 7ᵉ degré, par deux frères (1).

Premier rameau.

VII. Claude-Antoine GUYOT DES HERBIERS, écuyer, né le 20 mai 1745, a épousé, le 22 octobre 1777, Marie-Anne *Daret*, dont il a eu:

1°. Étienne-Antoine-Prudent Guyot des Herbiers, né le 10 août 1778, nommé par S. M. Louis XVIII, en juin 1814, secrétaire-général du département de la Creuse, et, le 2 août 1815, secrétaire-général du département d'Ille-et-Villaine. Il est marié, depuis le 24 août 1807, avec Françoise-Scholastique *Bonnivert*;

2°. Edmée-Claudette-Christine Guyot des Herbiers, mariée, le 10 juillet 1801, avec Victor-Donatien, chevalier *de Musset*;

5°. Anne-Marie Guyot des Herbiers, mariée, le 28 octobre 1813, à M. *de Solente*.

Second rameau.

VII. François-Antoine-Prudent GUYOT DE MENISSON, écuyer, né le 26 avril 1750, a épousé, le 6 novembre 1775, Ursule *Gény*, dont il a eu:

1°. Eugène-Prudent Guyot de Menisson, né le 4 juillet 1800;

---

(1) Leur sœur, Christine-Catherine Guyot, née le 19 octobre 1743, a épousé, le 15 octobre 1785, Antoine-Auguste *Laurent*.

2°. Clémence-Prudence Guyot de Menisson, née
le 8 août 1776, mariée, le 18 juillet 1796, avec
Augustin *de Saligny*.

Armes : D'or, à trois tourtereaux de sinople. Casque
et lambrequins de chevalier, aux émaux de l'écu.

H

D'HARANGUIER DE QUINCEROT, en Bourgogne;
famille ancienne, originaire de Picardie, où, dès la fin
du 15ᵉ siècle, elle possédait la terre de Haineville. Ses
titres établissent sa filiation depuis :

I. Jacques D'HARANGUIER, écuyer, qui reprit pour
la terre de Haineville, le 12 juin 1514, et pour celle
de Lanty, dans la même année. Il fut marié avec Marie
Evain, dont il eut :

II. Nicolas D'HARANGUIER, Iᵉʳ du nom, écuyer, seigneur de Haineville, lequel épousa : 1°, le 30 janvier
1526, Suzanne *de Chambly*, fille et héritière de feu
Charles de Chambly, écuyer, seigneur de Chambly, et
d'Andriette de Périgny; 2° Jeanne *de Baillaux*. Il eut
de ce second mariage :

1°. Nicolas d'Haranguier, écuyer, seigneur de
Haineville, marié, le 12 février 1574, avec Hélène *de Coussy*, assistée de Raoul de Coussy,
écuyer, seigneur de Saint-Georges, près Rozoy
en Thiérache, son frère. Leurs enfants furent :

A. Nicolas d'Haranguier, seigneur de Givry,
qui eut pour femme Marguerite *Lebrun*, et
pour enfants :

a. Anne d'Haran-
guier,
b. Claude d'Haran-
guier,
c. Léonard d'Haran-
guier,
d. 4 demoiselles,
} maintenus, avec leur
mère, par arrêt du
conseil-d'état du
roi, du 12 mai
1675;

B. Gabriel d'Haranguier, écuyer, marié, le

8 mai 1621, avec Marguerite *de Veillan*,
fille de noble seigneur Antoine de Veillan,
seigneur de Saint-Morre, du Bois d'Avry
et de Vermanton, et de Madelaine d'Ellenay ;

2°. Pierre d'Haranguier, écuyer, sieur de Rou-
valle, vivant le 12 février 1574;

3°. Jean d'Haranguier;

4°. Roland, dont l'article suit.

III. Roland D'HARANGUIER, écuyer, sieur d'Haineville, acquit la terre de Quincerot d'Antoine de Veillan et de Madelaine d'Ellenay, son épouse, le 15 décembre 1595. Il était capitaine d'une compagnie de gens
de pied tenant garnison pour le service du roi au château de Sémur, lorsqu'il épousa, le 1er février 1598,
Marguerite *de Senevoy*, fille de Jean de Senevoy, é-
cuyer, seigneur de Senevoy, de Balot, de Cornay et
du fief de la tour de Leigne, et de Jeanne de Houssé.
Ils eurent, entr'autres enfants :

1°. Alphonse d'Haranguier, lieutenant-colonel du
régiment de Navarre, en 1653, mort sans postérité ;

2°. Charles, qui suit.

IV. Charles D'HARANGUIER, écuyer, co-seigneur de
Quincerot, capitaine d'une compagnie au régiment de
Normandie, épousa : 1°, le 11 février 1640, Huguette
de Moreau, dame de Chassey, fille d'Arthur de Moreau, écuyer, seigneur d'Allery ; 2°, le 11 décembre
1656, Madelaine *de Fougères*, fille de feu Philippe de
Fougères, chevalier, seigneur d'Aure, et de Bonne
d'Epinoy. Charles d'Haranguier de Quincerot siégea aux
états de la noblesse de Bourgogne en 1653. Ses enfants
furent :

Du premier lit :

1b. Anne-Josephe d'Haranguier, dame de Chassey, mariée avec François *de Regnier de Pom-
prey*, écuyer, seigneur de Bussière;

Du second lit :

2°. François, dont l'article suit;

3°. Joachim d'Haranguier, capitaine au régiment
de Vaucourt, en 1684, mort sans postérité;

4°. Nicole d'Haranguier, femme de Joseph-François *de Saint-Belin.*

V. François d'Haranguier, écuyer, seigneur de Quincerot, épousa, le 15 janvier 1694, Jeanne *de Morillon,*
fille de feu François de Morillon, écuyer, sieur du
Mousseau, capitaine de cavalerie, au régiment d'Orléans, et de Philiberte Bacherot. François et Joachim
d'Haranguier siégèrent dans la chambre de la noblesse
aux états de Bourgogne en 1682. Le premier eut de son
mariage :

1°. Joachim, dont l'article suit;

2°. Philiberte d'Haranguier, mariée à Charles *de
Vichy,* écuyer, seigneur de Seigny, capitaine
au régiment de Bouhier;

3°. Marguerite d'Haranguier, religieuse ursuline
à Vezelay.

VI. Joachim d'Haranguier, écuyer, seigneur de
Quincerot, épousa, le 22 novembre 1734, Madelaine
de Senevoy, fille de feu Aubert de Senevoy, écuyer,
seigneur de Senevoy, capitaine au régiment de Mailly,
et de Marie-Anne de Vassan. De ce mariage sont
issus :

1°. Charles-Anne, dont l'article suit ;

2°. Armand-Jean d'Haranguier de Quincerot, officier au régiment d'Auvergne, tué à Closter-
camp en 1760;

3°. Jeanne-Françoise d'Haranguier, mariée, en
1765, avec Edme-Nicolas *de Thésut,* chevalier,
seigneur de Moroges, ancien capitaine au régiment d'Orléans infanterie, chevalier de l'ordre
royal et militaire de Saint-Louis :

4°. Marie-Thérèse d'Haranguier, mariée, en 1773,
avec Joseph-Albert *de Quesse de Valcour,* che-

valier, seigneur de Larchèvre, lieutenant-colonel au régiment Royal-Champagne cavalerie,
chevalier de l'ordre royal et militaire de Saint-
Louis.

VII. Charles-Anne D'HARANGUIER, chevalier, seigneur de Quincerot, capitaine de cavalerie, chevalier
de l'ordre royal et militaire de Saint-Louis, écuyer ca-
valcadour de *Monsieur* (aujourd'hui S. M. Louis XVIII),
épousa, le 28 mai 1777, Marie-Élisabeth *Moreau de la
Vigerie*, fille de Jacques-Louis Moreau, chevalier, seigneur de la Vigerie, président-trésorier de France, maître-d'hôtel de *Madame*, et de Marie-Marguerite Treuf-
fard. De ce mariage sont issus :

1°. Jules d'Haranguier de Quincerot, chevalier,
marié, en 1813, avec Françoise-Madelaine *du
Mont de la Charnaye;*
2°. Auguste-d'Haranguier de Quincerot, mort en
1816, conseiller à la cour royale de Paris, chevalier de l'ordre royal de la Légion-d'Honneur;
3°. Hyppolite d'Haranguier de Quincerot, conseiller à la cour royale de Paris, chevalier de
l'ordre royal de la Légion-d'Honneur, marié,
en 1811, avec Marie-Jeanne-Henriette *Tribou-
det de Marcy.*

Armes : De gueules, à la fasce d'or, accompagnée en
chef de trois croisettes patées d'argent, et de deux besants d'or, et en pointe de trois fers de dard renversés
du même.

HUSSON DE SAMPIGNY, DE PRAILLY et DE BERMONT;
famille noble, originaire de Lorraine.

I. Sébastien HUSSON, Ier du nom, lieutenant pour
le duc de Lorraine en la prevôté de Demange-aux-
Eaux, bailliage de Gondrecourt, épousa Marie *Hurault,*
fille de Jean Hurault, prevôt de Treveray, en Barrois,
et d'Alix Fleury. Il en eut :

1°. Jean Ier, qui suit;
2°. Michel Husson, demeurant à Ligny, mentionné dans des actes de 1614, 1631, et 1637;

2°. Pierre Husson, auteur de la seconde branche, rapportée ci-après;

4°. Antoine Husson, dont on ignore la destinée.

II. Jean Husson, Ier du nom, prevôt de Gondre-court, obtint, le 7 mars 1631, de Charles III, duc de Lorraine, un diplôme qui l'autorisa à reprendre la no-blesse de Marie Hurault, sa mère, en conséquence du privilége dont jouissait alors la prevôté de Gondrecourt. Il fit son testament, le 31 juillet 1631. Il avait épousé : 1° Isabeau *Gomber*, rappelée comme défunte, le 15 septembre 1614; 2° Lucie *Noël*, qui vivait encore en 1649. Ses enfants furent;

Du premier lit :

1°. Sébastien II, qui suit ;

2°. Marie Husson, qui était mariée, le 25 janvier 1631, avec Louis *Herteau*, écuyer, seigneur de Nuisemant ;

Du second lit :

3°. François Husson, écuyer, avocat en parlement, seigneur de Chauville et Hurault-lès-Sampigny, maintenu dans sa noblesse par le subdélégué de l'intendant de Metz, les 16 septembre 1671, et 4 février 1673;

4°. Jean Husson, écuyer, seigneur de Noves, maintenu dans sa noblesse par M. Le Jay, in-tendant de Lorraine, le 2 mai 1657, et par or-donnance de M. Colbert de Saint-Pouange du 24 février 1658;

5°. Claude Husson, avocat, vivant en 1649, époux de Girarde *Parge;*

6°. Barbe Husson, femme de Nicolas *Gallois*, vi-vante en 1649;

III. Sébastien Husson, II° du nom, écuyer, avocat en parlement, épousa, le 15 septembre 1614, Louise *Roger*, fille de Sébastien Roger, avocat au bailliage de Chaumont. Ils vivaient encore le 5 décembre 1657, ayant pour enfants :

1°. François, qui suit ;

2°. Catherine Husson, née en 1625, mariée, le 31 janvier 1647, avec Humbert *Husson*, son cousin, avocat, prevôt de Treverey.

IV. François Husson, écuyer, lieutenant au régiment de Picardie, est ainsi qualifié dans son contrat de mariage, du 16 février 1653, avec Élisabeth *Pillot*, fille de noble François Pillot, avocat, et de Marguerite Bruslefort. Il quitta le service, et fut avocat au parlement, qualité qu'on lui trouve dans les actes depuis l'an 1655. Il ne vivait plus le 1er mars 1667, époque à laquelle sa veuve fut nommée tutrice de leurs enfants, savoir :

1°. Prudent Husson, né en 1655, curé de Villers-le-Sec, vivant le 4 septembre 17˙0 ;

2°. Denis Husson, vivant le 1er mars 1667 ;

3°. Pierre, qui suit ;

4°. Michel Husson, écuyer, capitaine de cavalerie, vivant en 1731 ;

5°. Louise Husson, née en 1661, mariée, le 6 février 1692, à Michel *Le Grin*, docteur en médecine, de la faculté de Montpellier;

6°. Claude Husson, née en 1665.

V. Pierre Husson, écuyer, seigneur de Sampigny et de Venecourt, né en 1660, lieutenant dans le régiment des Vaisseaux, en 1692, puis capitaine au régiment de Picardie, mort le 6 janvier 1745, avait épousé, le 4 septembre 1700, Marguerite *Chuppé*, fille d'Alexandre Chuppé, seigneur de Venecourt, dont il eut :

1°. Alexandre-Nicolas-Louis Husson de Sampigny, né en 1712, doyen de l'église collégiale de Saint-Jean-Baptiste de Chaumont, et prieur de Silvarouvre, mort le 11 octobre 1764;

2°. Alexandre Husson de Sampigny, chevalier de l'ordre royal et militaire de Saint-Louis, capitaine de cavalerie, ancien porte-étendard des gardes-du-corps du roi, vivant le 14 juin 1764;

3°. Jean-François, qui suit.

VI. Jean-François Husson de Sampigny, écuyer, né le 20 juin 1722, seigneur en partie de Venecourt, gar-

V. 19

de-du-corps du roi, puis capitaine de cavalerie, et chevalier de l'ordre royal et militaire de Saint-Louis, épousa : 1° Marguerite *Graillet*, fille de Jean-Baptiste Graillet, président en l'élection de Chaumont; 2°, le 10 octobre 1764, Marie-Anne *de Giey*, fille de Pierre de Giey, chevalier de Saint-Louis, ancien capitaine au régiment de Cambrésis, et de Geneviève Finée de Prianville, dame de Villars-en-Azois.

Pour la suite de cette branche, qui subsiste encore de nos jours, voyez pag. 407 du tom. IV de cet ouvrage.

SECONDE BRANCHE.

II. Pierre Husson, domicilié à Ligny, troisième fils de Sébastien Ier et de Marie Hurault, épousa Louise *Musnier*, dont il eut :

> 1°. Humbert Husson, avocat, prevôt de Treverey. marié, le 31 janvier 1647, avec Catherine *Husson*, sa cousine, avec laquelle il a continué la seconde branche dite *d'Husson de Prailly*, mentionnée tom. IV de cet ouvrage, pag. 406 et 407;
> 2°. Antoine, auteur de la troisième branche, et dont l'article suit;
> 3°. Jean Husson, curé de Longeau et de Givrauval.

III. Antoine Husson, juge et garde de la justice de Rozières en Blois, près Gondrecourt, passa une transaction avec Humbert, son frère, le 23 avril 1663. Il avait épousé : 1° Jeanne *Bertrand*, dont il eut, entr'autres enfants, Jean, qui suit; 2°, le 25 juillet 1648, Marie-Claude *de La Lande*, dont on ne lui connaît pas d'enfants.

IV. Jean Husson, épousa, par contrat du 23 juillet 1674, Catherine *Vaultrot*. fille de feu Pierre Vaultrot, lieutenant de la prevôté de Treverey, et de Françoise Hurault. De ce mariage est issu :

V. Jean-Baptiste Husson, Ier du nom, né en 1675,

décédé le 8 novembre 1743, lequel avait épousé Marie-Anne *Noël*, de laquelle il eut :

1°. Étienne Husson, mort ecclésiastique ;

2°. Nicolas Husson de Bermon, ancien capitaine de cavalerie au régiment d'Orléans, chevalier de l'ordre royal et militaire de Saint-Louis, père de :

> *A.* Jacques Husson de Bermon (1), ancien capitaine de grenadiers royaux, chevalier de l'ordre royal et militaire de Saint-Louis, né à Bar-le-Duc, le 17 octobre 1761, marié, en 1798, avec Marie-Anne *de Forget de Barst*, fille de Charles-Ferdinand de Forget de Barst, et de Thérèse, baronne de Veider. De ce mariage est issue :
>
>> Marie-Madelaine-Adélaïde-Ernestine Husson de Bermon, née le 12 décembre 1799.
>
> *B.* Marie-Madelaine Husson de Bermon, morte sans alliance en 1808.

3°. Jean-Baptiste, qui suit ;

4°. Yolande Husson, mariée à N.... *Oudinot* ;

5°. Marie-Barbe Husson, mariée à N.... *Briolat*.

VI. Jean-Baptiste Husson, II° du nom, partagea la succession paternelle avec ses frères et sœurs, le 18 décembre 1743, et mourut en 1758. Il avait épousé Gabrielle *Thieblemont*, de laquelle il eut, entr'autres enfants :

VII. Jean-Baptiste-Nicolas Husson, conseiller du roi au bailliage de Bar, époux de dame Marie *Magot*, et père de :

1°. Jean-Baptiste-Nicolas-Léopold, qui suit ;

2°. Marie-Julie Husson, mariée à Charles-Martin-

---

(1) Jacques Husson de Bermon n'ayant eu qu'une fille, a autorisé, par acte du 20 novembre 1821, son cousin issu de germain, Jean-Baptiste-Nicolas-Léopold *Husson*, à ajouter à son nom celui de *Bermon*.

Michel *de Lorme,* maire de Marieulles, près Metz.

VIII. Jean-Baptiste-Nicolas Léopold Husson, né à Bar-le-Duc, le 15 novembre 1781, chevalier de l'ordre royal de la Légion-d'Honneur, a épousé, en 1807, Anne-Marie-Élisabeth-Joséphine *Roget,* dont sont issus :

1°. Léopold Husson, né en 1808 ;
2°. Aménaïde-Joséphine Husson, née en 1811.

Armes : D'argent, au lion de sable, marqué sur l'épaule gauche d'une croix de Jérusalem d'or, à la bordure engrêlée de gueules, chargée de treize billettes d'argent. *Voyez la planche héraldique à la fin du volume.*

I

IMBERT, seigneurs de la Bazecque, en Artois. Nicolas Imbert, seigneur de la Bazecque, auteur de cette famille, fut anobli, par lettres-patentes des archiduc Albert et archiduchesse Isabelle, du 17 mars 1608, entérinées en la chambre des comptes de Lille, le 13 février 1609.

Armes : D'azur à la bande d'argent, accompagnée de deux molettes d'éperon du même.

D'INGRANDE ; maison d'ancienne chevalerie, qui a pris son nom d'une ville avec titre de baronnie, située sur la rive droite de la Loire, et sur les confins de l'Anjou et de la Bretagne. Cette baronnie tomba, dès le milieu ou vers la fin du 11e siècle, dans la maison de Chantocé, qui la porta par alliance dans celle de Craon en 1,10^. Elle entra depuis dans la maison de Laval, et fut vendue par le maréchal de Retz au duc de Bretagne. Le duc François II en rendit hommage à René, roi de Sicile et duc d'Anjou, le 25 juin 1470, et la laissa à ses enfants naturels. Enfin cette baronnie entra dans la maison d'Avaugour, qui la possédait à l'époque de la révolution.

Colin d'Ingrande souscrivit une charte l'an 1247.

Jamet, Jean et Maurice d'Ingrande servaient, en 1363, dans la compagnie d'Amaury de Clisson, le premier monté sur un cheval blanc estimé 40 livres, le second sur un cheval gris prisé 30 livres, et le troisième sur un cheval noir évalué 20 livres.

Noble homme Jean d'Ingrande demeurant en la paroisse d'Azey, près de Château-Gonthier, fut l'un des seigneurs qui, l'an 1371, témoignèrent dans l'enquête faite à Angers pour la canonisation de Charles de Blois. Il servit depuis en qualité de chevalier-bachelier dans la compagnie d'Eon de Lesnerac, gouverneur de Clisson, qui fit montre à Paris, le 27 janvier 1382.

Cette maison paraît s'être éteinte vers la fin du même siècle.

Armes : Coticé d'or et d'azur; à la bordure d'argent, chargée de onze merlettes de sable.

D'IRUMBERRY DE SALABERRY; famille ancienne et distinguée, originaire du royaume de Navarre, dont les titres établissent la filiation depuis Pierre, seigneur d'Irumberry (1), dans la vallée d'Ossez, sur la Nive, vivant en 1467. Ses descendants ont formé deux branches principales : 1° celle des seigneurs d'Irumberry et de la Madelaine, qui existait en plusieurs membres à l'époque de la révolution; 2° la branche dite de Salaberry, qui a produit un vice-amiral de France, grand'croix de l'ordre royal et militaire de Saint-Louis, deux chevaliers de l'Ordre du roi, dont l'un ministre de S. M. dans les cercles de l'empire, plusieurs officiers supérieurs, un conseiller-d'état, trois présidents de la chambre des comptes de Blois. La branche aînée compte aussi plusieurs officiers de tous grades, morts pour le service de nos rois, dans les armées de terre et de mer, et plusieurs ecclésiastiques recommandables par

---

(1) Orthographié depuis *Iriberry*, par corruption. Ce village, qui comprenait 75 habitations, est situé à une forte lieue de Saint-Jean-Pied-de-Port et à quatre lieues et demie de Saint-Palais.

leurs vertus et leurs lumières. Les alliances directes que
ces deux branches ont contractées sont avec les familles d'Aphat, d'Arbide, d'Arbon, de Bellou, de Berval,
de la Borde, Dartaguiette d'Iron, d'Elitche d'Ainhize,
d'Elrio, d'Eremont de Lostal, d'Etchepare d'Arhanaxus,
de Fordelis, de Garat. Le Gendre d'Onz-en-Bray,
d'Hariague d'Auneau, d'Iratie, de Lacarra, de Larre-
mendi, de Laxaga, de Lohitegui, de la Loy, Morel de
Boistiroux, de Mouré de Pontgibaut, de Roncé de Ver-
nouillet, de Rospide, de Saint-Genés, de Saint-Julien
d'Ahaxe, de Sainte-Marie, de Saint-Martin, de San-
Per, etc., etc. La seconde branche est représentée
par :

XII. Charles-Marie, comte DE SALABERRY D'IRUM-
BERRY, né en 1767, fils de Charles-Victoire-Marie de
Salaberry d'Irumberry, chevalier, président en la chambre des comptes de Blois, condamné à mort par le tribunal révolutionnaire de Paris, le 1er avril 1794, sortit de
France, en 1790, et voyagea en Allemagne, en Turquie
et en Italie. Il se rendit ensuite à l'armée de Condé, et
en 1799, joignit l'armée royale du Maine, où il commanda une compagnie de cavalerie dans la légion d'Arthur,
armée de Bourmont. Lors de la pacification du 2 février 1800, il rentra dans ses foyers. Au mois de mars
1815, lors du retour de Buonaparte, il fut nommé colonel de la première légion des gardes nationales de
l'arrondissement de Blois, et l'un des commandants des
volontaires royaux que le département de Loir-et-Cher
fournit à cette époque. Pendant les *cent jours*, il quitta
sa famille et ses propriétés pour joindre l'armée que le
comte d'Andigné rassemblait sur la rive droite de la Loire. S. M. Louis XVIII l'a maintenu dans son grade de
chef de bataillon, et lui a donné la croix de l'ordre
royal et militaire de Saint-Louis. Il fut nommé, la même année 1815, membre de la chambre des députés
pour le département de Loir-et-Cher, et il a été réélu,
en 1821. Il a épousé, le 20 janvier 1796, Anne-Louise-
Félicité *de la Porte*, décédée le 17 juin 1809, fille de
Jean-Baptiste-François de la Porte, ancien intendant de
Lorraine, et d'Anne-Marie Meulan des Fontaines. De ce
mariage sont issus :

1°. Charles-Jean-Baptiste-Henri de Salaberry, né à Meslay, près Vendôme, le 21 décembre 1798;

2°. Joseph-Arthur-Hippolyte-Justin de Salaberry, né à Blois, le 13 avril 1801, mort en 1819;

3°. Louis-François-Georges-Érard de Salaberry, né à Blois, le 17 août 1804;

4°. Anne-Louise-Caroline de Salaberry, née à Blois, le 27 février 1797, mariée, le 15 septembre 1817, à M. *de Lavau*, alors conseiller à la cour royale de Paris, chevalier de l'ordre royal de la Légion-d'Honneur, aujourd'hui préfet de police;

5°. Anne-Louise-Éléonore-Charlotte de Salaberry, née à Blois, le 7 janvier 1803;

6°. Marie-Adrienne-Adélaïde-Geneviève de Salaberry, née à Meslay, le 16 août 1807.

Armes : Parti, au 1 coupé d'or, au lion de gueules, et d'or, à deux vaches de gueules, accornées, onglées et clarinées d'azur; au 2 d'azur, à la croix d'argent pommetée d'or; à la bordure d'azur, chargée de huit flanchis d'or.

ISLE, en Angoumois, en Saintonge, et au pays d'Aunis, marquis de Loiré, seigneurs des Grois, de Quincé, du Breuil de Beauchesne, de la Matassière, de la Touche, etc.; famille ancienne et distinguée, connue depuis Pierre Isle, qui servit en qualité d'écuyer en 1349. Deux demoiselles de la branche de Beauchesne et de la Touche, nommées Anne-Madelaine et Marie-Anne-Angélique Isle de Beauchesne, furent reçues à Saint-Cyr, en 1720 et 1724. Les preuves de cette famille ont été faites au cabinet du Saint-Esprit, par M. Clairambault, généalogiste des ordres de S. M. en 1739.

Cette famille s'est alliée avec celles de Bissay, de la Chapelle, du Chesne du Cluzeau, de Gros de Ville, Esneau de la Glisse, de Mortagne, etc.

Armes : D'argent, à trois roses de gueules, feuillées et boutonnées de sinople. Tenants : Deux sauvages. Cimier : Une tête de levrier d'argent.

DE L'ISLE, seigneurs de la Gravelle, de la Nicolière, de la Martelière, du Souchay, de Kerbavon, du

Croissant et d'Espots, en Bretagne. Cette famille a été maintenue dans sa noblesse d'extraction, par arrêts de la chambre de la réformation de la noblesse de Bretagne, des 29 novembre 1668, 4 septembre 1669, et de l'an 1671, sur preuves remontées à Julien de l'Isle, qui vivait en 1488, avec Françoise de Mauvy, sa femme.

Les alliances de cette famille sont avec celles de la Chastelays, Hemery de Kerverot, de Kerprigent, de Lorges, de Macé, de Quelen, de Roche-Réal, etc.

Armes : De gueules, à dix billettes d'or.

DE L'ISLE ; illustre et ancienne maison de chevalerie de Bretagne, que les chartes font connaître depuis Guillaume de l'Isle, l'un des seigneurs qui furent témoins, l'an 1080, d'une charte de Jean et Gédouin, seigneurs de Dol, confirmant les possessions du prieuré de Combourg.

Rainaud de l'Isle est nommé dans une donation faite, en 1158, au monastère de Buzay, par Isachar de Masceng.

Anselme de l'Isle, chevalier, paraît au nombre des seigneurs qui, l'an 1213, furent présents à un accord passé entre Raoul, seigneur de Fougères et Gui de Mauvoisin. Il fut un des chevaliers qui, l'an 1239, accompagnèrent Pierre Mauclerc, duc de Bretagne, à la croisade en Syrie, et qui se distinguèrent, au commencement de l'an 1240, dans les plaines de Gaza, contre les Sarrasins.

Olivier de l'Isle, chevalier, épousa, après l'an 1263, Aumur de Thouars, dame de Candé, seconde femme et veuve de Geoffroi IV, baron de Châteaubriant, et fille aînée de Henri, vicomte de Thouars, seigneur de Talmond, et d'Agnès, fille de Gui V, baron de Laval. Geoffroy IV, baron de Châteaubriant, son premier mari, lui avait assigné 10 livres de rente annuelle sur la terre de Candé et 40 livres monnaie de Laval. Geoffroy V, son fils, en accroissement de douaire, donna à ladite Aumur de Thouars, sa mère, et à Olivier de l'Isle, son mari, 100 livres de rente qu'ils avaient coutume de prendre à Saumur, sur le trésor du roi de Sicile, et 30 livres de rente en la châtellenie de la Flèche (1).

Raoul de l'Isle, écuyer, servait en cette qualité avec son porte targe dans la compagnie de Hue de Kerautret, chevalier, qui fit montre à Paris, le 20 novembre 1356. Il a la qualité de chevalier bachelier de la compagnie de Bertrand du Guesclin, connétable de France, dans une montre faite à Caen, le 1er octobre 1371.

Jean de l'Isle, écuyer, servait, en 1370 et 1371, dans la même compagnie.

Cette ancienne maison paraît avoir subsisté jusque vers la fin du 15e siècle; et jusqu'à cette époque, on l'avait vu porter les armes avec distinction dans toutes les guerres.

Elle fut alliée aux maisons du Plantais et de Rougé, et aux plus illustres de Bretagne.

Armes : De gueules, à deux léopards d'or; au lambel de cinq pendants d'argent.

J

JAQUOT, seigneurs de Neuilly et de Corcelles, en Bourgogne. Cette famille a pour auteur Paris Jaquot, sieur de Neuilly, qui fut avocat du roi au bailliage de Dijon, puis nommé, le 19 novembre 1525, avocat-général au parlement de Bourgogne, et reçu, le 4 décembre suivant, ensuite conseiller au même parlement le 12 novembre 1532; mais, sa nomination n'ayant pas eu lieu, il fut pourvu, en 1535, de la charge de conseiller au grand-conseil, où il fut reçu le 15 février. Ses descendants furent maintenus, en 1669, sur le fondement des lettres de noblesse qu'il avait obtenues en 1571. Il eut, entr'autres petits-enfants :

> 1°. Jean Jaquot, maître extraordinaire en la chambre des comptes de Bourgogne, pourvu d'une charge de conseiller au parlement, le 16 mars 1599 ;

(1) Mémoires pour servir de preuves à l'Histoire de Bretagne, par D. Morice, tom. I, col. 1001.

2°. Palamède Jaquot, seigneur de Mypont et de Puligny, reçu conseiller au parlement de Bourgogne, le 13 juin 1611, mort en 1617, et inhumé en l'église de Saint-Jean de Dijon.

Antoine Jaquot, fils de Jean, fut pourvu sur sa résignation de la charge de conseiller au parlement de Dijon, le 25 novembre 1619, et y fut reçu, le 12 mai 1620.

Armes : La branche de Mypont et de Puligny, sans doute puînée de celle de Neuilly et de Corcelles, portait : D'azur, à la fasce d'or, chargée d'un croissant de sable, et accompagnée de trois étoiles du second émail ; à la bordure engrêlée de gueules. Cimier : Un merle de sable, becqué et membré de gueules. (*Article supplémentaire à la Notice insérée, tom. III, pag.* 516 *de cet ouvrage.*)

DE JUILLOT DE LONGCHAMPS ; famille originaire de la prevôté de Clermont, en Argonne.

I. Jean DE JUILLOT, Iᵉʳ du nom, écuyer, épousa, vers l'an 1560, Edmée de *Mathieu*, de laquelle il eut :

II. Jean DE JUILLOT, IIᵉ de nom, écuyer, marié, par contrat passé devant Martin et Lefébure, notaires, le 12 mai 1586, avec Jeanne *de Brossart,* fille de feu Jonas de Brossart, écuyer, et de Barbe de Condé. Il fut père de :

III. Louis DE JUILLOT, Iᵉʳ du nom, écuyer, sieur de Longchamps, lequel épousa, par contrat passé devant Pétiot, notaire, le 9 septembre 1635, Hélène de *Bonnay,* fille de François de Bonnay, écuyer, et de Françoise de Mathieu. Leur fils unique fut :

IV. Louis DE JUILLOT DE LONGCHAMPS, IIᵉ du nom, écuyer, fut marié, par contrat passé devant Paillot, et Cordier, notaires, le 20 avril 1658, avec Louise *des Gabets*. fille de Claude des Gabets, écuyer, et de Marguerite Dorlodot. De leur mariage est issu :

V. François JUILLOT DE LONGCHAMPS, Iᵉʳ du nom,

écuyer, allié, par contrat passé devant Simon et Sain-
tin, notaires de Clermont en Argonne, le 7 janvier
1700, avec Marie *Person de Grandchamp*, fille de feu
Nicolas Person, écuyer, seigneur de Grandchamp, et
de défunte Anne Quivault, et sœur de noble François
Person de Grandchamp, écuyer, seigneur de Vopey,
et capitaine au régiment de la Reine. Ils eurent, entr'autres enfants :

VI. Jean-François JUILLOT DE LONGCHAMPS, écuyer,
marié, par contrat passé devant Paillot, notaire, le 27
septembre 1722, avec Françoise *de Guyot*, fille de
Jouail de Guyot, écuyer, et de Madelaine du Houx.
Leurs enfants furent :

1°. François II, dont l'article suit ;
2°. Marie Juillot de Longchamps, née le 19 janvier
1728, mariée, par contrat passé devant Mathieu
Cordier, notaire à Clermont en Argonne, le 13
octobre 1749, avec Gabriel, chevalier *de Solages*, qui fut depuis maréchal des camps et armées
du roi, fils de François-Paul de Solages, marquis
de Crameaux, et d'Isabeau-Catherine de Galatrave, sa seconde femme.

VII. François DE JUILLOT DE LONGCHAMPS, IIᵉ du nom,
écuyer, marié, par contrat passé devant Louis Legouest,
notaire royal au bailliage de Bar-sur-Seine, le 4 juillet
1768, avec Marie-Anne-Élisabeth *Prodhon*. De leur
mariage est issu :

VIII. Jean-François DE JUILLOT DE LONGCHAMPS, IIᵉ
du nom, écuyer, né le 23 août 1769, reçu élève de l'école
royale militaire, d'après les preuves faites par-devant le
juge d'armes de la noblesse de France, le 22 mars 1778.

Armes : De gueules, à trois loups d'or ; au chef cousu
d'azur, chargé de trois étoiles du second émail.

K

DE KAER ; maison d'ancienne chevalerie de Bretagne, qui tirait son nom d'une seigneurie avec titre de

baronnie, située près d'Auray, au pays de Vannes, et qui s'est fondue dans la maison de Malestroit-Château-giron, vers le milieu du 14e siècle.

Normant, seigneur de Kaër, est nommé dans un compte rendu, en 1267, à Jean le Roux, duc de Bre-tagne. L'an 1294, il reconnut devoir pour lui et pour ses juveigneurs un chevalier à l'ost ou armée du duc Jean II.

Il était contemporain et peut-être frère de Pierre de Kaër, chevalier, seigneur de Kaër et de Plesbu-Ke-remboult, qui eut trois fils :

1°. Guillaume, seigneur de Kaër, mort sans en-fants ;
2°. Olivier, qui suit ;
3°. Henri de Kaër, chevalier bachelier dans les armées de Bretagne, vivant en 1334. Il épousa Margante *de Guyseur*, de laquelle il eut :

> 1°. Guillain de Kaër, écuyer, qui fut l'un des ambassadeurs que le duc de Bretagne en-voya en Angleterre, en 1382, pour aller chercher la duchesse, son épouse, et trai-ter du recouvrement de son château de Brest, occupé par les troupes britanniques Le même Guillaume souscrivit, le 8 juin 1384, un traité fait entre le duc Jean et l'Evêque et les habitants de Saint-Malo. Il paraît être mort sans postérité ;
> 2°. Thiphaine de Kaër, mariée, en 1383, à Hervé IV, seigneur de Nevet, fils d'Her-vé, III, seigneur de Nevet, et de Jeanne du Pont-l'Abbé.

Olivier, seigneur de Kaër, fut père de Pierre, sei-gneur de Kaër, dont la fille unique, N.... dame de Kaër, héritière de tous les biens de cette maison, les porta en mariage à Jean de Châteaugiron, dit de Ma-lestroit du chef maternel, chevalier, seigneur d'Oudon, de Largouet et de Malestroit, décédé à Rennes en 1374. De leur mariage sont issus les seigneurs de Ma-lestroit, fondus, en 1394, dans la maison de Ragua-nel, et les sires et barons de Kaër, également du nom de Malestroit.

Armes : De gueules, à la croix d'hermine, ancrée et gringolée d'or.

DE KAER. Il a existé en Bretagne, jusques vers la fin du 15ᵉ siècle, une seconde famille de Kaër, également ancienne, et peut-être sortie de quelque rameau de la précédente, mais dont les armoiries diffèrent totalement. De cette famille, était Guillaume de Kaër, chanoine de Tréguier, en 1392. Un autre Guillaume de Kaër, docteur en droit, est nommé avec Jean de Kaër, dans une procuration donnée, le 11 mars 1399, par Jeanne de Navarre, duchesse et régente de Bretagne. Ce Jean de Kaër est sans doute le même qu'on voit, en 1419, au nombre des gens d'armes destinés à accompagner Richard d'Angleterre à son voyage en France. Enfin on voit, en 1465, un Olivier de Kaër servir en qualité d'homme d'armes dans les rôles de Bretagne.

Armes : D'azur, au léopard d'argent.

DE KERCKEM, aux Pays-Bas ; illustre et ancienne *maison de chevalerie que* quelques auteurs font descendre de l'antique race de Warfusée.

Adam de Kerchem, Iᵉʳ du nom, chevalier, épousa N.... *de la Saulx,* fille de Watier de la Saulx, chevalier, surnommé des Temples, et de N.... d'Argenteau, *dont il eut :*

1°. Adam II, qui suit ;
2°. N.... de Kerckem, mariée avec Guillaume *d'Alsteren,* chevalier, seigneur de Hamale, de Montfort-sur-Ourte, etc., fils de Conrard, seigneur d'Alsteren, maréchal de Juliers.

Adam de Kerckem, seigneur de Coosen, épousa Marie *de Huldenbergh,* de laquelle il eut, entr'autres enfants :

Renier de Kerckem, seigneur de Coosen, époux de Catherine *de Moore-van-Walt,* fille de Henri de Moore-van-Walt, et de Marie d'Eynholt, et père de :

Georgine de Kerckem, mariée, en 1564, avec Jean

de Geloès, seigneur de Bever, châtelain de Curenge, membre de l'état noble et de la Liensale de Curenge, fils d'Étienne de Geloès de Nysviller, châtelain et stathouder de l'état noble de Curenge, et de Marguerite de Chiny.

Armes : D'argent, semé de fleurs de lys de gueules.

L

LAMBERT, seigneurs du Fresne, barons de Chameroles, comtes d'Auverse, etc. On a rapporté, tom. I, pag. 462, de cet ouvrage, une Notice fort succinte et très-erronée sur cette ancienne famille; et l'on croit devoir substituer à cette Notice la généalogie suivante, dressée sur les renseignements même que cette famille a produits. Ils établissent les faits suivants.

Le commencement de la noblesse de la famille Lambert n'est point connu, mais il est extrêmement ancien. Une tradition immémoriale et une foule de titres conservés dans ses archives attestent qu'elle a toujours été tenue et réputée issue de noble et ancienne race, ce que confirme une enquête faite judiciairement en l'année 1573, qui apprend que cette famille est originaire de l'Isle-de-France, où elle avait beaucoup de biens; qu'elle vint ensuite se fixer en Normandie, près de Cherbourg; qu'elle y a possédé plusieurs fiefs, notamment le fief de Rouville; qu'elle est revenue s'établir à Paris, où l'un de ses membres fut pourvu d'un office de conseiller; enfin, que postérieurement un puîné de cette famille, nommé Thomas Lambert, revint en Normandie, s'établit en la paroisse de Tourlaville, et y vécut noblement. MM. Lambert ne possèdent que ces notions historiques, mais juridiquement constatées en 1572, sur l'ancien état de leur famille, soit dans sa première migration en Normandie et son acquisition du fief de Rouville et d'autres, soit dans son retour en France, et son entrée dans la magistrature. Il en résulte que cette famille tenait un rang distingué longtemps avant l'existence de Thomas Lambert, son premier auteur connu, et il n'est pas surprenant qu'elle n'ait pu remonter sa filiation au-delà du commencement du 15e siècle, puisque ce Thomas, comme puîné, ne pouvait être nanti des titres antérieurs.

I. Thomas LAMBERT, Ier du nom, écuyer, vivait en 1422. Le 21 décembre de cette année, il acquit un fief consistant en plusieurs pièces de terre, cens et rentes en la paroisse de Tourlaville, près de Cherbourg, en Normandie. Au mois de mai 1445, il servait en qualité d'homme d'armes dans la compagnie de messire Thomas Hoo, chevalier, capitaine de Mantes. Il eut pour fils Robin, qui suit.

II. Robin LAMBERT, écuyer, seigneur de Mesliers, près Mantes, de Digoville, près Cherbourg, voyeur de Tourlaville (1), a ces qualités dans des actes des 27 juillet 1460, 7 septembre 1476 et 17 octobre 1478. Il fut père de Thomas II, qui suit.

III. Thomas LAMBERT, IIe du nom, écuyer, seigneur dés mêmes lieux, et voyeur de Tourlaville, est rappelé dans une procédure, faite, le 5 octobre 1576, à la requête de Guillaume Lambert, son arrière petit-fils. De plus, il est constaté par les dépositions des douze témoins entendus dans l'enquête de 1573, que Thomas Lambert, Ier du nom, « dès son jeune âge suivit » les guerres; qu'il était au service du roi en la garde » de la ville et château de Cherbourg, où il s'était re-» tiré en sa vieillesse, après avoir été en plusieurs guer-» res, et suivi les armes toute sa vie; et où on l'estimait » un des plus vieux gens d'armes du pays, et était bien » honoré des autres gentilshommes qui étaient en la-» dite garnison, pour l'expérience des armes qu'il avait » pratiquées et suivies dès son jeune âge; enfin qu'il » était noble; et venu de noble lignée. » Thomas II eut pour fils :

---

(1) Cette charge que la famille Lambert possédait en fief avait de très-beaux priviléges. Elle donnait droit d'inspection sur la forêt du roi, et séance avec les officiers de S. M. dans toutes les affaires rélatives à cette forêt.

1°. Ancel, dont l'article suit ;

2°. Jean Lambert, é-
cuyer,

3°. Guyon Lambert,
écuyer,

} qui partagèrent avec Ancel, leur frère aîné, le
dernier novembre 1521.

IV. Ancel LAMBERT, écuyer, successeur de Thomas II, son père, et voyeur de Tourlaville, épousa,
par contrat du 1er août 1498, Guillemette *Cabart*, fille
de Jean Cabart, sieur d'Enneville et des Essards, homme d'armes de la garnison de Cherbourg, « lequel,
» porte l'enquête de 1573, n'eut donné sadite fille en
» mariage audit voyeur, s'il n'eut été réputé noble. »
Ancel Lambert servait, au mois d'août 1527, dans la
compagnie de gens de guerre à morte paie, commandée par du Biez. Il mourut en 1553, laissant de Guillemette Cabart, son épouse :

1°. Gratien, dont l'article suit ;

2°. Robert Lambert, chanoine de Coutances et
aumônier ordinaire du roi;

3°. Hubert Lambert, médecin ordinaire de la reine Éléonore d'Autriche, seconde femme du roi
François I*r*.

V. Gratien LAMBERT, écuyer, seigneur des Mesliers
et de Digoville, voyeur de Tourlaville, servait, au mois
d'avril 1547, au nombre des 120 hommes de guerre de
la compagnie de Louis de Saint-Simon de Rasse. L'enquête précitée porte que ledit Gratien et ses deux frères « vivaient noblement; qu'à l'exemple de leurs pré-
» décesseurs ils suivaient la cour, et étaient tenus et
» réputés nobles, et avaient beaucoup de gentilshommes,
» leurs parents, qui étaient riches et avaient de grands
» biens, demeurant au pays de France, et étaient
» beaucoup estimés en ce pays (de Normandie) par
» tous les gentilshommes, de la plupart desquels ils
» étaient alliés. » Gratien mourut en 1559, laissant
deux fils :

1°. Guillaume Lambert, voyeur de Tourlaville.
En 1572, les commissaires pour le régalement
des tailles en cette paroisse, l'ayant porté sur le

rôle des contribuables, sur le refus qu'il avait
fait de comparaître à leur assignation, il se pourvut aussitôt à l'élection de Valognes, où compa-
rurent, le 4 novembre 1572, les collecteurs de
la paroisse et le corps des paroissiens. Il allégua
« qu'il était noble et issu de noble et ancienne li-
» gne ; que sa noblesse était notoire, tant auxdits
» habitants qu'à tous autres du pays. A quoi les
» paroissiens ajoutèrent qu'ils n'avaient jamais
» douté de la noblesse dudit Lambert ni de celle
» de ses prédécesseurs..... Et par le procureur du
» roi il fut dit que l'on avait toujours tenu ledit Lam-
» bert et ses prédécesseurs pour nobles en ce
» pays. » Sur son insistance, il fut rayé préalable-
ment du rôle des tailles, sauf à se pourvoir par-
devant les commissaires du roi. Par une enquête
du 7 octobre 1573, il exposa « qu'il était noble,
» issu d'ancêtres nobles, et comme tel tenu et ré-
» puté au pays par ceux qui connaissaient sa lignée;
» qu'il était en possession et jouissance de nobles-
» se, sans avoir jamais contribué aux tailles des
» roturiers ; et en tous actes et instructions s'était
» dit et titré tel, ayant suivi les armes, et fait
» plusieurs services à S. M., comme domestique et
» commensal, et en outre, ayant ses prédécesseurs
» fait plusieurs services aux rois, et toujours suivi
» les armes sans qu'aucun d'iceux eût dérogé à l'état
» de noblesse, et que conséquemment y devait être
» maintenu; que de tout temps sa noblesse n'a été
» révoquée en doute, et ne la pourrait justifier par
» titres, ayant tous ses prédécesseurs joui d'icelle,
» sans doute ni contredit. » En conséquence, il
fut fait, d'après l'ordre de ces commissaires, par
le lieutenant-général de Valognes, le 10 octobre
1573, une enquête où déposèrent 12 témoins,
âgés de 70, 75, 80, 90 ans, qui tous déclarèrent
« que de tout temps, de leur connaissance, et de
» tradition immémoriale de leurs pères, connaî-
» tre MM. Lambert pour nobles de tous temps »,
et rendirent un compte uniforme des faits relatifs à l'ancienne origine noble de cette famille,
même des faits antérieurs à tous les actes et tous
les degrés de la filiation qu'on vient de rappor-

ter. Guillaume Lambert fut en conséquence maintenu en l'état de noblesse et dans tous les droits et immunités dont elle était en possession. Au mois de novembre 1584, Guillaume Lambert servait dans une compagnie de 50 hommes d'armes des ordonnances du roi. Il avait épousé N.... *du Temple,* d'une des plus anciennes familles nobles du pays Chartrain, porte l'enquête de 1573, qui ajoute : « qu'il suivit les » guerres et la cour comme ses ancêtres, et fut » en bonne réputation dans ce pays (de Norman- » die) de tous les gentilshommes qui y étaient, » la plupart desquels étaient ses parents et al- » liés. » Guillaume Lambert fut gouverneur du château de Saint-Sauveur-le-Vicomte, proche Valognes. Il ne laissa que deux filles :

A. Marie-Lambert, alliée à Jacques *Poirier,* baron d'Amfreville, commandant une compagnie de gens d'armes durant les troubles de la ligue, pour le roi Henri IV, et depuis président à mortier au parlement de Rouen ;

B. Anne Lambert, femme de Julien *Poirier d'Amfreville,* seigneur de Sortoville, frère de Jacques ;

2°. Jean, qui suit.

VI. Jean LAMBERT, écuyer, seigneur du Fresne, frère de Guillaume, vint s'établir à Paris, et y fut reçu, le 15 janvier 1587, dans la charge de procureur du roi au siége général de l'amirauté de France, établie à la table de marbre du palais. Trois ans après, il suivit Henri IV à Tours, et abandonna sa maison et ses biens pour demeurer fidèle à ce prince. Ce fait honorable est attesté par un arrêt du conseil du 31 mars 1590, concernant le paiement des appointements de sa charge, à Tours. Dès le 22 avril 1564, Jean Lambert, seigneur du Fresne, avait donné une quittance au receveur des tailles de Bayeux, comme tuteur de l'enfant de maître Pierre Potier, à cause d'une rente sur l'état, et avait épousé, en 1581, Marie *Barat,* qui était veuve de lui en 1620. Il en eut 9 enfants, dont le 8e, nommé Guillaume, a seul continué la descendance.

VII. Guillaume LAMBERT, écuyer, né le 28 juin 1603, fut reçu correcteur en la chambre des comptes de Paris le 1er février 1632; puis conseiller du roi, et maître des comptes en la même chambre, le 15 juillet 1655, et mourut le 25 mai 1684. Il avait épousé, au mois de juin 1638, Marie *de Montchal*, fille de Pierre de Montchal, et de Jeanne Bachasson. Il en eut 10 enfants, dont 6 moururent en bas âge. Les autres furent :

1°. Jean-Pierre, qui suit;

2°. Guillaume Lambert, mort à Chartres en 1686, sans avoir été marié;

3°. Joseph Lambert, né le 28 octobre 1654, prêtre, docteur de Sorbonne et prieur de Palaiseau, près Paris. L'église de Saint-André-des-Arcs a long-temps retenti de sa modeste et touchante éloquence. (*Voyez le Dictionnaire historique de Chaudon et Delandine.*) Il mourut le 31 janvier 1722;

4°. Marie Lambert, alliée, au mois de mars 1639, avec Pierre *de Maissot*, chevalier, doyen des secrétaires du roi, morte sans enfants en 1707.

VIII. Jean-Pierre LAMBERT, écuyer, né le 14 février 1642, fut reçu conseiller-correcteur en la chambre des comptes de Paris, le 8 avril 1683, et mourut le 18 février 1728. Il avait épousé, le 1er juillet 1692, Marie-Catherine *Pepin*, fille de Claude Pepin, correcteur des comptes, de laquelle il laissa deux fils :

1°. Claude-Guillaume, dont l'article suit;

2°. Jean-Baptiste-Pierre, auteur de la seconde branche, rapportée ci-après.

IX. Claude-Guillaume LAMBERT, Ier du nom, né le 9 novembre 1694, fut reçu conseiller au grand-conseil, le 29 janvier 1718. Lors de la dissolution des parlements, en 1771, Claude-Guillaume Lambert était doyen du grand-conseil. Par respect pour son grand âge, on crut pouvoir l'excepter de l'exil général des défenseurs de l'ancienne magistrature; mais il alla trouver le chancelier, et se plaignit en homme offensé, qu'on pût le confondre avec les complaisants du pouvoir et les dé-

serteurs de sa compagnie. M. de Maupeou l'exila. Il eut
la joie d'être témoin du rétablissement de la magistrature, et mourut le 29 novembre 1774, un mois après sa
femme, Catherine-Thérèse *Patu*, qu'il avait épousée, le 23
mai 1724, fille de Philippe Patu, conseiller en la cour
des aides de Paris, et de Claude de Launay. Ils laissèrent deux fils :

     1°. Claude-Guillaume, qui suit ;
     2°. Jean-Pierre Lambert, né le 11 mars 1728. Il
        fut reçu conseiller au parlement de Paris, en
        1763, et épousa N.... *Guignace de Villeneuve*,
        sœur de la seconde femme de son frère. Il mou-
        rut, en 1795, sans postérité.

    X. Claude-Guillaume LAMBERT, II° du nom, na-
quit le 9 août 1726. Après avoir fait ses études avec
la plus grande distinction au collège de Saint-Jean
de Beauvais, il fut reçu conseiller au parlement de
Paris, en 1748. Il n'avait pas encore 23 ans, lorsque
sa compagnie, frappée de la maturité d'esprit et de
jugement dont il donnait tous les jours des preuves,
arrêta, chambres assemblées, que le roi serait supplié
de lui accorder voix délibérative, sans attendre l'âge
obligé de 25 ans. Des lettres-patentes du roi sanction-
nèrent ce vœu du parlement, si honorable pour ce jeune magistrat. Attiré à la cour, d'où sa modestie l'éloi-
gnait, par M. le duc de Choiseul, il prit une place distinguée parmi les maîtres des requêtes. Il fut chargé en
cette qualité du rapport de la requête présentée au conseil du roi, en 1777, par M. de Lally-Tolendal, aujour-
d'hui pair de France, en cassation de l'arrêt qui avait
condamné le général de Lally, son père, à être décapité.
Sur le rapport de Lambert, qui parla dans cette affaire
neuf heures de suite sans avoir autre chose sous les yeux
que les pièces du procès et les mémoires éloquents de
M. de Lally-Tolendal, l'arrêt fut cassé tout d'une voix,
et la procédure, sur laquelle il était intervenu, fut an-
nulée à l'unanimité. Durant ce procès fameux, en 1778,
M. Lambert fut nommé conseiller-d'état en service ordinaire, place qu'il exerça avec la plus grande distinction jusqu'en 1787, année où il fut désigné au roi pour
remplir le poste, si délicat à cette époque, de contrô-

leur-général des finances. Son ministère cessa en 1788,
et il le reprit, au commencement de 1789, jusques dans
l'année 1790. A cette époque, l'assemblée nationale le
déclara déchu de la confiance de la nation ; mais le roi
Louis XVI, en cédant malgré lui à la tyrannie de l'assemblée, déclara qu'il lui conservait la sienne. Arrêté à Lyon, en 1793, comme ayant correspondu a-
vec un de ses fils, émigré, M. Lambert subit une
procédure criminelle ; mais, défendu par l'éloquent
M. Portalis, qui depuis a été ministre des cultes, il fut
acquitté honorablement par le tribunal du département
du Rhône, aux applaudissements de tout ce que cette
ville renfermait d'hommes vertueux. Peu de mois a-
près, retiré à Cahors, où il possédait une manufacture
qui alimentait 200 indigents de cette ville, il y fut arrêté par ordre des comités de salut public et de sûreté
générale, et il fut conduit à Paris, où il périt sur l'é-
chafaud, le 27 juin 1794, l'une des plus honorables
victimes du tribunal qui ensanglanta la France (1). Il
avait épousé : 1°, le 1er septembre 1756, Marie-Madelaine *Beissier de Pisany*, morte le 12 juin 1772, fille
d'Augustin Beissier de Pisany, maître des comptes à
Paris, et de Marie-Marguerite Gaultier ; 2°, le 4 mai
1774, Anne-Henriette *Guignace de Villeneuve*, morte
le 2 mars 1783, fille de Jean-Pierre Guignace de Villeneuve, conseiller au grand-conseil, et d'Anne le Maître. Claude-Guillaume II a eu pour enfants :

Du premier lit :

1°. Augustin-Charles-Pascal Lambert, né le 16
décembre 1761. Il fut reçu conseiller au parlement de Paris, en 1782, et maître des requêtes de l'hôtel, en 1788. Lors des troubles révo-

(1) Paul-Augustin-Joseph Lambert, son second fils, qui partagea sa détention, pria un peintre célèbre aussi détenu, M. Res-
tout, quelques jours après la mort de son père, de dessiner ses
traits, en consultant sa mémoire et celle de ses amis captifs. Ce por-
trait, qui depuis a servi de modèle à un autre, ensuite lithographié,
est conservé dans la famille. C'est aussi le même Claude-Guillaume
Lambert, II° du nom, que représente une gravure de 1761, au bas
de laquelle on lit ces mots : *Vir et civis.*

lutionnaires, il émigra avec le troisième et le
quatrième de ses frères. Il avait épousé mademoiselle *du Fré de Saint-Maur*. Après la mort de
sa femme, qui ne lui donna pas d'enfants, il se
remaria, en Angleterre, avec mademoiselle *de
Ghaisne de Bourmont*, sœur du lieutenant-général comte de Bourmont, qui commandait pour la
cause royale dans l'armée vendéenne. Le gouvernement anglais l'envoya, durant son émigration, à Saint-Domingue, en qualité de président du conseil de justice. Il rentra en France
avec le roi, en 1814, et fut alors nommé conseiller-d'état en service ordinaire. Il devint, en 1816,
conseiller-d'état en service extraordinaire.

2°. Paul-Augustin-Joseph, dont l'article suit;

3°. Claude-Guillaume Lambert, baron de Cha-
merolles, né le 24 septembre 1768. En 1784, il
fut nommé lieutenant au régiment des chasseurs
des Pyrénées, et depuis capitaine aide-de-camp
du maréchal de Broglie. Il suivit la famille royale
en Angleterre, et y prit du service pour la cause
des Bourbons. Rentré en France, il y a épousé
mademoiselle Louise *de Seroux*, de la ville de
Compiègne. Il a été nommé, en 1814, chevalier de l'ordre royal et militaire de Saint-Louis;

4°. Augustin-Louis Lambert, comte d'Auverse,
né le 24 décembre 1769, chevalier de l'ordre de
Saint-Jean de Jérusalem. Il passa dans l'étranger
au moment de la révolution, et mourut dans l'é-
migration, sans avoir été marié, sur un vaisseau
qui le portait à la Guadeloupe, en l'année
1796;

Du second lit :

5°. Armande-Félicité Lambert, née le 10 novembre 1781.

XI. Paul-Augustin-Joseph, baron LAMBERT DU FRES-
NE, né le 8 août 1764, fut reçu conseiller au parlement
de Paris en 1784. Il fit le voyage à Malte, et y fut reçu
chevalier de l'ordre de St.-Jean de Jérusalem, en 1789.
Il resta seul avec son père en France, au moment de la

révolution. Il y partagea ses malheurs et l'accompagna dans la prison, d'où son père ne sortit que pour mourir. Paul-Augustin-Joseph échappa à ce malheureux sort. Il se maria, en 1798, avec demoiselle Aglaé Louise-Étiennette *de Brossard*, fille aînée de François-Constantin, comte de Brossard, ancien écuyer commandant de S. A. S. Louis-Philippe, duc d'Orléans, et de Marie-Périne d'Auvilliers, fille naturelle de Louis-Philippe, duc d'Orléans, petit-fils du régent. Paul-Augustin-Joseph attendit que l'ordre se rétablît dans l'état, pour faire auprès du gouvernement les démarches que lui commandaient les besoins de sa famille. Il fut nommé à la sous-préfecture de Pithiviers, département du Loiret, en 1800. Dans l'année 1806, il passa à la préfecture de Tours, et peu après reçut le titre de baron et de membre de la Légion-d'Honneur. Il fut éloigné de l'administration, en 1812, au grand regret des hommes honnêtes de la Touraine, pour un acte de bienfaisance odieux au gouvernement. Au retour du roi Louis XVIII, il fut nommé maître des requêtes au conseil-d'état, et remplit cette place jusqu'au 5 mai 1817, jour où la mort l'enleva à sa famille. Il a eu 5 enfants de son mariage avec Aglaé-Louise-Étiennette de Brossard, et 4 lui ont survécu :

1°. Édouard-Louis-Étienne Lambert, né le 8 février 1800 ;

2°. Joseph-Anatole Lambert, né le 18 août 1803 ;

3°. Stéphanie-Constance Lambert, né le 2 décembre 17.8 ;

4°. Louise-Emma-Pauline Lambert, née le 25 mai 1806.

SECONDE BRANCHE.

IX. Jean-Baptiste-Pierre LAMBERT, né le 27 décembre 1696, second fils de Jean-Pierre Lambert, et de Marie-Catherine Pepin, fut reçu conseiller-correcteur en la chambre des comptes de Paris, en novembre 1718. Il épousa, en février 1725, Marie-Geneviève *Le Chassier des Champs de Morel*, fille de Cristophe-Nicolas le Chassier des Champs de Morel, conseiller en la cour des aides, à Paris, et de Charlotte-Geneviève Soufflot. Jean-Baptiste-Pierre mourut en 1763, laissant

de son mariage trois fils, qui ont pris de leur mère le
surnom de des Champs de Morel, et qui seront successivement mentionnés.

X. Jean-Baptiste-Louis LAMBERT DES CHAMPS DE MO-
REL, l'aîné des trois frères, naquit le 26 janvier 1734. Il
fut reçu conseiller à la cour des aides à Paris, en 1757,
puis conseiller au parlement, aussi à Paris, le 21 mars
1763, et conseiller honoraire à la cour des aides, le 30
juillet 1766. Il épousa, le 16 mai 1763, Marie-Thérèse
Masson de Vernou, fille de Pierre-Antoine Masson de
Vernou, chevalier, seigneur de Vernou, et de Marie-
Anne Jogues Villeray. Il eut de ce mariage :

1°. Jean-Baptiste-Antoine, dont l'article suit ;
2°. Antoine-Charles Lambert, né le 16 avril 1774,
et mort en juin 1797.

XI. Jean-Baptiste-Antoine LAMBERT DES CHAMPS DE
MOREL, né le 25 juin 1770, a épousé, le 21 août 1797,
demoiselle Annette *Brochant de Saint-Félix*. De ce mariage sont provenus :

1°. Auguste-Félix Lambert, né le 3 septembre
1799, mort âgé de 10 mois, en 1800 ;
2°. Anne-Camille Lambert des Champs de Morel,
née le 29 août 1805, vivante en 1821.

X. Jacques-Étienne-Joseph LAMBERT DES CHAMPS DE
MOREL, second des trois fils de Jean-Baptiste-Pierre,
naquit le 23 février 1738, et fut reçu conseiller - auditeur en la chambre des comptes de Paris, en janvier
1761. Il épousa, le 29 janvier 1771, Henriette-Madelai-
ne *le Chassier de Méry*, fille d'Étienne-Robert le
Chassier de Méry, conseiller en la cour des aides, à
Paris, et de Marie-Henriette Thoré. Il est décédé, ayant
eu de ce mariage :

1°. Anne-Nicolas Lambert, né le 13 juin 1779,
décédé ;
2°. Auguste-Louis Lambert, né le 10 août 1781,
chevalier de l'ordre de Saint-Jean de Jérusalem,
décédé ;
3°. Alphonse-Étienne Lambert des Champs de Mo-

rel, né en 1789. En 1814, il fut nommé fourrier
des gardes-du-corps de S. M. Louis XVIII ; capitaine de cavalerie, aide-de-camp du général
duc de Luxembourg ; capitaine des gardes, en
1816, et créé baron, en 1817 ;

4°. Charles-François Lambert des Champs de Morel, né en 1792, mousquetaire gris, en 1815 ;
lieutenant de hussards, en 1816 ;

5°. Amélie Lambert ;

6°. Aimée-Marie Lambert des Champs de Morel,
mariée, en 1809, à N.... *Vatar Désaubiez.*

X. Augustin-Louis LAMBERT DES CHAMPS DE MOREL,
troisième fils de Jean-Baptiste-Pierre, né le 11 juin
1739, fut reçu conseiller-auditeur en la chambre des
comptes de Paris, le 11 juillet 1761. Il épousa, en février 1771, Catherine-Marguerite *de Villiers de la
Noue*, fille de Prudent de Villiers de la Noue, conseiller au Châtelet, à Paris, et de Marguerite Grégoire. Il
mourut, laissant de son mariage 3 enfants :

1°. Augustin-Claude Lambert des Champs de Morel, né le 18 décembre 1771, officier en 1786,
marié, en 1806, avec N.... *Leclerc de Lesseville*,
dont sont issus deux enfants, savoir :

A. Un fils ;

B. Marie-Catherine-Louise Lambert, née le
15 février 1807 ;

2°. Augustin-Prudent Lambert des Champs de Morel, né le 15 juillet 1773 ; officier, en 1787. Il a
épousé, en 1809, N.... *de Mais*, et il est mort
sans enfants ;

3°. Thérèse-Lambert des Champs de Morel, née
le 25 juin 1780. Elle a épousé, en 1806, Nicolas
Rolland, membre de la chambre des députés
(département des Bouches-du-Rhône), en 1815.
Elle a plusieurs enfants de ce mariage.

Armes : De gueules, au chevron d'or, accompagné
en chef de deux croissants d'argent, et en pointe d'un
chêne arraché d'or (1).

_____

(1) C'était autrefois un gland d'or en pointe, au lieu du chêne ar-

DE LARMANDIE, en Périgord ; noble et ancienne maison, dont le nom primitif était *Armand*, qu'elle n'a quitté pour prendre celui de Larmandie, que vers la fin du 15e siècle. Elle tire son origine de la petite ville de Miremont, dans la paroisse de Mauzens, où elle a commencé à être connue dans le 12e siècle. Le cartulaire de l'abbaye d'Uzerche fait mention d'un Gaubert Armand, chanoine de Brive, vivant en 1135. (*Voyez les Manuscrits de Baluze, paquet* 13, n° 6, *à la bibliothéque du roi.*) On trouve dans le siècle suivant, que Pierre de Lescours, donzel, épousa *Alays Armand*, par contrat du 12 à l'issue de février 1255 (v. st.).

La filiation de cette maison est prouvée littéralement depuis Bertrand Armand, 1er du nom, qui suit.

Bertrand ARMAND, 1er du nom, donzel de Mauzens, reçut une reconnaissance féodale de la part de Jean Comte, de la paroisse de Rouffignac, le 15 des calendes de juin 1298 ; il passa différents actes, dans les années 1302, 1312, 1324 et 1327, et mourut avant l'an 1331, laissant de *Jourdaine,* sa femme, entr'autres enfants :

Hélie ARMAND, damoiseau, qui reçut, le dimanche avant la fête de Saint-Martin 1331, une reconnaissance, dans laquelle il rapelle Bertrand Armand, son père, défunt. Il était déjà parvenu au grade de chevalier, en 1342, et vivait encore en 1352. Il eut de sa femme, dont le nom est ignoré :

1°. Bertrand II, qui suit ;
2°. Guillaume, damoiseau, en 1356.

Bertrand ARMAND, IIe du nom, damoiseau de Miremont, est connu par divers actes, depuis l'an 1350 jusqu'en 1367, et ne vivait plus en 1379. Il avait épousé Hélis *de l'Herm,* vivante encore en 1394, fille de noble Fortanier de l'Herm, chevalier, dont naquirent :

1°. Montasin Armand, écuyer, mort sans postérité ;

raché, ainsi qu'on le voit par un vieux cartouche de bois de la maison qu'habitaient MM. Lambert.

2°. Bertrand III, qui suit ;

3°. Jacques Armand ;

4°. Hugues Armand, damoiseau, marié à Catherine *de Miremont*.

Bertrand ARMAND, III° du nom, damoiseau, passa des actes depuis l'an 1389 jusqu'en 1407. On ne connaît pas le nom de sa femme ; mais il est certain qu'il eut pour enfants :

1°. Jean de Larmandie, damoiseau, mort avant l'an 1447, laissant de Jeanne *Cothet*, sa femme, deux filles, nommées Hélis ou Alix et Mathe de Larmandie, dont l'une épousa Aimeric *de Comarque*, et l'autre Jean *de Comarque*, oncle et neveu ;

2°. Pons, qui suit.

Pons DE LARMANDIE, damoiseau de Miremont, épousa, en 1448, Louise *de Veyrines*, fille de Jean, seigneur de Sainte-Alvère, et de Jeanne de Flamenc de Bruzac. Elle avait pour sœurs Antoinette de Veyrines, mariée à Jean II Adémar de Lostanges, duquel descendent les seigneurs marquis de Ste.-Alvère et de Beduer ; Jeanne, femme de Jean de Laurière, seigneur de Lanmari, etc. ; Pons de Larmandie testa, le 13 avril 1481, en faveur de Jean, son fils aîné, qui suit.

Jean DE LARMANDIE, chevalier, seigneur de Longua, Grand-Castang et du Roc, prit alliance, le dernier jour de novembre 1531, avec Jeanne *de Gontaut de Saint-Geniès,* qui le rendit père de :

Bertrand DE LARMANDIE, IV° du nom, baron de Longua, etc., chevalier de l'ordre du roi, marié, le 3 mars 1560, avec Françoise *de Bourbon*, fille de Jean de Bourbon, chevalier, seigneur, vicomte de Lavedan, et de Françoise de Silly. De ce mariage vint :

Henri DE LARMANDIE, lequel continua la branche de Longua, qui s'est éteinte dans la maison de Lostanges de Ste.-Alvère, par le mariage, en 1718, d'Arnaud-Louis-Claude-Simon *de Lostanges,* marquis de Ste.-Alvère, avec Françoise-Marie de *Larmandie*, fille unique et héritière d'Alexandre, marquis de Longua, et de Marie-Anne de Raymond.

Outre la branche de Longua, dont on vient de parler, la maison de Larmandie a formé quelques autres branches, établies à Bergerac ou dans les environs, telles que Montessac, Faux, ou Malcintat, le Bos, etc.

Armes : D'azur, à un homme armé de toutes pièces, la visière levée, et tenant une épée de même, la garde d'or, la pointe en haut.

LARON ou LÉRON, en Limousin et en Périgord. C'est à la chronique de Geoffroi, prieur du Vigeois, qu'on est redevable de la connaissance particulière qu'on a de cette ancienne et illustre maison, dont le premier auteur connu est Roger de Laron, mentionné dans une charte de l'an 997, rapportée dans le *Gallia Christiana* (tome II, instr. col. 190.)

Roger fut père d'Aimar Comtour ou Comptour de Laron, qui épousa Aolaarz de Lastours, fille et héritière de Guy de Lastours, *dit* Le Noir, seigneur de Lastours, de Terrasson, de Pompadour et de Hautefort et d'Engelsiane de Malemort. Aolaarz, qui, suivant la remarque de Geoffroi, était d'une complexion fort délicate, mourut jeune, et fut enterrée auprès de sa mère, dans le monastère d'Arnac. Son mari prit une seconde alliance avec la sœur d'Itier de Chabot, évêque de Limoges (élu vers l'an 1052, mort en 1073). Il vint plusieurs enfants de ces deux mariages. De Guy de Laron, *dit* de Lastours, issu du premier, sont sortis les seigneurs de Lastours, divisés en plusieurs branches, aujourd'hui éteintes; les anciens seigneurs de Pompadour, aussi éteints; et les seigneurs de Hautefort, dont il est très-probable que descendent, par un cadet, les seigneurs de Vandre, en Périgord, qui ont toujours porté le nom de Hautefort. Ils subsistent encore aujourd'hui dans la personne de M. le comte Gustave de Hautefort, officier des gardes-du-corps du roi, marié à Adélaïde *de Maillé de La Tour-Landry*, dame pour accompagner S. A. R. madame la duchesse de Berry. Plusieurs autres branches de cette illustre maison ont sub-

sisté long-temps en Limousin, et jusques dans le 15ᵉ siècle. La dernière, Jeanne de Laron, fille de Pierre, et
d'Isabeau des Molins ou de Moulins, sœur de Jean et de
Nicolas de Laron, fut mariée, en 1405, à Jean Adémar
de Lostanges, damoiseau, co-seigneur de Lostanges et
de Beynac, en Limousin, dont descendent les seigneurs
de Sainte-Alvère, en Périgord.

Dans le nombre des héros de la première croisade,
paraît avec éclat Golfier de Laron, *dit* de Lastours,
surnommé le Grand, dont le nom a été défiguré par
la plupart des historiens qui ont parlé de lui, faute d'a-
voir connu les différentes races qui se sont succédées
dans la seigneurie de Lastours, première baronnie du
Limousin; les uns l'ont appelé *Latour*, d'autres *Les-
tours*, etc. (*Voyez* entr'autres le Père Maimbourg dans
son *Histoire des Croisades*, tom. I, pag. 160.)

Les seigneurs de Laron ont fait dans tous les temps de
nombreuses fondations religieuses, et plusieurs d'entre
eux sont allés combattre les Infidèles à la Terre-Sainte.
Ils ont fourni plusieurs prélats à l'église, tels que Jourdain, évêque de Limoges, dès l'an 1021, mort en 1052;
Guy, évêque de la même église, en 1073, mort vers l'an
1086; Ramnulfe, évêque de Périgueux, en 1207, etc., et
ils ont pris leurs alliances dans les maisons d'Aixe, d'Aubusson, de Born, de Bré, de Chambon de Ste.-Valérie,
de Comborn, de Flamenc-de-Bruzac, de Mirabel, du
Perche, de Pierre-Buffière, de la Rocheaymon, etc. (1).

Armes : Une escarboucle à six rais fleuronnés (2).

---

(1) C'est ici le cas de relever une erreur qui s'est glissée dans la
rédaction de la note 3, pag. 144 du tome XIV du *Nobiliaire universel*, où, au lieu *de cette branche*, il faut lire : *D'une autre branche de cette maison, étaient issus*, etc.; et à la suite de la même
note, page 145, ligne 10, après ces mots : *Isabeau de la Roche
(même nom que la Rocheaymon), dame du Teil-au-Faure;* rempla-
cez les mots qui suivent par ceux-ci : *Laquelle (Béatrix) avait eu
pour premier mari Roger de la Roche, seigneur de Char, son cousin, et n'eut d'enfants d'aucun des deux. Béatrix, fille d'autre
Roger de Laron, était mariée à Guy de la Roche avant l'an 1238.*

(2) Le sceau qui nous a conservé ces armes était apposé à une
charte de l'an 1238, qui se trouvait autrefois dans les archives de
l'abbaye de Grandmont.

DE LENCQUESAING ; ancienne famille noble, originaire du Brabant, tenant ses lettres de noblesse des rois d'Espagne, pour services rendus à leurs personnes et à l'état.

Cette famille s'est toujours dévouée au service militaire, d'abord des rois d'Espagne; et depuis la conquête, par Louis XIV, des provinces de Flandre et d'Artois, elle a servi honorablement les rois de France.

En 1693, Charles-Ignace-Joseph DE LENCQUESAING, entra au service de Louis XIV, et fut nommé, en 1701, capitaine au régiment de cavalerie de Marnay. En 1706, il passa au régiment royal des carabiniers, où il fut fait major et chevalier de l'ordre royal et militaire de Saint-Louis.

Son fils, Charles-Louis-François DE LENCQUESAING servit au régiment de Royal-Wallon, infanterie, où il fut capitaine, puis décoré de l'ordre royal et militaire de Saint-Louis.

Louis-Dominique-Eustache DE LENCQUESAING, cousin du dernier, servit au régiment de Navarre, infanterie, où il fit toutes les campagnes de la guerre de *sept ans*. Il devint capitaine au même régiment; puis il se retira du service, en 1762, pour occuper la charge de grand-bailli d'épée au bailliage de Saint-Omer.

A l'époque de la révolution française, quatre des descendants de cette famille, en activité de service ou ayant atteint l'âge de porter les armes, suivirent les princes français hors de France, et défendirent avec honneur la cause royale. A son retour en France, S. M. Louis XVIII, pour récompenser les bons services de ces quatre loyaux chevaliers, les décora de l'ordre royal et militaire de Saint-Louis.

L'aîné de cette famille actuellement existant est :

Messire Louis-Dominique-Joseph DE LENCQUESAING, fils de Louis-Dominique-Eustache; ancien capitaine d'infanterie, chevalier de l'ordre royal et militaire de Saint-Louis. De son mariage avec sa cousine-germaine, dame Reine-Ferdinande-Eugénie *de Lencquesaing*, il a deux fils :

2°. Louis-Dominique-Gustave de Lencquesaing,
né à Lille, le 6 novembre 1807;

2° Louis-Dominique-Arthur de Lencquesaing, né
à Aire, le 20 avril 1809.

Sont encore existants :

1°. Albert-Joseph de Lencquesaing, aussi fils de
Louis-Dominique-Eustache, ancien chef d'escadron, chevalier des ordres royaux et militaires de Saint-Louis et de la Légion-d'Honneur;

2°. Étienne-François-Louis de Lencquesaing, fils
de Charles-Louis-François; lieutenant-colonel
du génie, en retraite, et chevalier de St.-Louis;

3°. Charles-Ignace-Joseph de Lencquesaing, son
frère, ancien capitaine d'infanterie, chevalier
de Saint-Louis;

4°. Louis-Eugène-Martial de Lencquesaing, aussi fils de Charles-Louis-François.

Armes : D'azur, fretté d'or; au chef cousu d'azur,
chargé de deux étoiles à six rais d'or. L'écu timbré d'un
casque taré au tiers et orné de ses lambrequins d'or et
d'azur. Cimier : Un vol d'azur, chargé d'une étoile d'or.
Support : Un lion et un léopard.

LODÈVE, *comté* et *vicomté.* La ville de Lodève,
chef-lieu du Lodevois, comprise d'abord dans la Narbonnaise première, passa successivement sous la domination des Romains, des Visigoths, des Français, des
Goths et des Austrasiens. Pepin le Bref la soumit
en 752, et l'unit à la couronne.

Milon et Arvaldus étaient comtes de Lodève sous le
règne de Charles le Chauve. Ce comté faisait partie du
marquisat de Gothie, lorsqu'il passa, au commencement du 10e siècle, dans la maison des comtes de Toulouse, où il demeura jusqu'à la fin du 12e siècle, temps
auquel les évêques de Lodève commencèrent à fonder
leur juridiction temporelle sur le Lodevois. Louis VIII
fit don, en 1225, à Pierre, évêque de Lodève, et à ses
successeurs, du comté de Montbrun et de ses dépendances; et Raymond le Jeune, comte de Toulouse, ayant

cédé, en 1228, au roi saint Louis tout ce qu'il possédait dans le Languedoc, à l'exception du Toulousain
et d'une partie de l'Albigeois, les évêques de Lodéve
restèrent en possession de tous les droits que nos rois
leur avaient accordés sur ce comté. Ils réunirent vers le
même temps à leur église la vicomté de Lodéve, qui
était possédée héréditairement, et sous la suzeraineté des
comtes de Toulouse, par Hildin Ier et Odon, vicomtes de
Lodéve, en 961. On voit que ces vicomtes abusaient de
leur autorité, en exerçant les droits régaliens, qui n'appartenaient qu'aux comtes de Lodéve, et qui passèrent
dans la suite aux évêques. Odon était alors marié avec
Gariberge. Un acte de l'an 982 fait connaître la femme
d'Hildin, nommée Archembette, et leurs fils Erman-
gaud, Adilulphe et Odon II. Le premier était décédé,
en 984, laissant veuve sans enfants Trudgarde. Le troisième, qui hérita de la vicomté de Lodéve, épousa Chim-
berge, dont il eut pour fille et héritière Nobilie, mariée
avec Gilbert II, vicomte de Carlat. Adèle, fille et héritière de Gilbert, épousa Bérenger II, vicomte de Milhaud, auquel elle porta les vicomtés de Carlat et de
Lodéve.

Les évêques de Lodéve ajoutaient à leur titre celui de
comtes de Montbrun, et portaient dans leurs sceaux un
écu *d'argent*, *au lion de sable*.

DE LOUBERT, seigneurs de Neuilly, d'Ardée, du
Breuil, de Martainville, de Nantilly, de Longuehaye et
de Rochefort; famille noble de la province de Normandie. Elle a pour auteur :

I. Blaise DE LOUBERT, seigneur de Neuilly, de Longuehaye et de Martainville, qui fut anobli, par lettres
du roi François Ier, du mois de juin 1544. Il avait épousé : 1° Jeanne *Dionis* (1); 2°, le 6 novembre 1635,
Adrienne *de Mornay* (2), veuve : 1° de Robert de

---

(1) *Dionis*: D'azur, à trois ananas d'or; au chef du même,
chargé d'une croix potencée de gueules.

(2) *De Mornay* : Burelé d'argent et de gueules; au lion morné
de sable, couronné d'or, brochant sur le tout.

Marzac, seigneur d'Hardencourt; 2° de Robert de Cantiers, seigneur de Ruel, et fille de Guillaume de Mornay, seigneur d'Ambleville, maître-d'hôtel du roi, et de Tristanne d'Auquoy. Elle fit son testament en 1558. Blaise de Loubert eut de sa première femme :

1°. Girard, dont l'article suit ;
2°. Jean de Loubert, auteur de la branche des *seigneurs de Martainville*, rapportée en son rang.

II. Girard DE LOUBERT, seigneur de Neuilly, partagea avec son frère les biens de Jeanne Dionis, leur mère, le 12 février 1535. Girard eut 3 enfants :

1°. François Ier, dont l'article suit ;
2°. Jean Ier de Loubert, auteur de la branche *des seigneurs de Ranuly*, rapportée ci-après ;
3°. Marie de Loubert, femme, en 1553, de Gilles *Doublet*, sieur de la Haie.

III. François DE LOUBERT, Ier du nom, écuyer, seigneur de Neuilly et de la Folletière, épousa ; le 9 novembre 1552, Claude *le Masson* (1), fille de Claude le Masson, seigneur d'Héricourt, lieutenant de roi de Brouage, et d'Adrienne Bouhelier. Il eut pour fils :

IV. Claude DE LOUBERT, écuyer, seigneur du Breuil, de Neuilly, d'Ardée, d'Espiez, de la Folletière, etc., marié, le 7 novembre 1614, avec Hélène *le Sens* (2), fille de Philémon le Sens, écuyer, seigneur de Morsan, et de Louise de Nollent. Leurs enfants furent :

1°. François II, qui suit ;
2°. Alexandre de Loubert, dont la postérité suivra celle de son frère aîné ;
3°. Gabrielle de Loubert, femme d'Édouard *Larcher*, seigneur de Bojacourt et de Pocancy, reçu conseiller au grand-conseil, le 4 septembre 1636, fils de François Larcher, maître en la

---

(1) *Le Masson* : D'azur, à deux léopards d'or.

(2) *Le Sens* : De gueules, au chevron d'or, accompagné de trois encensoirs d'argent.

chambre des comptes, et de Claude Godet, da-me de Pocancy.

V. François DE LOUBERT, IIe du nom, écuyer, seigneur d'Ardée, du Breuil, etc., épousa, le 2 octobre 1652, Anne *de Mailloc* (1), fille d'Abraham, seigneur de Mailloc, écuyer, et de Charlotte de Baudry de Piencourt. De leur mariage sont issus :

  1°. Adrien-Alexandre, dont l'article suit ;
  2°. François de Loubert, écuyer, capitaine dans le régiment du roi ;
  3°. Gabriel de Loubert, lieutenant dans le régiment Royal des Vaisseaux ;
  4°. N.... de Loubert, dame de Cantiers ;
  5°. Marie-Anne de Loubert, qui fut supérieure de la maison royale de Saint-Louis à Saint-Cyr.

VI. Adrien-Alexandre DE LOUBERT, chevalier, seigneur d'Ardée, du Breuil et de Maillouet, capitaine dans le régiment Royal des Vaisseaux, par commission du 3 février 1694, lieutenant de roi des ville et château de Caen, par lettres du 21 août 1714, chevalier de l'ordre royal et militaire de Saint-Louis, épousa : 1°, le 10 février 1698, Anne-Marguerite *de Normanville* (2), fille de Pierre de Normanville, écuyer, seigneur des Héberts, de Saint-Arnoul et des Bordes, et d'Anne-Marguerite le Roy du May ; 2°, le 14 mars 1714, Marguerite *des Plas* (3), fille de Pierre des Plas, écuyer, seigneur de Carriol, chevalier d'honneur en la cour des aides de Montauban, et de Françoise Couture. De ce deuxième mariage sont issues :

  1°. Marie-Louise-Olympe de Loubert, née le 24 août 1715,   reçues à Saint-Cyr, l'une le 9 juillet 1727, et l'autre le 9 septembre 1731.
  2°. Anne-Françoise-Marie Loubert, née le 19 novemb. 1719,

(1) *De Mailloc* : De gueules, à trois maillets d'argent.
(2) *De Normanville* : D'azur, à trois molettes d'éperon d'or.
(3) *Des Plas* : D'azur, au lion léopardé et couronné d'argent, lampassé et armé de gueules, accompagné de 9 besants d'or en orle.

De cette branche était Jean-Baptiste *de Loubert*, chevalier, seigneur du Mesnil-sous-Vienne, co-seigneur de Martagny, seigneur direct des fiefs du Breuil et du Scène, au diocèse de Rouen, marié, le 11 octobre 1785, avec Catherine-Louise *de Rely*, fille de François-Jean-Paul de Rely, chevalier, seigneur du Rondel, et de Marie-Jérôme-Urbaine-Renée de Récalde.

SECONDE BRANCHE.

V. **Alexandre de Loubert**, écuyer, seigneur d'Espiez, second fils de Claude de Loubert, et d'Hélène le Sens de Morsau, épousa, le 11 juin 1677, Marthe *de Loubert*, dame de Martainville et de Longuehaye, sa cousine, fille de Louis de Loubert, seigneur des mêmes lieux, et de Claude de Tilly de Prémont. Il mourut le 29 juin 1694. De ce mariage sont issus :

1°. Alexandre de Loubert, reçu chevalier de Malte au grand-prieuré de France, à Paris, le 2 octobre 1700, décédé commandeur du même ordre, le 18 juin 1749;

2°. François-Bonaventure, qui continue la descendance ;

3°. Jeanne de Loubert, reçue à Saint-Cyr, le 3 mai 1690.

VI. **François-Bonaventure de Loubert**, écuyer, seigneur et patron de Martainville, de Longuehaye, de Rochefort, d'Espiez, etc., baptisé le 3 octobre 1681, décédé à l'âge d'environ 82 ans, avait épousé, le 24 janvier 1707, Renée-Charlotte *de Bailleul* (1), de laquelle il eut :

VII. **Robert de Loubert**, écuyer, seigneur et patron de Martainville, de Longuehaye, de Rochefort et d'Espiez, seigneur haut-justicier de Perçay, du Deffais et autres lieux, né le 7 novembre 1728. Il servit en qualité de cornette de la compagnie du sieur de Comminges de Sieuras dans le régiment de Caraman, dragons, et mourut le 11 mai 1791. Il avait épousé, par contrat du 22 novembre 1775, et célébration du 18 décembre sui-

---

(1) *De Bailleul :* D'hermine, à la croix de gueules.

V.   23*

vant, Marie Françoise *de Rely* (1), fille de François-
Jean-Paul de Rely, chevalier, seigneur du Rondel, et
de Marie-Jérôme-Urbaine-Renée de Récalde. Il eut de
ce mariage trois enfants:

1°. Jean-Robert, dont l'article suit;

2°. François-Antoine de Loubert, écuyer, seigneur
haut-justicier de Perçay et de Moulissant, né en
1778, marié, le 7 juin 1800, avec N.... *le
Bouyer de Monthoudou*, fille de N.... le Bouyer
de Monthoudou, ancien mousquetaire. Il mourut en 1805, ne laissant qu'une fille :

Antoinette de Loubert de Perçay ;

3°. Marie - Charlotte de Loubert, née le 12 septembre 1779, mariée, le 20 novembre 1798, à
Jean-Baptiste *de Beausse*, écuyer, ancien officier au régiment d'Enghien, infanterie, chevalier de l'ordre royal et militaire de Saint-Louis.

VIII. Jean-Robert, vicomte DE LOUBERT DE MARTAIN-
VILLE, chevalier, ancien seigneur de Martainville, de
Longuehaye, de Rochefort, de Cierray, du Bois-Mi-
lon, et autres lieux, né le 17 septembre 1776, fut
nommé capitaine de cavalerie par ordonnance du roi
du 27 juillet 1814 ; maréchal-des-logis de la compagnie
des gendarmes de la garde ordinaire du roi, le 6 juillet ;
chevalier de l'ordre royal de la Légion-d'Honneur, le
14 septembre suivant ; chef d'escadron, par ordonnance du 24 janvier 1815, dont le brevet constate qu'il
avait été breveté capitaine dans les armées royales en
1797. Son dévouement à la cause de la maison de Bourbon était tellement connu que le ministre de la police
générale, par une lettre du 15 février 1814, le signala
à la surveillance du préfet de l'Eure, comme devant fa-
ciliter a M. le chevalier de Bruslard, successeur de M.
le comte de Frotté dans le commandement de l'armée
royale de Basse-Normandie, les moyens d'introduire en
France S. A. R. Mgr. le duc de Berry. Créé *vicomte*, par
lettres-patentes du 4 février 1815, et nommé, le 1er mars,
chevalier de l'ordre royal et militaire de Saint-Louis,
en récompense de son dévouement à la famille des
Bourbons, et des services rendus par lui à la cause roya-

---

(1) *De Rely* : D'or, à trois chevrons d'azur.

le, le vicomte de Loubert a suivi le roi à Gand ; et, par suite du licenciement des compagnies rouges de la maison militaire du roi, il a été nommé chef d'escadron au 1er régiment de dragons (Calvados.) Le 6 octobre 1815, le bailli de Giovanni-y-Centelles, lieutenant du magistère de l'ordre de Saint-Jean de Jérusalem, accorda au vicomte de Loubert une bulle, par laquelle il lui est permis de porter la croix de cet ordre, en récompense des services rendus par son grand-oncle, Alexandre de Loubert, mort commandeur du même ordre. Il a été nommé officier de l'ordre royal de la Légion-d'Honneur, le 1er mai 1821, et est maintenant officier-supérieur au corps royal d'état-major, par ordonnance royale du 20 juin suivant. Il a épousé, le 22 février 1799, Thérèse Cécile *de la Rue de Rucqueville* (1), fille de Nicolas-Alexandre de la Rue de Rucqueville, ancien mousquetaire gris. De ce mariage sont issues :

1°. Marie Cécile de Loubert de Martainville, née le 25 juin 1800, mariée, par contrat du 29 décembre 1819, signé par le roi et les princes et princesses de la famille royale, et célébration du 17 janvier 1820, à Marie-Félix-Ernest-Auguste *de Monnier de Savignac*, chef de bataillon, capitaine au 6e régiment de la garde royale et chevalier de l'ordre royal de la Légion-d'Honneur, fils de Marie-Laurent-Félix de Monnier de Savignac, chevalier, seigneur de Savignac, ancien officier au régiment de Deux-Ponts, et d'Adélaïde-Gabrielle-Madelaine de Linars ;
2°. Alexandrine-Françoise-Léonice de Loubert de Martainville, née le 10 juin 1802.

TROISIÈME BRANCHE.

Seigneurs de Nantilly.

III. Jean DE LOUBERT, Ier du nom, écuyer, seigneur de Chagnes, second fils de Girard de Loubert, seigneur de Neuilly, était marié, en 1571, avec Marguerite *de Souicaire*, fille de Gilles de Souicaire, seigneur de Nantilly, et en eut :

_____

(1) *De la Rue* : D'or, au chevron de gueules, chargé de cinq besants d'argent et accompagné en chef de deux branches de rue de sinople, et en pointe d'un lionceau d'azur.

IV. Jean DE LOUBERT, IIe du nom, écuyer, seigneur de Nantilly et de Chagnes, qui fut maintenu dans sa noblesse, par sentence des élus de Dreux, du 20 février 1599. Il avait épousé, le 10 mai 1595, Louise *de Nancelles* (1), qui testa, le 16 avril 1630, fille d'Urbain de Nancelles, seigneur de Marmousse et des Brosses, chevalier de l'ordre du Roi, et de Jacqueline de Fontaines. Leurs enfants furent :

1°. Jean de Loubert, seigneur de Nantilly, capitaine au régiment de Bussy, l'an 1629, et gentilhomme ordinaire de *Monsieur*, duc d'Orléans, par lettres de retenue du 1er juillet 1633;

2°. Urbain de Loubert, qui continue la lignée;

3°. Jacqueline de Loubert, mariée à Félix *le Cornu*, seigneur de la Goulafrière et de la Blotière, en 1630.

V. Urbain DE LOUBERT, écuyer, seigneur de Nantilly, de Bérengeville et de Rayel, fut marié, le 1er mai 1641, avec Marguerite *Vialart* (2), fille de Louis Vialart, écuyer, seigneur de Ville-l'Evêque, et de Sara Barthomier d'Olivet. De ce mariage sont provenus :

1°. Jean III, qui suit;

2°. Charles de Loubert, curé de Saint-Pierre de Nantilly;

3°. Élisabeth de Loubert, accordée en mariage, le 9 janvier 1672, avec François *Hoyard*, écuyer, seigneur de la Poterie, en Blesois, capitaine au régiment de la Reine, infanterie;

4°. Louise-Gabrielle de Loubert, femme de Jacques *Noinville*, sieur des Marais.

VI. Jean DE LOUBERT, IIIe du nom, écuyer, seigneur de Nantilly, garde de la marine, en 1668, épousa, le 21 décembre 1677, Madelaine-Louise *Noinville*, sœur de Martin Noinville, architecte des bâtiments du roi. Il eut une fille :

Louise-Michelle de Loubert de Nantilly, reçue à Saint-Cyr, le 7 novembre 1695.

(1) *De Nancelles* : D'azur, à trois nacelles d'or.
(2) *Vialart* : D'azur, au sautoir d'or, cantonné de quatre croisettes potencées du même.

QUATRIÈME BRANCHE.

Seigneurs de Martainville.

II. Jean DE LOUBERT, écuyer, seigneur de Martainville, second fils de Blaise, et de Jeanne Dionis, sa première femme, fournit aveu de la seigneurie de Martainville, mouvante de la baronnie d'Ivry, à Diane de Poitiers, duchesse de Valentinois, baronne d'Ivry, le 1er
avril 1554. Il laissa de Florence *Anquetin* (1), sa
femme :

1°. Pierre, dont l'article suit ;
2°. Marguerite de Loubert, dont le mariage fut
accordé, le 13 février 1563, avec noble homme Pierre *Dezert*, seigneur de Goudes.

III. Pierre DE LOUBERT, écuyer, seigneur de Martainville, obtint, le 8 mai 1596, une sentence du bailliage d'Évreux, par laquelle il fut déclaré exempt du
service personnel qu'il devait au roi, en considération
de ce qu'il entretenait un de ses fils à la guerre, sous
la charge du seigneur de Saint-Lau, en Brouage, et de
ce que les témoins entendus avaient affirmé qu'il était
plus que sexagénaire, et dans l'impossibilité de monter
à cheval, à cause de sa cécité et de plusieurs accidents
qui lui étaient survenus. Il avait épousé, le 30 janvier
1563, Françoise *Dezert*, fille de noble homme Louis
Dezert, sieur de Boussey et de la chapelle Ozeray, et
de Jeanne de Routes. Il en eut, entr'autres enfants,
Louis qui suit :

IV. Louis DE LOUBERT, Ier du nom, écuyer, seigneur
de Martainville, fit hommage au duc d'Aumale, le 14 juin
1614, pour sa seigneurie de Martainville, mouvante en
plein fief de Hauttier de la baronnie d'Ivry, et fut élu
par la noblesse du bailliage d'Évreux, le 31 août 1631,
pour assister à l'assemblée des états-généraux du royaume. Il avait épousé, le 13 janvier 1602, Marie *du Ches-*

---

(1) *Anquetin* : D'azur, au chevron d'or, accompagné de trois
aiguières du même.

ne (1), morte le 1er juin 1622, fille de Bertrand du Chesne, écuyer, seigneur de Préaux, capitaine exempt des gardes-du-corps du roi, gouverneur des ville et château de Chinon, et de Jeanne du Val. Il eut pour fils :

V. Louis DE LOUBERT, IIe du nom, écuyer, seigneur de Martainville, de Longuehaye et de Rochefort, qui épousa, le 28 juin 1657, Claude *de Tilly* (2), fille de Jean de Tilly, écuyer, sieur de Prémont, et de Françoise Aubert de Montigny. Leur fille unique fut :

> Marthe de Loubert, dame de Martainville, de Longuehaye et de Rochefort, qui épousa, le 11 juin 1677, son cousin, Alexandre *de Loubert*, écuyer, seigneur d'Espiez

Les diverses branches de cette famille ont été maintenues lors de la recherche par l'intendant de Normandie en l'élection d'Évreux, le 18 août 1666.

Armes : D'azur, à cinq épis d'orge d'or, posés trois et deux. Supports : Deux loups. Couronne de comte. Cimier : Un cheval issant, ayant la tête ornée de trois panaches de sinople, de sable et d'or.

M

MAINE, *comté-pairie.* La province du Maine était originairement habitée par les *Aulerci Cenomani*, et en quelques lieux par les *Aulerci Diablintez* et les *Arvii.* L'an 164 de Rome, (590 ans avant J.-C.), Belovèse, chef des Manseaux, s'empara de la partie de l'Italie que les Romains appelèrent depuis *Gaule cisalpine.* Les vainqueurs y bâtirent les villes de Trente, de Crème, de Bergame, de Bresse, de Crémone, de Mantoue et de Véronne, dont les peuples continuèrent d'être

---

(1) *Du Chesne :* D'azur, au croissant d'argent, accompagné de trois étoiles d'or.

(2) *De Tilly :* D'or, à la fleur de lys de gueules.

connus sous leur ancien nom de *Cenomani*. César ne parvint pas sans peine à subjuguer les Manseaux, qui s'étaient confédérés avec les Auvergnats. Sous Honorius, la province du Maine était comprise dans la 3ᵉ Lyonnaise. Elle passa sous la domination des Français, vers l'an 477. Rigomer, prince du sang de Mérovée, possédait le Maine à titre de royaume; mais Clovis Iᵉʳ, l'ayant fait mettre à mort, s'empara de cette province à main armée, l'an 510. Ses successeurs établirent des comtes pour la gouverner. Tels furent Rotgaire, Hunold, Hatton, Roger, Milon, et Grippon, fils de Charles Martel, à qui ses frères, Carloman et Pepin, enlevèrent le Maine, avec ce qui devait lui revenir de la succession de leur père. Le Maine fut par la suite compris dans le département du duché de France, qui commença à se former sous le règne de Charles le Chauve; mais les ducs de France eurent sous eux des comtes particuliers, qui gouvernèrent en leur nom les diverses provinces de leur département. Il est même certain que le Maine avait un comte avant l'érection du duché de France. Roricon I, comte du Maine, sous le règne de Louis le Débonnaire, mourut vers l'an 841. Charles le Chauve lui donna pour successeur Gauzbert, tué par les Nantais, au mois de mars 853. Roricon II, fils de Roricon I, fut investi la même année du comté du Maine, et fut tué par les Normands en 866. Gotfrid, son frère, lui succéda; mais il se révolta contre Louis le Bègue, qui, selon toute apparence, le dépouilla de son gouvernement. Le premier comte héréditaire du Maine est Hugues I, qui fut établi, au plus tard l'an 955, par Hugues le Grand, duc de France. Herbert II, son arrière-petit-fils, mourut en 1062, n'ayant eu qu'une fille, nommée Marguerite, fiancée à Robert, fils de Guillaume le Bâtard, duc de Normandie, mais qui mourut en 1063, avant l'accomplissement du mariage. Gauthier, comte du Vexin, époux de Biote, fille d'Herbert I, *dit* Eveille-Chien, comte du Maine, se mit en possession de ce comté *au droit prétendu* de sa femme; mais Guillaume le Bâtard se rendit maître de cette province par la force des armes, l'an 1063. Robert, *dit* Courte-Heuse, son fils, lui succéda l'an 1087. Les Manseaux, ayant secoué le joug des Normands, l'an 1089, appelèrent Hugues d'Est et le proclamèrent comte du Maine. Mais les exactions de ce seigneur lassèrent bientôt la patience du peuple et de la noblesse. Un soulèvement, qui éclata l'année suivante, le détermina à vendre son comté à Hélie de la Flèche, son cousin, pour la somme de 10,000 sous, et à retourner en Italie. Hélie était arrière-petit-fils d'Herbert Eveille-Chien, par Paule, son aïeule paternelle, femme de Lancelin I er, sire de Baugency. Il fut père de Sibylle, femme de Foulques le Jeune, comte d'Anjou, qui succéda à son beau-père au comté du Maine en 1110.

L'an 1202, le roi Philippe Auguste réunit le comté du Maine à la couronne par droit de confiscation. Il en donna la jouissance, l'an 1204, à Berengère, veuve de Richard I er, roi d'Angleterre. Marguerite de Provence, en épousant le roi saint Louis, reçut en don, l'an 1234, la ville du Mans avec toutes ses dépendances. Ce même prince investit, en 1246, des comtés d'Anjou et du Maine Charles I er, son frère, qui mourut en 1285. Jean, fils aîné de Philippe de Valois, investi des comtés d'Anjou et du Maine pour les tenir en *pairie* en 1331, les réunit à la couronne en 1350, lorsqu'il succéda à son père ; mais, par ses lettres du mois d'octobre 1360, il érigea de nouveau le comté du Maine en pairie, et le donna à Louis I er de France, son second fils, mort en 1384. Charles II, arrière-petit-fils de Louis I er, étant mort sans enfants, le 12 décembre 1481, le comté du Maine fut réuni par Louis XI à la couronne. Depuis lors, ce comté ne fut plus donné qu'à titre d'apanage à quelques princes de la maison de France. Louis XIV, en 1676, conféra le titre honorifique de duc du Maine à Louis-Auguste de Bourbon, son fils légitimé, sans ériger le comté en duché, ni en céder la propriété.

DE MAÎTRE DE LA SAINTE-VALENTINE ; branche puînée de la maison de Maître, marquis de Bay, originaire de Franche-Comté, mentionnée tom. IV, pag. 427 de cet ouvrage. Cette branche existe dans la personne de Théophile, marquis de Maître de la Sainte-Valentine, ancien lieutenant-colonel commandant de l'artillerie à cheval de la garde westphalienne, officier de l'ordre royal de la Légion-d'Honneur, chevalier des Ordres de la couronne de Westphalie et de la couronne de Fer, aujourd'hui chef de bataillon d'artillerie au régiment d'Auxonne, marié, en 1820, avec Herminie *de Pasquier*, fille du chevalier de Pasquier, colonel du génie, et de N.... de Blair. Il est fils de Jean-Marie-Alphonse de Maître de la Sainte-Valentine, garde-du-corps du roi Louis XVI, et de Jeanne-Félix-Huguette Le Pin.

Les armes de cette branche sont : De sable, au chevron d'or, accompagné en chef de deux étoiles d'argent, en pointe d'un croissant du même ; au chef d'or, chargé d'un lévrier de sable. Support et tenant : Un griffon et un Cosaque. Devise : *Bravoure et victoire.*

DE MALET DE LA JORIE, seigneurs de la Jorie, de Doussac, de la Garde, du Châlard, de la Garde du Pont, de la Roche, de la Farge, de Puyvallier, de Roquefort, de la Salle de Castelviel, de la Madelaine, etc. La maison de Malet, qui figure avec distinction, depuis plus de quatre siècles, parmi la principale noblesse du Périgord, et dont plusieurs rameaux se sont successivement répandus dans le Limosin, l'Angoumois, la Saintonge et la Guienne, est issue, suivant une tradition immémoriale, d'un cadet d'une branche de l'illustre et ancienne maison de Malet de Graville, originaire de Normandie, branche qui existait au duché de Bretagne dès le milieu du 13e siècle (1), et dont quelques-unes de celles formées par l'auteur commun de tous les Malet de Périgord et de Limosin ont constamment conservé les armoiries, à l'exclusion de celle de la Jorie, dont Hugues Malet épousa l'héritière, vers la fin du 14e siècle. Il paraît que ce dernier était venu de Bretagne s'établir en Périgord, à la suite de Jean de Blois, *dit* de Bretagne, comte de Penthièvre et de Goello, lorsque ce prince, après sa sortie de captivité en Angleterre, vint prendre possession, en 1387, de la vicomté de Limoges.

(1) Des descendants de cette branche de Malet de Graville, établie en Bretagne par suite de plusieurs mariages contractés avec de riches héritières de cette province, y existaient encore en 1489. (Voyez *les Mémoires pour servir à l'Histoire de Bretagne, par D. Morice,* tom. I, colonne 1647; tom. II, colonnes 600, 1302; tom. III, colonne 635.)

Le chef actuel des nom et armes de cette maison, le
comte de Malet de la Jorie, a fait, au mois de décembre
1778, par-devant M. Chérin, généalogiste et historiographe des Ordres du roi, les preuves pour monter
dans les carosses de S. M., honneur auquel il fut admis
en 1782; et, en cette dernière année, la branche de Malet
de la Madelaine a fait les preuves pour l'admission au
chapitre des chanoinesses-comtesses de l'Argentière,
preuves qu'a également faites la sœur de M. le comte de
Malet de la Jorie. Ces diverses preuves remontent la filiation à :

I. Hugues MALET, damoiseau, *dit* aussi Gonin et
Gony (diminutifs de Hugues), était procureur-général
dans toute la vicomté de Limoges pour Jean de Bretagne, comte de Penthièvre, suivant des lettres données
par ce prince, le 12 février 1387 (v. st.), pour l'exécution du testament de Jean de Lespinatz, damoiseau de
Gabillou. Le vendredi après la fête de Saint-Hilaire
(8 janvier) 1400 (v. st.), Hugues Malet, damoiseau, du
lieu d'Exideuil, par acte passé devant Adémar *de Casta-
rio*, clerc juré de la cour du vicomte de Limoges, en
présence de Guillaume Lambert et d'Hélie Forneil, accensa à Pierre et Guillaume Grasset, père et fils, paroissiens de Saint-Méard, une pleidure (espèce de maison,
ou plessis) entourée de murailles, située au bourg de
Saint-Méard, et une pièce de terre contigüe au ruisseau
qui coule de la Jorie vers le Loup, à la charge de lui
payer certain cens annuel. Hugues est rappelé dans une
enquête faite, vers l'an 1458, à la requête de Jean de
Malet, son petit-fils. Il avait épousé N...., dame *de la
Jorie*, de laquelle il eut Guillaume, *aliàs*, Gui Malet,
qui suit.

II. Guillaume ou Gui MALET, Ier du nom, damoiseau, seigneur du *repaire* ou de la maison noble de la
Jorie, paroisse de Saint-Médard, vulgairement Saint-
Méard d'Exideuil, est mentionné dans un rôle des assises tenues à Exideuil, le 20 mai 1408, par Archambaud de Saint-Astier, damoiseau, juge-général de
la vicomté de Limoges. Le 25 juin 1414, Olivier de
Blois, *dit* de Bretagne, comte de Penthièvre, nomma
écuyer Guillaume Malet, seigneur de la Jorie, son re-

ceveur-général et garde de ses sceaux en la vicomté de
Limoges. Le 8 avril 1418, Guillaume Malet donna à cens
perpétuel à Jean du Treuil, de la paroisse de Preyssac,
plusieurs biens-fonds mouvants de son fief et domaine
direct. Il passa deux autres baux à cens perpétuel, les
2 février 1435 et 15 juin 1437 ; passa, sous le nom de
Gui Malet (qu'on lui trouve dans plusieurs actes passés
par son fils), une transaction, le 5 avril 1441, avec
Bernard Guionet, archi-prêtre de Saint-Méard, et ne
vivait plus le 21 janvier 1442. Des lettres de Jean,
comte de Penthièvre et de Périgord, vicomte de Limoges, accordées à Jean Malet de Châtillon, son fils
aîné, le 6 juillet 1446, constatent que Guillaume, aliàs
Gui Malet avait été capitaine (gouverneur) du château
d'Exideuil, l'une des plus fortes places du comté de Périgord, et que, lors du siége et de la prise de ce château par les Anglais, il perdit la presque totalité de ses
titres. Il avait épousé Anne, dame de *Châtillon*, dans
la paroisse de Mensignac, laquelle se remaria depuis à
Jacques d'Essandon ou d'Issandon, dont elle était veuve, lorsqu'elle fit, le 25 novembre 1490, son testament,
dont elle nomma exécuteurs nobles hommes Dominique de Ramefort et Raimond de la Porte. Elle choisit
sa sépulture dans l'église de Mensignac, au tombeau de
Malvine ou Amalvine de Fayole, son aïeule. Elle eut
trois fils de son premier mari :

    1°. Jean qui suit ;
    2°. Pierre Malet, prieur de Surgères, au diocèse
        de Saintes, qui transigea au nom de son père
        avec Bernard Guionet, le 5 avril 1441 ;
    3°. Olivier Malet, institué héritier universel de sa
        mère, avec Jean, son frère, le 25 novembre
    1490.

III. Jean MALET, *aliàs* DE CHATILLON, damoiseau,
seigneur de la Jorie et de Châtillon, rendit hommage
pour cette première terre, le 10 mars 1441 ; fit un é-
change, par acte passé devant P. de Pelisses, le 21 janvier 1442, avec demoiselle noble Laure de Texières,
de biens-fonds situés dans le bourg et paroisse de Jumilhac, pour lesquels ladite demoiselle lui céda le village appelé de Puy Miramont, en la paroisse de la

Nouaille. Le 2 septembre 1443, il fit hommage et serment de fidélité au sire d'Albret, pour des biens mouvants de lui à cause de sa châtellenie de Châlus-Chabrol, en Limosin. Il obtint, le 6 juillet 1446, de Jean de Bretagne, comte de Penthièvre et de Périgord, vicomte de Limoges, etc., des lettres adressées au juge d'Exideuil, dans lesquelles ce prince qualifie Jean Malet *son chier et bien amé escuier.* Ces lettres lui furent accordées sur sa requête expositive, qu'en qualité d'héritier universel de défunt Guillaume Malet, son père, *il est sire de la Joarie,* et qu'en cette qualité, il a plusieurs beaux droits, cens, rentes, villages, etc., dont plusieurs personnes se sont emparées sans aucun titre valable, et *les détiennent depuis long-temps à tort et contre raison.* La demande qu'il avait faite d'être remis en possession de ces biens lui fut accordée. Le 30 décembre 1492, il fit son testament au repaire de la Jorie, devant Jean Grangaud, prêtre, notaire public des autorités apostolique, royale et impériale, et voulut être inhumé dans le couvent des frères mineurs d'Exideuil, au tombeau de ses pères. Le nom de sa femme est ignoré. Ses enfants furent :

1°. Jean II, qui suit;

2°. Autre Jean Malet, prêtre, légataire de son père;

3°. Jacques Malet, auquel son père légua 100 livres tournois, plus 100 sous et sa nourriture avec l'habillement dans sa maison de la Jorie;

4°. Catherine Malet, qui avait eu en dot 400 écus d'or au coin du roi de France, et avait épousé, avant l'an 1492, honorable homme Thibaud *Rossel* ou *Rousseau,* jurisconsulte, procureur en la souveraine cour de parlement de Bordeaux, natif de la ville de Nontron;

5°. Jeanne Malet, mariée, avant l'an 1492, avec N.... *Le Brut,* écuyer. Son père lui légua, de même qu'à sa sœur Catherine, 100 sols tournois, en supplément de 300 liv. tournois qu'elle avait eues en dot.

IV. Jean **Malet**, IIᵉ du nom, écuyer, seigneur de la Jorie et du repaire de la Barde, situé dans la châtel-

lenie de Nontron, épousa : 1°, par contrat passé devant
Fayard, notaire (ainsi rappelé sans date dans le testament de son père), noble femme souveraine *de la Jomon*, de la noble maison de la Jomon, rappelée comme
défunte dans le contrat de mariage de noble Gaspare
Malet, sa fille, du 11 juin 1497 ; 2° Léonarde *de Royère*, à laquelle il donna l'usufruit de ses biens par le testament qu'il fit au repaire de la Jorie, le 23 novembre
1506, devant Hugues Sorny, clerc juré de la cour de
l'official de Périgueux. Jean II avait été institué héritier universel de son père, le 30 décembre 1492 ; il est
nommé comme seigneur de fief dans un échange fait
par un de ses vassaux, le 1er avril 1493. Ses enfants
furent :

Du premier lit :

1°. Hélie I, qui suit :
2°. Gaspare Malet, mariée, par contrat passé au
repaire de la Jorie, le 11 juin 1497, avec Audoin *de Jaubert*, damoiseau, seigneur de la
Roche-Jaubert. Ils vivaient le 23 novembre
1506 ;
3°. Marguerite Malet, à laquelle son père légua
350 livres pour sa dot. Elle épousa depuis Pierre *Roche*, procureur du lieu de Julhac. Hélie
Malet leur fit une cession le 29 janvier 1525
(v. st.) ;

Du second lit :

4°. François Malet, qui fut présent au mariage de
Gaspare, le 11 juin 1497. Son père lui légua la
nourriture et l'entretien dans sa maison de la
Jorie, ou 200 livres à prendre sur le fief de la
Barde. Il peut avoir été l'un des ancêtres de
Henri Malet de Châtillon, écuyer, seigneur de
la Barde, marié, le 26 août 1628, avec Jeanne
Chapt de Rastignac, fille de Perrot Chapt de
Rastignac, écuyer, seigneur de Laxion, cheva-
lier de l'ordre du roi ;
5°. Catherine Malet, légataire de 350 livres pour
sa dot.

V. Hélie MALET, Ier du nom, écuyer, seigneur de
la Jorie, consentit, le 5 janvier 1513, par acte passé devant
Sorny, notaire, une investiture à Jean du Fraisse (deu
Freysset), fils de feu Antoine du Fraisse, de la paroisse
d'Anlhiac ; fit une acquisition, le 24 des mêmes mois
et an, de Guillaume Pecquet, prêtre, du lieu de Marsat ; consentit une investiture, le 13 avril 1525, en faveur de Pierre Boysset, du bourg de Preyssac, et le
29 janvier de la même année (v. st.), stipulant tant en
son nom que pour noble Jeanne *de Royère*, sa femme,
fit une cession à Marguerite Malet, sa sœur, pour
être quitte envers elle de la somme de 100 livres, dont
il lui était redevable pour le reste de sa dot. Hélie Malet de la Jorie est nommé avec François, fils de Geoffroy d'Escars, François de Pompadour, François, Jean
et Charles d'Escars, Jean du Saillant, Jean de Barbe-
ziéres, Jean de Bruel, Pierre d'Eyssenac et Antoine
d'Antraygues, nobles du diocèse de Limoges, dans des
lettres (sans titre ni date), qui leur accordèrent divers
priviléges, entr'autres, celui d'avoir un autel portatif ;
ces lettres signées O. Casertan et G. de Rubeis. Hélie
fit son testament, le 20 novembre 1537, et fut père de
Sauvat, qui suit.

VI. Sauvat MALET, écuyer, seigneur de la Jorie,
passa un acte devant Lamy, notaire royal à Périgueux,
le 7 mars 1551, avec Antoine d'Hautefort, écuyer, sci-
gneur de Gabillon, Arnaud de la Breuille, seigneur de
la Renaudie, Jean de la Tour, seigneur d'Igonie, Geoffroy de Montagrier, Pierre de Chabans, Jean de La-
gut, seigneur de Montardit, Jacques de Bruzac, seigneur de Domme et de Champagne, et autres, acte, en vertu duquel il s'engagea, tant pour lui que pour ces gentilshommes, à faire pendant trois mois le service d'archer au ban et arrière-ban de la province de Périgord.
Par suite, les mêmes nobles, nommé ci-dessus, s'étant
assemblés en la ville de Périgueux, le 28 avril 1554,
promirent de payer à Sauvat Malet la somme de 215
livres, pour faire le service du ban et arrière-ban, auquel il s'était engagé. Par acte passé devant Plantadis,
notaire de la vicomté de Limoges et du comté de Périgord, le 7 juillet 1568, Sauvat Malet acquit de Gabriel de Bonneval, chevalier, seigneur de Blanchefort,

gentilhomme ordinaire de la chambre du roi, une rente à prendre sur les habitants du bourg de Saint-Médard; fit son testament, le 22 juin 1556, et mourut après le 27 février 1569. Il avait épousé, par contrat passé devant Antoine Selve, notaire à St.-Augustin-lèz-Limoges, le 21 octobre 1529, Isabeau *Barthon*, fille de feu messire Christophe Barthon, chevalier, seigneur de Massenon et de la Roche, et de demoiselle Catherine de Bort. Leurs enfants furent :

1°. Hélie II, dont l'article suit;
2°. Grégoire Malet, auteur de la branche des *sei-gneurs de Puyvallier, de Roquefort et de la Ma-delaine*, rapportée en son rang.

VII. Hélie MALET, II° du nom, écuyer, seigneur de la Jorie et du Châlard, épousa : 1°, par contrat passé devant Antoine Bonneau, notaire, le 27 février 1569, Louise *Adémar*, fille de François Adémar, écuyer, seigneur du Pont de Consenchou, dans la paroisse de Vallereuil, et de Jeanne de Vilhac, *dite* de Verneuil, sa seconde femme. Louise Adémar était alors âgée de 18 ans. Elle fut assistée de son père, qui lui constitua en dot la somme de 2000 livres, et 210 livrés pour ses robes et ornements nuptiaux; elle mourut vers 1579 ; 2°, par contrat passé devant Rambaud, notaire royal, le 13 mai 1581, Andrée ou Audrive *du Pont*, veuve de Bertrand Adémar, écuyer, seigneur du Pont de Con-senchou, et fille de Raimond du Pont, écuyer, seigneur de la Renaudie, dans la paroisse de Lembras, près de Bergerac. Hélie Malet se qualifie écuyer, seigneur de la Jorie et du Pont, dans un accord que, conjointe-ment avec Andrive du Pont, sa femme, il fit, le 16 fé-vrier 1586, avec noble Aymond du Pont, écuyer, sei-gneur de Lembras. Il fit son testament devant la Gorce, notaire, le 30 mai 1591, par lequel il élut sa sépultu-re en l'église paroissiale de Saint-Méard, au tombeau de ses prédécesseurs. Andrive du Pont était alors en-ceinte. Elle était veuve de lui, le 9 août de la même année, époque à laquelle elle fit insinuer son testament en la sénéchaussée de Périgueux. Hélie eut pour en-fants :

Du premier lit :

1°. Anne Malet, mariée, par contrat du 28 mai 1597, avec Antoine *de Ribeyreys*, écuyer, seigneur de Combou, dont vint Jean de Ribeyreys, écuyer, seigneur de la Cottebouille;

2°. Gabrielle Malet, mariée, par contrat du 6 février 1602, avec noble Jean *Pasquet*, écuyer, seigneur de Saint-Meymy, fils de François Pasquet, écuyer, seigneur de Las-Charaux, et de dame Marguerite Souvelin. Elle ne vivait plus en 1642;

Du second lit :

3°. Grégoire, dont l'article suit;

4°. Hélie Malet, fils posthume, auteur de la branche des *seigneurs de la Garde du Pont*, qui sera mentionnée plus loin;

5°. Raimonde Malet, femme de Jean *de Maillard*, écuyer, seigneur de la Rougnie, habitant du noble repaire de la Combe, paroisse de Beaussac, dans la juridiction de Mareuil;

6°. Louise Malet, alliée, avant le 10 juillet 1609, avec Jean *Pasquet*, écuyer, seigneur de Lambertie;

7°. Galienne ou Galliane Malet, morte sans alliance, avant le 10 juillet 1609.

VIII. Grégoire MALET, écuyer, seigneur de la Jorie, épousa, par contrat passé à Exideuil, le 25 octobre 1607, Mathive *du Fraisses*, fille de noble Pierre du Fraisses, sieur de Guimallet, avocat au parlement de Bordeaux, et d'Anne Vidal. Mathive se remaria, le 13 juillet 1631, avec Jean de Hautefort, écuyer, seigneur de la Mothe, paroisse de Saint-Anian, où elle fit son testament, le 1er novembre 1646. Grégoire Malet avait reçu, le 16 juillet 1609, une quittance de la somme de 500 livres qu'il avait payée au mari de Louise, sa sœur, et avait fait son testament en la maison noble de la Jorie, devant Jean Pasquet, notaire royal, le 9 mars 1629. Ses enfants furent :

1°. Hélie de Malet, lé-
gataire, le 9 mars
1626 ;

2°. Pierre de Malet,   } morts sans postérité ;
institué héritier uni-
versel de son père,
le 9 mars 1626 ;

3°. Georges I, qui continue la descendance ;

4°. Antoine de Malet,   { légataires, savoir : Antoine,
5°. Rigand de Malet,   Rigaud et Anne, de leur
6°. Guillaume de Ma-   père, le 9 mars 1629,
let,   et seulement Antoine et
                          Guillaume, de leur mè-
7°. Anne de Malet,   re, le 1er novembre 1646.

IX. Georges de MALET, Ier du nom, chevalier, seigneur de la Jorie et de Doussac, en Bas-Limosin, fut
maintenu dans sa noblesse par jugement rendu par le
subdélégué de M. Pellot, intendant en Guienne, le 12
décembre 1666. Il avait épousé, par contrat passé devant
la Porte, notaire royal, le 22 septembre 1640, Françoise *du Rousseau*, dame du lieu de la Jarte, paroisse de
Vallereuil, dans la juridiction de Neuvic, veuve de Jean
de Ribeyreys, écuyer, seigneur de la Cottebouille, avec
lequel elle avait contracté un premier mariage, le 26 février 1634. Elle était fille de feu François du Rousseau,
écuyer, sieur de Sainte-Catherine et du Mas, et de Jeanne de Devezeau, habitant du lieu noble du Mas, paroisse de Vouthon, comté de Montberon, en Angoumois.
Georges de Malet et Françoise du Rousseau firent un
testament mutuel au repaire noble de Doussac, paroisse
de Genis, devant du Fraisse, notaire royal, le 14 avril
1660, dans lequel ils déclarent avoir eu de leur mariage :

1°. Georges II, dont l'article suit ;
2°. Guillaume de Malet, écuyer, seigneur du
Châlard ;
3°. Antoine de Malet, auteur de la branche des
seigneurs de la Garde, dans la paroisse de Cornille, rapporté ci-après ;
4°. Autre Antoine de Malet ;
5°. Marie de Malet.

X. Georges DE MALET, IIe du nom, chevalier, seigneur de la Jorie, de Doussac et autres lieux, épousa :
1°, par contrat passé devant Fouchier, notaire royal,
Béatrix *d'Aubusson*, demoiselle de Vilhac, morte sans
enfants, fille de Jean d'Aubusson, chevalier, marquis
de Miremont, seigneur de Vilhac et autres places, et
de Louise d'Aubusson de Castelnouvel ; 2°, par contrat
passé au château de Vimont, devant Annet Baudouin,
notaire royal du bourg de Saint-Sulpice de Roumagnac,
le 8 juin 1697, Gabriel *de Bardon de Ségouzac*, fille
de Marc-Comte de Bardon, chevalier, baron de Ségouzac, et de Jeanne de Lestrade de la Cousse. Georges II
fit son testament au château de la Jorie, le 21 décembre
1710, et laissa de sa seconde femme :

1°. François, dont l'article suit;
2°. Antoine de Malet, chevalier seigneur de Doussac, vivant le 18 juillet 1736 ;
3°. Marie de Malet, } religieuses ursulines à Pé-
4°. Jeanne de Malet, } rigueux.

XI. François DE MALET, chevalier, seigneur de la Jorie, de Doussac, d'Eyssendieras, du Chatenet, de Méri-
gnac et de Gaillac, épousa : 1°, par contrat passé devant
Saunier, notaire royal, le 8 octobre 1722, Marie *de la
Garde de Saignes et de Valon*, demoiselle de Saint-
Angel, fille de Thibaut de la Garde de Saignes et de Valon, baron de Saint-Angel, de Langlade, de Saint-Pau-
crasse, de Ferrières, etc., et de dame Marie-Blaise Saunier ; 2°, par contrat passé au château de Rougnac, en
Angoumois, le 18 juillet 1736, devant du Coux, notaire royal, Marie-Anne *de Galard de Béarn*, demoiselle de Saragorce, fille de Philippe, comte de Galard,
seigneur du repaire de Rougnac, du mas Millaguet, etc.;
colonel d'un régiment d'infanterie de son nom, et de
feu Susanne de Sainte-Hermine ; 3°, par contrat passé
devant Meyjounissas, notaire royal, le 5 janvier 1743,
Bertrande *de Bertin*, décédée au couvent de Coiroux,
en Limosin, le 30 septembre 1786, âgée d'environ 72
ans, fille de Jean de Bertin, chevalier, comte de Bourdeille, seigneur et baron de Brantôme, des maisons nobles de Périgueux, de Badefol, de Froteaux, de la Fou-
cauderie, de Branscilles, de la Tour du Bouix et autres

lieux, conseiller du roi en ses conseils, maître des requêtes ordinaire de son hôtel, et de dame Lucrèce de Saint-
Chamans, et sœur de M. de Berlin, ministre et secrétaire-d'état. François de Malet fit son testament au château
de la Jorie, devant François Debotas, notaire royal, le
24 juillet 1769, et eut pour enfants;

Du premier lit :

1°. Gabrielle de Malet, mariée : 1°, par contrat passé
devant Pierre Robin, notaire d'Exideuil, le 5 décembre 1744, avec Eymeric *Durand*, chevalier,
seigneur, vicomte d'Auberoche, seigneur de
Fanlac, du Bastel, etc.; 2° avec N ... *de Malet*,
seigneur de la Garde et de Saint-Vincent, chevalier de l'ordre royal et militaire de Saint-Louis.
Elle vivait le 24 juillet 1769;
2°. Marie-Blaise de Malet, mariée, le 18 octobre
1750, avec Jean François, marquis *de Montferrand, dit de Gontaut,* capitaine au régiment de
Périgord cavalerie, chevalier de Saint-Louis;
3°. Marguerite de Malet, mariée, par contrat accordé le 11 novembre 1748, à messire Joseph
de Vassal, écuyer, seigneur de Purecet et de la
Vassaldie, morte avant 1769;

Du second lit :

4°. Gabrielle de Malet, morte en bas âge;

Du troisième lit :

5°. Henri-Joseph, dont l'article suit;
6°. Gabrielle de Malet, mariée, le 3 novembre
1763, avec Charles *Faubournet. de Montferrand, dit de Gontaut,* marquis de Montréal, baron de Saint-Orse, etc.;
7°. Constance-Gertrude de Malet, née le 20 octobre 1751, religieuse à Coiroux, en 1772;
8°. Charlotte-Jeanne de Malet, née le 20 octobre
1751, chanoinesse-comtesse au chapitre de l'Argentière, morte à Paris, vers le commencement
d'avril 1803.

XII. Henri-Joseph, comte DE MALET DE LA JORIE, maréchal des camps et armées du roi, né le 14 juin 1758, entra au service en qualité de sons-lieutenant au régiment de monseigneur le comte d'Artois, cavalerie, le 28 juillet 1773, et fut fait capitaine au même régiment le 21 avril 1777. Le 18 mai 1783, il eut l'honneur de monter dans les carrosses du roi, et de suivre S. M. à la chasse, après avoir fait les preuves par-devant M. Cherin, généalogiste du cabinet du Saint-Esprit. En 1785, Monsieur (aujourd'hui S. M. Louis XVIII), l'agréa en qualité de l'un de ses premiers chambellans. Le comte de Malet fut nommé maréchal-général-des-logis de l'armée, le 11 octobre 1788; fut employé en cette qualité au camp de Saint-Omer, sous les ordres de M. le prince de Condé, la même année, puis dans les troupes commandées à Versailles, par M. le prince de Broglie, le 7 juillet 1789. Il émigra à la suite de Monsieur, au mois d'octobre 1791; commença la campagne des princes en qualité d'aide-de-camp de ce prince, qui le nomma officier-supérieur-lieutenant dans la compagnie des grenadiers d'ordonnance, avec brevet de mestre-de-camp, le 30 juillet 1792. Il finit la campagne en cette qualité. Au retour du roi, il a été fait chevalier de l'ordre royal et militaire de Saint-Louis, le 30 août 1814; a reçu a la même époque sa retraite dans la compagnie des grenadiers à cheval, commandée par M. le marquis de la Roche Jacquelein, et a été nommé maréchal-de-camp, le 21 décembre de la même année. Il a épousé, en 1783, Marie-Thérèse *Tessier*, fille de Christophe Tessier, commissaire-général de la maison du roi et fermier-général. Il en a eu deux enfants :

1°. Christophe-Édouard-François, comte de Malet de la Jorie, marié, en 1811, avec Athénaïs-Charlotte-Marie-Louise-Marguerite *Chapelle de Jumilhac*, décédée à Paris, le 6 janvier 1816, fille du baron de Jumilhac, lieutenant-colonel, chevalier de Saint-Louis, et de N.... de Launay, fille de l'ancien gouverneur de la Bastille. De ce mariage est née une fille, morte en bas âge. M. le comte de Malet, après la perte de son épouse, a embrassé l'état ecclésiastique;

2°. Félicité de Malet, morte en 1800, sans alliance.

SEIGNEURS DE LA GARDE.

X. Antoine DE MALET DE CHATILLON, chevalier, seigneur du Châtenet, troisième fils de Georges Ier, seigneur de la Jorie, et de Françoise du Rousseau, épousa, par contrat passé au repaire noble de la Garde, paroisse de Corneille, devant Allen, notaire royal, le 25 octobre 1695, Isabeau *de Beaupou de Saint-Aulaire*, demoiselle de la Garde, fille de feu Antoine de Beaupoil de Saint-Aulaire, écuyer, seigneur de Baulaureus et de la Garde, et d'Antoinette de Chaudru. Il acquit, le 9 mai 1705, un bordelage situé dans la paroisse d'Agonac, au lieu appelé *Las Pouradas*, et rendit hommage au nom de sa femme, le 20 novembre 1716, à Pierre Clément, évêque de Périgueux, pour raison du fief et repaire noble de la Garde, relevant de l'évêché de Périgueux, à cause de la châtellenie d'Agonac. Ces deux époux vivaient encore le 18 novembre 1728. Leurs enfants furent :

1°. François 1, dont l'article suit ;

2°. Michel de Malet, seigneur de Villevialle, époux de Marie *de Brochard*, sœur de Marc de Brochard, seigneur de la Gourdonnie. Michel fit son testament, le 16 janvier 1747, en faveur de François II de Malet, seigneur de Châtillon, son neveu. Il y eut, au sujet de cette succession, un procès qui fut terminé par une transaction passée, le 17 mai 1747, entre François Ier de Malet, seigneur de la Garde, et les seigneurs et demoiselle de Brochard ;

3°. N.... de Malet de la Garde, écuyer,
4°. N.... de Malet de la Garde, écuyer, } vivants en 1728; l'un d'eux fut reçu chevau-léger de la garde du roi en 1743;

5°. François de Malet, écuyer, docteur en théologie, curé de la paroisse de Bord, vivant le 25 novembre 1756;

6°. Antoinette de Malet de la Garde, mariée, le 1er août 1716, avec Jean *de Champagnac*, chevalier, seigneur de la Jaumie.

XI. François DE MALET, Ier du nom, chevalier, seigneur de la Garde, épousa, par contrat passé au bourg
d'Agonac, devant l'Aulgier, notaire royal, le 18 novembre 1728, Angélique *Flamenc de Bruzac*, demoiselle de Bosquely, fille de Grimond Flamenc de Bruzac, écuyer, seigneur de Bosquely, et de dame Marie
Faucher. Le 30 juillet 1747, François Malet afferma à
François Terminarias, les revenus du domaine de Villevialle, situé dans la paroisse de Quinsac, pour l'espace de cinq années; transigea, par acte passé à Périgueux, devant la Vergne, notaire, le 17 mai 1748, tant
en son nom qu'en celui d'autre François de Malet, seigneur de Châtillon, son fils, avec Marc de Brochard,
chevalier, seigneur de la Gourdonnie, stipulant tant
pour lui qu'au nom d'autre Marc de Brochard, chevalier, seigneur de Puymorin, et Anne de Brochard, ses
frère et sœur, sur procès existant entre eux au sujet des
successions de Michel de Malet, seigneur de Villevialle
et de Marie de Brochard, sœur desdits sieurs et demoiselle de Brochard. François I de Malet et son épouse vivaient encore le 25 novembre 1756. De leur mariage sont provenus :

1°. François II, qui suit;
2°. Jean de Malet, vivant le 25 novembre 1756;
3°. Isabeau de Malet, mariée, par contrat du 28
    février 1756, avec N...., seigneur *de Lignac,* ou
    plutôt *de Lesniers;*
4°. Marie-Louise de Malet, femme de Pierre-Louis
    de Grignols, chevalier, seigneur de la Porte;
5°. Marie de Malet, vivante le 25 novembre 1756.

XII. François DE MALET, IIe du nom, chevalier, seigneur de la Garde, passa, le 17 décembre 1755, une
obligation en faveur de Jean Ladoux, marchand de Périgueux. Il épousa, par contrat passé devant Paranteau,
notaire royal, en Angoumois, le 25 novembre 1756,
Jeanne-Élisabeth *de Terrasson,* fille de feu Jean-Louis
de Terrasson, chevalier, seigneur de la Faye, capitaine
au régiment de Limosin, et de dame Rose Méhée d'Ar-
denne. Ils eurent pour fils:

XIII. François, IIIe du nom, baron DE MALET, né le

28 octobre 1761, premier page de Mgr. le comte d'Artois, nommé sous-lieutenant de cavalerie au régiment d'Artois, par brevet du 28 décembre 1779. Il obtint le grade de capitaine réformé dans le régiment du Roi, cavalerie, suivant une lettre missive du maréchal de Ségur, ministre de la guerre, datée de Versailles, le 2 juin 1784.

SEIGNEURS DE LA GARDE DU PONT.

VIII. Hélie MALET DE LA JORIE, IIIe du nom, écuyer, seigneur du Châlard, fils posthume de Hélie II, seigneur de la Jorie, et d'Andrive du Pont, sa seconde femme; est rappelé dans le testament de Grégoire, son frère, du 9 mars 1626. Il épousa Louise *du Fraysses*, de laquelle il eut :

IX. Grégoire MALET DE LA JORIE, chevalier, seigneur de la garde du Pont, épousa, 1°, par contrat passé devant Mézard, notaire royal, le 14 juin 1647, Almaïs *de Gerbaud*, dont il n'eut point d'enfant : 2°, par articles du 30 août 1660, reconnus devant Pestoureau, notaire royal, le 25 mai 1661, Marthe *de Mailhard de la Combe*, fille de feu Jean de Mailhard, écuyer, seigneur de la Combe, et de Jeanne de Fayard. Il transigea, le 2 novembre 1652, avec Louis Malet, seigneur de Puyvallier, et fit son testament au repaire noble de la Garde, devant Tremoulines, notaire et tabellion royal à l'Isle, en Périgord, le 4 juillet 1684, dans lequel il déclare avoir pour enfants :

    1°. Jean III, dont l'article suit :
    2°. Grégoire Malet, auquel son père légua 2000 livres. Il mourut au service du roi;
    3°. Jeanne Malet de la Jorie, mariée, par contrat passé devant Morgniac, notaire royal, le 17 septembre 1679, avec Antoine *de Ribeyreys*, chevalier, seigneur de la Cottebouille, de la Jarte et de Lambertie, fils d'Antoine de Ribeyreys, seigneur des mêmes lieux, et de Françoise du Rousseau;
    4°. Françoise Malet, demoiselle d'Argentine;

V.   26

5°. Raymonde Malet,⎫ légataires, ainsi que Fran-
6°. Marie Malet,   ⎬ çoise, leur sœur, chacu-
                       ⎭ ne de 1500 livres.

Fille naturelle :

· Jeanne Beau, à laquelle Grégoire Malet de la Jorie légua la somme de 30 livres, outre sa nourriture.

X. Jean MALET DE LA JORIE, IIIe du nom, chevalier,
seigneur de la garde du Pont, de l'Isle, et autres lieux,
épousa, par contrat du 9 juin 1695, Anne *de Montet du
Petit-Bois*, fille de feu Fidely de Montet, écuyer, sieur
de Lavaur, et d'Anne du Montet. Jean Malet vivait encore le 26 mai 1704. Il mourut peu après; car Anne du
Montet, sa veuve, en qualité de tutrice de leurs enfants,
transigea, le 12 juillet 1709, avec Georges Malet, chevalier, seigneur de la Jorie et de Doussat. En la même qualité,
elle passa une autre transaction, le 24 octobre 1714,
dans la maison noble du Meynichou, paroisse de Saint-
Aquilin, en Périgord, avec dame Jeanne de Malet de la
Jorie, veuve de messire Antoine de Ribeyreys, chevalier, seigneur de la Cottebouille, habitant au même
lieu du Meynichou. Par cet acte, il est dit que feu
messire Grégoire de Malet, écuyer, chevalier de la
Jorie, frère dudit feu seigneur de la Garde et de ladite
dame de la Cottebouille, faisant son testament, le 7 janvier 1689, par-devant Tamarelle, notaire royal, avait
institué ladite dame de la Cottebouille, son héritière
universelle; que, le 12 mars 1693, ledit sieur chevalier
de la Jorie avait fait un autre testament, par-devant Tremoulines, notaire royal, et nommé et institué son héritier ledit feu seigneur de la Garde, son frère; qu'ensuite, il était parti pour le service de S. M., sans qu'on
eût eu de ses nouvelles depuis très-long-temps, ce qui
faisait présumer qu'il était mort; que ladite dame de la
Cottebouille, en ladite qualité, prétendait être son héritière, et jouir de l'effet dudit testament, et qu'elle l'avait
fait signifier à ladite dame de la Garde, en ladite qualité de tutrice de ses enfants, pour être payée tant du
capital, qui composait son hérédité, que des intérêts, etc. On rappelle feu dame Marthe de Mailhard,

dame de la Garde du Pont, mère dudit feu sieur Grégoire Malet, laquelle vécut long-temps après le second
testament de son fils, etc. Enfin ces dames transigent,
moyennant quelques sommes d'argent, et l'acte est reçu par Lavignac, notaire royal. Les enfants de Jean Malet furent :

　1°. François, dont l'article suit ;
　2°. Susanne Malet de la Garde, religieuse ursuli-
　　ne, à Périgueux, en 1724 ;
　3°. Jeanne Malet de la Garde, qui vivait en 1714.

　X. François MALET DE LA JORIE, chevalier, seigneur
de la Garde du Pont et autres lieux, épousa, par articles du 19 septembre 1725, Marie-Julie *de Preyssac
de Lioncel*, fille de feu François-Héctor de Preyssac de
Lioncel, chevalier, marquis de l'Isle, et d'Anne de Chi-
niac. Il passa une transaction, le 30 mai 1744, avec
Henri, marquis de Fumel, seigneur et baron de Mont-
ségur, et révoqua, le 22 septembre 1772, tous les testaments et codicilles qu'il avait faits précédemment.

SEIGNEURS DE PUYVALLIER, DE LA FARGE, DE ROQUEFORT
ET DE LA MADELAINE.

　VII. Grégoire MALET DE LA JORIE, écuyer, seigneur de
Gicquet et d'Autreville, dans la paroisse St.-Pierre de Sarrazac, châtellenie d'Exideuil, second fils de Sauvat Malet,
seigneur de la Jorie, et d'Isabeau Barthon, fut établi gouverneur pour le roi du château d'Exideuil, par lettres
de François, comte d'Escars, lieutenant-général pour
S. M. aux pays de Périgord et de Limosin, portant ordre aux officiers, syndic et habitants de la même ville
d'Exideuil de pourvoir à l'entretien dudit gouverneur
et des soldats nécessaires pour la garde et conservation
de ce château. Le 31 août 1571, Grégoire Malet de la
Jorie obtint de Gui de Montferrand, seigneur de Lan-
goiran, général des églises réformées et provinces de
Bordelais, Périgord, Agénois et Bazadois, et, le 7 septembre suivant, du vicomte de Turenne, comte de
Montfort, commandant pour le roi aux pays de Guienne,
de Foix et Haut-Languedoc, des lettres de sauvegarde,
pour lui, sa femme, ses enfants, ses serviteurs et ses

biens ; passa, le 10 mai 1584, un accord avec Hélie Malet, seigneur de la Jorie, son frère aîné, au sujet des
biens provenants des successions de leurs père et mère;
donna quittance, à son même frère, le 28 janvier 1587,
devant la Barre, notaire royal, de la somme de 711 liv.
18 deniers, qu'il avait reçue de lui en déduction de ce
qu'il lui devait, en vertu de l'accord précité; acquit une
terre aux environs d'Exideuil, le 20 février 1592, et
vivait encore le 12 février 1594. Il avait épousé, en
1564, Catherine *Methon*, fille de Gratien Methon,
d'Exideuil, au nom de laquelle, le 21 août 1585, il
reçut quittance de Guillaume Abonneau, notaire et
praticien de la ville d'Exideuil, de la somme de 200 liv.
qui avait été constituée en dot à Armoise Methon, sœur
de Catherine, dans son contrat de mariage avec ledit
Abonneau, du 15 décembre 1573. Grégoire eut deux
fils :

    1°. Hélie II, qui suit;
    2°. Georges Malet, écuyer, sieur du Teilh, cha-
        noine de l'église collégiale de Saint-Yriex, exé-
        cuteur des volontés testamentaires d'Hélie, son
        frère, le 20 août 1638.

VIII. Hélie MALET DE LA JORIE, IIe du nom, écuyer,
seigneur de Puyvallier, dans la paroisse de St.-Germain,
près d'Exideuil, épousa : 1°, par traité passé au château de
la Jorie, le 3 juillet 1589, devant Valade, notaire royal,
Claude *de Commeyrie*, fille de Jean de Commeyrie,
licencié, juge de Peysac, et d'Anne de la Tour; 2°,
par contrat passé au château de Mareuil, devant Gas-
card, notaire royal, le 15 juillet 1618, Anne *de Guineuse*, qui fit son testament, le 28 avril 1653, et vivait
encore le 9 mai 1654, fille de Raymond de Guineuse,
écuyer, seigneur de la maison noble de la Madelaine,
dans la paroisse de Saint Martin Dary, en Saintonge,
et de Marie de Nougaret Hélie Malet transigea, au nom
de Claude de Commeyrie, sa femme, et du consentement de Grégoire Malet, son père, par acte passé au
repaire noble du Breuil, en la paroisse de Saint-Martial d'Exideuil, devant Pierre la Gorce, notaire royal, le
12 février 1594, avec Bernard Farges, au nom de Jeanne

de Commeyrie, sa femme, fille de Pierre de Commeyrie, sur le procès pendant entr'eux au parlement de
Bordeaux (parce qu'il y avait alors interdiction du siège de Périgueux), au sujet des droits prétendus par ladite Jeanne de Commeyrie, dans les biens et la succession de feu Pierre de Commeyrie, *dit* Ringou, aïeul
commun de cette dame et de Claude, dame de Puyvallier. Le 24 septembre 1621, M. de Montluc écrivit du camp de la Jarrie, à Hélie Mallet de Puyvallier,
pour qu'il se tînt prêt, à son premier avis, à marcher
contre les Rochelois, qui attendaient un puissant secours des Anglais pour se maintenir dans la rébellion.
Il fit son testament devant Laymarie, notaire royal, le
20 août 1638, et ne vivait plus le 2 juin 1639, époque
à laquelle Anne de Guineuse de la Madelaine, sa veuve, consentit un bail à ferme à Jean de Saint-Vincent,
sieur de Bosgourdon, juge ordinaire du marquisat
d'Exideuil. Hélie eut pour enfants :

Du premier lit :

1°. Guillaume II, dont l'article suit ;

Du second lit :

2°. Louis I, auteur de la branche des *seigneurs de
   Roquefort*, en Bazadois, *de la Madelaine*, en
   Saintonge, et *d'Autreville*, en Périgord, rapportées ci-après ;
3°. Charles Malet, légataire de 1500 livres, le 20
   août 1638. Sa mère lui légua la maison noble de
   la Madelaine, le 28 avril 1653, et par un codi-
   cille du 1er juin de la même année, la somme de
   6000 livres ;
4°. Marie Malet, à laquelle son père fit un legs de
   1500 livres. Elle était mariée, en 1653, au sieur
   N.... *de Vestat de Chandoré;*
5°. Françoise Malet, légataire de 800 livres, le 20
   août 1638. Elle était mariée, en 1653, au *sieur
   de Biès,* près de Libourne ;
6°. Anne Malet, à qui son père constitua une pareille somme de 800 livres. Elle ne vivait plus

en 1653, et avait épousé N.... *de Garebœuf,* sieur de Puidebaux.

IX. Guillaume MALET DE LA JORIE, IIe du nom, é-cuyer, seigneur de la Roche, ne se réserva que cette terre, ayant cédé son droit d'aînesse en la succession paternelle à Louis, son frère consanguin. Il épousa, par contrat passé devant Chauvaton, notaire royal, le 24 novembre 1631, Antoinette *de la Tour,* de laquelle il eut :

X. Louis DE MALET DE LA JORIE, Ier du nom, écuyer, seigneur de la Roche, marié, par contrat passé devant Bourzac, notaire royal, le 25 octobre 1662, avec Isa-beau *de la Rocheaymon* (1), fille de Jean de la Ro-cheaymon, seigneur de Premilhac et de la Brousse, et de Charlotte du Puy de la Forêt, sa seconde femme. Il en eut, entr'autres enfants :

XI. Antoine DE MALET DE LA JORIE, écuyer, seigneur de la Farge, qui s'allia, par contrat passé devant Rolin, notaire royal, le 10 janvier 1693, avec Louise *Paillet,* et en eut :

XII. Louis DE MALET DE LA JORIE, chevalier, seigneur de la Farge, marié, par contrat reçu par Rolin, le 30 janvier 1719, avec Jeanne *de Lestrade de la Cousse,* dont il a eu, entr'autres enfants :

XIII. Jean-François, marquis de MALET DE LA JORIE DE LA FARGE, qui épousa, par contrat passé devant Dé-botas, notaire royal, le 25 avril 1764, Claire-Ma-rie *de Lestrade de Bouillen.* De ce mariage est issu :

XIV. François-Jean-Maxime, comte DE MALET DE LA FARGE, chef actuel de cette branche. Il a épousé, par contrat passé devant Echapas, notaire, le 1er avril 1807, Henriette-Aimée *de Beauclair.*

---

(1) Généalogie de la maison de la Rocheaymon, in-fol., p. 378.

SEIGNEURS DE ROQUEFORT, DE LA MADELAINE ET D'AU-
TREVILLE.

IX. Louis MALET DE LA JORIE, Ier du nom, chevalier,
seigneur de Roquefort, en Bazadois, de la Madelaine,
en Saintonge, et d'Autreville et de Puyvallier, en Périgord, second fils d'Hélie Malet de la Jorie, IIe du nom,
seigneur de Puyvallier, et fils aîné et héritier universel
d'Anne de Guineuse, dame de la Madelaine, sa seconde
femme, fit une cession à Georges Malet, écuyer, seigneur de la Jorie, fils de feu Hélie, par acte du 12
avril 1644; et, assisté de Jean Pasquet de Savignac, é-
cuyer, seigneur de Las-Charaus, son curateur, et
conjointement avec ladite dame de Guineuse, sa mère,
il passa un accord avec le même Georges Malet, seigneur de la Jorie, le 16 juillet 1648. Par articles passés
sous seings-privés, le 9 mai 1654, et reconnus le même
jour, devant Chauvet, notaire royal, Louis Malet épousa Marguerite *de Calvimont*, fille de feu Lancelot de
Calvimont, chevalier, seigneur de Niac, d'Aron de Roquefort, etc., et de Jacquette de Courilhaud. Il obtint
de M. du Montozon, commissaire subdélégué de M.
Pellot, intendant en la généralité de Guienne, une ordonnance, datée de Périgueux, le 12 décembre 1666,
qui lui donna acte de la représentation de ses titres de
noblesse. Marguerite de Calvimont fit son testament au
château de Roquefort, paroisse de Lugasson, sénéchaussée de Libourne, en Bazadois, le 27 août 1674, devant
Alhen, notaire royal du comté de Rauzan, testament
dans lequel sont nommés ses enfants :

1°. Louis II, dont l'article suit;
2°. Jean de Malet, écuyer, seigneur de la Rivière, mort sans postérité, avant le 24 février
1696;
3°. Autre Louis de Ma-) maintenus dans leur no-
let, écuyer, seigneur } blesse, avec leur frère aî-
du Teilh, } né, par ordonnance de
4°. Georges de Malet, } M. de Bezons, intendant
écuyer, sieur de la } en Guienne, du 15 août
Rivière, } 1697;

5°. Marie Malet, vivante, non mariée, le 24 février 1696.

X. Louis DE MALET DE LA JORIE, IIe du nom, chevalier, seigneur de Roquefort, de la Madelaine, de Puyvallier, et d'Autreville, passa un accord avec Louis et Georges, ses frères, et Marie, sa sœur, devant Lauzun, notaire royal de Libourne, le 24 février 1696. Il épousa, par contrat passé devant Angrand, notaire royal à Saint-Émilion, le 17 novembre 1705, Isabeau *de Bonneau de Fonrocque*, fille d'Hélie de Bouneau, écuyer, seigneur de Fonrocque et du Berg, et de feu Marie Delmène. Il fit son testament au bourg de Roumaigne, comté de Blaignac, devant Alhen, notaire royal, le 28 décembre 1730, par lequel il choisit sa sépulture dans l'église de Lugasson, au tombeau des seigneurs de Roquefort, ses prédécesseurs, et fit des legs à ses enfants, au nombre de quatre, deux fils et deux filles :

1°. Louis III, dont l'article suit ;
2°. François, auteur de la branche des *seigneurs de la Madelaine*, rapportée ci-après ;
3°. Françoise de Malet de Puyvallier, à laquelle son père légua 12,000 livres, mariée, le 21 juillet 1738, avec Jean *de Soyres*, écuyer, sieur de Jourdan, capitaine de dragons, fils de François de Soyres, écuyer, seigneur de Jourdan, et de Françoise du Bousquet de Caubeyre ;
4°. Marguerite de Malet de Puyvallier, vivante le 13 novembre 1740.

XI. Louis DE MALET DE PUYVALLIER, III° du nom, chevalier, seigneur de Roquefort et de Roqueneuve, né le 30 septembre 1715, était lieutenant au régiment de Dauphiné, lorsqu'il épousa, par articles passés sous seings-privés en la maison noble de Maupas, paroisse de Caumont, juridiction de Castelmoron, en Albret, le 12 mars 1736, reconnus, le 31 du même mois, devant Robert, notaire royal, Marguerite-Laurence *Melet de Maupas*, fille de Guillaume-Samuel Melet, écuyer, seigneur de Maupas, et de Susanne-Henriette de Casaux. Louis III de Melet acquit, par acte passé en la ville de Castelmoron, duché d'Albret, le 14 avril 1751, devant Vincent, notaire royal en Guienne, de Jean de Camps, conseiller du roi, lieutenant particulier au sénéchal de ladite ville, une métairie appelée de Fillon, pour la somme de 10,000 livres. Il vivait encore, avec son épouse, le 8 juin 1781. Leurs enfants furent :

1°. Jean-Louis, dont l'article suit ;

2°. Jean-Luc, *aliàs*, Jean-Baptiste, vicomte de Malet, major du régiment de Rohan-Soubise, par brevet du 12 novembre 1780, marié, par contrat passé à Bordeaux, le 10 mars 1781, devant Ancéze et Nauville, notaires royaux, avec Marie-Anne *de la Montaigne*, fille de feu Charles, chevalier de la Montaigne, et de dame Marguerite-Charlotte Cellier-Soissons;

3°. Salomon, *aliàs*, Pierre-Salomon, comte de Malet-Roquefort, né le 12 novembre 1740. Il était capitaine au régiment royal des vaisseaux, lorsque le roi le pourvut, par ordre du 24 juin 1780, du commandement du bataillon de garnison d'Agénois, des troupes provinciales de la généralité de Guienne, avec commission du même jour pour tenir rang de lieutenant-colonel d'infanterie. Il fut nommé, le 21 juillet suivant, chevalier de l'ordre royal et militaire de St.-Louis, et épousa par articles passés sous seings privés, à Bordeaux, le 8 juin 1781, reconnus le 29 janvier 1782, devant la Coste et Nauville, notaires royaux, Marie-Catherine *le Roy*, fille de Louis le Roy, écuyer, chevalier de l'ordre royal et militaire de Saint-Louis, ancien major du bataillon des quartiers du fort Dauphin, île et côte Saint-Domingue, en Amérique, et de Marie-Madelaine de Minière. Il fut assisté à son contrat de ses père et mère, représentés par messire Jean-Louis de Malet, chevalier, seigneur de la maison noble de la Salle, de Castelviel, et de la Motte de Cambes, ancien aide-major-général de l'armée sous Dunkerque, et de messire Louis-Robert de Malet, comte de Graville, chevalier des ordres du roi, lieutenant-général des armées, et inspecteur-général de cavalerie et de dragons. Elle eut en dot 100,000 livres, argent d'Amérique, revenant à 66,666 livres 13 sous 4 deniers, argent de France;

V.   27

4°. Jean de Malet, chevalier, capitaine-aide-ma-
jor, au régiment de Quercy, vivant le 12 janvier
1772;

5°. Françoise de Malet de Puyvallier, mariée, en
l'église de Saint-Vincent de Caumont et de Castelmoron, le 20 décembre 1771, avec Alexandre-
Jean *du Puch de Montbreton*, chevalier, seigneur
de la maison noble du Puch de Gensac, capitaine
de dragons, au régiment d'Orléans, chevalier de
l'ordre royal et militaire de Saint-Louis, fils de
Henri-Jacques du Puch de Montbreton, chevalier, seigneur des maisons nobles de Montbreton,
et du Carbon, lieutenant-colonel de cavalerie,
et de Henriette de Ségur de Pitray ;

6°. Madelaine-Susanne de Malet de Puyvallier, née
le 17 octobre 1749, veuve de Louis-Roland *Payen
de Noyant*, officier de la marine royale;

7°. Catherine de Malet, mariée, avant le 12 janvier 1772, avec Louis *de Veslat de Chandoré*,
chevalier, seigneur du Taillant.

XII. Jean-Louis, marquis DE MALET, chevalier, seigneur de la Salle, de Castelviel, et de la Motte de Cambes,
aide-major-général de l'armée sous Dunkerque, aux
ordres de Louis-Robert de Malet, comte de Graville,
commandant de Roussillon, lieutenant-général des armées du roi, épousa, par contrat passé en la maison noble de la Salle de Castelviel, en Benauge, le 18 décembre 1758, devant Touzet, notaire royal, Marie *de Mellet*, fille de Messire Jean-Jacques de Mellet, chevalier,
seigneur d'Hautefaye, baron de Monbalen, et de feu
dame Catherine Mellet.

SEIGNEURS DE LA MADELAINE.

XI. François DE MALET DE PUYVALLIER, chevalier, seigneur de la Madelaine et de la maison noble de Sujat,
second fils de Louis II de Malet de la Jorie, chevalier,
seigneur de Roquefort, et d'Isabeau de Bonneau de Fonrocque, naquit le 2 novembre 1716. Son père l'institua
héritier de tous les biens qu'il possédait en Saintonge.
Il ne vivait plus le 12 janvier 1772, et avait épousé, par
contrat passé au bourg de Monthien, devant Furet, notaire royal, le 22 août 1737, Catherine *de Guérin de*

Bellefond, qui lui survécut, et mourut peu avant le 8 mai 1773, fille de feu Pierre de Guérin de Bellefond, chevalier, lieutenant-général d'épée en Saintonge, et de Louise-Françoise de Mirande. Leurs enfants furent:

1°. Louis III, dont l'article suit;

2°. Louis-François de Malet, chevalier, seigneur de la terre et juridiction de la Vaure de Chillac, qui épousa, par contrat passé à la Vaure, devant Furet, notaire royal, le 12 janvier 1772, Marie *Nadaud de la Grange*, fille de feu André Nadaud de la Grange, écuyer, seigneur de la Vaure, ancien major d'infanterie, chevalier de l'ordre royal et militaire de Saint-Louis, et de Marie Puissant. Il a eu pour fils :

  a. Louis-Marie de Malet, né le 30 mars 1775;

  b. Louis-François de Malet, né le 22 septembre 1776;

3°. Louis-Marie de Malet, chevalier, capitaine des gardes du landgrave de Hesse-Cassel, vivant le 12 janvier 1772;

4°. Marie de Malet, non encore mariée en 1772.

XII. Louis de Malet, III° du nom, chevalier, seigneur de la Madelaine et de Sujat, enseigne des vaisseaux du roi, et aide-major des armées navales au département de Rochefort, rendit hommage au duc de Rohan-Soubise, baron de Montlieu et de Montguyon, pour ses terres de la Madelaine et de Sujat, le 28 juillet 1775. Il avait épousé, par contrat passé à Rochefort, le 9 août 1767, devant Cadouin et Roy, notaires royaux, Marie-Anne-Jeanne *Payen de Noyant*, fille de feu Gilles-Augustin Payen, chevalier, seigneur de Noyant, lieutenant de roi à la Nouvelle-Orléans, chevalier de l'ordre royal et militaire de Saint-Louis, et de défunte Jeanne-Guillemette Faucon du Manoir. De leur mariage est issue :

Marie-Louise de Malet de la Madelaine, née le 30 août 1776, et reçue chanoinesse comtesse du chapitre noble de Notre-Dame de l'Argentière, en 1782.

Armes : Écartelé, aux 1 et 4 de gueules, à 3 fermaux

d'or, qui est *de Malet*; aux 2 et 3 de gueules, à la le-
vrette courante d'argent; au chef cousu d'azur, chargé de
trois étoiles d'or, qui est *de la Jorie*.

DE MALLEVAUD; famille noble qui s'est divisée en
plusieurs branches : 1° celle de Mallevaud de la Varenne, établie en Poitou et en Angoumois; 2° celle de
Mallevaud de Vomoran, à la Martinique et en Saintonge, issue de la branche aînée; elle a fourni un lieutenant et un capitaine de vaisseau de la marine royale;
l'un d'eux fut reçu chevalier de Saint-Louis, lors du
voyage de Louis XVI au Havre; 3° celle de Mallevaud
de Marigny et de Puy-Renaud, sortie de la branche
cadette, en Limosin et en Touraine. Il existe trois arrêts :
l'un contradictoire, émané du parlement de Paris, du
3 février 1787; l'autre rendu par le roi, de son propre
mouvement, le 5 avril 1788; et le troisième, du 19
avril de la même année, du conseil du roi et de ses finances, qui maintiennent expressément la branche cadette de cette famille dans sa noblesse d'extraction, remontant par filiation à l'an 1421.

Vers l'an 1370, Marguerite de Mallevaud avait épousé Mouton ou Montain *de Cluys*, écuyer, seigneur de
Brient, d'Issoudun sur Creuse etc., dont la fille, Alix de
Cluys, fut mariée, l'an 1408, avec Jean *Voyer*, seigneur de Paulmy, et fut la souche maternelle de l'illustre maison d'Argenson.

I. Montain DE MALLEVAUD, écuyer, seigneur de la
Mangotière, vivant en 1421, eut pour fils :

II. Madelon DE MALLEVAUD, Ier du nom, écuyer, seigneur de la Varenne, qui épousa Marie *de Mathefe-
lon,* dame de la Varenne, dont il eut :

   1°. Baptiste, qui suit :
   2°. Jean de Mallevaud de la Mangotière reçu che-
      valier de Malte au prieuré d'Aquitaine, en 1546.

III. Baptiste DE MALLEVAUD, écuyer, seigneur de la
Varenne, épousa, le 29 janvier 1546, Renée *de la Faye.*
Il obtint une procuration du 9 mars 1568, relatée dans
les arrêts précités, pour le ban et arrière-ban convoqués
à cette époque; il laissa :

1°. Madelon, qui continue la branche aînée ;

2°. Etienne, auteur de la branche *des seigneurs de Marigny* et *de Puy - Renaud*, rapportée ci-après ;

3°. Charlotte de Mallevaud, morte sans alliance.

IV. Madelon DE MALLEVAUD II, seigneur de la Varenne, épousa, le 3 avril 1581, Madeleine *Flamand*, fille de Jacques Flamand, écuyer, et de Guillemine de la Faye ; il eut, entr'autres enfants :

V. Charles DE MALLEVAUD, écuyer, seigneur de la Varenne, qualifié fils aîné, et marié le 12 avril 1605, avec Hélène *de Hautefois*, fille de Jacques de Hautefois, écuyer, seigneur de la Folie, et de Jeanne de Marans ; il eut pour fils aîné :

VI. François DE MALLEVAUD, Ier du nom, écuyer, seigneur de la Varenne, qui épousa, le 1er mai 1642, Esther de *Cumont*, fille de Joachim de Cumont, écuyer, seigneur de Maisonneuve, et de Madelaine de Vivonne ; il laissa de ce mariage :

VII. Claude DE MALLEVAUD, écuyer, seigneur de la Varenne, maintenu dans sa noblesse, en 1666 et 1697, ou 1699, par MM. Barentin et de Maupeou, commissaires du roi. Ces arrêts de maintenue mentionnent les trois enfants de Baptiste de Mallevaud, et de Renée de la Faye ; ce sont, Madelon, Etienne et Charlotte, déjà mentionnés ci-dessus. Une sentence de l'intendant de Poitiers, des 11 mars et 14 juillet 1716, est confirmative desdits arrêts. Il avait épousé, le 20 juillet 1668, Charlotte *de Villedon*, fille de Charles de Villedon, chevalier, seigneur de Gournay, Chaissepain, et autres lieux, et de Renée de Hautefois ; il eut pour fils :

VIII. François DE MALLEVAUD II, écuyer, seigneur de la Varenne, marié, le 20 février 1708, avec Florimonde *de Loneau*, de laquelle il laissa :

IX. Jean-Gabriel DE MALLEVAUD, écuyer, seigneur de la Varenne. Les branches de Mallevaud de Marigny et de Puy-Renaud obtinrent, le 3 septembre 1748, un arrêt de la cour des aides de Paris qui les établit de la même famille. Jean-Gabriel eut, de son mariage, contracté, le 29 octobre 1744, avec Jeanne *de Gourgeau*, fille de messire Charles de Gourgeau, chevalier, seigneur de Cerné, Carberlière, Cousay, etc. :

X. Gabriel-Benjamin DE MALLEVAUD de la Varenne, marié, le 4 février 1770, à Marie-Anne *de Mallevaud de Marigny*. Les trois arrêts précités sont intervenus en sa faveur; il eut pour fils :

1º. Charles-Gabriel, dont l'article suit;
2º. François-Henri qui a postérité;
3º. Alexandre de Mallevaud : ils ont tous les trois servi avant la révolution;
4º. N...mariée à Joseph *de Pressac-Leonel*, lieutenant-colonel d'artillerie, chevalier de l'ordre royal et militaire de Saint-Louis;
5º. N... mariée à M. *Avril de Masquinan;*
6º. Julie de Mallevaud, non mariée.

XI. Charles-Gabriel DE MALLEVAUD, page de feue la reine, épouse de S. M. Louis XVIII, ancien officier d'infanterie, a émigré en 1791, et a fait les campagnes de l'armée des princes. Il a postérité.

SEIGNEURS DE MARIGNY ET DE PUY-RENAUD.

IV. Etienne DE MALLEVAUD, Ier du nom, écuyer, seigneur de Chésan, second fils de Baptiste de Mallevaud et de Renée de la Faye, épousa, le 14 janvier 1606, N..... *Dumonteil,* dont il eut :

1º. François, dont l'article suit :
2º. Jean de Mallevaud, fait évêque d'Olonne *in partibus infidelium,* et suffragant d'Aix en Provence, par bulle du 7 des ides de décembre 1648. Il a exercé l'épiscopat pendant environ 20 ans, en l'absence de l'archevêque d'Aix, et a fondé plusieurs bénéfices à Bellac, en France, et un couvent de religieuses pour l'instruction des jeunes demoiselles.

V. François DE MALLEVAUD, Ier du nom de cette branche, écuyer, épousa, en janvier 1635, Jeanne *de la Coudre,* de laquelle il laissa :

VI. Etienne DE MALLEVAUD II, écuyer, seigneur de

Chésan, marié, le 24 février 1664, avec Charlotte *Tardy*, dont il eut :

VII. François DE MALLEVAUD III, écuyer, seigneur de Marigny, président, lieutenant-général en la sénéchaussée de la Marche au Dorat, pendant 35 ans, marié, le 7 mars 1696, avec Marie-Rose *le Large*, alliée à la maison d'Herbouville ; de ce mariage sont issus :

1°. Etienne de Mallevaud, écuyer, seigneur de Marigny, lieutenant-général de la Basse-Marche, qui épousa, le 28 octobre 1729, N..... *Cottereau de Grandchamp*, fille de N..... de Grandchamp, maréchal-des-logis des mousquetaires du roi, dont il eut :

a. François-Antoine de Mallevaud, chevalier, seigneur de Marigny, président, lieutenant-général de Dorat, et de la sénéchaussée de la Basse-Marche, marié à Charlotte-Marguerite *du Peyron*, fille de M. du Peyron, directeur des monnaies à Paris. Il eut deux fils : 1° François-Henri-Charles de Mallevaud seigneur de Marigny, né le 17 février 1771, qui a fait ses preuves pour le service militaire devant M. Chérin fils, le 19 avril 1788, etc., a été nommé chevalier de l'ordre royal et militaire de St.-Louis, et officier des chasseurs de Hainaut, a émigré et a fait les campagnes de l'armée des princes. Il avait été page de feu la reine, épouse de S. M. Louis XVIII, et est décédé sans alliance ; et 2° N... de Mallevaud, mort jeune au service, dans l'émigration. Il avait aussi été page de la reine, épouse de S. M. Louis XVIII. François-Antoine eut en outre trois demoiselles, l'une mariée à M. du *Peyron Saint-Hilaire*, l'autre à M. *Baret de Rouvray*, et la troisième, à M. *Desmier* marquis de Chenon;

b. François-Henry de Mallevaud, seigneur de Marigny, chevalier de l'ordre royal et militaire de Saint-Louis, ancien capitaine au régiment Royal infanterie, commissaire ordonnateur à Tours, gouverneur de Dorat, qui a servi pendant 54 ans, a fait la guerre de Portugal, s'est trouvé au siège de Mahon, et a assisté à la convocation de la noblesse à Tours, en 1789. Il avait épousé, le 29 avril 1771, N.... *de Riancourt,* fille de N.... de Riancourt, commissaire des guerres, dont il a eu une fille, Élisabeth de Mallevaud, mariée à M. le marquis de Bridieu;

2° François de Mallevaud, qui suit.

VIII. François DE MALLEVAUD IV, écuyer, seigneur de Puy-Renaud, lieutenant des maréchaux de France, au bailliage de Loches, par brevet du 15 juin 1767, épousa, en 1745, N.... *Aubry,* nièce de M. Guimier, président, lieutenant-général à Loches; de ce mariage vinrent :

1° François-Henri, dont l'article suit ;

2° N.... de Mallevaud, officier du génie, mort au service ;

3° N.... de Mallevaud, officier au régiment de Languedoc en 1771, mort dans les guerres de Corse.

IX. François - Henri DE MALLEVAUD, chevalier; seigneur de Puy-Renaud, ancien conseiller au Châtelet d'Orléans, assista à la convocation de la noblesse à Tours, en 1789. Ce fut en faveur de Gabriel-Benjamin de Mallevaud de la Varenne, de François-Antoine de Mallevaud de Marigny et de François-Henri de Mallevaud de Puy-Renaud, qu'ont été rendus les arrêts des 3 février 1787, 5 et 19 avril 1788, dont nous avons parlé précédemment. François-Henri de Mallevaud de Puy-Renaud, a de son mariage, contracté, le 4 avril 1781, avec N.... *Nolleau de Beauregard :*

1°. François de Mallevaud de Puy-Renaud, marié, le 22 février 1816, avec Françoise *Hocquart,* fille de Messire Toussaint-Thérèse Hocquart, chevalier de l'ordre royal et militaire de Saint-Louis, et chef d'escadron, et de dame Madelaine le Prince ;

2°. Étienne de Mallevaud de Puy-Renaud ;

3°. Pauline de Mallevaud, mariée à M. *de la Motte de Logny,* officier au régiment de la Reine, qui a fait la campagne de l'armée des princes.

Armes : D'argent, à trois vires d'azur, au bâton du même, péri en pal, au centre de l'écu. Couronne de marquis. Tenants : Deux sauvages.

DE MARCHAMP. La maison de Marchamp (*de Mar-campo*), a pris son nom d'un village situé à une grande lieue de Beaujeu. Elle est connue par actes depuis Étienne de Marchamp, qui fut présent, l'an 1144, à une donation faite au monastère de Saint-Julien par Humbert, seigneur de Beaujeu. L'an 1172, Guillaume de Marchamp passa un traité avec l'archidiacre de l'église de Lyon, obéancier d'Anse, au sujet de la justice de ce même lieu d'Anse. Un acte de 1209 fait connaître un frère de Guillaume, nommé Hugues de Marchamp, alors décédé. De l'un d'eux sont provenus Durand, Raynier et Josserand de Marchamp, chevaliers, qui jurèrent l'observation des statuts et priviléges accordés aux bourgeois de Belleville par Humbert, seigneur de Beaujeu, et par Guichard, son fils, l'an 1233. Cette maison a donné deux chanoines-comtes de Lyon, dans la personne de Louis de Marchamp, en 1285, et d'Antoine de Marchamp, en 1400, et un religieux de l'Ile-Barbe, nommé Guichard de Marchamp, en 1261. Elle s'est éteinte, l'an 1451, en la personne d'Anduin de Marchamp.

Armes : D'argent, au chef bandé de gueules et d'hermine.

LA MARCHE, *comté*, tirait son nom de sa situation topographique, ayant été frontière du royaume d'Aquitaine, dont elle faisait partie sous l'empire d'Honorius. Du temps de César, cette province était comprise dans le pays des *Lemovices*, et c'est peut-être pour cela qu'elle fut nommée, jusqu'au commencement du 10ᵉ siècle, *Marche Limosine*. De la domination des Romains, la Marche passa sous celle des Visigoths, puis sous celle des rois français, après la bataille de Vouillé, en 507. Cette province se divisait en Haute et Basse-Marche. Guéret était la capitale de la première, et Bellac de la seconde. Ces deux parties, dans les commencements, eurent quelquefois chacune son comte particulier. Le premier comte de la Marche, dans la maison duquel ce comté devint héréditaire, est Boson I, *dit* le Vieux, vivant en 944, comte de Périgord, en 975, fils de Sulpice, et petit-fils de Geoffroi, premier comte de Charroux, c'est-à-dire de la Marche, dont Charroux était le chef-lieu. Boson III, cinquième comte de la Marche de cette maison, étant mort sans postérité, en 1091, Almodis, sa sœur, lui succéda, avec Roger II de Montgommery, son époux, comte de Lancastre. Aldebert V de Montgommery, comte de la Marche, arrière-petit-fils de Roger et d'Almodis, mort en 1180, à Constantinople, eut pour successeurs Mathilde d'Angoulême (petite-fille de Ponce de La Marche, femme de Wulgrin II, comte d'Angoulême), et Hugues IX, sire de Lusignan, qui possédait déjà de fait la plus grande partie de ce comté. Hugues XIII de Lusignan fut le dernier comte de la Marche de cette race. *Voyez* ANGOULÊME.

Philippe le Long donna en apanage à Charles de France, son frère, le comté de la Marche, qu'il érigea en pairie, par lettres du mois de mars 1316. Charles, ayant succédé au trône à Philippe, garda le comté de la Marche jusqu'en 1327, époque à laquelle il l'échangea avec Louis Ier, duc de Bourbon, contre le comte de Clermont, en Beauvaisis, et l'érigea de nouveau en pairie. Éléonore de Bourbon, fille de Jacques II, comte de la Marche, mort cordelier en 1438, ayant épousé, en 1429, Bernard d'Armagnac, comte de Pardiac, le roi Charles VII investit ce dernier du comté de la Marche, en 1435. Jacques d'Armagnac, son fils, en fut dépouillé pour crime de félonie, par Louis XI, qui le fit condamner à mort en 1477. Le comté de la Marche fut donné par le roi à Pierre de Bourbon, sire de Beaujeu, quatrième fils de Charles Ier, duc de Bourbon. Pierre mourut en 1503. Suzanne, sa fille unique, porta ses biens à Charles de Bourbon, connétable de France, tué à l'escalade de Rome en 1527. Le roi François Ier, ayant confisqué les biens de ce connétable pour cause de félonie, unit le comté de la Marche à la couronne, par édit du mois de juillet 1531.

DE MAREUIL. L'ancienne baronnie de Mareuil, située en Périgord, a donné son nom à cette illustre maison, l'une des plus anciennes et des plus puissantes de cette province. Les seigneurs de Mareuil prenaient le titre de premiers barons du Périgord, concurremment avec les barons de Beynac, de Biron et de Bourdeille, et ils assistaient en cette qualité aux premières entrées solennelles des évêques de Périgueux, et aux états particuliers de la province ; il ont donné plusieurs chevaliers bannerets, des sénéchaux et gouverneurs de provinces, et des chambellans de nos rois, et se sont alliés aux maisons d'Anjou, de Châlons, de Rochefort, de Montberon, de l'Archevêque-Parthenay, de Paynel, de Clermont, de Dreux-Morainville, de Bouchard-d'Aubeterre, de Montpezat, d'Harcourt, du Fou-du-Vigean, de Segonzac, de Chambres et autres. Cette maison a donné aussi plusieurs évêques et abbés. Son premier auteur connu est :

Guillaume I DE MAREUIL, qui fut témoin d'une charte, datée du jour des nones de février 1099 (v. st.), par laquelle Rainaud, évêque de Périgueux, donna au chapitre de Saint-Astier l'église de Saint-Étienne de Bousac.

On trouve ensuite :

Hugues I DE MAREUIL, chevalier, rappelé dans un acte de l'an 1200.

Hervé DE MAREUIL, chevalier et abbé de N.-D. de Mourailles, qui fonda, l'an 1124, l'abbaye de Tricay, dans le diocèse de Luçon.

Hélie DE MAREUIL, Ier du nom, est mentionné, avec Bernard de Saint-Astier et Hélie de Castillon, dans une bulle donnée, l'an 1130, par le pape Innocent II, en faveur de l'abbaye de Fontevrauld. Son nom se lit aussi avec ceux d'Aimeric de Mareuil, clerc, et de Gerald de Mareuil, ses neveux, dans une charte de Cháncelade, d'environ le milieu du 12e siècle.

Hélie DE MAREUIL, abbé de Saint-Astier, en 1178 et 1182, était en même temps archi-diacre de l'église de Périgueux, archi-prêtre de la cité et chanoine de Saint-Front.

Aimeric, sire DE MAREUIL, chevalier, seigneur de Mareuil et de Villebois, transigea, le 5 des ides de mai, 1200, avec Itier de Villebois, seigneur de la Rochebeaucourt, au sujet de la mouvance de la paroisse de Blanzaguet, de l'hospice de Boffol ou Boffoul, situé dans la paroisse d'Edom, etc. On a rappelé dans cet acte

un différend qui avait eu lieu, relativement aux mêmes
objets, entre Hugues de Mareuil, chevalier, aïeul d'Aimeric, et un autre Itier de Villebois, grand-père de
celui qui traitait en 1200.

Hugues II, sire DE MAREUIL, chevalier, l'un des capitaines de l'armée du roi, l'an 1214, vivait encore en
1231, et avait eu trois femmes, connues seulement par
leurs noms de baptême. S'il en faut croire l'ancienne et
constante tradition de la famille, ce fut un Hugues de
Mareuil qui, lors de la bataille de Bouvines, releva de
son cheval le roi Philippe Auguste, et fit prisonnier
Ferrand, comte de Flandre. En considération de ce
service, le roi lui donna la seigneurie de Villebois en
Angoumois. On remarque qu'il se trouva à la même
bataille un de ses frères, nommé Jean, dont le sort est
ignoré.

Guillaume II, sire DE MAREUIL, se croisa pour la
Terre-Sainte, l'an 1218, et obtint, à cette occasion,
du pape Honorius III, le 3 des ides d'août de la même
année, l'absolution de l'excommunication et de l'inter-
dit, qui avait été lancés contre lui par l'archevêque de
Bordeaux.

Hélie II, chevalier, seigneur de Mareuil, rendit hommage, le lendemain de Notre-Dame 1244, à Hugues de
Lézignem ou Lusignan, comte de la Marche et d'Angoulême, à raison d'un fief nommé *Ancoin*, qu'il déclara
n'avoir reçu ni reconnu d'aucun autre, pas même du
vicomte de Limoges. Il laissa, entr'autres enfants :

1°. Hélie III, qui suit ;
2°. Ranulfe de Mareuil, archi-diacre de l'église
de Périgueux, en 1264 et 1266.

Hélie III, sire DE MAREUIL, ne prenait encore que
le titre de damoiseau, lorsqu'il rendit hommage au
comte d'Angoulême, à Bouteville, le mercredi avant
la fête de Saint-Thomas, apôtre, l'an 1248, à raison du
bourg des Granges et de la forteresse de Hautecorne,
qu'Hélie de Mareuil, chevalier, son père, avait déclaré
tenir en fief du même comte d'Angoulême ; et, comme

il n'avait pas encore de seeau particulier pour sceller cet acte, il emprunta celui d'Itier de Villebois, seigneur de la Rochebeaucourt, et promit qu'aussitôt qu'il serait fait chevalier, il le scellerait du sien propre. Il est probable qu'il eut pour enfants :

1°. Hélie IV, qui suit;
2°. Raimond de Mareuil, qui fut commandeur et grand-prieur de l'ordre des Templiers, dans les provinces d'Auvergne, de Limosin et de Berry, en 1288 :
3°. Bernard de Mareuil, chevalier, qui épousa Blanche de Châlons, dame de Belleville, laquelle était veuve de lui, l'an 1299.

Hélie IV, sire DE MAREUIL, chevalier, seigneur de Mareuil et de Villebois, rendit hommage, le lundi après la fête de Saint-Pierre-ès-liens 1287, à Hugues *le Brun*, comte de la Marche et d'Angoulême, et seigneur de Fougères, pour raison du bourg de Granges, de la forteresse de Hautecorne et de la quatrième partie de la forêt de Burée, et fut témoin dans un acte de l'an 1288. Il fut père de :

Guillaume III, sire DE MAREUIL, chevalier, qui épousa Alix *de Rochefort*, sœur de Jeanne de Rochefort, dame de Fors, laquelle vendit au roi, l'an 1303, le château de Rochefort, en Poitou. Il se trouve aussi nommé dans des actes de 1301 et 1303, et rappelé dans des actes de 1316 et 1349. Il eut de son mariage :

Raimond de Mareuil, qui suit; et probablement Marguerite de Mareuil, femme *de Bos de Talerand*, en 1308.

Raimond I, sire DE MAREUIL, damoiseau, mourut avant le 1er de février 1316 (v. st.), laissant d'Isabelle, dame en partie de Grézignac et de Bourzac, sa femme :

1°. Guillaume IV, qui suit;
2°. Isabelle de Mareuil, mariée, au commencement de l'année 1317, à Bérard, ou Bernard *Flamenc*, damoiseau, seigneur en partie de Bruzac.

Guillaume IV, sire DE MAREUIL, damoiseau, *dit* le Jeune, reçut, le 1ᵉʳ février 1316 (v. st.), la quittance que Bérard Flamenc, son beau-frère, lui donna, pour la dot d'Isabelle de Mareuil, sa femme, de laquelle s'étaient rendus garants, Golfier Flamenc et Itier de Sauzet, chevaliers, Guy, seigneur en partie de Bourdeille, et Guillaume de la Tour, damoiseau, co-seigneur de la Tourblanche. Guillaume eut d'une alliance ignorée :

Raimond II, sire DE MAREUIL, chevalier banneret, auquel le roi fit don de la ville et châtellenie de Villebois, en Angoumois, l'an 1343, et 1368, et du château de Courtenay, en 136:. Il se distingua beaucoup dans les guerres de son temps ; et, étant capitaine du fort Saint-Marsal, il fut fait prisonnier par les Anglais, en 1383. Les quittances de ses appointements militaires des années 1356 à 137⁵, sont scellées de son sceau. Il laissa de Joyde de Montchaude, dame de Vibrac, sa femme, fille de Hugues de Montchaude, chevalier, Raymond III, qui suit ; une fille, mariée au seigneur de Soubise, de la maison de Parthenay, et plusieurs autres enfants.

Raimond de Mareuil avait pour neveu : Guillaume de Mareuil, chevalier banneret, chambellan du roi, sénéchal d'Angoumois, et commandant 60 lances et 30 arbalétriers des ordonnances du roi ; il scellait, en 1383, ses quittances de son sceau.

Raimond III, sire DE MAREUIL, seigneur de Montmoreau, fut aussi chevalier banneret, en 1388. Il portait les mêmes armes que Raimond, son père, suivant une de ses quittances de l'année 1396.

Geoffroi DE MAREUIL, fils de Raimond III, fut aussi chevalier, seigneur de Mareuil, de Villebois, d'Anglac, de Vibrac et de Dompierre, en Aunis, chambellan du roi, sénéchal de Limosin et de Saintonge, et se trouve nommé dans plusieurs titres depuis 1408 jusqu'en 1441. Il eut, entr'autres enfants, d'Anne de la Rochefoucauld, sa femme :

1°. Jean, qui suit ;
2°. François, tué à l'armée avant 1475 ;

3°. Marguerite, mariée, en 1443, à Arnaud, baron *de Bourdeille*.

Jean DE MAREUIL, seigneur de Mareuil, de Pranzac, de Villebois, de Vibrac, etc., est nommé dans plusieurs titres depuis 1432 jusqu'en 1475. Il forma deux alliances; la 1re avec Philippe de Montberon, et la 2e avec Jeanne de Vernon, et fut père de Guy, baron de Mareuil; de Jean, évêque d'Uzès; de deux filles entrées, l'une dans la maison de Dreux-Morainville, et l'autre dans celle de Bouchard-d'Aubeterre, etc.

La maison de Mareuil se divisa en plusieurs branches dans le 15e siècle.

La 1re, sous le titre des barons de Mareuil, seigneurs de Villebois, de Pranzac, d'Anglac, et de Vibrac, s'éteignit dans le 16e siècle, et toutes ces terres furent portées dans la maison d'Anjou, par le mariage de Gabrielle de Mareuil, héritière de cette branche, avec Nicolas d'Anjou, marquis de Mézières, dont la fille unique, nommée Renée d'Anjou, épousa François de Bourbon, duc de Montpensier.

La 2e, des barons de Montmoreau, fondue, pendant le 16e siècle, dans la maison de Montberon, après avoir occupé la dignité de chambellan auprès des rois François Ier et Louis XII.

La 3e, des seigneurs de la Voute, existant encore dans le siècle dernier.

La 4e, des seigneurs des Combes, aussi existante dans le siècle dernier.

La 5e, des seigneurs de Ségonzac, qui paraissait, en 1699, tombée en quenouille, et domiciliée dans l'élection de Saintes, généralité de la Rochelle.

La 6e, des seigneurs de La Rouffie, encore existante en 1665.

Et la 7e, des seigneurs des Essarts, établie en Normandie, dans la généralité d'Alençon, en 1669.

Armes : De gueules, à un chef d'argent, et un lion d'azur, armé, langué et couronné d'or, brochant sur le tout. Supports : Deux lions, ou deux sauvages. Cimier : Une tête et col de lion, posés de profil, dans un vol de chevalier banneret.

DE MARQUESSAC, en Périgord; noble et ancienne famille, originaire du diocèse de Sarlat et de la baronnie de Beynac, où elle possédait autrefois un château ou maison noble, dont elle a pris le nom, ou lui a donné le sien, et qu'elle a aliéné en 1533. Elle est connue par titres authentiques depuis le commencement du règne de saint Louis. Noble Gautier de Marquessac et ses frères firent un accord, le lendemain de la fête de Saint-Cyprien 1229, avec Raimond Capète, touchant la mouvance du mas de Capète, en présence d'Adémar de Vielcastel, et de Raoul de la Pradèle, chevaliers. On trouve dans le siècle suivant, Pierre de Marquessac, qui reçut, le 7 des calendes d'avril 1309, ainsi que Raimond de Ricard, Guy de Solmignac et Jean de Besson, une procuration d'Adémar, fils du seigneur de Beynac. Hélie de Marquessac, damoiseau, qui pouvait être fils de Pierre, avait pour femme, en 1348, Raimonde *de Vielcastel,* nommée avec son mari dans un registre des archives du Vatican. (*Rég.* 44 *des bulles de Clément VI, fol.* 453, n° 488.) Hélie peut avoir été aïeul de Jean, qui suit, depuis lequel la filiation est établie littéralement.

Jean DE MARQUESSAC, Ier du nom, damoiseau, fut témoin d'un acte du 6 janvier 1443 (v. st.). Il laissa de Marguerite *de Nathac,* sa femme, Archambaud, qui suit, et 2 filles, dont la seconde fut mariée à Jean *de Cos,* de Berbiguières.

Archambaud DE MARQUESSAC, damoiseau de Castelnau, mentionné dans des actes de 1468 et 1480, ne vivait plus le 6 janvier 1490 (v. st.). Il fut père de :

1° Pons, qui suit;
2° Jean, marié à Jeanne *de Solmignac,* dont une fille, Marguerite, fut mariée, en 1489, à noble Jean *de Bardon,* auteur des barons de Segonzac;
5° Marguerite, femme, en 1480, de noble homme Jean de *Lestroa.*

Pons ou Poncet DE MARQUESSAC, damoiseau de Castelnau, passa une grande partie de sa jeunesse au service du roi; il acquit, le 15 mars 1497 (v. st.), d'Alain, sire d'Albret, et de Jean, roi de Navarre, les paroisses de Saint-Pantaly-d'Ans, de Saint-Pardoux et de Brouchaud, dont il forma peu après la terre de Marquessac, en Périgord, à laquelle il donna son nom. Il vivait encore le 1er avril 1525, lors du testament de Jeanne *de Laval*, sa femme, qui le rendit père de:

1°. Amanieu, qui suit;
2°. François, prêtre, curé de Berbiguières;
3°. Jeanne, mariée en premières noces à noble François *de Bardon*.

Amanieu DE MARQUESSAC, écuyer, seigneur de St.-Pantaly, St.-Pardoux, etc., vendit, en 1533, la maison noble de Marquessac à Raimond de Prouhet. Il offrit de rendre hommage, en 1541, à Rollet, bâtard d'Albret, et ne vivait plus le 24 août 1556. Il avait épousé, le 18 septembre 1515, Gabriel *de Tricard*, fille de Jean, juge-mage de Périgueux. Il eut de ce mariage six fils et une fille. L'aîné des fils fut Pierre qui suit; et l'un des cadets a formé la branche de La Reille.

Pierre DE MARQUESSAC, écuyer, seigneur de Saint-Pantaly, etc., conseiller du roi, lieutenant-général et juge-mage de Périgord, épousa, par contrat du 4 décembre 1543, Marguerite *de Belcier*, fille de Jean, écuyer, seigneur de la Rolfie, et d'Antoinette de Bauze de Belcastel. Il contracta une seconde alliance; et il testa, le 8 juillet 1600, en faveur des enfants qu'il avait eus de son premier mariage, et qui sont:

1°. Raimond, qui suit;
2°. Jean, baron de Bruzac, marié à Marguerite *Flamenc de Bruzac*;
3°. Raimond, seigneur de Montbayol;
4°. Marguerite, entrée dans la maison de Solmignac-de-Bellet.

Raimond DE MARQUESSAC, écuyer, seigneur de Saint-Pantaly, etc., épousa, par contrat du 21 novembre 1585, Gabrielle *d'Abzac de la Douze*, et mourut, en

159r, laissant une fille unique, Jeanne de Marquessac, qui fut mariée trois fois : 1°, en 1605, à Henri *de Saint-Astier*, chevalier, seigneur des Bories ; 2° à Louis-François *de Lostanges*, baron de Béduer, en Querci ; 3°, en 1618, à René de Hautefort, chevalier, seigneur de la Motte, et mourut le 18 décembre 1643.

La maison de Marquessac a formé peu de ramifications ; elle compte de nombreux services militaires, et a contracté de bonnes alliances.

Armes : D'azur, à trois marcs d'argent.

DE MASELLIÈRE ou DE LA MAZELLIÈRE, comtes de Douazan ; maison d'ancienne chevalerie, originaire de Bretagne, qui vint s'établir dans le pays d'Albret, en Guienne, vers le commencement du 16ᵉ siècle, et dont le chef actuel, M. le comte de Mazellière, maréchal des camps et armées du roi, chevalier de l'ordre royal et militaire de Saint-Louis, et de l'ordre de Saint-Jean-de-Jérusalem, a eu les honneurs de la cour, au mois de mai 1780, en vertu de preuves faites au cabinet des Ordres du roi, dans le cours de l'année précédente (1). Cette maison a été revêtue des dignités les plus éminentes des armées et de la cour des rois de Navarre. Elle a produit, entr'autres personnages de marque :

Odet DE MAZELLIÈRE, ministre et secrétaire-d'état de Henri, roi de Navarre (depuis Henri IV, roi de France),

(1) Ces preuves, ainsi que les titres sur lesquels elles ont été dressées, ayant été perdus par suite de la révolution, nous croyons devoir rapporter ici la lettre autographe de M. le duc de Coigny, qui constate l'admission de M. le comte de Mazellière aux honneurs de la cour.

Paris, ce 29 avril 1780.

« J'ai l'honneur de vous prévenir, monsieur, que le roi a bien voulu vous accepter pour monter dans ses carrosses ; j'aurai celui de vous indiquer le jour où je pourrai vous donner des chevaux pour faire votre début.

« J'ai l'honneur d'être avec un parfait et sincère attachement, monsieur, votre très-humble et très-obéissant serviteur,

» *Signé* le duc DE COIGNY. »

en 1598, auteur d'une branche connue sous le nom *de barons d'Espiens,* existante ;

Jean DE MAZELLIÉBE, frère d'Odet, capitaine exempt des gardes-du-corps du même prince, qui, lorsqu'il fut parvenu à la couronne, lui écrivit plusieurs lettres signées de sa main, remplies des témoignages les plus honorables de son affection ;

Gaxiot DE MAZELLIÈRE, frère des précédents, fut aussi ministre-d'état du roi de Navarre, et fut auteur d'une branche connue sous la dénomination de *seigneurs de Réaupt,* éteinte ;

Bertrand DE MAZELLIERE, frère des trois précédents, fut colonel du régiment de Navarre, et fonda la branche des *seigneurs de Tours,* éteinte.

Cette maison a donné trois chevaliers à l'ordre souverain de Saint-Jean-de-Jérusalem, *dit* de Malte, et a été maintenue dans sa noblesse d'ancienne extraction, le 20 août 1668, par jugement de M. Pellot, intendant en la province de Guienne, et commissaire départi pour la recherche des usurpateurs de noblesse.

Armes : D'azur, au chevron de gueules, accompagné de trois lionceaux, d'azur, lampassés et armés de gueules.

DE MÉALLET ou MÉALET (1) ; maison d'ancienne chevalerie d'Auvergne, qui, par ses services militaires et ses nombreuses et belles alliances, est au rang des familles les plus distinguées de cette province. Elle paraît avoir pris son nom d'un fief situé près de Mauriac, nommé en latin *Meletam,* qui fut détruit depuis 1553, mais qui, avant cette époque, avait une mouvance considérable. Ce fief, sorti de la maison de Méallet, vers le milieu du 14e siècle, appartenait dès lors en partie à Jeanne de Châteauneuf. L'épouse de Rigaud de Mu-

_____

(1) Dans les actes que les chefs des diverses branches produisirent, en 1666, par-devant M. de Fortia, intendant d'Auvergne, le nom est orthographié *Méalet, Méallet, Mialet* et *Miallet.*

ral en fit donation à Jean Sauve, auquel le duc de Berry céda également la portion qu'il avait dans cette
terre. Jean Sauve, par acte du 9 juin 1427, transporta
tous ses droits sur Méallet à Charles de Bourbon, comte de Clermont (1). On doit attribuer aux fréquentes
mutations de cette terre, dans des mains étrangères, le
défaut de titres qui empêche de remonter la filiation de
cette maison au-delà de la fin du 15ᵉ siècle. Louis de
Méallet, depuis lequel elle est littéralement établie, seigneur de Fargues et de Romegoux, marié, vers 1490,
avec Antoinette *de Durfort*, fille d'Antoine, baron de
Boissières, gentilhomme de la chambre du roi, pouvait
être fils d'Aymeri de Méallet, qui vivait en 1450, selon le Nobiliaire manuscrit d'Auvergne, de Dom Coll.
Cette maison a donné un chevalier de l'ordre du roi,
quatre gentilshommes ordinaires de la chambre, un
chanoine-comte de Lyon, sacré évêque de St.-Claude,
le 5 août 1742, douze chevaliers et dignitaires de l'ordre de Saint-Jean-de-Jérusalem, *dit* de Malte, et un
grand nombre d'officiers-supérieurs, décorés de l'ordre
royal et militaire de Saint-Louis. Ses alliances directes
sont avec les maisons de Ballard d'Arnas, Blot, Bru-
gier, l'Espinasse, Felzins-Montmurat, Gibrac, Jarrige,
Laparra, Massebeau de Sedaiges, Meymel, Pestels, de
Peyroux, Pons, Riom, Robert de Lignerac, la Roche,
Salvert, Sennezergues, Sermur, Servières, la Trémo-
lière, etc., etc. Elle a formé plusieurs branches, entr'autres, celle des barons, puis comtes de Fargues,
dont le chef, Jean-Joseph de Méallet, comte de Fargues, né à Aurillac en 1776, ancien maire de la ville
de Lyon, depuis le mois de décembre 1814 jusqu'au
mois d'août 1815, époque à laquelle il fut nommé membre de la chambre des députés, mourut, en 1818, emportant l'estime et les regrets de ses concitoyens. Il n'a
laissé que trois demoiselles. La branche des seigneurs
de Faulat, aujourd'hui l'aînée de cette ancienne famille, subsiste dans la personne de François-Louis de
Méallet IIIᵉ du nom, seigneur de Faulat et autres
lieux, ancien capitaine au régiment de la Sarre, marié, en 1789, avec Élisabeth-Françoise de la Roche,

(1) Coutumes d'Auvergne, par Chabrol, tom. **IV**, pag. 688.

dont il a un fils unique, nommé François-Louis de
Méallet de Faulat, écuyer, né le 7 décembre 1803.

Armes : D'azur, à trois étoiles d'argent; au chef d'or.
Couronne de comte. Supports : Deux lions léopardés,
acculés.

DE **MONTARD**. La famille de Montard, suivant une tradition conservée de toute ancienneté, « est
»originaire du Poitou, et transplantée dans les pro-
»vinces de Périgord et d'Agénois depuis à peu près 400
»ans. Cette même tradition porte que Pierre de Mon-
»tard, le premier de cette famille qui vint s'établir en
»Périgord, y épousa Hélène d'Abzac, et que leurs en-
»fants et descendants ont constamment fait le service
»dans les bans et arrière-bans des armées de nos rois;
»que Gédéon de Montard, qui servait dans la marine,
»fut commandant de l'île Sainte-Croix, sur la fin du
»17ᵉ siècle, et qu'il mérita dans plusieurs circonstances
»les éloges de M. de Baas (1), alors chef d'escadre; que
»Jean de Montard obtint, sous Louis XIV, un certifi-
»cat de noblesse pour entrer à Neufbrisack, où il fut
»élevé; enfin que, dans des temps plus reculés, Michel
»de Montard, ayant été attaqué par les commissaires
»aux francs-fiefs, en fut déchargé, après avoir justifié
»de sa qualité. »

Les titres de cette famille ayant été la proie des
flammes, en 1793, on se bornera à citer ici sommairement ceux qui ont été conservés, et dont expédition
légale nous a été adressée.

Jean DE MONTARD, écuyer, sieur de Campagnac, é-
pousa, par contrat passé en la maison noble de Lantic,
paroisse des Essaintes, prevôté de la Réole, en Baza-
dais, devant du Bourg, notaire royal, le 18 juillet
1630, demoiselle Françoise *de Bonsol*, fille de Pierre
de Bonsol, écuyer, sieur de Lantic, et de demoiselle
Jeanne du Puch : le futur procédant de l'avis et con-

(1) M. de Baas était, en 1674, vice-roi de îles de l'Amérique.
(Note de l'éditeur.)

seil de François-Louis de Bardon, écuyer, seigneur et baron de Ségonzac, son cousin-germain, de Pierre de la Faye, écuyer, son frère utérin, et d'Eymeric de Fleurie, aussi écuyer, sieur de Ricault, son oncle maternel; et la future assistée de ses père et mère, de Pierre, Guillaume et Jean de Bonsol, écuyers, frères; de Charles de Lavau, écuyer, sieur de la Pujade, Bertrand de Boctus, aussi écuyer, et autres proches parents et amis.

Messire Martial DE MONTARD, écuyer, sieur de Lassagne, arrière-petit-fils de Jean et de Françoise de Bonsol, fut maintenu dans sa noblesse, sur la production de ses titres, par arrêt de la cour des aides et finances de Guienne, du 2 septembre 1777. Il avait fait son testament devant Grilhé, notaire royal, le 29 novembre 1769; il mourut le 6 janvier 1779. Il avait épousé: 1° Jeanne *de Courson*; 2° Marie *de Cazenave*, fille de Jacques de Cazenave, écuyer, sieur de Saint-Philippe, et de dame Marie de Bérard. Ses enfants sont:

Du premier lit :

1°. Messire Armand de Montard, écuyer, sieur de Lassagne, officier au régiment de Normandie, en 1773, dont le fils, Armand de Montard, a servi dans l'émigration;

Du second lit :

2°. Messire Jean-Louis de Montard, qui suit;
3°. Jean de Montard, écuyer, lieutenant au régiment de Poitou, en 1764, marié, par contrat passé devant Delieure, notaire royal de la ville du Mas d'Agénois, le 31 octobre 1773, avec demoiselle Élisabeth *Flouret de la Garrigue*, fille de noble Pierre Flouret de la Garrigue, écuyer, ancien officier d'infanterie, et de dame Jeanne Seré. Il a obtenu, le 30 juillet 1783, une sentence de l'élection de Condom, qui, conformément à l'arrêt obtenu par son père, en 1777, l'a maintenu dans sa qualité de noble et d'écuyer,

et l'a déchargé de la collecte de la ville et juridiction du Mas d'Agénois, où les maire et consuls
l'avaient porté par inadvertance ;

4°. Jeanne de Montard de Villeserre, vivante en
1765.

Messire Jean-Louis DE MONTARD, écuyer, mousquetaire de la garde du roi, siégea, en 1789. parmi la noblesse de la sénéchaussée de Guienne, convoquée pour
l'élection des députés aux états-généraux du royaume.
Il avait épousé, par contrat passé devant Borie, notaire royal en Guienne, le 14 mai 1764, demoiselle Suzanne *de Fillol*, morte en 1814, fille de messire Louis
de Fillol, écuyer, seigneur de Mézières, et de feu dame Jeanne Rigaud du Marchet. Il est mort en 1812,
et a laissé pour fils unique :

Martial DE MONTARD, écuyer, né le 11 mars 1765. Il
a servi en émigration.

Armes : Parti, au 1 d'or, à trois bandes de gueules ;
au 2 d'azur, à deux pates de griffon d'or, contournées.
Couronne de comte. Supports : Deux griffons.

MONTESQUIOU DE FAGES, en Périgord ; bran-
che éteinte de l'ancienne et illustre maison de Montesquiou, qui est à peine indiquée dans l'*Histoire des
Grands-Officiers de la Couronne*, tom. VII, pag. 280.
On en donnera ici la généalogie, d'après des documents
authentiques qui ont été communiqués, en conservant
l'ordre des degrés suivi dans l'ouvrage cité.

XVI. Jean-Jacques DE MONTESQUIOU, appelé *le capitaine de Sainte-Colombe*, épousa, avant l'an 1598,
Madelaine *de Montlezun*, fille de Jean de Montlezun,
seigneur de Saussens ou Sanssens, et d'Anne de Fages,
héritière de la terre de ce nom (1), dont il eut, entr'autres enfants :

(1) Anne de Fages, dite *la Grande*, dame de Fages, du Bousquet, de Fendat, en Condomois, de Moncassin, de Couderz,
Longueville, Lussac, etc., dame d'honneur de la reine de Navar-

XVII. Bernard-Antoine DE MONTESQUIOU DE MONT-
LUC, chevalier, seigneur, baron de Sainte-Colombe, de
Fages, seigneur du Bousquet, Saint-Cyprien, Lussac, etc., gentilhomme ordinaire de la chambre du
roi, enseigne-colonel du régiment de ses gardes, et capitaine du ban et arrière-ban de Lauragais, épousa Catherine *de Viart de Volay*, fille de Jacques de Viart,
chevalier, seigneur de Volay, Condé, Courtaujay et
Villebazin, conseiller-d'état, maître des requêtes ordinaire de l'hôtel du roi, et président ès gouvernements
de Metz, Toul et Verdun, et de Catherine de Compain-
de-Villette, dont il eut les enfants suivants :

    1°. Jacques, qui suit ;
    2°. Jacques, appelé *l'abbé de Fages*;
    3°. Blaise, seigneur de Lussac, marié, en 1657, à
        Anne *de Touchebœuf-Beaumond*, dame de la
        Carrière, fille unique de Pierre de Touchebœuf-
        Beaumond, écuyer, seigneur de Flaujac, la Car-
        rière, etc., et de dame Esther Gautier ;
    4°. Catherine, qui épousa, par contrat du 25 juil-
        let 1637, Jean-Jacques *de Saint-Astier*, sei-
        gneur des Bories, et testa le 19 novembre 1672;
    5°. Anne, mariée, en 1643, à Jean *de Comarque*,
        écuyer, seigneur de Beyssac.

    XVIII. Jacques DE MONTESQUIOU-MONTLUC, cheva-
lier, seigneur, baron de Fages, Ste.-Colombe, seigneur
du Bousquet, Saint-Cyprien, Lussac, etc., épousa :
1°. en 1645, N...; 2°, par contrat du 12 février 1664,
Marguerite *de Mellet*, veuve de noble François de Si-

re, était fille de Jean, seigneur de Fages, qui testa, le 15 décembre 1544, et d'Anne de la Mothe; elle fut substituée à son frère,
après la mort duquel sans enfants, elle devint héritière d'une grande partie des biens de sa maison. Elle fut mariée : 1°, le 18 mai
1553, à Joachim *de Montluc*, chevalier, seigneur des Lions et de
Longueville, enseigne de M. le Vidame de Chartres, panetier ordinaire du roi Charles IX, et chevalier de son ordre; et 2°, le 8
janvier 1570, à noble Jean *de Montlezun*, seigneur de Saussens.
Elle testa, le 21 août 1584, et eut pour enfants :

    1°. Odet de Montlezun, marié, le 14 avril 1588, à Margue-
        rite *d'Abzac de la Douze*, et mort sans postérité;
    2°. Madelaine, femme de Jean-Jacques *de Montesquiou*.

vrac, et fille de Philippe I de Mellet, chevalier, seigneur de Neuvic, Saint-Pardoux, Lenclave, Saint-Martial de Drône, etc., et de Marguerite d'Abzac de la Douze. De ce mariage vinrent :

1°. Bernard, qui suit;
2°. Catherine, mariée à David *de la Caraulie*, seigneur du lieu de ce nom.

XIX. Bernard DE MONTESQUIOU-MONTLUC, chevalier, seigneur, comte de Fages, seigneur du Bousquet, de Lussac, etc., épousa, par contrat du 25 février 1683, Françoise *de Cordis*, fille de Giraud de Cordis, sieur de Taydes, conseiller du roi, magistrat au siége présidial de Sarlat, et d'Anne de Saint-Clar; il provint de ce mariage plusieurs enfants de l'un et de l'autre sexe, morts avant 1691, et dont il ne resta qu'une fille, qui suit :

Marie de Montesquiou, dame de Fages, devenue, par la mort sans enfants de ses frères et sœurs, héritière de tous les biens de sa maison, les porta dans celle d'Ajac, par son mariage, contracté, le 28 janvier 1700, avec Bernard *de Hautefort*, chevalier, seigneur d'Ajac. La terre de Fages a passé depuis par succession dans les maisons d'Arlot de Frugie et de Taillefer de Barrière.

Armes : Écartelé, aux 1 et 4 *de Montesquiou*, qui est d'or à deux tourteaux de gueules, l'un sur l'autre; aux 2 et 3 d'azur, à trois colombes d'argent 2 et 1, et un croissant d'argent en chef, qui est de *Sainte-Colombe*.

N

DE NADAILLAC, *voyez* DU POUGET.

DE NADAL, seigneurs de Beauvezet, en Provence. Artefeuille, dans son Histoire héroïque de la noblesse de cette province, remonte la filiation de cette famille à :

Guillaume NADAL, qualifié chevalier dans des chartes de l'église de Riez, des années 1359 et 1392. Il eut pour fils :

V.   30

Claude NADAL, seigneur de Beauvezet, vivant en 1411, et le premier que l'abbé Robert de Briançon fasse connaître. Il eut deux fils :

1°. Elzéard Nadal, qui a continué la descendance de cette famille, alliée avec celles d'Isoard de Chenerilles, de Mause, de Montfort, des Mées, de Perrache, de Marion, etc. ;

2°. Pierre Nadal, qui, conjointement avec son frère, fit hommage au roi René de leur terre de Beauvezet, en 1453, et à Charles du Maine, son successeur, en 1480. Pierre eut, entr'autres enfants :

Dauphine Nadal, mariée, par contrat du 25 mars 1477, avec Étienne *Aimini*, fils de Louis d'Aimini, co-seigneur de Saint-Jeurs, viguier de la ville d'Arles.

Armes : D'or, à l'aigle éployée et couronnée de sable; chargée sur l'estomac d'un cœur de gueules, dans lequel est fichée une croix du même.

DE NÉELLE, seigneurs de Néelle et de Falvy; illustre et puissante maison de chevalerie, originaire de Picardie, où elle florissait, dès la fin du 10ᵉ siècle, dans la personne de Yves, Iᵉʳ du nom, seigneur de Néelle et de Falvy, sous Hugues Capet, dont les descendants ont possédé, pendant trois générations, le comté de Soissons, et la châtellenie de Bruges jusqu'en 1224. Cette maison s'est éteinte à la fin du 14ᵉ siècle, après s'être alliée à celles d'Alsace, d'Audenarde, de Béthune, de Chypre, de Clermont d'Ailly, de Dreux, d'Eu, de Hainaut, de Hangest, de Joigny, de Joinville, de Lambersart, de Los, de Montmorency, de Moreuil, de Murray, de Pecquigny, de Pierrefonds, de Ponthieu, de Roye, de Sancerre et de Vendeuil.

Armes : Burelé d'argent et d'azur; à la cotice de gueules, brochante sur le tout.

LE NORMAND, seigneurs de Bretteville, de Trassepied, de Bossy et du Tertre; famille noble et ancienne de la province de Normandie, qui a constamment porté les armes pour le service de nos rois dans les bans de la noblesse de cette province, dans les compagnies d'hommes d'armes des ordonnances, et dans les différents corps de l'armée depuis la formation des régiments. Sa noblesse, remontée par titres jusques au milieu du 15ᵉ siècle, a été reconnue et maintenue dans toutes ses prérogatives, par arrêt de la cour des aides de Normandie, des 3 juillet 1593, 11 février 1603 et 23 mars 1629; par arrêts des commissaires du roi sur le fait des francs-fiefs, des 2 juillet 1605 et 7 février 1641; par jugement des commissaires départis par le roi pour la recherche des usurpateurs du titre de noblesse, du 16 mars 1665; enfin par ordonnance de M. de la Bourdonnaye, du 1ᵉʳ janvier 1699. Ces différentes pieces articulent tous les faits énoncés dans la généalogie qui va suivre, et qu'on a continuée jusqu'à nos jours, sur les titres originaux produits par MM. de Bretteville.

I. Jean LE NORMAND, Iᵉʳ du nom, écuyer, vivait en 1470. Il eut d'une alliance ignorée deux enfants :

1°. Jean II, qui suit;
2°. N.... Le Normand.

II. Jean LE NORMAND, IIᵉ du nom, écuyer, est ainsi qualifié dans l'adjudication par décret, de plusieurs héritages, à lui faite aux plaids de Brétheville et Tournebu, le 20 février 1488; dans un contrat d'échange, reçu par les tabellions de Falaise, le 28 mars 1490, et enfin dans un contrat de 20 sols tournois de rente que lui acheta, en son absence, Robert Le Normand, son fils, le 9 janvier 1491. Il avait épousé demoiselle Jeanne du Val, de laquelle il laissa :

1°. Jean Le Normand, écuyer, prêtre, curé de Vaumerey;
2°. Robert, dont l'article suit.

III. Robert LE NORMAND, écuyer, sieur de Bossy, acquit plusieurs héritages en la paroisse de Cesny, en Cinglois, et autres paroisses, en 1488, 1489 et 1497. Il

épousa demoiselle Jeanne *du Bourg* (1), fille de Robert
du Bourg, sieur de Tracy, baron de Messey. Elle était
veuve dudit Robert Le Normand, le pénultième février
1503, époque à laquelle elle fit l'acquisition de 15 sols
tournois de rente. De leur mariage sont provenus :

    1°. Guillaume, dont l'article suit ;
    2°. Pierre Le Normand, auteur de la branche des
        sieurs de Bossy et du Tertre, rapportée en son
        rang.

IV. Guillaume LE NORMAND, écuyer, sieur de Raynes, de Trassepied, de Magny-le-Freulle et de Bretteville-le-Rabet, fit lots et partage avec Pierre Le Normand, son frère, le 27 septembre 1528, des biens des
successions de feu Robert Le Normand, leur père, et de
feu demoiselle Jeanne du Bourg, leur mère. Ce partage
fut reconnu aux assises de Falaise par François et Michel Le Normand, fils dudit Guillaume, à la réquisition
de leur cousin-germain, Jacques Le Normand, fils de
Pierre, écuyer, sieur de Bossy, le 4 juin 1568. Il avait
épousé demoiselle Marie *Guyon* (2), qui était veuve de
lui lorsqu'elle fit lots et partage avec ses cinq fils, reconnus par le vicomte de Falaise, le 25 janvier 1555.
Ces cinq fils étaient :

    1°. Nicolas Le Normand, écuyer, sieur de Magny-
        le-Freulle. Il épousa une demoiselle *le Bour-*
        geois, dont il n'eut qu'une fille ;
    2°. Guillaume Le Normand, écuyer, mort sans en-
        fants ;
    3°. François Le Normand, qui continue la lignée ;
    4°. Jacques Le Normand, écuyer ;
    5°. Michel Le Normand, écuyer, sieur de Tras-
        sepied, qui fonda la branche de ce nom, men-
        tionnée plus loin.

V. François LE NORMAND, écuyer, sieur de Brette-

---

(1) *Du Bourg :* D'azur, au chevron d'argent, accompagné de
trois flanchis d'or.

(2) *Guyon :* D'azur, au cep de vigne pampré et terrassé de sinople, fruité de gueules, soutenu d'un échalas de sable.

ville-le-Rabet, épousa, par traité du 5 novembre 1561, demoiselle Marguerite *de Pommollin* (1), fille de noble homme Claude de Pommollin, sieur de Castellets. Il en eut :

VI. Jean Le Normand, IIIᵉ du nom, écuyer, sieur de Bretteville-le-Rabet, maintenu dans sa noblesse d'extraction, par arrêt de la cour des aides de Normandie, du 3 juillet 1593, où se trouvent rapportées toutes les pièces originales qui établissent sa descendance directe de Jean Le Normand, Iᵉʳ du nom, écuyer, vivant en 1470. Cet arrêt de la cour des aides fut également rendu en faveur de Pierre Le Normand, sieur du Tertre, François Le Normand, sieur de Rochefort, et René Le Normand, frères, fils de feu Jacques Le Normand, écuyer, sieur de Bossy, et de demoiselle Blanche le Gardeur, et cousins dudit Jean Le Normand. Ce dernier avait épousé, par traité du 16 août 1587, reconnu le 22 août 1588, devant Jean Vauquelin, conseiller du roi, et lieutenant-général du bailliage de Caen, au siége de Falaise, demoiselle Emerence *de Fédebrix,* fille de feu François de Fédebrix, écuyer, sieur du Bûchet, et de Jacqueline du Bois. Emerence de Fédebrix était veuve, lorsqu'elle fut déchargée de la taxe des francs-fiefs, par arrêt des commissaires du roi, donné à Rouen, le 2 juillet 1605. De leur mariage sont issus :

1°. Jacques, dont l'article suit;

2°. Gaspard Le Normand, écuyer, sieur du Bûchet, qui fut tuteur actionnaire, en 1632, des enfants mineurs de Jacques, son frère. Il est mentionné dans l'arrêt des commissaires du roi, pour les francs-fiefs, donné à Rouen, le 7 février 1641, et mourut sans postérité.

VII. Jacques Le Normand, Iᵉʳ du nom, écuyer, sieur de Bretteville, obtint, le 23 mars 1629, un arrêt de la cour des aides de Normandie, qui le maintint dans son ancienne extraction et dans la qualité d'écuyer, et condamna le nommé Pierre Dumont, qui avait tenté de

---

(1) *De Pommollin :* D'argent, au chevron de sable, accompagné de trois hures de sanglier du même.

l'y troubler, à 50 liv. d'amende envers la cour, et pareille somme envers ledit sieur de Bretteville. Il avait
épousé, par traité du 30 janvier 1609, demoiselle Françoise *Perreau* (1), qui était veuve de lui et tutrice de
leurs enfants mineurs, le 7 février 1641, date d'un arrêt des commissaires du roi, sur le fait des francs-fiefs,
qui les maintint dans leur noblesse et les déchargea de
ce droit. Ces enfants, dont Gaspard Le Normand, é-
cuyer, sieur du Bûchet, était aussi tuteur actionnaire,
sont :

1°. Jacques Le Normand, écuyer, sieur de Bretteville, qui fut maintenu dans sa noblesse sur ses
titres filiatifs remontant à Jean Le Normand, Ier
du nom, écuyer, vivant en 1470, par arrêt des
commissaires départis par le roi en Normandie,
du 16 mars 1665, arrêt qui maintint également
Jean Le Normand, sieur de la Garenne, et Charles Le Normand, sieur de Dampierre, prêtres,
ses frères. Jacques Le Normand de Bretteville
servit dans le premier escadron de la noblesse
se de la généralité de Caen, commandée pour
l'arrière-ban, suivant l'attestation d'Alexandre Sallet, seigneur du Repas, donnée à Verdun, le 22 novembre 1674. Il avait épousé : 1°,
par traité du 25 juillet 1650, Marguerite *Bertin*, dont il n'eut point d'enfants, fille de Pierre
Bertin, écuyer, sieur de Vaudeloger, et de demoiselle Bonne du Buat; 2°, par traité du 23 janvier 1677, demoiselle Élisabeth *de Grimouil*,
fille d'Isaac de Grimouil, écuyer, sieur de Mo-
gon, et de noble dame Madelaine Bérault. Il
n'eut de ce mariage qu'une fille, nommée Marie-
Charlotte Le Normand, mariée, au mois de janvier 1701, à Louis *de Bonnel*, sieur de la Car-
bonnière. Elle est morte sans enfants, le 20 décembre 1722;

---

(1) *Perreau* : Écartelé, aux 1 et 4 d'azur, à la fasce d'or, chargée
de trois étoiles de gueules, et accompagnée de trois roses d'argent;
aux 2 et 3 d'or, à la croix engrêlée de gueules, cantonnée de quatre
merlettes de sable.

2°. Jean IV, qui continue la lignée, et dont l'article suit;

3°. Charles Le Normand, écuyer, sieur de Dampierre, prêtre, curé de Châtillon en Beauce.

VIII. Jean Le Normand, IVe du nom, écuyer, sieur de la Garenne et du Bûchet, demeurant dans la paroisse du Chesne, près Saint-Julien de Faucon, fut reconnu noble d'ancienne race, par l'arrêt de la cour des aides de Normandie, énoncé ci-dessus. Il servit dès 1638, et fit d'abord deux campagnes sur mer, sur le vaisseau *le Cardinal*, commandé par Louis-Charles du Val de Coupeauville, ainsi qu'on le voit par un certificat de ce capitaine, du 21 septembre 1639. Il entra, en 1642, dans la compagnie des chevau-légers du marquis de Coislin, ainsi qu'il est prouvé par un certificat du 17 avril, donné par Louis de Valois d'Écoville, capitaine d'une compagnie dans le même régiment, certificat qui atteste les services dudit sieur de la Garenne et de Bretteville durant les siéges d'Aire, de la Bassée, de Bapaume, et en d'autres occasions. Il comparut à la montre de l'arrière-ban de la noblesse du bailliage de Rouen, suivant le certificat du sieur de Courseulles, du 29 mai 1693, et un autre certificat du marquis de Beuvron, chevalier des Ordres du roi, et son lieutenant-général au gouvernement de Normandie, du 25 juin 1694. Jean Le Normand décéda, au mois de février 1697, à l'âge de 76 ans. Il avait épousé, par traité du 16 novembre 1651, reconnu devant Gilles Lucas et Nicolas Lévêque, tabellions en la vicomté d'Auge, demoiselle Renée *de Bonnet* (1), fille d'Eustache de Bonnet, écuyer, sieur de Bourdonnières, et de demoiselle Françoise de Cordey. De ce mariage sont nés:

1°. Eustache Le Normand, écuyer, sieur de Dampierre, qui servit dans l'arrière-ban de Normandie pour son père, et pour Gabriel Le Normand, écuyer, sieur du Bûchet, son frère, suivant le certificat que lui délivra, le 2 juin 1689, le sieur

_____

(1) *De Bonnet* : D'argent, à la fasce de gueules, chargée de trois besants du champ, et accompagnée de trois bonnets d'azur.

de Mauvoisin, commandant la compagnie des
gentilshommes de la vicomté d'Auge;

2°. Gabriel, dont l'article suit;

3°. Renée Le Normand, femme, en 1683, de N....
Le Boucher, sieur de la Mausonnière.

IX. Gabriel LE NORMAND, écuyer, sieur du Bûchet,
servit avec son père dans les arrière-bans des années
1689, 1693 et 1694, suivant les certificats de M. de
Mauvoisin, du marquis de Beuvron, et de M. de Saint-
Mars. Son père, âgé de 74 ans, et retenu au lit à cause d'une chûte, et lui-même furent dispensés du service de l'arrière-ban par ordonnance du lieutenant-général et président du bailliage de Rouen, rendue le 29
mai 1695. Il fit registrer ses armoiries, ainsi que le
porte le brevet qui lui en fut délivré par Charles d'Hozier, garde de l'armorial de France, le 18 septembre
1697. Il fut déchargé du droit de franc-fief, par ordonnance du 1er janvier 1699, rendue par M. de la Bourdonnaye, seigneur de Conetion, commissaire départi par
S. M. en la généralité de Rouen, pour juger du fait des
taxes de ce genre, et mourut à Orbec, en 1737. Il avait
épousé: 1°, par traité du 18 novembre 1680, reconnu
par sentence du vicomte d'Orbec, du 20 dudit mois, Marie *du Pommeret* (1), fille de défunt Jean du Pommeret, écuyer, sieur du Castellier, et de demoiselle Diane du Moutier; 2°, Marie de *Lyée* (2), dont il n'eut
point d'enfants. Ceux du premier lit furent:

1°. Pierre-Gabriel-René Le Normand, écuyer,
prêtre, curé, seigneur et patron alternatif de
Saint-Georges du Ménil, élection de Lisieux;

2°. François Le Normand, écuyer, sieur de Dampierre, qui fit une campagne dans le régiment
de Choiseul, cavalerie, lors du siége de Landau,
en qualité de volontaire; fut fait cornette de ce
régiment, par brevet du 21 août 1711, et mourut jeune au service;

(1) *Du Pommeret*: D'azur, à un badelaire et une épée d'argent,
garnie d'or, passés en sautoir; au chef d'or, chargé d'un lion léopardé de gueules.

(2) *De Lyée*: D'argent, au lion de sable, lampassé et armé de
gueules.

3°. François-Charles-Dominique, dont l'article suit ;

4°. Marie-Françoise Le Normand, mariée à César *de Marguerie*, écuyer, sieur de Sorteval ;

5°. Renée Le Normand, mariée, par contrat du 9 janvier 1710, avec Louis *de Rely*, écuyer, lieutenant-colonel du régiment de Royal-Roussillon, chevalier de Saint-Louis, fils de François de Rely, chevalier, seigneur et patron d'Esquimbosc, gentilhomme ordinaire de la chambre du roi ;

6°. Catherine-Angélique Le Normand, religieuse aux Augustines d'Orbec ;

7°. Françoise Le Normand, épouse de Charles *Margeot*, écuyer, seigneur de Saint-Ouen-le-Hoult et de Mesnil-Simon.

X. François-Charles-Dominique LE NORMAND DE BRETTEVILLE, écuyer, né à Saint-Ouen-le-Hoult, en 1697, épousa, par traité du 23, ratifié le 28 octobre 1737, Marie-Dorothée *de Querrière* (1), fille de Louis-Charles de Querrière, écuyer, seigneur de Bois-de-Laval, chevalier de Saint-Louis, lieutenant des vaisseaux du roi, et de Marie-Dorothée du Merle. De ce mariage sont issus :

1°. Pierre-Gabriel-Dominique Le Normand de Bretteville, écuyer, né à Orbec, le 12 août 1738. Il entra dans les chevau-légers, le 25 août 1753 ; passa, au mois de mars 1759, dans le régiment de Belsunce, infanterie, en qualité de lieutenant ; fit avec ce corps trois campagnes en Allemagne, et se trouva à la bataille de Minden, au siège de Cassel et à l'affaire de Filinghausen, où il fut blessé à l'épaule. Il quitta le régiment de Belsunce à la paix, et reprit son service à la suite des chevau-légers. Il fut marié, par traité du 16 mai 1767, avec Élisabeth-Madelaine-Françoise *le Gras de Bardouville*, fille de messire Louis-François le Gras de Bardouville et d'Arondel, seigneur et patron honoraire de Saint-Martin-

(1) *De Querrière* : D'argent, au chevron de gueules, accompagné de trois roses du même.

sous-Bellencombre, doyen des conseillers au
bailliage de Rouen, et de noble dame Madelaine
Alorge. De ce mariage sont issus :

    a. Pierre-François-Claude Le Normand, né
      à Orbec, le 23 décembre 1770, élevé à l'é-
      cole militaire, mort garçon ;
    b. Anne-Madelaine-Françoise Le Normand,
      née à Orbec, le 28 juillet 1768, mariée et
      morte veuve sans enfants ;
    c. Marie-Thérèse-Louise Le Normand, née à
      Orbec, le 7 janvier 1770, élevée à Saint-
      Cyr, morte sans alliance ;
  2°. Louis-Claude, dont l'article suit ;
  3°. Marie-Aimée-Dorothée Le Normand, née à
      Orbec, le 20 mai 1740, morte jeune.

XI. Louis-Claude Le Normand, *chevalier de Bretteville*, né à Orbec, le 11 février 1744 ; entra, en 1759,
enseigne au régiment de Belsunce, infanterie ; fit, avec
ce régiment, qui porta depuis le nom de Rougé, les
campagnes de 1759, 1760 et 1761 en Allemagne, et, en
1762, la campagne d'observation *sur les côtes de Dunkerque* ; se trouva, en 1759, à la bataille de Minden ; à
la défense de Cassel, pendant l'hiver de 1760 à 1761 ;
servit à la journée meurtrière de Filinghausen, en 1761 ;
continua de servir dans le même corps, qui prit au dé-
doublement le nom de Flandre, y fut fait capitaine, en
1775 ; passa, en 1778, capitaine à la suite de l'infanterie,
et fut capitaine de remplacement au régiment de Beaujolais jusqu'à l'époque de la révolution. Il avait été créé,
en 1786, chevalier de l'ordre royal et militaire de Saint-
Louis. En 1791, il se rendit auprès de LL. AA. RR., frères
du roi Louis XVI, à Coblentz, où il fut chargé de différentes commissions ; fit, sous les ordres des princes, la
campagne de 1792, en qualité de lieutenant-colonel
du régiment de Wittgenstein. Après la réforme de ce
corps, il fut envoyé, avec M. le comte de Lowendal, par
LL. AA. RR. et M. le maréchal duc de Broglie, dans la
Vendée. Il passa par l'Angleterre, où il fut embarqué sur
la flotte de mylord Moyra. Il servit sous ses ordres jusqu'en 1795 ; passa à cette époque avec sa famille en Danemark ; entra au service de cette puissance, y fut fait

colonel en 1804; obtint, cette même année, du roi Christiern VII un diplôme de noblesse héréditaire pour lui et ses enfants, et fut fait général-major en 1814. Rentré en France, en 1816, S. M. Louis XVIII lui a conféré le grade de maréchal-de-camp. Il a épousé, en 1773, demoiselle Catherine-Thérèse-Vedastine *Vanden-driesch*, fille de Jacques Vandendriesch, officier de maréchaussée, et de demoiselle Marie-Anne Coolue. De ce mariage sont issus :

1°. Julien-Charles Nestor, qui suit ;

2°. Louis Le Normand, chevalier de Bretteville, capitaine dans le régiment de Jutland, ancien chevalier d'honneur de LL. AA. SS les ducs de Holstein-Augustenbourg, aujourd'hui gentils-hommes de la chambre de S. M. danoise, et chevaliers des ordres de Danebrok ;

3°. Charles-Eugène Le Normand de Bretteville, naturalisé Danois, marié, en 1808, avec Amélie-Justine *Ritter*, fille de Godefrid Ritter, officier au service de Prusse, et d'Ernestine Heiss. De ce mariage sont issus :

    a. Édouard Le Normand de Bretteville, né le 3 mai 1813 ;

    b. Emma, née en 1809 ;

    c. Caroline, née en 1811 ;

    d. Louise-Corine, née en 1814 ;

    e. Amalia-Eugénie, née en 1817 ;

    f. Henriette-Vedastine, née en 1820 ;

4°. Louise-Alexandrine-Aimée-Vedastine Le Normand de Bretteville, épouse de Christophe *Malthe*, bailli en Norwège ;

5°. Sophie, morte jeune ;

6°. Louise-Joséphine, dame d'honneur de la princesse Guillaume de Hesse, princesse de Dane-mark ;

7°. Sophie-Lucie, morte jeune.

XII. Julien-Charles Nestor LE NORMAND DE BRETTE-VILLE, né le 16 juillet 1777, fit ses preuves par-devant M. d'Hozier, juge d'armes de la noblesse de France, le 6 mai 1786, et fut élevé à l'école royale militaire. Il a émigré avec son père, en 1791, est passé avec lui en Au-

gleterre et de là en Danemark. Il est aujourd'hui major
du corps militaire des ingénieurs des ponts et chaussées
de Danemark. Il a épousé, en 1804, Marie *Niels*. De ce
mariage sont issus :

1°. Louis Le Normand de Bretteville, né en 1805,
élève de l'artillerie danoise ;

2°. Christian-Frédéric, née en 1807 ;

3°. Charles-Julien, né en 1809 ;

4°. Pierre-Alexandre, né en 1811 ;

5°. Christophe-Eugène-Nestor, né en 1813 ;

6°. Conrard-Edouardt-Sophie, né en 1815 ;

7°. Rodolphe-Henri, né en 1819 ;

8°. Joséphine-Caroline-Marie, chanoinesse de Gis-
senfeld, née en 1804 ;

9°. Emma-Claudine-Vedastine, née en 1817.

SIEURS DE TRASSEPIED.

V. Michel Le Normand, écuyer, sieur de Trassepied,
cinquième fils de Guillaume Le Normand, écuyer, sieur
de Raynes et de Magny-le-Freulle, et de demoiselle
Marie Guyon, est mentionné dans l'arrêt de la cour des
aides de Normandie, du 3 juillet 1593, et dans celui du
11 février 1606. Il avait épousé, par traité du 25 novembre 1565, Olive *de Vieux* (1), de laquelle il eut un fils,
qui suit :

VI. Abraham Le Normand, écuyer, sieur de Trassepied, fut maintenu dans son ancienne extraction noble,
par arrêt de la cour des aides de Normandie, du 11 février
1606, contradictoirement rendu contre les habitants de
la paroisse de Gouvis. Il avait épousé, par traité du 2 février 1603, demoiselle Philippine *de Clacy* (2), dont il
eut :

1°. Pierre, dont l'article suit ;

2°. N.... Le Normand, demoiselle.

---

(1) *De Vieux :* Burelé d'argent et d'azur ; à l'aigle de gueules,
brochante sur le tout.

(2) *De Clacy :* De gueules, à trois pals échiquetés d'argent et
d'azur de deux tires ; au chef de gueules.

VII. Pierre Le Normand, écuyer, sieur de Trasse-pied, épousa demoiselle Marie *de Louis* (1), qui, selon un mémoire domestique, lui donna quatre fils :

1°. Gaspard Le Normand ;
2°. Jean-Louis Le Normand ;
3°. Pierre-Jean Le Normand ;
4°. Robert Le Normand.

SIEURS DE BOSSY ET DU TERTRE.

IV. Pierre Le Normand, Ier du nom, écuyer, sieur de Bossy, second fils de Robert Le Normand, écuyer, et de demoiselle Jeanne du Bourg, partagea les successions paternelle et maternelle avec Guillaume Le Normand, écuyer, sieur de Raynes et de Trassepied, son frère aîné, le 27 septembre 1528, et s'allia avec Catherine *de Fleury* (2), qui était veuve de lui, lorsqu'elle acheta deux pièces de terre, par contrat passé devant les tabellions de Falaise, le 25 octobre 1549. Ils laissèrent un fils qui suit.

V. Jacques Le Normand, écuyer, sieur de Bossy et du Tertre, passa contrat, au nom de demoiselle Catherine de Fleury, sa mère, veuve de Pierre Le Normand, le 24 avril 1551, pour une pièce de terre, sise en la paroisse de Cesny. Il rendit aveu, le 16 mai 1561, à messire Charles de Harcourt, baron de la Motte, pour les terres qu'il possédait dans la mouvance de cette baronnie, et stipula encore pour sa mère dans un accord passé devant les tabellions de Falaise, le 21 août 1583. Il mourut au mois de septembre 1584. Il avait épousé demoiselle Blanche *le Gardeur* (3), qui, par acte du 22 septembre 1584, fut élue tutrice de leurs enfants, savoir :

---

(1) *De Louis* : D'azur, à la croix d'argent, cantonnée de quatre aiglettes au vol abaissé du même.

(2) *De Fleury* : D'azur, à la croix ancrée d'argent.

(3) *Le Gardeur* : De gueules, au lion d'argent, tenant une croix de calvaire recroisettée d'or.

1°. Pierre II, qui suit ;

2°. François Le Normand, écuyer, sieur de Ro-
chef, déclaré majeur avec Pierre, son frère aîné, par sentence du lieutenant-général du bailli
de Caen, pour le siége de Falaise, en date du
7 novembre 1590. Il se maria, et ne laissa qu'u-
ne fille ;

3°. René Le Normand, écuyer, qui resta sous la
tutelle de sa mère, quand on émancipa ses deux
frères aînés. Il mourut sans alliance.

VI. Pierre LE NORMAND, IIe du nom, écuyer, sieur
du Tertre, eut injonction, avec François Le Normand,
sieur de Rochefort, son frère, et Blanche le Gardeur,
leur mère, en qualité de tutrice de René Le Normand,
leur frère puîné, de Jean Le Normand, écuyer, sieur
de Bretteville-le-Rabel, pour, de concert, prouver leur
noblesse ; et sur cette preuve, remontée à Jean Le Normand, écuyer, vivant en 1470, ils furent maintenus
dans leur ancienne extraction, par arrêt de la cour des
aides de Normandie, du 3 juillet 1593. Il avait épousé demoiselle Marie *de Guerpel* (1), qui le rendit père de :

1°. André Le Normand, écuyer, sieur du Tertre,
qui s'allia avec demoiselle Susanne *Assire,* et
mourut sans enfants :

2°. Guillaume Le Normand, écuyer, sieur du Bois-
le-Tertre, marié avec demoiselle Charlotte *Assire,* mort sans postérité après son frère.

Armes : D'argent, au chevron de sinople, accompagné en chef de deux croissants du même émail, et en
pointe d'une tête de maure de sable, tortillée d'argent.
Couronne de marquis.

---

(1) *De Guerpel :* D'or, à la croix ancrée de gueules, cantonnée
de quatre molettes de sable.

O

D'ORLAN DE POLIGNAC, en Guienne; famille ancienne, originaire de Languedoc, distinguée par ses services militaires et ses alliances. Antoine, comte d'Orlan de Polignac, son chef actuel, a fait au cabinet du St.-Esprit, par-devant M. Chérin fils, généalogiste des Ordres du roi, au mois de juin 1789, les preuves pour être admis à l'honneur de monter dans les carrosses de S. M. et de la suivre à la chasse. C'est d'après ces preuves qu'on donnera ici la généalogie de cette famille.

Pierre D'ORLAN, homme d'armes, au service du roi Philippe de Valois, servait en cette qualité contre les Anglais, en 1338, 1339, 1340 et 1341, sous Jean, roi de Bohême. Il paraît avoir été l'aïeul de Pierre Ier, qui suit:

I. Pierre D'ORLAN, Ier du nom, damoiseau, seigneur du lieu ou bastide de Moyau, et co-seigneur de Sereipau, habitant de Narbonne, rendit hommage, le 16 juin 1396, à l'abbaye de la Grasse, au diocèse de Carcassonne, pour la bastide de Moyau, qu'il possédait du chef de sa femme; passa un accord conjointement avec Hugues et Pierre, ses fils, le 1er mai 1456; transigea, le 6 décembre 1458, et ne vivait plus le 7 mai 1479. Il avait épousé noble Marguerite de *Saint-Just*, fille de noble Bernard de Saint-Just, damoiseau de Narbonne. Leurs enfants furent:

1°. Hugues d'Orlan, lequel passa un accord, conjointement avec son père et Pierre, son frère, le 1er mai 1456, et dont le sort est inconnu;
2°. Pierre II, qui continue la descendance.

II. Pierre D'ORLAN, IIe du nom, écuyer, seigneur de Moyau et co-seigneur de Sereipau, fut présent à une transaction passée par son père, le 6 décembre 1458; transigea lui-même, le 7 mai 1479; obtint, le 10 mai 1484, du lieutenant du prieur de Saint-Gilles des lettres confirmatives d'un accord qu'il avait passé au sujet de la seigneurie de Sereipau; assista, avec Philippe, son fils, au contrat de mariage de Louise, sa fille, du 23 janvier 1486 ; fit hommage de la moitié de la seigneurie de Sereipau, le 10 juin 1489, et testa le 5 juin 1472. Il laissa de noble Marquise, son épouse :

hilippe d'Orlan, seigneur de Moyau, viguier de Pérignan, lequel assista, avec son père, au contrat de mariage de Louise, sa sœur, du 23 janvier 1486 ; fut institué héritier universel par le testament du même, son père, du 5 juin 1492 ; passa un accord sur l'exécution de ce testament, avec Durand, son frère, du consentement et avec l'intervention de leur mère, le 27 janvier 1500 ; fut retenu au service du sire d'Albret, aux gages de 200 francs, par brevet du 22 septembre 1502 ; donna quittance au même Durand, son frère, le 10 août 1510 ; testa le pénultième jour de juillet 1519, et ne vivait plus le 7 mai 1524. Il avait épousé Agnès *Costa*, dont il eut :

a. Andrien, *aliàs*, André d'Orlan, lequel fut institué héritier universel par le testament de son père, du pénultième jour de juillet 1519 ;

b. Marie d'Orlan, mariée, avant 1519, avec noble Gaillard *de Voisins*, seigneur de Mossolens et autres lieux ;

c. Jeanne d'Orlan, également mariée, avant 1519, avec noble Étienne *de Pelet*, écuyer, seigneur de la Vérune, fils de Pons Pelet, seigneur de la Vérune, et d'Alix de Guers. Elle eut en dot 3000 livres, et était veuve en 1536 ;

2°. Durand, qui continue la postérité ;

3°. Louise d'Orlan, mariée, par contrat du 23 janvier 1486, avec noble homme Bernardin *de Montredon*, seigneur de Gualxarès, *aliàs*, Gasparels ;

4°. Agnès d'Orlan,   } dont les alliances sont in-
5°. Marie d'Orlan,   } connues.

III. Durand d'Orlan, écuyer, seigneur de Polignac,

au diocèse d'Auch, habitant de Pérignan, passa un accord sur l'exécution du testament de son père, du 5 juin 1492, avec Philippe, son frère aîné, le 27 janvier 1500; lui donna quittance, le 10 août suivant; passa une transaction avec Marie et Jeanne d'Orlan, ses nièces, le 12 juin 1524; assista avec sa femme aux pactes de mariage de Guillaume, son fils, du 14 avril 1531, et lui donna, aussi avec elle, une procuration, le 4 novembre 1539, pour rendre hommage au roi. Il avait épousé, par contrat du 16 septembre 1510, noble demoiselle Bertrande de *de Crebansière*, aliàs *de Crabensère*.

IV. Guillaume D'ORLAN, écuyer, seigneur de Paulignan et de Pouypetit, reçut une lettre de M. de Montluc, en date du 4 mars 1526, dans laquelle celui-ci le qualifie son cousin; transigea, le 14 mai 1536, avec Guillaume Pelet, au nom et comme procureur fondé de Jeanne d'Orlan, veuve d'Étienne Pelet, seigneur de la Vérune, sur la succession de Philippe d'Orlan, leur aïeul; émancipa Fris, son fils, par acte du 13 août 1537, et fit hommage au roi avec serment de fidélité, le 2 mai 1540, comme fondé de la procuration de ses père et mère, du 4 novembre précédent. Il avait épousé, par contrat du 1ᵉʳ avril 1531, noble Marguerite *du Bousquet*, qui le rendit père de :

1°. Guillaume d'Orsan, vivant le 14 mai 1536;
2°. Fris, *aliàs* Frix, qui continue la descendance.

V. Fris, *aliàs* Frix D'ORLAN, sieur de Pouypetit, Paulignan, et autres lieux, émancipé par son père, le 13 août 1537, eut la charge de capitaine d'une compagnie de 300 hommes de pied, le 14 janvier 1560; reçut diverses commissions relatives à plusieurs opérations militaires, les 17 septembre 1566, 11 mars 1574, 15 mars 1576 et 14 août 1577, et ne vivait plus lors d'une transaction passée sur le partage de sa succession, par Jean, son fils, le 3 octobre 1617. Il avait épousé, le 29 mai 1570, demoiselle du Bouzet, dame *du Boutet*, qui le rendit père de Jean, qui suit :

VI. Jean D'ORLAN, écuyer, seigneur de Poypetit, *aliàs*, Pouypetit et du Boutet, transigea sur le partage

de la succesison de son père, en qualité de son héritier, le 3 octobre 1617; constitua une dot à Jeanne,
sa fille, religieuse carmelite, le 8 février 1647; autorisa Jean-Charles, son fils, en ses articles de mariage,
du 17 septembre 1648, et dans la reconnaissance des
mêmes articles, du 13 juillet 1649; reçut une lettre de
M. Descavaux, lieutenant-général de Condom, le 12
février 1651, pour se trouver à l'assemblée qui devait
avoir lieu pour la nomination des députés de la noblesse aux états-généraux, et servit parmi les gentilshommes commandés par le marquis de Fimarcon, au
siége de Salces, avant le 1ᵉʳ avril 1658. Il avait épousé, par contrat du 19 mars 1623, noble demoiselle
Jeanne *de Seysses*, fille de noble Fabien de Seysses,
sieur de Sirac, et de demoiselle Louise d'Esparbès.
Leurs enfants furent :

1°. François d'Orlan, lequel vivait en 1666;
2°. Bertrand d'Orlan, sieur de Polignac, major
d'infanterie;
3°. Jean-Charles, qui suit;
4°. Jeanne d'Orlan, religieuse carmelite à Lec-
toure.

VII. Jean-Charles D'ORLAN, écuyer, seigneur de
Poypetit, *aliàs*, de Pouypetit, fut nommé capitaine
d'une compagnie au régiment de Boisse, par commission du 26 avril 1646, et obtint en cette qualité un pas-
se-port de M. le comte d'Harcourt, pour lui et pour le
sieur de Polignac, son lieutenant, le 9 mars 1647; obtint une autre commission du roi pour une compagnie
au régiment du duc d'Anjou, le 9 juillet suivant; fut déchargé *comme noble*, par jugement de la chambre souveraine des francs-fiefs, établie à Toulouse, du 28 août
suivant, d'une taxe de 250 livres, à laquelle il avait été
imposé par cette chambre; fit le dénombrement de ses
biens nobles, le 29 mars 1658; produisit ses titres de
noblesse, tant pour lui que pour François, son frère,
devant M. Dupuy, subdélégué de M. Pellot, intendant de
Guienne, qui lui en donna acte, le 1ᵉʳ septembre 1666:
ce qui fut ensuite confirmé par l'intendant même. Il
mourut avant le 7 octobre 1684. Il avait épousé, par
acte du 13 septembre 1648, demoiselle Serène, *aliàs*,
Seraine *de Mellet*, dont il eut :

1°. Jean d'Orlan, seigneur de Pouypetit, aide-major exempt des gardes-du-corps du roi, compagnie de Luxembourg, lequel transigea avec sa mère, le 8 avril 1693, et dont la veuve fut maintenue dans la qualité de noble, conjointement avec leurs enfants et Antoine d'Orlan leur frère et beau-frère, par jugement de M. Laugeois, intendant de Montauban, du 29 mai 1715. De demoiselle Marquise *de Testas,* son épouse, il a eu :

> a. Joseph d'Orlan, baptisé le 9 mai 1695, auteur de la branche aînée ;
> b. Antoine d'Orlan, baptisé le 26 janvier 1698 ; ils furent maintenus tous deux en leur noblesse, avec leur mère, le 29 mai 1715 ;

2°. Antoine I, dont l'article suit ;
3°. François d'Orlan, dont le sort est inconnu.

VIII. Antoine D'ORLAN, Ier du nom, écuyer, sieur de Pouypetit et seigneur de Polignac, habitant de la ville de Condom, fut maintenu en la qualité de noble, conjointement avec demoiselle marquise de Testas, veuve de Jean, son frère aîné, et avec Joseph et Antoine, leurs enfants, par jugement de M. Laugeois, intendant de Montauban, du 29 mai 1715, et assista, avec demoiselle Marie du Barry, sa seconde femme, aux articles du mariage de Jean-Baptiste, leur fils, du 2 mai 1741. Il avait épousé : 1°, par contrat du 14 août 1704, Marie *d'Escanau,* dont il n'eut pas d'enfants ; 2°, par contrat du 30 août 1709, Marie *du Barry,* veuve de noble Henri de La Roche, sieur de Foussevial, et fille de Jean du Barry, sieur de la Pasquère, et de demoiselle Anne Descamps. Il en eut :

Jean-Baptiste d'Orlan, qui suit.

IX. Jean-Baptiste D'ORLAN, écuyer, seigneur de Polignac, né le 7 juillet 1712, fut baptisé, le même jour, dans l'église paroissiale de Saint-Pierre de Condom, et ne vivait plus dès avant le 15 février 1758. Il avait épousé, par articles du 2 mai 1741, noble demoiselle Serène *Saint-Germe-d'Arconques,* fille de M.

André Saint-Germe-d'Arconques, seigneur direct d'Estrepouy et de demoiselle Marthe Laverny. De ce mariage sont issus :

1°. Antoine d'Orlan, chevalier, dont on va parler;
2°. Jeanne d'Orlan de Polignac.

X. Antoine, comte D'ORLAN DE POLIGNAC, IIe du nom, chevalier, né le 21 février 1742, et baptisé le même jour, dans l'église paroissiale de Saint-Pierre de cette ville; a obtenu un certificat de noblesse pour son admission aux chevau-légers, le 22 mars 1758; a été reçu dans cette compagnie par brevet du 17 septembre 1762; a consenti un contrat de vente, le 8 janvier 1775; a obtenu une commission pour tenir rang de capitaine de cavalerie, le 13 novembre 1782; et a été fait chevalier de l'ordre royal et militaire de Saint-Louis, à la fin de l'année 1785. Le roi lui a donné le titre de comte en 1792, et le brevet de colonel, le 24 août 1814; il a été retraité la même année. Il a fait la campagne de 1792, dans les chevau-légers, en qualité de brigadier, et ensuite dans le cadre de M. d'Anonville. Il a épousé, par contrat du 23 novembre 1767, Marie-Françoise d'*Aston*, fille de M. Odel d'Aston, chevalier de l'ordre royal et militaire de Saint-Louis, brigadier des armées du roi, et lieutenant, pour S. M., de l'hôtel royal des Invalides, mort maréchal-de-camp en 1788, et de demoiselle Marie-Claire de Caucabanes de Beaudignan. De ce mariage sont issus :

1°. Jean d'Orlan de Polignac, lequel a été parrain de Marie-Alexandre d'Orlan, son frère, le 2 mars 1773, et qui a fait la campagne de 1792, dans la première compagnie noble d'ordonnance, est entré cadet dans le régiment de Choiseul (hussards), chef d'escadron, chevalier de l'ordre royal et militaire de Saint-Louis et de la légion-d'honneur, et pensionnaire du roi;

2°. Marie-Alexandre d'Orlan de Polignac, né le 28 février 1775. Il a fait six campagnes à l'armée de Condé; a été blessé en 1796, au front, d'un coup de feu, et est actuellement pensionné du roi. Il a épousé mademoiselle *Ferbat*, dont il a :

a. Antoinette d'Orlan de Polignac;
b. Hélène d'Orlan de Polignac;
3°. Grace d'Orlan de Polignac;
4°. Angélique d'Orlan de Polignac;
5°. Zoé d'Orlan de Polignac.

Armes : D'azur, à la croix d'or, cantonnée de 4 lunels ou croissants d'argent.

ORLÉANS, *royaume*, puis *duché - pairie.* Lorsque César conquit les Gaules, l'Orléanais faisait partie du pays des Carnutes. Ce fut l'empereur Aurélien (mort en 275) qui donna son nom à la ville d'Orléans. Après y avoir fait des augmentations considérables et de nombreux embellissements, il la détacha des Carnutes, et en fit le chef-lieu d'un peuple particulier, connu après sous le nom d'*Aureliani* ou *Aurelianenses.* Ce pays faisait partie de la quatrième Lyonnaise sous Honorius. L'Orléanais fut un des pays de la Gaule qui restèrent le plus long-temps sous la domination des Romains. Clovis s'en rendit maître en 486, après la défaite du patrice Siagrius. Clodomir, IIe fils de Clovis, eut en partage quinze pays ou provinces de la monarchie, qu'il gouverna sous la dénomination du royaume d'Orléans. Il mourut en 524, laissant trois fils ; deux furent massacrés, l'an 532, par Clotaire, roi de Soissons, leur oncle. Le troisième, Clodoalde, échappé à sa fureur, se fait raser et prend l'habit monastique (1). Childebert 1 et Clotaire se partagent le royaume d'Orléans. En 561, après la mort de Clotaire, qui était devenu maître de toute la monarchie française, Gontran, son second fils, eut les royaumes d'Orléans et de Bourgogne. Ce dernier étant mort sans laisser d'enfants mâles, en 593, son neveu, Childebert II, roi d'Austrasie, lui succéda aux termes de son testament. Après la mort de Sigebert II, l'an 656, l'Orléanais fut incorporé au royaume de Neustrie. Vers la fin de la seconde race, les gouverneurs s'étant approprié leurs gouvernements, l'Orléanais échut à Hugues le Grand. Il fut réuni à la couronne en 987,

(1) C'est le même dont l'église honore la mémoire sous le nom de saint Cloud.

lors de l'avénement de Hugues Capet, son fils. Orléans fut érigé en *duché-pairie*, par lettres du roi Philippe VI, du 16 avril 1344, pour Philippe de France, son fils. Cette pairie s'éteignit en 1375, par la mort, sans enfants légitimes, de Philippe de France. Par lettres du 4 juin 1392, le duché d'Orléans fut donné à Louis de France, fils du roi Charles V, pour le tenir en pairie, en échange du duché de Touraine; et il fut réuni à la couronne, en 1497, lorsque Louis XII, duc d'Orléans, petit-fils de Louis de France, monta sur le trône. Orléans fit partie du riche apanage que François Ier donna, par lettres du 12 juin 1540, à Charles de France, son troisième fils, qui mourut sans alliance en 1545. Orléans et le comté de Gien furent donnés à titre de douaire à Catherine de Médicis, en 1569. Ce duché-pairie fut concédé avec le duché de Chartres et le comté de Blois, à Gaston-Jean-Baptiste de France, frère du roi Louis XIII, pour son apanage, et pour être tenu en pairie, par lettres du mois de juillet 1626; enfin, ce prince étant mort sans enfants mâles, en 1660, le duché d'Orléans, et ceux de Chartres et de Valois, devinrent l'apanage de Philippe de France, frère de Louis XIV, pour les tenir en pairie, en vertu de lettres du mois de mars 1661, registrées le 10 mai de la même année.

P

PARIS. Clovis, après avoir conquis les vastes états des Visigoths dans les Gaules, en 507, arriva à Paris, dont il fit le siége de son empire. Childebert, l'un de ses fils, eut en partage, en 511, une portion de la France, sous le titre de royaume de Paris. Caribert, son neveu, l'eut en partage après la mort de Clotaire, en 561. Dès le 6e siècle, Paris était gouverné, au nom des rois Francs, par des préfets; puis il le fut par des comtes et des vicomtes, qui la plupart étaient maires du palais. Le premier préfet de Paris que l'histoire fasse connaître, est Mommole, qui ayant conspiré, l'an 582, contre Gontran, roi d'Orléans et de Bourgogne, fut mis à mort par ordre de ce prince, en 586. Hugues Capet réunit le comté de Paris à la couronne, à son avénement au trône de France, l'an 987.

PAYEN DE LA BACQUIERE, en Artois. Pierre Payen, seigneur de Bellacourt, et d'Hauteclocque, avocat fiscal du conseil d'Artois; Paris Payen, son fils, seigneur des comtes, juge de fait de la noblesse de cette province, et Pontus Payen, seigneur des Essars, furent maintenus dans leur noblesse, par lettres de Philippe II, roi d'Espagne, du 19 mai 1582.

Armes : D'or, à l'aigle de sinople, becquée et membrée de gueules; au franc canton de gueules, chargé de trois bandes de vair.

PERCHE, *comté.* Le pays du Perche, situé entre le Vendômois, le Dunois, le Maine et la Normandie, habité du temps de César par les *Essui*, les *Cenomani* et les *Carnutes*, était compris sous Honorius, en partie, dans la Lyonnaise troisième, et en partie dans la Lyonnaise seconde. Les Francs, devenus maîtres du Perche, en confièrent le gouvernement à des comtés particuliers. Le plus ancien que l'on connaisse, est Agombert ou Aïbert, qui vivait sous le règne de Louis le Débonnaire. Les seigneurs de Bellême possédèrent une partie du Perche, avec Alençon. Guillaume Ier, comte du Perche, fils d'Yves de Bellême, seigneur d'Alençon, lui succéda au comté du Perche en 997, et mourut en 1028. Guillaume, évêque de Châlons-sur-Marne, comte du Perche, en 1217, mort le 18 janvier 1226, fut le dernier mâle de sa maison. Louis VIII réunit une partie du Perche à la couronne; et, l'an 1252, le roi saint Louis, ayant assiégé Bellême, força, par la capitulation, Jacques de Château-Gonthier, à lui céder ses prétentions sur ce comté, à la réserve de Nogent-le-Rotrou, que ce seigneur conserva, et qui passa à sa postérité.

DE PÉRIGUEUX (*de Petragoris*, ou *de Petragorio*) : noble, ancienne et illustre maison, éteinte depuis plusieurs siècles, qui tire son origine de la cité de Périgueux, où elle possédait de temps immémorial trois anciens châteaux, habités par ses trois principales branches. L'un de ces châteaux était situé sur le terrain des Avènes, et en avait retenu le nom; les deux autres avaient été bâtis sur le mur d'enceinte de la cité, et reposaient sur des débris de constructions romaines.

Les seigneurs de Périgueux étaient originairement les chefs de la cité de Périgueux, et ils exerçaient une grande influence sur l'administration et les affaires de cette ville. Geoffroi du Vigeois leur donne le titre de *princes*, et remarque qu'ils étaient d'une haute extraction (*alti sanguinis*); ils jouissaient de grands priviléges, dont les comtes de Périgord renouvelaient la confirmation à chaque avénement; ils avaient des droits sur le fait et exercice de la justice et de la police de la ville de Périgueux, et possédaient en fief et héréditairement un droit de viguerie sur les étrangers qui arrivaient dans cette ville, levaient cinq deniers tournois de péage, et prélevaient un droit sur celui que le comte percevait sur la monnaie, le fer et divers comestibles; ils étaient sénéchaux du comte et portaient sa bannière dans ses guerres; ils jouissaient d'un droit de péage, depuis l'église de Sainte-Marie de Vernh, jusqu'à *Peyrus-Brunas*; ils avaient la propriété de la *Tour-Vieille*, et des moulins de la Gravière; et leurs mouvances s'étendaient depuis le pont de la cité jusqu'à Andrivaux.

On a souvent confondu cette maison de Périgueux avec celle des comtes de Périgord; mais, quoiqu'il soit probable qu'elle était d'origine comtale (1), il est constant qu'il n'existait aucune identité d'origine entre ces deux illustres races. La première est connue par titres dès le 11e siècle; une charte de l'abbaye de Cellefroin en Angoumois, datée du règne de Philippe I, fait men-

---

(1) L'opinion la plus vraisemblable sur l'origine de la maison de Périgueux, est celle qui la fait descendre des comtes de Périgord et d'Angoulême, qui précédèrent immédiatement le comte Wigrin. Itier, père d'Eménon fut la tige de cette race, une des plus anciennes du royaume (Voyez *l'Histoire des Grands-Officiers de la Couronne*, tom. III, pag. 122.) La ressemblance des noms, le rang éminent que les seigneurs de Périgueux tenaient dès les temps les plus reculés dans la capitale du Périgord, l'autorité dont ils étaient revêtus, et la considération dont ils étaient environnés parmi leurs concitoyens, la promotion aux premières dignités du chapitre, qui étaient devenues pour ainsi dire héréditaires dans leur famille, le témoignage éclatant que Geoffroi-du-Vigeois rend dans sa chronique, écrite dans le 12e siècle, à la splendeur et à l'antiquité de leur race; enfin les vieilles murailles de leurs châteaux, qui portent l'empreinte de l'architecture du 9e ou 10e siècle, et dont deux ont subsisté jusqu'à nos jours, tout atteste l'ancienneté de cette maison et la grandeur de son origine.

tion d'une dame, nommée Pétronille, qui parlant de Bernard de Périgueux, l'appelle *son seigneur* (*suus senior*). Cette maison a formé plusieurs branches, dont celle qui paraît avoir été l'aînée, a pour premier auteur connu :

PREMIÈRE BRANCHE.

Pierre I DE PÉRIGUEUX est nommé dans une charte de l'abbaye de Ligueux, avec Guillaume d'Auberoche, archidiacre de Périgueux, qui fut élevé, l'an 1104, sur le siége épiscopal de cette ville. Il est, selon les apparences, le même que Pierre de Périgueux, chevalier, dont Geoffroi du Vigeois fait mention dans sa chronique, et au sujet duquel il raconte, qu'ayant pris parti dans les querelles funestes qui divisaient les deux villes de Périgueux, il fut pris par les bourgeois du Puy-Saint-Front, et jeté dans la rivière, où il périt. Il ne laissa qu'un fils, qui suit :

Pierre II DE PÉRIGUEUX, ayant voulu venger la mort de son père, tua son principal assassin, qui s'appelait Pierre Vivote ; et il fut tué à son tour traîtreusement par le fils de ce dernier. Pour mettre fin à ces funestes représailles, on ordonna un combat judiciaire, qui eut lieu entre le fils de Pierre Vivote, et un chevalier de Bergerac, nommé Pierre Vilote. Les deux champions se battirent, et le premier succomba. On ne trouve pas que Pierre de Périgueux ait laissé de postérité.

SECONDE BRANCHE.

Au commencement du même siècle, il existait à la cité, une autre branche de Périgueux, qui, ayant d'abord adopté le surnom d'Hélie, le quitta bientôt après pour prendre celui des Arènes, ou Périgueux des Arènes, qu'elle a conservé jusqu'à son extinction.

Pierre Hélie et Guillaume Hélie, son frère, firent donation à l'abbaye de Chancelade, vers l'an 1115, du droit qu'ils avaient sur les mas Ordoardenc et Montezel.

Les enfants de Pierre Hélie, furent :

1°. Pierre de Périgueux des Arènes, qui suit ;

V.   33

2°. Olivier des Arènes, qui fit plusieurs dons à Chancelade, en 1153 et 1161; et eut pour femme, une dame nommée *Palaine*;

3°. Plastulfe des Arènes, auteur d'une branche qui sera rapportée ci-après.

Pierre DE PÉRIGUEUX DES ARÈNES, fit donation à l'abbaye de Dalon, en Limosin, de la dîme qui lui était due sur une vigne; et donna, l'an 1159, à celle de Chancelade, le droit qu'il avait dans la forêt de Villeneuve, et 12 deniers de cens, qu'il percevait sur la terre de La Ferrière. Il mourut la même année, et fut enterré dans la dernière de ces abbayes, laissant, entr'autres enfants:

1°. Hélie, qui suit:

2°. Pierre Hélie, chevalier, qui fit, avec Hélie de Périgueux, son frère, en 1168, une donation à l'abbaye de Chancelade;

3°. Hélie de Périgueux des Arènes, qui mourut entre 1168 et 1189, et fut enterré auprès de son père, à Chancelade;

4°. Grimoard de Périgueux, vivant en 1161.

Hélie DE PÉRIGUEUX DES ARÈNES, chevalier, donna à l'abbaye de Chancelade, entre 1168 et 1189, pour l'âme d'Hélie, son frère, 12 deniers de cens, qui lui étaient dûs sur des jardins situés entre la cité et le Puy-Saint-Front de Périgueux; il fit cette donation dans l'intérieur du mur, ou enceinte des Arènes, entre sa tour et la tour de Plastulfe, son oncle.

On trouve ensuite:

Raimond DES ARÈNES, chevalier, qui assista à une donation faite à Chancelade, entre 1205 et 1217, par Audoin de Sénillac, et qui fut un des arbitres, ou médiateurs, de l'accord fait le 6 des ides d'avril 1217, entre la cité et le Puy-Saint-Front de Périgueux.

Olivier et Hélie des Arènes, qualifiés donzels de la cité de Périgueux, sont connus par des actes de 1256, 1257 et 1269. Le premier était marié avec Philippe, fille d'Eménon de Périgueux. On ignore s'il en eut des enfants.

TROISIÈME BRANCHE.

L'autre branche de Périgueux des Arènes fut formée, vers le milieu du 12e siècle, par:

Plastulfe Ier, des Arènes, qui fit quelques dons à Chancelade, en 1153 et 1161, entr'autres du droit de faire paître les troupeaux de l'abbaye dans la forêt de Fouillouse. Il vivait encore en 1180; et laissa de Pétronille, sa femme, mère d'Hélie de Saint-Astier, qu'elle avait eu d'un premier mariage:

1°. Plastulfe II, qui suit;
2°. Bernard des Arènes, *dit* Chapairo;
3°. N..... des Arènes, femme de Ramnulfe *d'Angouléme*, frère de Gérald;
4°. Pétronille des Arènes, non mariée en 1180.

Plastulfe II des Arènes, chevalier, confirma, en 1180, les donations faites par Plastulfe I, son père, à l'abbaye de Chancelade; et lui donna, entre 1205 et 1217, une terre, située près de Puyferrat, et 4 sextiers de *méture rendable*, et 4 *sextiers de vin*, à prendre sur la dixme de la paroisse de Marsac.

Un autre Plastulfe donzel, scella de son sceau, avec Itier de Périgueux et Pierre de Sernhac, chevaliers, et Hélie de Périgueux, Olivier des Arènes et Foucaud de Jaulre, donzels, un acte de l'hôtel de ville de Périgueux, du dimanche avant l'Épiphanie 1269 (v. st). Il est peut-être le même que messire Plastulfe, consul de la cité de Périgueux, en 1292.

On trouve ensuite:

Aymeric *Plastulfe*, ou *Plastolf*, qui, étant âgé de 80 ans, déposa dans une enquête faite, en 1305, à la demande d'Archambaud et de Boson, fils du comte de Périgord.

Hélie de Plastulfe (*de Plastolf*), donzel, est nommé dans un acte du dimanche, après *Dilexi* 1334 (v. st), avec Béatrix *de Barrière*, sa femme, fille de feu Guillaume de Barrière, chevalier.

QUATRIÈME BRANCHE.

Une autre branche, qui s'est subdivisée en deux rameaux, et dont sont sortis les derniers seigneurs du nom de Périgueux, a eu pour chef, vers l'an 1100 :

Eménon DE PÉRIGUEUX, Ier du nom, qui est rappelé, ainsi que Pierre de Périgueux, son frère, et Gitburge, sa sœur, dans une donation faite à Chancelade, vers l'an 1115, par ses fils, qui y sont nommés dans l'ordre suivant :

1°. Itier, qui suit :

2°. Pierre de Périgueux, lequel donna, avec Lambert, son frère, aux religieux de Chancelade, entre 1129 et 1143, deux portions de terre, près de Molières, et leur accorda le droit de faire paître leurs troupeaux dans ses propriétés, et de prendre dans ses forêts, le bois dont ils pourraient avoir besoin pour la construction de leurs bâtiments : en reconnaissance de ces bienfaits, les religieux l'associèrent, ainsi que son frère, à leurs prières, aumônes, et autres bonnes œuvres, et promirent de célébrer chaque année, un anniversaire pour Eménon, Pierre, et Gitburge de Périgueux, et toute leur parenté ;

3°. Lambert de Péri-

gueux,

4°. Éménon de Péri-

gueux, } dont le sort est ignoré.

Dans le même temps vivait Guillaume de Périgueux, chapelain de Notre-Dame de Saintes, nommé dans un acte de l'an 1133.

Itier I DE PÉRIGUEUX, donna, avec ses frères, à l'abbaye de Chancelade, vers l'an 1115, la viguerie, et tout le droit qu'il avait sur les mas d'Ordoardenc et de Montezel ; il intervint dans des chartes de donations faites à la même abbaye par les comtes de Périgord, Aldebert et Rudel ; et confirma, entre 1129 et 1143, celles que lui avaient faites Pierre et Lambert de Périgueux, ses frères. Il est probable que c'est de lui, ou de Pierre, son frère, que sont issus les enfants suivants :

1°. Eménon II, qui suit ;

2°. Lambert de Périgueux, père d'Itier, suivant une charte de Chancelade, passée entre les années 1208 et 1217, en présence de Raimond de Castelnau, qui avait été évêque de Périgueux ; Lambert eut un autre fils, nommé Eblon, dont on ignore le sort ;

3°. Itier de Périgueux, doyen du chapitre de Saint-Étienne de Périgueux, en 1161 ;

4°. Lambert de Périgueux, archi-diacre de l'église de Périgueux, en 1203 ; il avait ordonné sa sépulture en l'abbaye de Chancelade, dans la dernière maladie, dont il mourut, entre 1205 et 1208 ;

5°. Pierre de Périgueux, moine de Saint-Victor à Paris, en 1172, peut avoir été frère des précédents.

Emes, ou Eménon II DE PÉRIGUEUX, est dit frère de Lambert, dans une donation qu'il fit à Chancelade, en 1161, vis-à-vis le monastère de Saint-Étienne ; en présence de Foucaud de Jaufre, et de Pierre de Maleguise, chevaliers de la cité, de Guillaume de Jaufre, archi-diacre de Périgueux, et autres. Il se rendit garant, avec Hélie Vigier, son gendre, d'une donation que Séguin de Bellet, d'Auberoche, et ses frères firent au monastère de Chancelade, vers l'an 1180, de ce qu'ils avaient au mas de Villac, en présence de Boson d'Abzac, d'Hélie de la Roche, d'Audoïn de Sénillac, et d'Hélie de Laurière, chevaliers ; fut présent, avec Itier de Périgueux et Raimond de Jaufre, à la donation qu'Hélie V, comte de Périgord, fit au chapitre de Saint-Front, en 1186 ; et donna, avec Hélie, son fils, aux religieux de Chancelade, entre 1189 et 1205, le droit qu'il avait au lieu de la Terrassonie, et une terre près du pont de Beauronne. Ses enfants furent :

1°. Hélie, qui suit ;

2°. Eménon de Périgueux, religieux à Chancelade, vers l'an 1200 ; il était diacre, en 1212 ;

3°. Pierre de Périgueux, religieux au même lieu, entre 1205 et 1217;

4°. Itier de Périgueux, écolâtre, ou maître des écoles du chapitre de Périgueux, en 1219, puis doyen de la cathédrale, depuis 1224 jusqu'en 1247;

5°. Lambert de Périgueux, chanoine de la même église, en 1219, et archi-diacre, en 1226;

6°. Marie de Périgueux, femme d'Hélie *Vigier*, viguier du Puy-Saint-Front.

Hélie I, DE PÉRIGUEUX, chevalier, fit, de concert avec Emes, son père, une donation au monastère de Chancelade, entre 1189 et 1205, lorsqu'Éménon, son frère, y prit l'habit religieux, et fut présent, avec la qualité de chevalier, à celle qu'Archambaud I, comte de Périgord, étant à l'extrémité, fit par son testament à la même maison, en 1212. Il est probable qu'il eut pour enfants :

1°. Éménon III, de Périgueux, nommé le premier dans la charte de confirmation des priviléges de la maison de Périgueux, de l'an 1226; mais n'est placé qu'au second rang, dans une charte de 1244; ainsi, il n'est pas certain qu'il fût l'aîné. Il engagea, avec ses enfants (qu'il ne nomme pas), à Aimeri de Longa, abbé d'Aubeterre, un droit de dîme, qui appartenait au chapitre de Périgueux, et que le chapitre céda, par acte du lundi avant la fête de Saint-Laurent 1272, à Archambaud III, comte de Périgord, qui en avait fait le rachat. On ignore la date de la mort d'Éménon; mais il paraît qu'il ne vivait plus en 1256, et qu'il avait laissé, entr'autres enfants :

a. Itier de Périgueux, dont on ignore la destinée;

b. Philippe de Périgueux, femme, en 1256, d'Olivier *de Périgueux des Arènes*.

2°. Itier de Périgueux, connu par des actes des années 1226, 1227, 1235 et 1244. Il fut père d'Itier et de Lambert de Périgueux;

3°. Hélie de Périgueux, mort avant l'an 1247. Il
avait un fils, nommé Itier;

4°. Pierre de Périgueux, damoiseau, mentionné
dans des actes de 1226, 1232 et 1241.

Nota. Ces quatre seigneurs de Périgueux, qu'on pré-
sume avoir été frères, quoique cela ne soit pas énoncé
littéralement dans les actes qui les concernent, obtinrent, l'an 1226, d'Archambaud II, comte de Périgord,
la confirmation des franchises et priviléges dont eux et
leurs ancêtres avaient joui de tout temps; la charte, qui
fut dressée à ce sujet, porte la souscription de 16 chevaliers, qui s'en rendirent cautions, et elle fut rédigée
dans le cloître de l'église cathédrale de Saint-Étienne,
en présence du maire du Puy-Saint-Front, et des principaux dignitaires du chapitre, entre lesquels sont nommés Itier de Périgueux, doyen, et Lambert de Périgueux, archi-diacre.

Il n'est pas aisé de déterminer avec certitude, duquel
de ces quatre seigneurs était issu Itier, qui suit, lequel
est considéré comme l'auteur de la dernière branche
de la maison de Périgueux.

CINQUIÈME ET DERNIÈRE BRANCHE.

Itier II DE PÉRIGUEUX, chevalier, est nommé, avec
son père (Itier ou Hélie), dans une charte d'Hélie VII,
comte de Périgord, de l'an 1244, portant établissement
d'un port sur la rivière de l'Isle, avec le règlement des
droits de péage, et le tarif pour chaque espèce de mar-
chandises. Cette charte, rédigée dans l'idiome du pays,
fut souscrite par 14 chevaliers et 8 sergents. On remarque, parmi les premiers, trois chevaliers de la maison
de Périgueux, portant le même prénom, savoir, Itier de
Périgueux, fils d'Itier, Itier de Périgueux, fils d'Éménon, et Itier de Périgueux, fils d'Hélie.

Itier de Périgueux fut présent, avec la qualité de
chevalier, au traité de famille, conclu, au mois de janvier 1245 (v. st.), entre Hélie VII, comte de Périgord,
et Boson, seigneur de Grignols. Il se rendit caution, en
1247, avec Itier de Périgueux, l'aîné, Guy de Tessières et Gerald de Malayoles, chevaliers, d'une somme

de 400 livres, pour le même comte, et il fit de même, en 1249, pour une somme de 500 sols, en faveur d'Eblon de Saint-Astier. Il vivait encore le dimanche avant la fête de l'Épiphanie 1269 (v. st.), père de plusieurs enfants, nés du mariage qu'il avait contracté, avant l'an 1246, avec N...., nièce de *G. de Malemort.* issue d'une ancienne et illustre race du Limosin. Ses enfants furent, entr'autres :

1°. Hélie II, qui suit;
2°. Pierre de Périgueux, qui était chargé de la curatelle de Lambert de Périgueux, son neveu, en 1277;
3°. Fortanier de Périgueux, archi-diacre de l'église cathédrale de Périgueux, en 1277 et 1292;
4°. Lambert de Périgueux, archi-diacre de la même église, en 1302;
5°. N.... de Périgueux, mariée à Guy *Begon,* chevalier.

Hélie II DE PÉRIGUEUX, chevalier, est rappelé avec cette qualité dans divers actes passés par Hélie son fils, et il ne vivait plus en 1277. Il avait épousé une dame, nommée *Guilleme* ou *Guillemette,* qu'on croit fille du seigneur *de Grignols,* de la maison de Talleyrand, laquelle, étant remariée à Vital *de Filartigue,* chevalier de la province d'Agénois, assista au contrat de mariage de Lambert de Périgueux, son fils, et lui donna, entr'autres choses, 100 sous de rente qu'elle percevait sur la terre d'Hélie de Talleyrand, seigneur de Grignols. Les enfants issus de ce mariage sont :

1°. Pierre de Périgueux, dont l'article viendra après ceux de ses frères puînés;
2°. Hélie de Périgueux. donzel, nommé le mardi après les Rameaux, 1286 (v. st.), un des arbitres du différent élevé entre Bernard et autre Bernard de Beauville, frères, et Pierre de Limeuil, donzel. Il assista, en 1295, à l'hommage que Pierre de Périgueux rendit au comte de Périgord. Le comte Hélie VIII lui fit don, le 20 juillet 1302, de la haute et basse justice dans toute l'étendue de ses terres, et confirma, en sa faveur, les priviléges accordés en 1226, à la maison de Péri-

gueux, par Archambaud II, un de ses prédécesseurs. Hélie de Périgueux, *chevalier de la Cité*,
son père, est rappelé dans cet acte. Il assista, en
1385, au contrat de Mariage de Raimond de Talleyrand, seigneur de Grignols, avec Marguerite
de Baynac, et fut un des garants des conventions
qui furent faites au sujet de la dot de cette dame; enfin il rendit hommage, le dimanche après
l'Ascension, 1312, au comte de Périgord, pour
les biens qu'il avait dans les paroisses de la Cropte, de la Douze, de Sengeyrac, de Trélissac, Mar-
saneix, Champsevinel, Saint-Paul de Serre, Saint-
Eumache, Razac, Beauronne, etc., et il n'en
excepta que le repaire de la Douze, sous prétexte qu'il ne savait pas si ce repaire relevait du
comte;

3°. Lambert de Périgueux, damoiseau, épousa, le
24 juillet 1277, Agnès, fille de Vital *de Filartigue*, chevalier, et mourut sans postérité;

4°. Hélie de Périgueux, grand-archi-diacre de l'é-
glise cathédrale de Périgueux, qui était déjà chanoine du chapitre de Saint-Astier, en 1302 et
1304. Il jouissait en outre d'un canonicat d'Aubeterre et de la cure de Sengeyrac, lorsque le
pape Clément V lui conféra, le 23 mars 1308,
l'archi-diaconat de Sarlat, dans l'église de Périgueux, vacant par la mort de Bernard de Beauville, en considération, est-il dit, d'Hélie, comte
de Périgord, *son cousin*. Le même pape lui accorda pour trois ans, par une bulle, datée du 23
janvier 1313, la faculté de faire visiter, par des
personnes de son choix, les églises et monastères
dépendant de son archi-diaconat, et cela à la solli-
citation d'Archambaud, comte de Périgord, son
cousin. Le pape Jean XXII lui conféra, le 18
juillet 1317, un canonicat et une prébende dans
l'église cathédrale de Périgueux; et, son archi-
diaconat de Sarlat ayant été donné à Pierre de
La Tour, il fut promu à la dignité de grand-archi-
chi-diacre, qu'il conserva jusqu'à sa mort, arrivée au mois d'octobre 1336. Il eut pour successeur Raimond de Pojols. On lit dans un titre de

V.   34

la maison de ville de Périgueux, de l'an 1330,
qu'Hélie de Périgueux prétendait que ni lui, ni
les siens, ni ses biens, ne devaient être assujettis
à payer aucune espèce de tailles.

Un mémoire généalogique sur la maison d'Abzac de
la Douze, composé dans le 16e siècle par La Coste, lui
donne deux autres frères, nommés Itier et Étienne, qui
moururent sans postérité, et dont il recueillit la succession. Il fit héritier, par son testament, Lambert de
Vals, chevalier; et fonda à Périgueux plusieurs vicairies
et chapelles, qu'il dota de rentes et de biens, et dont la
dotation fut réservée aux archi-diacres de Périgueux,
ou à leur défaut, aux chanoines de la maison de la
Douze.

Pierre DE PÉRIGUEUX, damoiseau, était dans un âge
peu avancé, lorsqu'il perdit son père. Archambaud III,
comte de Périgord, lui promit, par des lettres datées du
9 février 1285 (v. st), de ne recevoir aucun homme de
ses terres, dans les bastides dépendantes de son comté;
il lui fit don, par d'autres lettres du 23 avril 1293, de la
haute et basse justice dans ses domaines, et confirma
en sa faveur les priviléges qui avaient été donnés et reconnus à ses ancêtres, l'an 1226. Il rendit hommage, en
1295, au comte Hélie VIII, dont il fut un des exécuteurs
testamentaires en 1302; et rendit un pareil hommage à
Archambaud IV, fils d'Hélie VIII, en 1312. Il reçut à
son tour plusieurs hommages, entr'autres celui d'Hélie Forestier, en 1309; et en 1326 (v. st.) celui de Pierre de la Cropte, damoiseau, fils de Fortanier de la Cropte, chevalier. Il ne vivait plus, le 18 octobre 1327; et
il avait laissé de Marguerite, sa femme, les enfants suivants :

1°. Fortanier, qui suit;
2°. Archambaud de Périgueux, chanoine de l'é-
    glise de Périgueux, connu par des actes de 1326,
    1330 et 1344;
3°. Lambert de Périgueux, chanoine de la même
    église;
4°. Taleyrand de Périgueux, religieux de l'ordre
    de Saint-Dominique, dès l'an 1328, et prieur
    du couvent de Périgueux, en 1340;

5°. Aremburge, ou Aremborc, nommée aussi Himberge de Périgueux, fut mariée vers l'an 1290, à Guillaume de *la Tour*, co-seigneur de la Tour-Blanche. Sibille de la Tour, leur fille, épousa Aimeric Vigier, seigneur de Douzillac et de Beauronne, qui fut père de Gaillarde Vigier, mariée en 1359, à Archambaud, seigneur de Bourdeille : c'est en vertu de cette alliance que la maison de Bourdeille a recueilli la moitié de la succession de la maison de Périgueux;

6°. Bertrande de Périgueux, qui épousa, 1°, en 1306, avec dispense du pape Clément V, Hugues N.....; 2°, au mois de février 1313 (v. st.), aussi avec dispense du pape, Raimond *de Vals*, chevalier, fils de Pons, seigneur de la Roche-Saint-Christophe. De ce mariage provint Lambert de Vals, dit de Périgueux, par substitution, et connu par des actes de 1334, 1350 et 1356, lequel, n'ayant pas eu d'enfants, fit héritier Pierre de Vals, son neveu, fils d'Hélie, chevalier, et lui fit épouser Guillemette, ou Guillonne de Boniface, fille et héritière universelle de Lambert de Boniface, seigneur de Beauregard et de Fine de La Roche. Guillemette n'ayant eu de son premier mari qu'un enfant, qui mourut jeune, et après son père, vers l'an 1395, elle hérita de lui, et épousa, en secondes noces, *Adémar d'Abzac*, seigneur de Bellegarde, et lui apporta trois successions, qu'elle avait réunies sur sa tête, savoir, celles de Boniface et de Vals, et la moitié de celle de Périgueux.

Fortanier DE PÉRIGUEUX, chevalier, n'avait encore que le titre de damoiseau, dans un acte de l'an 1322, ainsi que dans deux hommages qui lui furent rendus en 1327, l'un par Hélie de Larcherie, et l'autre, par Raimond de la Cropte; mais il y avait déjà deux ans qu'il était décoré de la chevalerie, lorsqu'il reçut, en 1336, celui de Pierre de la Cropte, chevalier. Cinq ans après, il rendit le sien à Roger Bernard, comte de Périgord ; il servait, cette année (1340) et la suivante, avec cinq écuyers et huit sergents, sous le gouvernement de Payen de Mail-

lé, sénéchal de Périgord. Le roi Jean lui accorda, en
récompense de ses services, le 30 mai 1351, la confiscation des biens de deux rebelles, nommés Hélie et Pierre d'Aspes, qui avaient été faits prisonniers à la prise de
la ville de Saint-Astier, où il paraît que Fortanier s'é-
tait distingué. Ce prince lui accorda de nouvelles grâ-
ces, par d'autres lettres, datées du mois d'octobre 1355,
pour le dédommager, est-il dit, des pertes immenses
qu'il avait faites à la guerre. Il vivait encore le vendredi après la fête de l'invention de Saint-Étienne 1365,
date du testament de Pierre de Valbéon, dans lequel il
est fait mention de lui. Il avait formé deux alliances:
la première avec Alpaïs *de Lastours,* morte avant l'an
1326, fille de Golfier de Lastours, chevalier; il n'en eut
que deux filles, mortes jeunes et impubères. Sa deuxième alliance fut, par contrat du mercredi avant la fête
de Sainte-Marie-Magdeleine 1328, avec Irlande *de la
Popie,* issue d'une ancienne maison du Querci, qui était
fille de feu Deodat de la Popie, damoiseau, et sœur de
Bertrand, lequel lui constitua en dot 1600 livres, sous le
cautionnement des seigneurs de Castelnau, de Thémi-
nes, de Cardaillac, de Calvignac et de Dôme-Vitrac.
De ce deuxième mariage naquirent :

1°. Archambaud, qui suit;
2°. Roger-Bernard de Périgueux, chanoine de l'é-
glise de Périgueux, en 1365;
3°. Irlande de Périgueux, qui fut mariée, le 3 des
ides de juillet 1344, à Gérald *de Valbéon*, damoiseau, fils d'Hélie de Valbéon, chevalier, seigneur des Léches; de ce mariage naquit Mathe
de Valbéon, qui épousa, 1°, vers l'an 1366, Tho-
net de Gontaut de Badefol, chevalier; 2°, Adémar, seigneur de Beynac. Elle testa le jeudi a-
vant les Rameaux 1376 (v. st.), et mourut au
commencement de l'année 1405.

Archambaud DE PÉRIGUEUX, damoiseau, mentionné
dans des actes de 1361, 1365 et 1375, épousa Marguerite *de Clermont*, dont il eut:

1°. Taleyrand de Périgueux, damoiseau de la cité,
qui rendit hommage à Archambaud V, comte de
Périgord, le 31 août 1390; il passa divers actes

en 1392, 1395, 1397 et 1398; eut de longs dé-
mêlés avec les maire et consuls de Périgueux,
et refusa même, le 30 novembre 1399, de leur
prêter le serment accoutumé. Il mourut bientôt
après sans postérité;

2°. Hélie de Périgueux, prêtre, vivant encore en
1408.

Armes : De gueules, semé de croisettes d'or; à la bordure d'or, semée de croisettes de gueules.

DU POUGET DE NADAILLAC, seigneurs et barons
de Nadaillac, du Repaire, de la Villeneuve, de Saint-
Pardoux, de La Fargue, vicomtes de Monteils, comtes
et marquis de Nadaillac en Quercy, en Périgord et dans la
Haute-Marche. Cette maison, dont le nom est orthographié alternativement DEL POGET, DU POUJET, et DU POGET,
DEL POGETO, dans les actes antérieurs au 15ᵉ siècle est
comptée parmi les plus recommandables du Quercy et
du Périgord, tant par l'ancienneté de son origine, que
par les emplois distingués dont elle a été successivement
revêtue dans le sacerdoce et dans les armées de nos rois,
ayant produit un cardinal du titre de saint Martial, en
1316, mort en 1348, avec la réputation d'un vertueux
prélat, d'un sage politique et d'un vigilant capitaine,
ayant eu 13 ans le commandement des armées du pape
en qualité de légat *à latere* en Lombardie; quatre chevaliers de l'ordre du roi, capitaines de 50 hommes d'armes des ordonnances, et gouverneurs de diverses places
de guerre; un capitaine d'une compagnie de 100 chevau-légers, un lieutenant-général des armées du roi,
plusieurs colonels d'infanterie et de cavalerie, et autres
officiers supérieurs décorés.

Le nom *du Pouget* était déjà connu dans le Languedoc
avant le milieu du 11ᵉ siècle, puisque, l'an 1059, Bérenger, seigneur du Pouget (*del Pojeto*) fils de feu Gui-
dinel, seigneur du Pouget, rendit un hommage à Guillaume II, seigneur de Montpellier. Ce Bérenger eut pour
successeurs, Guillaume, seigneur *du Pouget*, qui, la 7ᵉ férie des ides de mai de l'an 1125, souscrivit un accord
passé entre Bernard, comte de Substantion ou de Mel-
gueil, et Guillaume, seigneur de Montpellier; et Ray-

mond *du Pouget*, qui fut présent à un plaid tenu à Toulouse, par le comte Alphonse Jourdain, la 4ᵉ férie, lune
IX, du mois de mai 1130. Telles sont les seûles et dernières traces de ce nom dans le Languedoc proprement
dit. On le voit figurer immédiatement parmi la principale noblesse du Rouergue et du Quercy, et se répan-
dre successivement dans la Haute-Marche et le Périgord.
Dès l'an 1147, un Philibert *del Poget* engagea deux pièces de terre pour suivre le roi Louis le Jeune à la Terre-Sainte. Richard *del Poget*, l'un de ses successeurs, est
qualifié chevalier dans un acte passé à Sarlat, l'an 1188;
enfin Raymond-Bernard *del Poget*, l'un des descendants
de Richard, vivait en 1254.

La filiation est établie par titres depuis Bertrand *del
Poget*, chevalier, qui, l'an 1279, fut témoin du testament
de Bertrand de Rozet, en Quercy. Il est rappelé avec la
qualité de chevalier, dans un acte d'accense, fait par
Guillaume *del Poget*, damoiseau, et Bertrand *del Poget*,
cardinal, ses fils, au profit de Pierre et Bernard d'Esca-
basse, frères, au mois d'octobre 1313. La descendance
de Bertrand *del Poget* s'est divisée en trois branches
principales; 1° Les barons du Repaire, seigneurs de
Saint-Aubin, de Laval, d'Ybyrac et de Nabirac, dont les
biens sont passés par alliance, en 1577, dans la maison
de Beaumont; 2° les comtes de Nadaillac, vicomtes de
Monteil, barons de la Fargue et de Saint-Pardoux, existants au 14ᵉ degré; 3° les marquis de Nadaillac, barons
de Saint-Symphorien et de la Gorce, existants au 15ᵉ degré. Ces diverses branches, y compris le rameau des barons de la Villeneuve, vers le milieu du 18ᵉ siècle, ont
formé des alliances directes avec les maisons d'Arfeuille, d'Anboust de Bacqueville, d'Aubusson, la Feuillade,
de Bar de Mauzac, de Barral-Montferrat, de Beaumont-
Montfort, en Dauphiné, de Brezons, de Carbonnières,
de Carrao, de Chapt de Rastignac, du Chaylard, de
Comarque, de Cornil, de Douhet, de Saint-Pardoux,
de Fénis, de la Gorce, de la Grange, de Ligondez, de
Lusignan, de la Manhanie, le Mastin de Naillé, de Mou-
roux, du Pille de Monteil, de Plas, Pot de Rhodes, Pou-
te de Nuieul de la Rochaymon, de Saint-Géry, de Sé-
gnier, de Serinhac, du Tronchay, de Vernaye, etc.

COMTES DE NADAILLAC.

XIV. Charles-Joseph-François-Félix-Michel DU POU-
GET, comte de Nadaillac, né à Chaumont en Vexin, le 9
septembre 1774, nommé colonel de cavalerie le 14 février
1815, lieutenant chef de brigade des gardes-du-corps du
roi, le 23 août 1817, chevalier de l'ordre royal et militaire
de St-Louis, fils de François-Louis du Pouget, comte de
Nadaillac, vicomte de Monteil, baron de la Fargue et autres places, lieutenant-général des armées du roi, et de
Marie – Françoise – Adélaïde – Henriette de Barral de
Montferrat, sa seconde femme, a épousé, par contrat du
29 juin 1809, Marie-Susanne *Le Maître de Laage*, dont
il n'a pas d'enfants.

MARQUIS DE NADAILLAC.

XIV. Alexandre-Roger-François DU POUGET, marquis de Nadaillac, officier supérieur de cavalerie, chevalier de l'ordre royal et militaire de Saint-Louis, mort
en Angleterre dans l'émigration, en 1794, avait épousé
1° le 7 mai 1776, Marie-Jeanne-Françoise de *Brage-
longne;* 2°, le 8 juin 1784, Rosalie-Marguerite-Marie-
Thérèse *de Rancher de la Ferrière*, remariée en 1797,
à Jean François de Pérusse, baron, aujourd'hui duc
d'Escars, premier maître-d'hôtel du roi, lieutenant-général des armées. Elle a laissé de son premier mari :

1°. Arnoult-François-Léopold-Odille-Sigismond,
qui suit ;
2°. Athénaïs du Pouget de Nadaillac, mariée, en
1813, avec Jean-Baptiste-Charles-Félix-Henri,
marquis *de Podenas*, officier supérieur des gardes-du-corps du roi.

XV. Arnoult-François-Léopold – Odille – Sigismond
DU POUGET, marquis de Nadaillac, né à la Ferrière, près
de Tours, le 7 janvier 1777, colonel des hussards de la
Moselle, chevalier de l'ordre royal et militaire de Saint-
Louis, nommé député du département de la Haute-Vienne à la chambre des députés, à la session de 1815, a é-
épousé, par contrat du 14 mai 1817, Catherine-Marie

Mitchell, fille de Jean Mitchell, gentilhomme anglais, et d'Ève-Élisabeth Berens. De ce mariage sont issus :

1°. Jean-François-Albert du Pouget de Nadaillac,

2°. Roger-François-Sigismond du Pouget de Nadaillac, } nés à Londres, le 16 juillet 1818 ;

3°. Jean-Bertrand-Gaston du Pouget de Nadaillac, né à Londres le 1ᵉʳ septembre 1821.

Armes : D'or, au chevron d'azur, accompagné en pointe d'un mont de six coupeaux de sinople. Couronne de marquis. Supports : Deux sauvages de carnation, armés de leurs massues. Devise : *Virtus in hæredes.*

On peut consulter, pour la généalogie de cette maison, le tome II de l'*Histoire généalogique des pairs de France, des grands-dignitaires de la couronne, des principales familles nobles du royaume, et des maisons princières de l'Europe*, in-4° 1822.

PRÉVOT, ou PRÉVOST DE LA FORCE, en Périgord.

Les seigneurs de cette maison, éteinte dans le 15ᵉ siècle, et qui était d'ancienne chevalerie, avaient pris leur nom de la charge de *prévôt* de la ville de Bergerac, qu'ils exerçaient pour le comte de Périgord, dès les temps les plus reculés, et qu'ils possédaient déjà à titre de fief, dans le 13ᵉ siècle.

Hélie Prévôt fit un don, en 1116, aux hospitaliers de Saint-Jean-de-Jérusalem, en présence de sa femme, de ses fils et d'Aldebert, son frère. Dans le même siècle, Hildebert, ou Aldebert, Prévôt de Bergerac, Hildebert, son fils, et Hugues, son frère, Roland Prévôt, et Armand et Hélie, ses fils, firent une donation à l'abbaye de Cadoin, en présence d'Hélie, comte de Périgord.

Gérald Prévôt assista, avec Arnaud de Saint-Astier, et Raimond de Durfort, à la charte de confirmation que fit, en 1178, Pons vicomte de Castillon, et seigneur d'Aubeterre, de la fondation de l'abbaye de Faise, au diocèse de Bordeaux.

Armand Prévôt fut un des seigneurs qui se rendirent garants d'un accord fait, en 1226, entre Archambaud II, comte de Périgord, et Éménon, Itier, Hélie et Pierre de Périgueux.

Olivier Prévôt, *dit* le Jeune, et Aldebert, son frère, furent témoins d'une donation qu'Hélie Rudel, seigneur de Bergerac et de Gensac, et Géralde, sa femme, firent à Cadoin en 1247.

Armand Prévôt, chevalier, seigneur de la prevôté de Bergerac, inféoda au chapitre de Périgueux sa portion des dîmes de Bergerac, par acte du 4 des calendes d'avril 1250; et fut témoin de l'hommage rendu, le 13 mars 1276 (v. st.), par Gaston de Gontaut, seigneur de Badefol, à Alexandre de la Pébrée, seigneur de Bergerac.

Hélie I, Prévôt, chevalier, seigneur de la prévôté de Bergerac, fils d'Armand, épousa Marguerite d'Estissac, fille de Fergand, seigneur d'Estissac, et fit, en 1292, son testament dont il nomma exécuteurs, Armand de Taillefer et Hélie de Fayole, chevaliers, et Fergand d'Estissac, donzel. Il fut père de:

Hélie Prévôt, IIe du nom, qui épousa Alays de Cozens, dont il eut, entr'autres enfans, Hélie III, qui suit, Gaillard et Grimoard Prévôt, et deux filles. L'une, nommée Guillelmine, fut mariée, en 1319, à Grimoard de Gurson, du Fleix, damoiseau; et l'autre, appelée Ahélie, épousa Guillaume Arrenaud.

Hélie III, Prévôt, damoiseau de la Force, et seigneur de la prévôté de Bergerac, épousa, avant l'an 1336, Comptor Arrenaud, fille de Guillaume et de Guillelmette Vignier. Henri de Lancastre, lieutenant du roi d'Angleterre, dans la province de Guienne, lui fit don, en récompense de ses services, de la justice des paroisses de la Force et de Lunas, par lettres datées de Bergerac, le 2 septembre 1345. Il fit son testament le dimanche avant la fête de Saint-Luc évangéliste, 1350, par lequel il institua Pierre, son fils, son héritier universel. Il eut aussi une fille nommée Marquèse, mariée avant l'an 1364, à Auger du Fleix, damoiseau.

Pierre Prévôt, chevalier, seigneur de la Force, Mas-

V.   35

duran, et de la prevôté de Bergerac, épousa, avant l'an
1356, *Aremburge*, *dite* Borguete Prevôt, sa cousine, issue d'une branche collatérale de sa famille établie à
Grignols avant l'an 1300, fille et héritière universelle
de Gautier Prévôt, damoiseau, et d'Agnès de Talleyrand de Grignols. Louis, duc d'Anjou, frère de Charles V, et son lieutenant-général en Guienne, lui confirma, la possession de la justice de la Force et de Lunas,
par ses lettres du 3 mars 1377 (v. st.), et y ajouta le
don de la justice des paroisses d'Eyraud, de Prigonrieu
et de Saint-Georges de Blancanet. Il vivait encore en
1387, et fut père de :

Hélie PRÉVÔT, IVe du nom, chevalier, seigneur de
la Force, Masduran et de Montboyer, qui épousa : 1°,
le 2 février 1416 (v. st.), Jean de Beynac ; 2° Catherine de Talleyrand de Grignols, fille de Hélie de
Talleyrand, chevalier, seigneur de Grignols et Chalais.
La terre de la Force fut confisquée sur lui et sur Jean,
son fils, pour cause de rébellion. Il testa, le 17 juillet
1439, en faveur de ses deux enfants, qui sont :

Du premier lit :

1°. Jean Prévôt, chevalier, marié le 3 novembre
1501, à Claire de Talleyrand, fille de Jean, seigneur de Grignols et prince de Chalais, et de
Marguerite de la Tour d'Auvergne; mort sans
postérité ;

Du second lit :

2°. Marie Prévôt, devenue héritière de la Force
et Masduran, porta ces terres dans la maison de
Beaupoil de Saint-Aulaire, par son mariage, le
29 juillet 1440, avec Jean de Beaupoil, seigneur
de Castelnouvel.

DE PRUD'HOMME-DU-ROC (1), en Querci, fa-
mille d'extraction chevaleresque; dont la filiation, constatée par titres authentiques et originaux, a été confir-

(1) L'orthographe du nom de Prud'homme a parfois varié. On le
trouve écrit dans les actes *Prud'homme, Preud'homme, Prodomo,*
etc., en latin *probi hominis.*

mée par des arrêts de maintenue des 7 juillet 1666, et 17 août 1698. Elle remonte sans la moindre lacune à :

I. Jean DE PRUD'HOMME, Ier du nom, damoiseau, qui épousa, le 3 mai 1379, noble Jeanne *de Rebombigues* de la ville de Fons, nièce et pupille de Guisbert de Boisset, abbé de Figeac (1). Jean de Prud'homme était viguier royal de la ville de Figeac en 1384, et occupait encore cette place en 1407. Il hérita des biens de sa première femme, qui ne lui laissa point d'enfants, et s'allia en secondes noces avec noble Hélène *de Mellet*, veuve de noble et puissant homme Astorg d'Albignac, seigneur de Castelnau-de-Levezou, en Rouergue, de laquelle il eut :

Pierre DE PRUD'HOMME, qui continue la postérité. Hélène de Mellet, par testament du 10 mai 1414, institua conjointement pour ses héritiers noble Bertrand d'Albignac, son fils, et de feu noble Astorg, son premier mari; et noble Pierre de Prud'homme, aussi son fils, et de noble Jean, son second mari.

II. Pierre DE PRUD'HOMME, est qualifié noble et sage écuyer, seigneur de Rebombigues et de Cins, co-seigneur d'Assier, de Camboulit, et de la Garénie, dans un grand nombre d'actes depuis 1423 jusqu'en 1460. On croit que sa femme sortait de la noble et ancienne maison *d'Assier*. Il eut, entr'autres enfants :

1°. Imbert, qui suit ;
2°. Ricard de Prud'homme, qui fut seigneur d'Auriac, en Rouergue, où il est possible qu'il ait formé une autre branche. Il fut tuteur de Gaspard de Prud'homme, fils d'Imbert et son neveu.

III. Imbert DE PRUD'HOMME prend les mêmes qualités que son père. Il épousa, par contrat du 12 février 1473, noble Jeanne *de Montal*, fille de Jean de Montal, seigneur de Tournemire, de Prades et de la Roque, en Auvergne, de laquelle il eut Gaspard, qui suit :

(1) Jean de Prudhomme ne dit pas dans son contrat de mariage d'où il était originaire; il est à présumer que c'était ou du Rouergue, ou du Querci, provinces où il déclare que sont situés ses biens.

IV. Gaspard DE PRUD'HOMME, écuyer, seigneur de Saint-Bressou et Cins, co-seigneur d'Assier, de Camboulit et de la Garénie, était marié, en 1507, avec noble Hélix *de Capdenac*, fille de noble Bernard de Capdenac, co-baron de Felzins, de laquelle il eut:

1°. Etienne, qui suit;

2°. Nicolas de Prud'homme, prieur-seigneur de la ville de Fons, en 1540, après noble Jean de Cornely;

3°. Jean de Prud'homme, curé de la ville de Fons.

V. Étienne DE PRUD'HOMME, prend les mêmes titres que son père. Ce fut à ses instances que François Ier, par lettres-patentes de 1532, créa des foires et des marchés dans la ville de Fons. Il était marié, en 1530, avec noble Marguerite *de Cornely*, fille de noble Jean de Cornely, écuyer, co-seigneur de Camboulit, de laquelle il eut, entr'autres enfans:

1°. Jean de Prud'homme, seigneur de Cins, du Cayla et de la Bernadie, co-seigneur de Camboulit et de Cambes, qui bâtit le château de Plaisance, et épousa: 1°. le 17 juin 1554, noble Marguerite *de Cadrieu*, fille de noble Jean, seigneur de Cadrieu, et de noble Claire de la Jugie; 2°, le 12 août 1566, noble Catherine *de Corn d'Anglars*. Il eut pour enfants;

Du premier lit:

a. Claire de Prud'homme, mariée: 1°, à Louis *de Gascq*, seigneur de Mialet et du Bouisson; 2°, à noble Jean *de Boisset*, seigneur de la Salle-de-Vic;

Du second lit:

b. Charles de Prud'homme, mort sans avoir été marié;

c. Jeanne de Prud'homme, mariée à noble Pierre *de Rouget*, de Villeneuve, en Rouergne;

2°. Antoine de Prud'homme, qui continue la descendance, et dont l'article suit.

VI. Antoine DE PRUD'HOMME, Ier du nom, écuyer, seigneur du Roc, de Doulan, du Cros et de Las-Cardounies, fit construire le château du Roc, près la ville de Fons. En 1580, il était chargé de la défense de cette ville, conjointement avec noble Jean de Boisset de La Salle. Antoine I testa et mourut en 1591. Il avait épousé, le 21 juin 1572, noble Marie *de Morlhon*, fille de noble Antoine, seigneur de Morlhon, co-seigneur de la ville de Capdenac, et laissa de ce mariage :

1°. Antoine II, qui suit :

2°. Bertrand de Prud'homme, qui succéda à son grand-oncle Nicolas de Prud'homme, dans la place de prieur-seigneur de Fons, et mourut en 1607 ;

3°. Etienne de Prud'homme, capitaine au régiment de Pinguet, cavalerie, tué à Ardres, en 1603 ;

4°. Balthazard de Prud'homme, religieux célérier au monastère de Fons;

5°. Claire de Prud'homme, qui épousa, le 5 décembre 1604, noble Pierre *de Cairon,* écuyer, seigneur de Mandens et de Montgiron;

6°. Louise-Marie de Prud'homme, femme de noble Jean-Louis *de Savary,* écuyer, seigneur de Narbonnés et de la Garénie;

7°. Marguerite de Prud'homme, alliée, le 14 octobre 1599, avec noble Gilibert *de Colomb*, écuyer, seigneur de Favars, de là Rause, de la Serre, etc., fils de noble Antoine de Colomb, seigneur des même lieux, et de noble Arpaïa de l'Hôpital.

VII. Antoine DE PRUD'HOMME, IIe du nom, écuyer, seigneur du Roc, du Cros, de Doulan, etc., acheta, le 6 mai 1597, des commissaires chargés de l'aliénation à faculté de rachat du domaine de la couronne, la portion de la justice de Fons appartenant au roi, en vertu de l'acte de paréage passé, l'an 1324, entre Charles le Bel, et noble Aymeric de la Vernhe, prieur-seigneur dudit lieu. Il la céda aux consuls de Fons, le 18 mai de l'année suivante, 1598. Antoine II épousa, le 19 mai 1613, noble Marguerite *de Gasquet,* fille de noble Étienne de Gasquet, écuyer, seigneur de Paramelle et de Sainte-Colombe, et de noble Marguerite de Henri. Antoine de Prud'homme fut nommé capitaine de 100 hommes d'armes, et chargé, en cette qualité, de la dé-

fense de la ville de Fons, en 1615, et mourut le 14 août
1668. Il eut, entr'autres enfants, de son épouse morte
avant lui, le 30 janvier 1658 :

1°. Claude-Charles, qui suit ;

2°. Françoise de Prud'homme, qui épousa, le 12
janvier 1653, noble Raimond *de Durfort*, seigneur de Monrodier et de Salvanhac, en Rouergne, fils de Marc-Antoine, seigneur de Goujon-
nac, et de noble Françoise de Cugnac ;

3°. Autre Françoise de Prud'homme, alliée, le 21
juin 1659, à noble Jean *de Boutaric*, fils d'autre
noble Jean de Boutaric, et d'Hélène de Laval.

VIII. Claude-Charles DE PRUD'HOMME, Ier du nom,
écuyer, seigneur de Péprome (1), et seigneur du Roc,
du Causse, du Cros, de las Cardonnies, de las Fargues,
etc., obtint, le 4 septembre, un arrêt de la cour des aides, séante à Cahors, portant défense aux consuls de la
ville de Fons, sous peine de 500 livres d'amende, de le
comprendre, comme ils avaient voulu le faire, parmi les
personnes assujetties au logement des gens de guerre.
Sur la production de ses titres, il fut maintenu dans sa
noblesse, par ordonnance de M. Rabastens, juge-mage
de Montauban, commissaire subdélégué de M. Pellot,
rendue, en 1666, et fut déchargé du droit de franc-fief
par jugement contradictoire de M. Lambert d'Herbigny,
rendu le 16 février 1694. Par autre jugement de M. de
Samson, intendant de Montauban, du 17 août 1698, il
fut déclaré noble et issu de noble race, et devant jouir
de tous les privilèges des véritables gentilshommes. Il
mourut, le 2 janvier 1703. Il avait épousé, en 1650, noble Louise *de Cardinet*, fille de noble Daniel de Cardinet, seigneur de Saint-Gely, en Rouergue, de laquelle
il eut :

(1) On ne sait si ce nom *Péprome* est encore une orthographe
altérée de celui de Prud'homme, ou si c'est le nom de quelque fief,
possédé par Claude-Charles de Prud'homme, qui se disait tantôt
sieur, tantôt seigneur de Péprome. M. Badier, tom. 14, Supplément au dictionnaire de la noblesse, s'en est servi pour faire descendre cette famille d'une prétendue maison de comtes de *Pephro-
me* en Angleterre ; mais c'est une opinion hasardée et dénuée de
tout fondement.

1°. Antoine III, qui suit;

2°. Pierre-Gaillard de Prud'homme, seigneur du Cros, cornette de cavalerie en 1690, aide-major au régiment de Rozel, l'année suivante, et capitaine en 1699, au régiment de la Tournelle;

3°. Plusieurs autres enfants, la plupart morts en bas âge;

4°. Plusieurs filles, qui furent religieuses.

IX. Antoine DE PRUD'HOMME, III° du nom, écuyer, seigneur du Roc, du Causse, etc., épousa, le 15 juillet 1692, noble Paule Thérèse *de Géniés*, morte le 6 mai 1713, fille de messire Gratien de Géniés, seigneur de Langle, et de noble Françoise de Cugnac-de-Giverzac, de laquelle il eut, entr'autres enfants, Claude-Charles, qui suit.

X. Claude-Charles DE PRUD'HOMME, II° du nom, appelé aussi simplement *Charles*, écuyer, seigneur du Roc, du Causse, etc., mort le 22 octobre 1739, âgé d'environ 45 ans, avait épousé, en 1724, noble Honorée *de Laval du Faure*, fille de feu messire Jean de Laval, écuyer, seigneur du Faure, et de noble Marie de Fargues. De ce mariage naquirent, entr'autres enfants:

1°. Bertrand, qui suit;

2°. François de Prud'homme, capitaine au corps royal de l'artillerie, chevalier de Saint Louis, marié, en octobre 1775, après s'être retiré du service, avec demoiselle Marie-Marguerite-Sophie *de Languedoue*, fille de feu Adrien-Bernard de Languedoue, chevalier, aide-major de Bapaume, ensuite de Cambray, et de Marie-Élisabeth de Boniface. Il a eu de ce mariage, entr'autres enfants:

   a. Jean-Baptiste-Henri de Prud'homme, écuyer, né le 5 novembre 1776;

   b. Honorée-Henriette de Prud'homme, domiciliée à Paris, veuve de Messire Philippe-Auguste *Aubelin de Villers*, chevalier, seigneur de Villers-aux-Bois, près Épernay, dont elle a deux garçons, Jérôme-Henri-Amédée, et Auguste Aubelin-de-Villers.

XI. Bertrand DE PRUD'HOMME, chevalier, seigneur du Roc, Bellecombe, Vals, etc., servit dans les troupes provinciales, et mourut, le 26 juin 1805, âgé de 77 ans. Il avait épousé, en 1758, noble Marie-Henriette *de Lavaur*, fille de messire Pierre-Louis de Lavaur, chevalier, seigneur de la Boisse, président trésorier-général de France à Montauban, et de noble Élisabeth de Peyrusse de Banze, et petite-fille du célèbre Guillaume de Lavaur, seigneur de la Boisse, avocat au parlement de Paris, auteur de plusieurs ouvrages estimés. Plusieurs enfants sont issus de ce mariage, savoir :

1°. Géraud-Louis, dont l'article suit;

2°. François-Louis de Prud'homme, officier au régiment de Médoc, qui, ayant suivi les drapeaux de la fidélité, mourut en Allemagne;

3°. Louise de Prud'homme, mariée, en 1803, à messire Bertrand-Anastase *de Cornely*, chevalier de Saint-Louis, lieutenant-colonel, fils de noble Jean-Joseph de Cornely, co-seigneur de Camboulit, et de noble Anne de Lostanges.

XII. Géraud-Louis, vicomte DE PRUD'HOMME DU ROC, ancien capitaine dans le régiment colonel-général, infanterie, chevalier des ordres royaux et militaires de Saint-Louis, et de la Légion-d'Honneur, est le chef actuel des nom et armes de cette ancienne famille. Dès que la nouvelle du départ de Louis XVI fut connue dans la garnison, il sortit de France à la suite de ses drapeaux, avec ses chefs et ses camarades, portant lui-même, sur sa poitrine, les cravates blanches qui lui avaient été confiées. Il fit la campagne de 1792, à l'armée du centre, sous les ordres des princes, frères du roi; et, après le licenciement de cette armée, il se rendit à celle que commandait, sur les bords du Rhin, S. A. S. Mgr. le prince de Condé, et il eut l'honneur de porter, dans la campagne de 1793, le drapeau blanc de son régiment, qui figurait si honorablement à cette armée de chevaliers.

Le vicomte de Prud'homme du Roc épousa, à Lille, le 1er février 1791, noble Henriette-Charlotte-Josephe *d'Hespel*, fille de messire César-Auguste d'Hespel, é-

euyer, seigneur de Guermanez, de laquelle il ne lui
reste que deux filles.

Après sa rentrée en France, il a relevé de ses ruines
le château du Roc, qui avait été la proie des torches
révolutionnaires. C'est là qu'il bénit tous les jours l'heu-
reuse restauration qui a rendu à la France le gouvernement paternel des Bourbons.

Armes : D'azur, à trois tours d'argent, maçonnées de
sable.

DU PUY (en latin, *de Podio*), en Périgord. Cette famille, qui était noble et ancienne, et qui est maintenant éteinte, s'est rendue recommandable par de nombreux et importants services qu'elle a rendus dans le
temps des guerres anglaises, et durant les troubles du
16ᵉ siècle, à la ville de Périgueux, où, honorée de la
confiance de ses concitoyens, elle a occupé souvent et
avec distinction des charges municipales. Étienne du
Puy était maire de Périgueux, et paraît avoir possédé
déjà à cette époque le fief de la Jarte, situé dans la
banlieue de cette ville (1). Plusieurs de ses descendants

(1) La Jarte, située dans la paroisse de Coursac, était un des
principaux fiefs relevant de l'Hôtel-de-Ville de Périgueux. Après
avoir été possédé pendant plusieurs siècles par la maison du Puy,
il passa dans celle de Lasteyrie-du-Saillant, par le mariage contracté, le 15 octobre 1599, par Gabrielle du Puy, fille d'Aimery et de
Marguerite de Bayly, avec Jean de Lasteyrie-du-Saillant, seigneur de
Merlhac, dont il ne provint qu'une fille, Jeanne-Claude du Saillant,
mariée à Jean *de Chillaud*. De ce mariage naquirent deux filles,
Isabeau de Chillaud, femme de François d'Anglars, et Marthe de
Chillaud, qui fut héritière de la Jarte, et épousa Jean de *Lasteyrie*,
dont elle eut trois enfants : 1º Antoine de Lasteyrie, vicomte du
Saillant et de la Jarte, baron de Vergis et d'Usac, en Limosin,
mort sans postérité; 2º Philibert, grand'croix et grand-maréchal
de l'ordre de Malte; 3º Isabeau du Saillant, mariée, le 24 octobre
1708, à Jean de la Rocheaymon, seigneur d'Exandieras, et du
Breuilh-d'Aturs, fils de Jacques et d'Isabeau de Bonneguise. De
ce mariage vinrent, entr'autres enfants, Philibert, appelé comte
de la Rocheaymon, seigneur de la Jarte, qui mourut sans laisser
d'enfants, après avoir institué pour son héritier, Nicolas de la
Rocheaymon, son neveu, fils aîné de Jacques de la Rocheaymon,
son quatrième frère puîné, co-seigneur du Breuilh-d'Aturs,
et d'Élisabeth de Thomas-la-Garde, qu'il avait épousée, le 12
octobre 1766, fille de Nicolas de Thomas-la-Garde, seigneur de

ont été successivement aussi maires et consuls de la même ville, et leurs armes se voyaient encore, il y a
peu d'années, gravées sur le mur extérieur de la principale tour, appelée *de Maleguerre*, où était enfermé
le magasin à poudre.

Hélie du Puy, seigneur de la Jarte, qui était probablement arrière-petit-fils d'Étienne, forma deux alliances,
la première avec Agnès de Montardit, d'une ancienne
famille du Périgord, aujourd'hui éteinte, dont vint Jean
du Puy, auteur des seigneurs de Trigonan, lesquels ont
pris leurs alliances dans les maisons de Beaufort, de
Saint-Astier, de Jaubert, de Reillac, de Lestrade, etc.,
et se sont fondus, en 1670, dans la maison de Cugnac de
Giversac. La seconde femme d'Hélie du Puy, fut Jeanne d'Aix, ou d'Aytz, qu'il épousa par contrat du 12
août 1428; elle était veuve du seigneur de Paleyrac, et
fille de Bertrand d'Aytz, damoiseau, seigneur de la
Chassagne, au diocèse de Sarlat, et de Catherine de
Domme. De ce second mariage provinrent plusieurs enfants, entr'autres, Hélie du Puy, deuxième du nom,
seigneur de la Jarte, qui épousa, en 1448, Hélis de
Gasques. Jean du Puy, leur fils aîné, qui fut maire de
Périgueux, et s'allia avec Marguerite de Salignac-Fé-
nélon, continua la lignée des seigneurs de la Jarte, qui
prirent leurs femmes dans les maisons de la Baume-For-
sac, de Bonneguise, de Saint-Astier (3 fois), d'Arnaud
de Sarazignac, de Bayly, de Belcier, de Brun, de Calvimont, de Fars, de Ferrières-Sauvebœuf, de la Porte-
de-Lissac, et se sont éteints, comme il a été dit plus haut,
dans la maison de Lasteyrie du Saillant.

Outre les deux branches, dont il vient d'être fait
mention, cette famille en a formé une troisième, connue sous la dénomination de seigneurs de la Forêt, dans

Salignac, de Saint-Gènes et de Marquet, paroisse de Saint-Mar-
tin-du-Bois, au diocèse de Bordeaux, lieutenant-colonel d'infanterie, chevalier de Saint-Louis, et de dame Madelaine Boutin. Ainsi
le dernier possesseur de la Jarte était Nicolas, comte de la Rocheaymon, qui a été aussi l'héritier de Françoise-Pétronille de la
Rocheaymon-Savignac, la dernière de sa branche.

la paroisse de Cornille, laquelle, après s'être alliée aux maisons d'Abzac de la Douze, de Beaupoil-Saint-Aulaire, de Bayly, d'Arnaud de la Borie et de la Rocheaymon, a fini, en 1724, par un mariage, dans la famille de Jay-de-Beaufort.

Armes : D'or, au chêne de sinople ; au chef d'azur, chargé de trois fleurs de lys d'or, et d'un créneau d'argent, mouvant du haut de l'écu.

Q

DE **QUADT-LANDSKRONN**; maison très-ancienne et illustre, d'origine baronale et chevaleresque d'Allemagne. Gauhen, en son Dictionnaire de la noblesse allemande, et Hartur, dans son Relevé des preuves des hauts chapitres, rapportent que cette maison doit être comptée parmi les plus considérables du pays, et qu'elle remonte sa filiation à Willelme de Quadt, chevalier, vivant en 1230, avec Nicole Doixhoffen, son épouse. Il a formé les branches de Buchsfeld, de Vickenradt, et de Landskronn, qui s'étendirent dans les pays de Trèves, Cologne, Juliers et Clèves, où elles occupèrent constamment les premières charges de la cour des souverains de ces divers états. La filiation de toutes ces branches se trouve prouvée non-seulement par les auteurs, mais encore par les registres et documents de toutes les cours de l'empire ; et cette famille a occupé les premières dignités de tous les hauts chapitres d'Allemagne et des Pays-Bas, où sa noblesse a été jurée. Les alliances de ces diverses branches ont été constamment contractées avec les plus illustres et les plus puissantes maisons d'Allemagne, et elles ont toutes possédé des baronnies immédiates, notamment celle de Landskronn, dont la branche aînée prit le surnom et les armes, depuis le 14e siècle, en vertu de substitution. Nicolas de Quadt, chevalier, ayant épousé l'héritière de cette grande maison, c'est de lui qu'était issue la branche établie en France, dont Guillaume-Henri, marquis de Quadt, baron immédiat de l'Empire, de Quadt et de Landskronn, demeurant à Strasbourg, d'abord colonel du régiment de Royal Allemand, puis lieutenant-général des armées du roi, commandeur,

puis grand'croix de l'ordre de St.-Louis, gouverneur de
la citadelle de Marseille, commandant à Strabourg, et
enfin général en chef de toutes les armées du roi en Allemagne, qui, de Julie d'Albert, vicomtesse de Chaul-
nes, n'eut que deux filles, Henriette, mariée au marquis *de Saint-Mauris-Chatenois*, officier-général en
France, et Ernestine, morte sans alliance, et qui finit
cette illustre maison, les branches d'Allemagne étant
également éteintes. Ces diverses branches avaient produit des grands-maréchaux, lieutenants-généraux, ma-
réchaux-de-camps, conseillers-d'état, grands-chambel-
lans, grands-baillis, gouverneurs et commandants de
Trèves, Waudel, Strasbourg, Saarbourg, commandeurs
de différents ordres, et dans les diverses cours de l'empire, de France, de Prusse, etc.

Armes : Écartelé, aux 1 et 4 de gueules, à deux fasces bretessées d'argent, qui est *de Quadt;* aux 2 et 3 d'or,
à deux fasces échiquetées de gueules et d'argent, qui
est *de Landskronn.* Supports : Deux ours.

QUERCY, *comté.* Ce pays, qui fit d'abord partie de
la Gaule celtique, puis de l'Aquitaine, fut conquis par Ju-
les-César, l'an de Rome 698, 56 ans avant J.-C. Les Visigoths
le soumirent, l'an 471 de l'ère chrétienne. Ce fut une des
conquêtes de Clovis sur ces barbares, l'an 507. Le Quercy fut réuni au royaume d'Austrasie. Il en fut distrait,
l'an 561, pour faire partie de celui de Neustrie ; mais,
au bout de quelques années, il fut de nouveau annexé à
l'Austrasie. En 630, le Quercy fit partie du domaine de
Charibert, roi de Toulouse. Charlemagne y établit pour
comte, l'an 778, Rodolphe, dont les descendants con-
servèrent le Quercy jusqu'au milieu du 9e siècle. Il fut
définitivement réuni au comté de Toulouse, par le roi
Charles le Chauve, l'an 849, sous le comte Raimond Ier.
Il fut réuni à la couronne, l'an 1271, après la mort d'Alphonse, comte de Poitiers, frère du roi Philippe III, et
de la comtesse Jeanne de Toulouse, sa femme.

Il y avait, vers la fin du 10e siècle, des vicomtes de
Cahors ; mais on n'en trouve plus de trace, après Guillaume, vicomte de Cahors, en 990.

R

DE RENENEDALE; maison d'ancienne chevalerie, qui possédait de toute ancienneté les seigneurie et fief de Renenedale, village situé dans le bailliage d'Ornans, au comté de Bourgogne, dont elle tirait son nom; quoique éteinte depuis l'an 1500 ou environ, on trouve encore beaucoup de titres des 13e, 14e et 15e siècles, aux archives de Montbéliard, de l'officialité et de la chambre des comptes, où les auteurs de cette illustre maison figurent avec les qualifications de chevaliers, écuyers, damoiseaux et hommes d'armes; ces titres offrent peu de suite filiative, mais font connaître qu'elle servit toujours dans les armées de Bourgogne, et s'allia constamment à des maisons chevaleresques distinguées.

Armes : De sable, à la face ondée d'or.

DE ROBAL; maison d'origine chevaleresque du Rouergue, que les chartes de l'abbaye de Nonnenque font connaître depuis noble Anglès de Robal, qui fit une donation de deux gros villages à cette abbaye, le 2 février 1200.

Bringuier DE ROBAL, damoiseau, donna, aux ides de juillet 1217, du consentement de sa femme et de ses enfants, six émines de froment de rente, qu'il avait en paréage avec le roi sur Alcas, ainsi que les quints du Mas Lourey et du Mas Raynal, qu'il donna de bon amour au prieuré de Sainte-Marie de Nonnenque, en même temps que son âme à Dieu et son corps à dame Libouis, prieure dudit monastère.

Déodat DE ROBAL, Ier du nom, chevalier, seigneur de Montalègre, rendit hommage, en 1280, à Guillaume de Roquefeuil, seigneur de Vrezols.

L'an 1321, noble et religieux homme seigneur, frère Raymond d'Olargues, chevalier de l'ordre de Saint-Jean-de-Jérusalem, commandeur de Sainte-Eulalie, transigea avec dame Rose, prieure de l'abbaye de Nonnenque, par la médiation de noble et religieux homme seigneur frère Raymond de Robal, chevalier du même ordre, commandeur de Montpellier.

L'an 1358, Déodat DE ROBAL, IIe du nom, reconnut à Jean, comte d'Armagnac, certains biens que ce comte avait donnés à Pierre de Robal, sous l'hommage d'un baiser à la bouche.

Déodat DE ROBAL. IIIe du nom. écuyer, seigneur de Saint-Jean d'Alcapiés, consentit une vente à noble Gui de Saint-Baulize, par acte passé devant Marc Barbati, notaire de Saint-Affrique, le 7 juin 1412. Déodat eut pour fils :

Déodat DE ROBAL, IVe du nom, co-seigneur de Saint-Jean-d'Alcapiés, et de Saint-Jean-d Alzac, dernier rejeton mâle de cette ancienne famille lequel rendit hommage au roi le 28 avril 1458; et un autre, pour le domaine noble des Fournials, au comte d'Armagnac, au château de Montclarat, en 1464. Blanche de Robal, fille unique et héritière de Bringuier. fut mariée, l'an 1473, avec Antoine *de Solages*, écuyer, auquel elle porta les seigneuries de Saint-Jean-d'Alzac et de Saint-Jean-d'Alcapiés, et qui était fils de Jean Solages, chevalier. baron de Tholet et de Castelnau de Peyralès, et de Rose de Carmain de Négrepelisse, sa seconde femme.

Armes : D'azur, à 3 rocs d'échiquier d'argent.

DE ROCLES; famille ancienne du Vivarais, qui a pris son nom d'une paroisse et terre seigneuriale, située à cinq quarts de lieue de Largentière (1). Elle figurait parmi l'ancienne chevalerie de ce pays dès le milieu du 11e siècle, et a soutenu, pendant quatre cents ans, l'éclat d'une si belle origine. Outre la terre de Rocles, son domaine principal, elle possédait, par indivis, celles de Joannas, Valgorge, Ste.-Marie de Chabrairols (appelée aujourd'aui Beau-

---

(1) La paroisse de Rocles, située dans les montagnes du Vivarais, comprenait 150 feux (environ 750 habitants.) *(Expilly, Dictionnaire des Gaules de la France, tom. VI, pag. 360.)*

mont), Vernon, Rozières et Sanillac, qu'elle a possédée en franc-aleu jusques au commencement du 13e siècle. De nombreuses minorités ont morcelé peu à peu cette brillante fortune; et, dès la fin du 15e siècle, la terre et les fiefs de Rocles, seule propriété qui n'eût pas été aliénée, passa presqu'en totalité dans la maison de Beaumont-Brison.

La plupart des titres que cette famille avait pu sauver d'un violent incendie qui consuma la maison du sieur de Rocles, au mois de décembre 1731, n'échappèrent point au vandalisme révolutionnaire. Cependant le chef de la famille eut la prévoyante attention de dresser une note énonçant sommairement le contenu de tous les titres qu'il livrait à la municipalité de Tauriers, qui en accusa à la fin de cette note la réception, signée par le maire, le procureur de la commune, et les autres membres composant cette municipalité. C'est d'après cette note, quelques titres heureusement échappés aux recherches, et d'autres actes qui ont été découverts depuis dans les registres de plusieurs anciens notaires, que cette famille établit aujourd'hui la filiation suivante:

I. Gilles, seigneur DE ROCLES, chevalier, vivant au milieu du 11e siècle, est rappelé dans le codicile de Charles de Rocles, son fils, qui suit.

II. Charles I, seigneur DE ROCLES, chevalier, est connu par le codicile qu'il fit, au mois de mars 1095, par lequel il institue son héritier Lionnel de Rocles, damoiseau, son fils, et fait don à l'église et au prieuré de Saint-Andéol de Rocles, pour le repos de son âme, de celle de feu Gilles, seigneur de Rocles, son père, et de ses autres ancêtres et prédécesseurs, de plusieurs fiefs et propriétés situés dans ladite paroisse de Rocles.

III. Lionnel, seigneur DE ROCLES, qualifié damoiseau dans le codicile de son père, du 7 des calendes de mars 1095, y est dit absent de sa patrie, et servant à la croisade contre les Sarrasins (1). Il eut, entr'autres enfants:

_____

(1) Ce codicile est terminé ainsi: «*Deinde anno millesimo no-*

IV. Robert, seigneur DE ROCLES, chevalier, qui fut nommé, arbitre avec Folquet et Eudes de Rocles, ses fils, ce dernier comme témoin, d'un partage de biens, fait au château de Rocles, devant Pons Chabrolin, notaire, aux ides de mars 1156, entre Jean et Hélie de Tauriers, damoiseaux, frères, fils de feu Maleriat, seigneur de Tauriers, chevalier. Robert de Rocles eut trois enfants:

1°. Folquet, dont l'article suit;
2°. Eudes de Rocles, chevalier de l'ordre du Temple de Jérusalem;
3°. N..... de Rocles, femme de Maleriat, seigneur *de Tauriers,* chevalier.

V. Folquet, seigneur DE ROCLES, chevalier, l'un des arbitres du partage de 1156, fit, devant Pierre la Baume, notaire, le 3 des calendes de mars 1196, son testament, par lequel il légua à l'hôpital du Saint-Esprit de Montpellier 3000 sols tournois, et chargea Pons II, son petit-fils, qu'il institua son héritier, fils de Pons de Rocles, damoiseau, son fils, lui et ses successeurs, de payer, à la Pentecôte de chaque année, 15 sols tournois, jusqu'à ce que ce legs entier fût rempli. Folquet avait épousé Alix *de Joannas,* avec laquelle il est rappelé dans un acte du 8 des calendes d'avril 1256, rapporté plus loin.

VI. Pons DE ROCLES, Ier du nom, fils de Folquet, seigneur de Rocles, chevalier, ne vivait plus lors du testament de son père, en 1196. Ce testament ne fait connaître qu'un seul fils du même nom que lui.

VII. Pons II, seigneur DE ROCLES, chevalier, héritier de son aïeul, en 1196, mourut *ab intestat* peu avant l'an 1229.
Il avait épousé: 1°, Louise *de Montlaur;* 2°, Jeanne *de Beaumont,* qui, en 1229, fit hommage du château

---

» *nagesimo octavo die septima kal. Martis, ego Bertrandus de* » *Gaudiosa cancellarius supra dictus, ad requisitionem nobilis* » *domicelli Rotberti primonati nobilis viri, domini Lionelis, do-* » *mini de Roculis, militis, heredis supra dicti, a presenti patria* » *absentis, ac, sancta longaque peregrinatione in sacris regionibus* » *infideles Saraccnos debellante, existentis hunc presentem codicil-* » *lum, etc.* »

de Rocles et des terres et seigneuries de feu Pons, son mari, à Jean de Beaumont, damoiseau, son frère, seigneur du château et mandement de Beaumont. Pons II eut douze enfants, dont on ne connaît que les six suivants :

Du premier lit :

1°. Ponttet, qui continue la descendance ;
2°. Bertrand de Rocles, chevalier de l'ordre du temple de Jérusalem, en 1229 ;

Du second lit :

3°. Guigon de Rocles, damoiseau, qui, par deux actes passés devant Guillaume Eustachii, notaire, le 8 des calendes d'avril 1256, vendit et transporta à Raimond, seigneur de Tauriers, damoiseau, tous les fiefs à lui échus de la succession de son père (1). Il est fait mention dans cette vente d'une pièce de terre et d'un chazal, situés dans le mandement de Valgorge, qui avaient jadis appartenu à feu damoiselle Alix de Joannas, épouse de feu noble Folquet *de Rocles*, chevalier, bisaïeul dudit Guigon ;
4°. Guillaume de Rocles, damoiseau, qui, le 8 des calendes de décembre 1292, rendit hommage pardevant Pons d'Avignon, notaire, à Guillaume, seigneur de Beaumont, damoiseau, pour des fiefs qu'il possédait dans le mandement de Rocles, et sans juridiction, *et pour d'autres fiefs, avec juridiction*, dans la paroisse de Sainte - Marie de Chabrairols ;
   Guigonne de Rocles, nommée comme épouse, de Pierre *Arnaud*, qui rendit en son nom hommage au seigneur de Beaumont, le 8 des calendes de décembre 1295 ;

_____

(1) Ces fiefs rentrèrent dans la famille, vers le 16e siècle. Les seigneurs de Tauriers les possédaient de même en franc - aleu, et n'en firent jamais hommage, ni aux seigneurs de Beaumont, ni aux évêques de Viviers, quoique la terre de Tauriers fût dans leur mouvance immédiate.

6°. Marguerite de Rocles, qui était mariée, en 1256, avec Pierre *de Laugère*, damoiseau, de la paroisse de Joannas.

VIII. Ponttet, seigneur de ROCLES, chevalier, partagea, avec ses frères, le 9 des calendes de juillet 1245, la succession de Pons II, leur père. Il est dit dans l'acte de partage que Bertrand de Rocles, chevalier de l'ordre du temple de Jérusalem, son frère germain, et lui, sont assujétis à payer à l'hôpital de Montpellier la 6e partie des 15 sols tournois de la donation de 3000 sols, faite à cet hôpital par leur bisaïeul, Folquet, seigneur de Rocles. Ponttet fut père, entr'autres enfants, d'un fils dont l'article suit.

IX. Pons III, seigneur DE ROCLES, chevalier, n'était pas encore parvenu à cette éminente dignité militaire, lorsqu'avec la qualité de damoiseau, il fit hommage, le 8 des calendes de décembre 1295, au seigneur de Beaumont, tant en son nom qu'au nom de son père, infirme, à cause de sa très-grande vieillesse, pour leur mas de courtes, situé dans la paroisse de Rocles, et pour les autres terres, domaines et fiefs, avec juridiction haute, moyenne et basse, qu'ils possédaient dans les paroisses et mandements de Rocles et de Joannas. Pons III ne vivait plus en 1331. Il eut pour fils et successeur Jean I, qui suit.

X. Jean Ier, seigneur DE ROCLES, fils de feu messire Pons de Rocles, chevalier, fit hommage, le pénultième jour du mois de mai 1331, devant Jean Gay, notaire, au seigneur de Beaumont, pour son mas de Courtes et pour les autres biens qu'il possédait du chef de Pons et Ponttet de Rocles, ses père et aïeul. Le 28 juillet 1333, Jean, seigneur de Rocles, en qualité de successeur et tenant les biens de Ponttet et Bertrand de Rocles, chevalier de l'ordre du temple de Jérusalem, ses aïeul et grand'oncle paternel, et encore comme époux et procureur de noble Marie *de Vernon*, et administrateur légal des biens de Jean, leur fils, remit et céda à frère Gauthier de Carapelle, procureur de l'hôpital de Montpellier, pour l'entier paiement de ce qu'il devait à cet hôpital, en vertu du legs fait par

Folquet de Rocies, en 1196, un moulin appelé Teule-Rousse, situé dans le mandement de Tauriers, près de l'Argentière, et exempt et franc de toutes tailles et servitudes (1).

---

(1) « *Noverint, etc. Quod anno domini 1333° et 28ª die julii, etc. Cum, olim videlicet anno dominicæ incarnationis 196° et die 3ª Kal. mensis Martis, nobilis et egregius vir dominus Folquetus, dominus de Rooulis, miles bonæ memoriæ, quondam in suo per ipsum facto et condito ultimo testamento recepto per magistrum Petrum La Balma, not. pub. pro ut prima facie apparebat per quod dam publicum testamentum sive clausulam a dicto testamento extractam, quod incipit in secunda sui linea sexto et finit in eadem rege et ante verbum act. immutet, legasset hospitali sancti spiritus Montispessulani ter mille solidos turonenses per Pontium ejus nepotem, filium Pontii domicelli, quondam ejus filii heredem, dicti testatoris ac successores predicti sui heredis, per solutiones quindecim solidorum turonensium, anno quolibet in festo dominico Pentecosten persolvendorum, donec legatum predictum fuerit integre et ad plenum dicto hospitali persolutum. Ut vero deinceps dictus dominus Pontius, dominus de Roculis, heres predictus, ab intestato dies suos clausisset extremos, bonaque sua inter suos liberos divisa fuissent. ac in compositione sive accordio dictæ divisionis, factæ sub anno domini 1245° et die 9ª kal. mensis Julii. per magistrum Stephanum de Fayeto, not. pub. receptæ, pro ut in ea legebatur, nobiles viri Pontletus de Roculis, et religiosus frater dominus Bertrandus de Roculis, ordinis Templi Jerhozolimitani, fratres germani, quondam filii prefati domini Pontii. heredis militis quondam, et dominæ Loysæ de Montelauro, domicellæ quondam, ejus uxoris primeriæ communes solvere tenerentur predicto hospitali sancti spiritus Montispessulani, sextam partem predictorum quindecim solidorum turonensium, videlicet quolibet anno duo solidos cum dimidio turonenses dictique duo solidi cum dimidio a longo tempore citra minime fuerint soluti, pro ut. fertur. Hinc est quod in presentia mei notarii et test. subscript. constitutus nobilis vir Johannes de Roculis, dominus de Roculis, Dioo. vivar. filius ac heres universalis nobilis viri domini Pontii, domini de Roculis, militis quondam, ut successor et bona tenens predict. nobilium dominorum quondam Pontteti de Roculis, et religiosi fratris Bertrandi de Roculis ordinis templi Jerhozolimitani perceptorisque Jalesii militum avi paterni et propaterni dicti domini de Rooulis, et etiam ut maritus et procurator legitimus nobilis Mariæ de Vernone, uxoris suæ. et legitimus administrator nobilis Johannis filii sui, per quos sui uxorem suam et filium suum omnia et singula ratificari, emologari et confirmari promisit et juravit in et sub obligatione omnium bonorum suorum, ad solam et simplicem requisitionem religiosi viri fratris Gauterii de Carapello, perceptoris et procuratoris, pro ut dicebat, hospitalis Montispessulano ordinis Stō-Spiritus predicti, non vi etc. Vendidit etc., etc., etc. »*

XI. Jean II, seigneur DE ROCLES, chevalier, reçut,
par acte passé devant Jean de Brive, notaire, le 2 janvier 1377, en présence d'honorable homme maître
Étienne de Mongiers, son baile, le serment que firent
les habitants de Rocles, de ne faire aucune réunion il-
licite ni aucun monopole contre ledit Jean, seigneur de
Rocles, contre le roi ni contre leurs sergents et officiers.
Jean II, fut père de Pierre Ier, qui suit.

XII. Pierre Ier, seigneur DE ROCLES, fils et donataire de Jean II, seigneur de Rocles, chevalier, reçut en
cette qualité, dans le courant de l'année 1391, vingt-
quatre reconnaissances de ses vassaux, passées devant
Pons Gazel, notaire. La première est du 15 mai, et la
dernière du 1er mars de ladite année (v. st.). Le 27 mars
1393, Pierre de Rocles et Dalmas, son fils, seigneurs de
Rocles, transigèrent, devant Jean de Brive, notaire, avec
Pierre Chabrol, prêtre, sur un différent qui s'était é-
levé au sujet des hommages et cas de taillabilité que
ces seigneurs exigeaient sur diverses terres et maisons
situées dans la paroisse de Joannas et le mandement de
Tauriers, acquises, le 28 août 1368, devant Olivier Aycelin, notaire, par ledit Chabrol, de Raymond Ma-
larsse. Il est dit dans cette transaction que Pons Ma-
larsse, père de Raimond, avait reconnu ces maisons et
pièces de terre vis-à-vis de noble Pons, seigneur de Rocles, chevalier, bisaïeul et trisaïeul paternel desdits Pierre
et Dalmas, seigneurs de Rocles; ladite reconnaissance
passée, le 16 octobre 1330, devant Jean Gay, notaire.
Il y est encore dit que les lods de cette acquisition avaient
été payés par ledit Chabrol, acquéreur, à feu noble Jean
de Rocles, chevalier, père et aïeul desdits seigneurs de
Rocles, demandeurs. Pierre épousa en premières noces
Blanche *de Til*. Le nom de sa seconde femme n'est pas
connu. Ses enfants furent ;

Du premier lit :

1°. Pierre de Rocles, *dit* de Til, chevalier de l'ordre de Saint-Jean de Jérusalem ;

Du second lit :

2°. Dalmas Ier, qui suit ;

3°. Guillanme de Rocles, licencié ès-lois;

4°. N.... de Rocles, femme de noble Gaillard *de Borenc*, de la paroisse de Saint-Martin de Valgorge.

XIII. Dalmas Ier, seigneur DE ROCLES, damoiseau, reçut comme co-héritier de son aïeul, Jean, seigneur de Rocles, chevalier, conjointement avec Pierre de Rocles, son père, 93 reconnaissances féodales de leurs censitaires, passées devant Raimond de Laugère, notaire, dans le courant de l'année 1393. L'avant dernier jour du mois de mars de la même année, devant Jean Martin, notaire, il donna quittance de lods en la même qualité d'héritier de Jean, seigneur de Rocles, chevalier, son aïeul, (*Filius nobilis Petri, scutiferi, ac heres clari et potentis viri domini Joannis, domini de Roculis, militis, avi sui paterni*), à Pierre Andeol, du lieu de Blaunac, paroisse de Rocles. Peu avant le 25 juin 1393, il avait contracté mariage, devant le susdit Raimond de Laugère, notaire de Joannas, avec demoiselle Catherine *de Brie*. laquelle, par acte de ce jour, passé devant Jean de Brive, notaire de l'Argentière, donna quittance à vénérable homme Guillaume de Brie, bachelier ès-décrets, curé de l'Argentière et official du même lieu, d'Aubenas et de Pradelles, son cousin, de la somme de 96 francs que ce dernier lui avait donnée en augmentation de dot, dans son contrat de mariage. Par un acte de l'an 1409, reçu par Antoine Vacher, notaire, dans sa maison de Lairolles, paroisse de la Blachère (Saint-Julien), Pierre de Rocles, *dit* de Til, religieux, chevalier de l'ordre de Saint-Jean de Jérusalem, fit donation à Dalmas, son frère consanguin, de certains fiefs situés dans les paroisses de Jaujac et de Rocles, qui avaient appartenu à Blanche de Til, sa mère, première femme de feu Pierre de Rocles. Le 4 août 1422, le même Dalmas passa un accord devant Hélie Martinent, notaire, tant en son nom qu'au nom de noble François de Rocles, son fils, avec Jean Colet et Vincent Dubès, son gendre, maréchaux audit lieu de Rocles, à raison de certaines terres, maisons et moulin, que feu noble Pierre de Rocles, père dudit Dalmas, avait donnés à nouvel achept aux défendeurs. Pour terminer ces différents, on convint, de part et d'autre, de s'en rapporter à l'arbitrage de noble et puissant homme messire Pons, seigneur de Beaumont, chevalier, de vénérable et circonspect homme Barthélemi la Vernade, licencié ès-lois, et aux arbitres et amis communs des parties. Dans cette même transaction, il est dit qu'il existait déjà certaine querelle et procès entre Pons, seigneur de Beaumont, et ledit Dalmas, seigneur de Rocles, à raison de quelques devoirs de vasselage que ce dernier avait manqué de rendre au premier, son seigneur suzerain. Afin de ne pas rompre l'amitié, union et concorde qui avaient toujours existé entr'eux, ils convinrent de s'en rapporter à l'arbitrage du susdit de la Vernade, promettant, l'un et l'autre, d'exécuter ce qu'il déciderait. Barthélemi de la Vernade décida, en conséquence, que le seigneur de Beaumont devait, en mémoire et considération de messire Jean, seigneur de Rocles, aïeul paternel dudit Dalmas, qui fut en son vivant un chevalier illustre, et des autres anciens chevaliers, ancêtres dudit Dalmas, oublier le passé, et continuer de le regarder comme fidèle vassal; *et ordinavit amicabiliter quod dictus dominus Bellimontis, favore contemplationeque nobilis viri domini Joannis, domini de Roculis, clari militis quondam, avi paterni ejusdem Dalmatii aliorumque militum majorum ejusdem, dictum dominum de Roculis teneat in verum et fidelem vassallum, pro ut quilibet dominus tenere debet vassallum suum* (1). Dalmas de Rocles fit une vente au même Pons, seigneur de Beaumont, par acte du 5 mars 1423, passé devant Jean Valschaldes, notaire; fit, par-devant le même notaire, le 12 novembre 1430, un acte d'échange, qu'il promit de faire ratifier par noble Fran-

---

(1) Le fief qui fait le sujet de cette contestation et de cette double transaction fut vendu, sur la fin du même siècle, par un autre Dalmas de Rocles, arrière-petit-fils de celui qui fait l'objet du présent article, à Pierre de Borne, seigneur de Laugère, qui en habitait le château. En vendant, il livra à l'acquéreur du fief la copie originale qui avait été faite à l'usage de son bisaïeul. Ce château de Laugère ayant passé, vers le milieu du 16 siècle, de la maison de Borne dans celle de Fontaines, le chef actuel de cette dernière maison a trouvé cette copie originale parmi les titres qui sont en sa possession, et l'a remise au chef de la famille de Rocles, seigneur de Tauriers, qui l'a en son pouvoir.

çois de Rocles, son fils ; fit, tant en son nom qu'au nom
dudit noble François, et de noble Dalmas, fils dudit
François, son petit-fils, une vente à Foulques de Beaumont, petit-fils maternel et héritier du susdit seigneur
de Beaumont, chevalier, par acte passé, le 10 janvier
1446, devant Bertrand de Malet, notaire; et, enfin, par
actes des 16 mai et 16 décembre 1449, reçus par le même notaire, reconnut, conjointement avec les susdits
François et Dalmas de Rocles, plus jeune, ses fils et petit-
fils, tenir en fief franc et noble du seigneur de Beaumont
tout le mas de Courtes, situé dans la paroisse de Rocles,
de même que le mas de Lambertarie, situé en la paroisse
de Joannas, ainsi que tous les cens, services et hommages qu'ils possédaient dans l'étendue desdites paroisses
de Rocles et de Joannas. Il renouvela cet hommage, tant en
son nom qu'au nom de ses fils et petit-fils, le 6 septembre
1450. On ne lui connaît d'autres enfants, issus de son mariage avec Catherine de Brie que François, dont l'article
suit.

XIV. Noble François DE ROCLES, reçut une procuration
de son père, le 12 février 1422 ; il fournit au seigneur de
Beaumont, conjointement avec Dalmas, son père, et autre
Dalmas, son fils, la reconnaissance en fief franc et noble,
dont il est parlé au degré précédent. En 1463, François
de Rocles et Dalmas, son fils, eurent un différent avec
l'Université de Rocles, au sujet de biens provenus à Dalmas de Rocles, (le plus jeune), petit-fils et fils desdits
François et Dalmas, par donation de feu Jacques Pison.
L'Université prétendait que ces biens, ayant toujours
payé les tailles royales, n'avaient pas changé de nature,
quoiqu'ils fussent tombés dans des mains nobles, n'enten-
dant point contredire la noblesse des sieurs de Rocles,
dont les aïeux avaient fourni plusieurs chevaliers illustres dans leur pays. Ces derniers répondirent qu'étant
nobles de race, et les biens suivant l'état des personnes,
ceux qui faisaient l'objet de la contestation étaient conséquemment non assujétis aux tailles royales et autres
impôts communs. Pons de Brison, bachelier ès-lois,
prieur et curé de la paroisse de Rocles et Antoine de
Landos, baile de la cour civile de Beaumont, arbitres de
ce différent, condamnèrent lesdits de Rocles à payer les
tailles royales pour tous les biens provenus de feu Pison,

donateur, excepté pour un bois planté de chêne-vert,
appelé vulgairement le Vieux-Château, situé près des
ruines de l'ancien château de Rocles, et donné originairement en emphytéose, le 2 des calendes d'avril
1300, par noble homme Pons, seigneur de Rocles,
chevalier, prédécesseur des susdits de Rocles. François
fit son testament devant Bertrand de Malet, notaire, en
1466, dans lequel il nomme 18 enfants, 12 garçons et
6 filles, et 4 petits-fils, enfants de Dalmas, son fils aîné, dont l'article suit. Dans le cas où Jeanne *de Malet*,
son épouse, ne pourrait demeurer avec son héritier, il
lui assigne pour logement la grande tour de son vieux
château, et veut qu'elle en jouisse de la même manière
qu'en avait joui Catherine de Brie, sa mère. François
fit diverses ventes de fiefs au seigneur de Beaumont, par
actes reçus par Rodilli, notaire, le 24 janvier 1468, et
dans le cours de l'année suivante.

XV. Noble Dalmas DE ROCLES, IIe du nom, institué
héritier principal de son père, en 1466, avait fourni au
seigneur de Beaumont, en l'année 1449, devant Bertrand de Malet, notaire, avec Dalmas et François de
Rocles, ses grand-père et père, la reconnaissance en
fief franc et noble. Il ratifia, en 1477, toutes les ventes
faites au seigneur de Beaumont, tant par son père que
par son aïeul, et en fit lui-même de nouvelles. C'est par
suite de ces nombreuses aliénations féodales que tous
les droits de justice et de fief sur la seigneurie de Rocles sont sortis de cette maison. Pour soutenir sa fortune et sa nombreuse famille, Dalmas II prit une charge de notaire, que ses descendants ont conservée pendant sept générations, charge qui, loin d'offrir nulle
incompatibilité avec la noblesse, était ordinairement
remplie par des cadets des meilleures familles (1). Aussi, dans tous les actes que recevait Dalmas, il n'omet-
tait jamais de donner les qualifications nobles à son
aïeul, à son père, à ses frères, et même à ses enfants,
quand il les nommait, soit comme témoins, soit autre-
ment. De Catherine son épouse, dont le surnom est
ignoré, il laissa :

___

(1) Voyez le tom. II de cet ouvrage, pag. 100, au mot NOTAIRE.

1°. Dalmas IV, qui suit;
2°. Noble Guillaume
    de Rocles,
3°. Noble Simon de {vivants en 1483,
    Rocles,
4°. Noble Gaspard de
    Rocles,

XVI. Noble Dalmas DE ROCLES, IIIe du nom, nommé dans le testament de son aïeul, en 1466, épousa, par contrat passé devant Chalendar et Boisson, notaires, le 14 janvier 1480, Isabelle *de Favon*. Il passa un accord avec ses frères, en 1483, touchant leurs droits légitimaires, et fit une vente considérable au seigneur de Beaumont, par acte passé devant Pierre Valschaldes, le 3 février 1495. Dans son testament, reçu par Germain Lafont, notaire, le 19 juillet de l'an 1516, il institua pour son héritier Jean de Rocles, son petit-fils, fils de Charles, son fils et son donataire. Il laissa de son mariage, entr'autres enfants, Charles, qui suit.

XVII. Noble Charles DE ROCLES, IIe du nom, épousa, par contrat passé devant Bernard, notaire, le 29 mars 1508, Jeanne *de Malaval*, et donna quittance de sa dot, le 21 mai suivant. Elle fit son testament par-devant Terangeto, notaire, le 26 juillet 1545, en faveur de Pierre de Rocles, son fils. Charles de Rocles donna reconnaissance au seigneur de Beaumont de son mas de Courles, sis au lieu de Rocles, et autres terres jadis reconnues, en 1449, par François et Dalmas de Rocles, ses aïeul et bisaïeul, avec hommage noble et baiser de paix, par acte passé devant Audigier, notaire, le 26 août de l'an 1550. Il fit son testament, le 30 septembre 1549, devant Pierre Tarangeto, notaire, et fit son héritier son fils Pierre. Il eut deux fils :

1°. Jean de Rocles, prêtre, qui fit cession de l'hérédité de Dalmas III, son grand'père, à Pierre, son frère, en 1543;
2°. Pierre qui suit.

XVIII. Noble Pierre DE ROCLES, IIe du nom, embrassa le calvinisme, et fut l'un des chefs du conseil des

V.   38

réformés. Il avait épousé, par contrat passé devant Va‑
lentin, notaire, le 13 janvier 1541, Jeannede*Veyzière,*
qui fit son testament, par-devant Alamel, notaire, le 21
mars 1568. Pierre fit le sien, par-devant André, le 23
mars 1566, et un codicile, par-devant Deleuze, le 28
juillet 1580 ; enfin, il fit un second testament, par-de‑
vant le même notaire, le 25 décembre 1591. Ses enfants
furent :

    1°. Simon, dont l'article suit;
    2°. Joseph de Rocles, légataire de sa mère, en
    1566.

XIX. Noble Simon DE ROCLES, fils aîné et héritier
de Pierre II, commandait, en 1573, une compagnie de
religionnaires, à la tête de laquelle il s'empara d'Alet,
à la fin du mois de mars, conjointement avec le ca‑
pitaine Castelrens (1). L'an 1582, il épousa Antonie *de
Lichères,* et, en faveur de ce mariage, Pierre de Ro‑
cles, son père, lui fit donation de ses biens. Lui et sa
femme firent un testament mutuel, devant Vézian, no‑
taire, le 22 novembre 1622, en faveur de Pierre, leur
fils, qui suit. On voit par cet acte que Simon de Ro‑
cles avait abjuré le calvinisme.

XX. Noble Pierre DE ROCLES, IIIe du nom, épousa,
par contrat passé devant Vézian, le 19 juin 1624, Su‑
sanne *de Valens,* et fit deux testaments, devant le mê‑
me notaire, le 29 août 1629, et le 4 mai 1647, et un
codicile, le 5 février 1651, par lesquels il institue son
héritier universel Pierre qui suit, et donne à titre d'au‑
mône et pour les aider à se marier, à Louis, Pierre,
André, Marc et Eric de Rocles, ses *enfants naturels,*
la somme de 400 livres, et outre cela, 30 livres à cha‑
cun pour apprendre un métier, voulant qu'ils soient
nourris dans sa maison par son héritier, jusqu'a ce qu'ils
se soient mariés ou qu'ils soient d'âge à recevoir leurs
legs (2). Pierre de Rocles, sur la présentation et vérifi‑

(1) Histoire générale du Languedoc par D. Vaissète, tom. V,
pag. 319.

(2) Tous ces enfants naturels ont été mariés, et ont laissé une
nombreuse postérité.

tation de ses titres de noblesse, fut déchargé du droit de franc fief, et maintenu dans son ancienne race et lignée par Jean-Balthazar, intendant en Languedoc, et commissaire départi par S. M. pour la liquidation des taxes ordonnées être faites sur les roturiers possédants fiefs, terres et seigneuries nobles, sujettes au ban et arrière-ban, aux généralités de Montpellier et Toulouse.

XXI. Noble Pierre DE ROCLES, IVe du nom, épousa, par contrat du 21 novembre 1648, passé devant Vézian et Belidentis, notaires, Jeanne *de Rocher*. Il fit deux testaments, le premier, le 1er août 1660, devant Suchet, le second, le 22 septembre 1671, devant Vézian, notaire, par lesquels il institue son héritier principal, son fils aîné, lui substituant tous ses autres fils dans l'ordre de primogéniture, savoir :

1°. Étienne de Rocles, qui, le 7 décembre 1688, fit son testament, par-devant Vincent, notaire, par lequel il institue Jeanne de Rocher, sa mère, son héritière, et fait un legs à Jean de Rocles, son frère ;

2°. Pierre de Rocles ;

3°. Annet de Rocles, mort prêtre ;

4°. Jean, dont l'article suit ;

5°. Alexis de Rocles, né après l'an 1660, légataire de son père, en 1671. Il ne laissa que des filles.

XXII. Noble Jean DE ROCLES, IIIe du nom, parvint à l'hérédité des biens de Pierre de Rocles, son père, par le décès de ses trois frères aînés, morts sans enfants. Il fut institué héritier universel de sa mère, par son testament du 4 mars 1694, fait par-devant Vincent, notaire, servit dans les guerres de son temps, et y reçut plusieurs blessures. Il avait épousé, par contrat du 7 juillet 1694, Marie *de Vézian*, qu'il institua son héritière fiduciaire, le 22 août 1713. Ils eurent deux fils :

1°. Antoine-Auguste I, qui suit ;

2°. François de Rocles, né posthume, prêtre, curé de la Chapelle-sous-Aubenas, mort en 1764 ou 1765.

XXIII. Noble Antoine-Auguste DE ROCLES, Ier du nom, épousa, par contrat du 27 novembre 1754, Marie-Charlotte *de Vincenti de Monsseveny*, fille de messire Gabriel de Vincenti de Monsseveny, et de feu dame Marie-Anne le Brun. Antoine-Auguste I fit son testament, le 12 mars 1786, en faveur de noble Antoine-Auguste II, son fils, qui suit.

XXIV. Noble Antoine-Auguste DE ROCLES-TAURIERS, né le 30 juillet 1759, seigneur de Tauriers, de Chalabrèges, du château du Cros, et autres lieux, co-seigneur de Rocles, ainsi qualifié dans l'assignation qui lui fut donnée, le 10 mars 1789, pour assister parmi les autres nobles de la sénéchaussée de Villeneuve, à l'assemblée des trois états, convoquée pour l'élection des députés aux états-généraux du royaume, aujourd'hui juge-de-paix du canton de l'Argentière, a épousé, par contrat passé devant Vézian, notaire, le 15 décembre 1777, Louise-Gabrielle *de Comte de Tauriers*, fille légitime et héritière de Jean-Louis de Comte, seigneur de Tauriers, de Chalabrèges et autres lieux, capitaine au régiment de Rohan-Rochefort, chevalier de l'ordre royal et militaire de Saint-Louis, grand-bailli et commandant de la ville de Joyeuse, et de dame Louise de la Baume. De ce mariage sont issus huit enfants, dont quatre sont morts jeunes ou sans postérité. Les autres sont :

1°. Charles-Louis-Auguste de Rocles-Tauriers, né le 29 septembre 1779, fusillé comme l'un des principaux chefs des troupes royalistes du Vivarais, vers le milieu de l'an 1800 ;

2°. Henri-François-Florent, dont l'article suit ;

3°. Charles-Louis de Rocles-Tauriers, né le 1er mai 1789, qui, obligé comme conscrit de servir, entra, le 6 juin 1813, dans le 4° régiment des gardes-d'honneur, et fut fait lieutenant d'une compagnie des volontaires royaux, lors de la restauration. Il sert actuellement avec le même grade dans le 4° régiment d'infanterie légère, ci-devant légion de l'Ardèche ;

4°. Marie-Marthe-Bonne-Gabrielle de Rocles-Tauriers, mariée, le 19 août 1818, avec Augustin *Gache*, receveur de l'enregistrement à l'Argentière.

XXV. Noble Henri-François-Florent DE ROCLES-TAURIERS, né le 26 juillet 1786, obligé de servir, par la loi de la conscription, entra au service, le 25 mars 1806, en qualité de vélite chasseur à pied, et fit les campagnes de 1806 et 1807 à la grande-armée. Il obtint son congé de réforme, le 1er mai 1809, et épousa, le 1er janvier 1811, Jeanne-Émilie-Alexandrine *de Monteil*, fille de feu Joseph-Aimé de Monteil, et d'Élisabeth de Saladin. De ce mariage sont issus :

1°. Henri-Joseph-Gaston de Rocles-Tauriers, né le 18 juin 1815 ;

2°. Antoine-Joseph-Hippolyte de Rocles-Tauriers, né le 14 avril 1817 ;

5°. Joséphine de Rocles-Tauriers, née le 24 janvier 1812 ;

4°. Mélanie-Antoinette de Rocles-Tauriers, née le 14 avril 1817.

Armes : D'or, au lion de gueules, cantonné de trois rocs d'échiquier et d'un croissant d'azur au dernier canton ; au chef cousu d'argent, chargé de quatre palmes issantes et pendantes, deux à dextre et deux à senestre de sinople ; à la bordure d'azur. Casque taré au tiers, orné de ses lambrequins, et sommé d'une couronne de comte. Cimier : Un lion issant de gueules. Supports : Deux taureaux. Devises : 1° *Ut rupes animo firmus* ; 2° *Prœliis semper crescendo*. Légende : *Leonelli palma*.

ROLLAND ; noble et ancienne famille, originaire de Normandie (dont il est parlé dans Gui Allard, rédacteur du Nobiliaire du Dauphiné, imprimé à Grenoble, en 1679, et dans le Dictionnaire généalogique des premières maisons de France, par M. de La Chenaye-des-Bois, tom. III, imprimé à Paris en 1757), établie depuis environ 350 ans en Guienne, où elle fut transférée par Étienne de Rolland. Plusieurs seigneurs de ce nom ont rendu des services à l'état, et se sont signalés en exposant et leur vie et leur fortune pendant les guerres de Normandie, sous Charles VII ; durant les troubles de la

Guienne, sous Louis XIII et Louis XIV, et pendant les derniers troubles du royaume, sous Louis XVI et Louis XVIII.

Cette famille est alliée avec celles des Leberthon d'Aiguille, premier président au parlement de Bordeaux, Monferrand, grand-sénéchal de Guienne, Moneins-de-Tréville, Montesquieu, Canolle, marquis de Lescours, Calvimont, Donissan, la Rochejaquelein, marquis Dalon, Daux, de Lur-Saluces, la Chassaigne, Verthamont, comtes de la Tresne, et autres premières maisons de la province.

La généalogie de cette famille, prouvée par titres, commence à Thevenin de Rolland, qui fut un des cent hommes d'armes de la grande ordonnance du roi Charles VII. Les diverses guerres et les troubles de l'intérieur de la France ayant à plusieurs reprises causé le pillage de ses châteaux, et la perte d'anciens titres et papiers, ainsi qu'il est constaté par le double des pièces remises à M. Clairambault, en 1755, et qui se trouvent dans ses manuscrits, il est aisé de conclure que les preuves de cette maison remonteraient à une origine beaucoup plus reculée, puisqu'il fallait être gentilhomme, et avoir une certaine fortune, pour être admis dans les compagnies de la grande ordonnance du roi Charles VII, formées en 1445.

Thévenin DE ROLLAND, dont il est parlé ci-dessus, était un des cent hommes d'armes de la grande ordonnance du roi Charles VII, et servait dans la compagnie de M. d'Estouteville, chevalier, seigneur de Torcy ; ce qui est constaté par un état de ladite compagnie, certifié par messire Jean du Tillay, commis par le roi. Il se trouva au siége de Rouen et à la bataille de Fourmigny, en 1449 et 1450.

I. Guillaume DE ROLLAND, écuyer, cousin-germain de Thévenin, dont il vient d'être parlé, était un des dix hommes d'armes de la grande ordonnance du roi Charles VII, et servait dans cette compagnie de messire Jean de Blosset, seigneur de Saint-Pierre, ce qui est constaté par un état de la compagnie, certifié par Rogier, secrétaire des guerres, en 1475. Il habitait alors le pays

de Caulx, vicomté de Rouen, et avait épousé Jeanne
Papin.

II. Étienne DE ROLLAND, son fils, écuyer, quitta le
service à l'époque ou il fut pourvu, par le roi Louis XI,
d'une charge de conseiller au parlement de Guienne,
lors de sa création, en 1462. Ce fut alors qu'il quitta la
Normandie, et qu'il vint s'établir à Bordeaux, pour y
exercer cette charge. Il avait épousé Marguerite *de
Quatremarres*, veuve de noble homme Jacques Lom-
bart, écuyer, seigneur de la Bouquelande. Il eut de ce
mariage.

III. Flory DE ROLLAND, écuyer, seigneur du Pont (1),
qui fut pourvu de la charge de conseiller au parlement
de Guienne par le roi Charles VIII, en 1492, et maintenu dans ladite charge, en 1498, par lettres de confirmation d'office, du roi Louis XII. De son mariage avec
Peyronne *Micquau* naquirent deux filles et un fils qui
suit.

IV. Adrien DE ROLLAND, écuyer, seigneur du Pont,
licencié ès-lois, fut nommé par le roi, jurat gentilhomme à Bordeaux, puis juge de la prevôté royale de Barsac. Il mourut, en 1547, laissant de son mariage avec
Françoise *de Singareau*, nièce de Geoffroy de la Chassaigne, 4e président au parlement de Guienne, quatre
filles et deux fils: 1° Joseph, qui a continué la branche aînée (2), de laquelle sont descendus Jean *de Rolland*, à qui le cardinal de Sourdis accorda le droit de
banc et sépulture dans l'église de Barsac, en 1623;
Jacques *de Rolland*, chevalier de l'ordre du roi, gentilhomme ordinaire de sa chambre, en 1645, capitaine
de cavalerie, en 1646, puis vice-sénéchal de Guienne.
Ce fut lui qui, dans les troubles de 1653, fit rentrer cette province dans l'obéissance, en ménageant par des

---

(1) La seigneurie et château du Pont, dont cette famille est en
possession depuis lors, est située en Guienne, à six lieues de Bordeaux, entre Barsac et Preignac.

(2) Cette première branche s'est éteinte, en 1801, par la mort
de Jean-Baptiste de Rolland, chevalier des ordres du roi et exempt
de ses gardes.

intelligences secrètes et adroites la reddition de Bordeaux et de Bourg, place alors importante. Louis XIV
faisait grand cas de lui, ainsi que le constatent plusieurs
lettres que lui ont écrites ce monarque, les ducs de
Vendôme, de Guise et de Candalle, et qui sont conser-
vées dans la famille. Ce fut en conséquence de ses services et à cause des pillages arrivés à plusieurs reprises
dans ses châteaux du Pont et de Budos, que le roi lui
accorda deux sauvegardes, en 1651 et 1653; et Joseph
de Rolland, major d'infanterie, chevalier des ordres
du roi, et gentilhomme ordinaire de sa chambre, qui
fut l'auteur des seigneurs de Lastous, qui forment la
troisième branche; 2° Guillaume, dont l'article suit.

V. Guillaume DE ROLLAND, écuyer, seigneur d'Escor-
tinals (1), de la Roque et de Villenave, fut l'auteur de
la seconde branche. Il ne paraît point qu'il ait occupé de
charge. Il épousa, en 1566, Jeanne *Saurreau,* de laquelle il eut quatre filles, et un fils qui suit.

VI. Israël DE ROLLAND, écuyer, seigneur d'Escorti-
nals, de la Roque et de Villenave, se maria avec Catherine *Bertrand*, dont il eut Arnaud, qui suit; et mourut
en 1616.

VII. Arnaud DE ROLLAND, écuyer, seigneur d'Escor-
tinals, de la Roque et de Villenave, conseiller à la cour
des aides et finances de Guienne, épousa, en 1641,
Marie *de Thorisson*, dont il eut :

    1°. Philippe de Rolland d'Orde, officier au régi-
       ment de Champagne, mort sans postérité. Il
       s'était signalé lors des troubles de Guienne, et
       avait été aussi conseiller à la même cour des aides,
       en 1671 ;
    2°. Joseph, qui suit :

VIII. Joseph DE ROLLAND, chevalier, seigneur d'Es-
cortinals, de la Roque et de Villenave, capitaine, puis
commandant de bataillon dans le régiment de Norman-

---

(1) Cette terre est située dans le Languedoc, près Montauban.

die ; fut employé dans des occasions importantes durant
toutes les guerres de Sicile, et y donna des preuves é-
clatantes de valeur et de zèle pour le service du roi,
comme il est dit dans des lettres de grâce, du mois de
décembre 1682, à lui accordées par Louis XIV, pour
s'être battu en duel. Il quitta le service, à la mort de son
frère, et fut pourvu de la charge de conseiller, puis de
celle de président à la cour des aides de Bordeaux, en
1691. Il obtint, conjointement avec son frère, en 1673,
des lettres de relief de noblesse. Il mourut, en 1722,
laissant de son premier mariage avec Marguerite *de
Boucaud*, un fils nommé François-Joseph, qui suit : et
de son second mariage avec Thérèse *de Canolle-Les-
cours,* cinq enfants, tous morts sans postérité.

IX. François-Joseph DE ROLLAND, chevalier, seigneur
de la Roque et de Villenave, (1) était conseiller du roi,
président à la cour des aides et finances de Guienne,
où il siégea, pendant 43 ans. Durant plusieurs années,
il fut chargé seul de la direction de toutes les affaires
de cette compagnie, en l'absence du premier président,
dont il remplit les fonctions avec autant de zèle que de
talent, ainsi que le prouve sa correspondance avec le
ministère. Il se maria, en 1723, avec Jeanne *de Cha-
perin,* dont il eut un fils, qui suit.

X. Jean-François DE ROLLAND, chevalier, seigneur de
la Marque, de la Roque et de Villenave, fut nommé,
en 1773, conseiller du roi, président à mortier au parlement de Bordeaux, où il siégea pendant 27 ans. On lui
conserva le titre de président honoraire. Quoiqu'il ne fût
pas en charge à l'époque de la suppression des cours souveraines, en 1790, il ne fut pas plus que ses anciens collé-
gues à l'abri des persécutions suscitées par les révolutionnaires, et périt comme eux victime de leur fureur, en
1794, laissant une femme et quatre enfants, qui, comme
tant d'autres, furent exposés pendant plusieurs années à
tous les dangers.

L'activité de son génie et la droiture de son jugement

_____

(1) Ces terres sont situées en Guienne, près Cadillac, à six lieues
de Bordeaux.

le mirent fréquemment en rapport avec les premiers magistrats de la province, qui, dans plusieurs occasions,
notamment en 1770, 1773 et 1788, lui durent les
moyens de prévenir des fléaux que les circonstances faisaient appréhender pour la ville de Bordeaux. La considération qu'il s'était acquise et sa fortune ne le mirent
pas moins à même de procurer aux habitants malheureux des campagnes voisines le soulagement et tous les
genres de secours, que les rigueurs des saisons ou des
événements fortuits ne rendaient que trop souvent nécessaires. Il avait épousé Madelaine *de Thilorier,* dont
il eut :

1°. Armand-Louis-Jean-Marie, qui suit ;
2°. Marie-Madelaine, mariée à M. *Papin de la-
Gaucherie,* chevalier de l'ordre du Roi ;
3°. Henriette - Françoise, mariée à M. *Romain,*
marquis Dalon ;
4°. Sophie-Thérèse, mariée à M. *de la Marthonie,*
chevalier de l'ordre du Roi.

XI. Armand-Louis-Jean-Marie DE ROLLAND, chevalier,
lieutenant de cavalerie, possesseur des même terres que
son père, se livra d'abord à l'étude des lois ; mais la
continuité des troubles qui ont agité le royaume, l'em-
pêcha de suivre la carrière de la magistrature. Il fut
dépouillé de la charge de conseiller, que son père lui
avait laissée. Les princes, frères du roi Louis XVI, ayant
quitté la France, il se rendit en Allemagne auprès d'eux,
en 1791, et leur offrit ses services. Il fit la campagne de
1792 dans les compagnies d'ordonnance qui faisaient
partie de la maison du roi, et celles de 1793 et 1794
dans l'armée des alliés. Après le licenciement de cette armée, il resta quelques temps en Allemagne, puis passa
dans la Bretagne, qui s'était prononcée pour le parti du
roi, d'où il revint, en 1801, en vertu de l'amnistie,

Rentré dans les propriétés dont il n'avait pas été dépouillé, il ne tarda pas à être employé dans plusieurs
administrations civiles et établissements de bienfaisance.
Son zèle pour le bien public lui mérita plusieurs missions
particulières de la part des premières autorités de son
département, et il fut, à plusieurs époques, nommé
président d'assemblées cantonales. En 1813, un parti

s'étant formé dans la Guienne, en faveur des Bourbons, il y prit part, ainsi qu'aux événements de 1814; et, dans la matinée du 12 mars, il se signala par un acte particulier de dévouement, que son A. R. Mgr. le duc d'Angoulême daigna remarquer, et dont elle daigna se rappeler dans la suite, en ordonnant *spécialement* qu'on lui remît la décoration concédée par S. M. aux volontaires royaux, dont il faisait partie. Il fut nommé alors chef de bataillon commandant les gardes nationales de son canton. Il a épousé, en 1803, Marie-Louise-Jacqueline *Canolle de Lescours*. De ce mariage sont nés :

1°. Joseph-Louis-Victor de Rolland ;
2°. Louise-Marie-Josephine de Rolland ;
3°. Sophie-Jacqueline-Marie de Rolland.

Armes : D'azur, à un lion d'or, couronné d'hermine, armé, lampassé et floqué de gueules. Tenants : Deux hommes d'armes, ayant chacun à la main une épée haute d'argent garnie d'or, avec ces mots latins sur chaque bras portant l'épée ; à l'un *servat*, et à l'autre, *tuetur* ; l'écu timbré d'un casque taré au tiers. Cimier : Un lion issant, d'or, semblable à celui des armes, tenant de la pate droite un badelaire d'argent, garni d'or, menaçant de frapper. Devise : *Nomine magnus, virtute major.*

DE RONNAY ; famille noble de Normandie et du nombre de celles dont l'origine se perd dans l'antiquité des temps ; elle est connue depuis plus de 800 ans sans interruption, et elle tire son nom de la terre et seigneurie de Ronnay, fief de hautbert, mouvant du roi. Cette terre est située entre Falaise et Argentan.

Les membres les plus marquants de cette maison sont :

N.... DE RONNAY, prieur de l'hôpital, qui accompagna saint Louis à la Terre-Sainte. (Vély. *Histoire de France*, tom. *IV*, pag. 471.)

Jean DE RONNAY, seigneur de ladite terre, capitaine-commandant du château de Falaise, en 1270, (suivant le rôle des anciens arrières-bans, rapportés par la Roque, à la fin de son traité de la noblesse).

Robert DE RONNAY, chevalier, seigneur de ladite terre, capitaine d'une compagnie de 5o hommes d'armes d'ordonnance, tué à à la bataille d'Azincourt, en 1415.

· Philippe et Antoine DE RONNAY, tués, en 1524, au siége de Pavie.

Thomas DE RONNAY, II⁰ du nom, seigneur dudit lieu, lieutenant des gendarmes, gouverneur et commandant pour le roi du château de Falaise, et gouverneur d'Alençon. Ce dernier eut pour fils Antoine de Ronnay, chevalier de l'ordre du roi, capitaine d'une compagnie de 5o hommes d'armes de ses ordonnances, gentilhomme de sa chambre et lieutenant de la compagnie de ses gendarmes; il convoqua le ban et l'arrière-ban du bailliage de Caen, par commission de M. de Matignon, du 12 octobre 1567. Il eut plusieurs garçons, dont Julien et Jacques, capitaines de gens de guerre, tués à la bataille de Montcontour, en 1569. — André, capitaine, mort à Rouen. — Louis, capitaine, mort à Chartres. — Thomas, aussi capitaine, mort en Portugal.

Le même Antoine de Ronnay eut encore pour fils :

Jean DE RONNAY, III⁰ du nom, chevalier de l'ordre du roi, capitaine de 5o hommes d'armes de ses ordonnances, marié, le 3o juillet 1587, à Jacqueline *de Thiboult*, dont il eut :

1°. Louis de Ronnay, chevalier de l'ordre du roi, mort de ses blessures en Allemagne, commandant un détachement;

2°. Philippe de Ronnay, aussi chevalier de l'ordre du roi, capitaine des chasses de S. M., lieutenant-colonel commandant au régiment d'Harcourt;

3°. Antoine de Ronnay, chevalier de Malte, lequel quitta la croix, étant devenu le seul héritier de son nom, qu'il a perpétué jusqu'à nos jours.

On peut consulter le tom. XV du Dictionnaire héraldique de M. de la Chesnaye-des-Bois, où se trouve en entier la généalogie de cette ancienne famille, qui est représentée de nos jours par :

Messire Thomas-François DE RONNAY, né le 23 mars 1752, chevalier de l'ordre royal et militaire de Saint-Louis, émigré capitaine d'infanterie, rentré en France en 1799. Il reçut l'ordre du comte de la Chapelle pour prendre un commandement dans l'armée catholique et royale de Basse-Normandie, commandée par le général comte Louis de Frotté : il ne lui est resté, de son mariage avec noble demoiselle N.... *Langlois de Longuemare*, qu'une fille, Émélie-Adélaïde de Ronnay, mariée, le 29 juin 1809, à messire Charles-Anne *de Godet de Thuiley*, chevalier de Saint-Louis, chef de bataillon commandant les grenadiers du 1er bataillon du 5e régiment de la garde royale. Thomas-François de Ronnay a eu deux frères tués dans les Pays-Bas, au service du roi, pendant l'émigration. Son second frère, le chevalier de Ronnay (Antoine-François), capitaine au régiment de Loyal-Émigrant, commandé par le duc de la Châtre, est mort lieutenant-colonel depuis la restauration, par suite de ses blessures et des fatigues de la guerre. Il lui reste deux autres frères, Louis-Xavier de Ronnay, chevalier de Saint-Louis et capitaine, et Joachim-Benoist de Ronnay, marié, le 2 décembre 1820, à noble demoiselle Victoire-Joséphine *de Frotté*.

Les alliances de cette famille sont, entr'autres, avec celles d'Avesgo, de la Bellière, de Bernard de la Rosière, de Berquin, de Boutin de Victot, de Corday, Dramard de Chassin, Droulin, de Fresnay, de Givry, de Guiry, de Jupiles, de Lescalle, de Malet, de Martineau de Thuré, de Méry, du Moinet, de Molay, de Ners, d'Orglandes de Briouse, de la Roque de Naubourg, de Serans, de Tigny, de Vauborel, de Viel de Raveton, etc., etc.

Armes : Coupé de gueules et d'argent, à trois losanges, deux en chef et une en pointe de l'un en l'autre. Supports : Deux lions au naturel, affrontés, ayant la tête contournée, armés, lampassés et vilenés de gueules. Couronne de marquis. Cimier : Un lion issant. Devise : *Illuminat virtus.*

DE LA ROQUE DE MONS, en Périgord ; noble et ancienne famille, dont la filiation remonte à Bertrand Ier de la Roque, chevalier, en faveur de qui Roger-Bernard, comte de Périgord et seigneur de Bergerac, confirma, en 1339, la vente qu'Adémar Brunet, bourgeois de Bergerac, lui avait faite d'un moulin situé sur le ruisseau du Caudou, près de Bergerac. On le croit père de :

Bertrand II de LA ROQUE, damoiseau, co-seigneur de Reillac, qui, par son testament de l'an 1355, donna tous les biens qu'il avait à Bergerac, aux enfants de feu Arnaud son fils, ainsi que ceux provenant de M. Hugon, chevalier, beau-père de ce dernier.

Arnaud DE LA ROQUE, damoiseau, mourut avant son père, laissant, entr'autres enfants de N... Hugon, (*Hugonis*), sa femme, fille de N... Hugon, chevalier, Guillaume, qui suit.

Guillaume de LA ROQUE, qualifié dans les actes, dès l'an 1383, *damoiseau de Bergerac*, vendit quelques rentes à Bergerac, en 1374, et succéda à Vidal Ferrier et à Benevente de Boisse, dans les biens qu'ils avaient près de Villeréal. Ce fut sans doute à cause de cette succession qu'il alla s'établir dans cette ville, comme on peut l'inférer de plusieurs actes, depuis l'an 1393, jusqu'en 1407, dans lesquels il prend la qualité *de damoiseau de Villeréal*. Un arrêt, de l'an 1490, le dit père d'Antoine ; mais, comme il existe une trop grande distance entre ces deux individus, il est plus naturel de supposer qu'il y a eu deux Guillaumes, qui se sont succédé immédiatement l'un à l'autre.

Antoine de LA ROQUE, écuyer, seigneur de la Mothe-Ferrier, etc., eut plusieurs procès avec N... de la Roque dame d'Escandaillac. Il paraît par les pièces de l'un de ces procès, qu'Alfonse, comte de Toulouse, avait fait donation de cette terre, qui comprenait alors dix paroisses, avec haute, moyenne et basse justice, à Arnaud de la Roque (*de Rupe*), et que cette dame la tenait d'Amalvin de la Roque, son père. Elle demandait aussi à Antoine l'hommage d'un fief appelé *David*, qu'il possédait dans le voisinage du château d'Escandaillac. Antoine disait qu'*il ne tenait son fief que de Dieu, et de son épée.* Cependant il fut condamné à un hommage d'une paire de gants, et l'arrêt qui le condamne, le déclare *fils de Guillaume de la Roque, écuyer,* sans autre détail. Il eut, en vertu de deux arrêts du parlement, dont le dernier est de 1493, le fief de la Mothe-Ferrier, que ses descendants ont possédé jusqu'à la révolution. De son mariage avec Catherine *de Revel,* vinrent, entr'autres enfants :

1°. Arnaud II, qui suit ;
2°. Jean, qui hérita de son père du fief de David, et fut auteur d'une branche qui s'allia plusieurs fois à la maison de Comarque, et s'éteignit avant l'an 1680.

Arnaud de LA ROQUE IIᵉ du nom, écuyer, seigneur de la Mothe-Ferrier, eut pour femme Agnès, *dite* Agnète *de Gasc,* fille du seigneur de Miallet et de Boissière en Querci ; elle le rendit père de :

Jean I de LA ROQUE, aussi écuyer, qui fut marié avec Gasparde *de Castanède,* fille de Jean, et de Jeanne de la Pérède, dont il eut :

Jean II de LA ROQUE, allié à Marguerite *de Bosredon,* fille de Pierre, et de Catherine de Royère.

Jean III de LA ROQUE, fils de Jean II, prit alliance avec Claude *de Saunier,* fille de François, seigneur de la Borie et de Champagnac et de Guilhône de la Faye, et eut pour fils :

Jean IV de LA ROQUE, qui épousa Marguerite *de Ferrand,* dame de Bellegarde, fille de Galien de Ferrand, écuyer, seigneur de Peyran, et de Marguerite d'Abzac, dame de Bellegarde. De ce mariage provint :

Jean V de LA ROQUE, qui, de Jeanne *de la Cour,* sa femme, laissa :

Jean VI de LA ROQUE, marié à Henrie *de Josset,* fille de Paul, chevalier, seigneur de la Tacte, dont il a eu un fils, qui suit.

Louis de LA ROQUE, chevalier, seigneur de la Mothe-Ferrier, de Mons, etc., épousa Marie-Anne *de Haute-fort-de-Vaudre*, dont naquit :

Jean-François, comte de LA ROQUE, seigneur de Mons, député par la noblesse du Périgord aux états-généraux, en 1789. Il est mort dans la révolution, et a laissé deux fils et plusieurs filles de son mariage avec Marie *de Sir-vain*, fille de Jacques, seigneur de Verdon et d'Élisa-beth de la Goutte de Prat.

Armes : De gueules, à un lion léopardé d'or, sur une montagne de sinople.

DE ROSNAY (BERBIER DU METZ, *comtes*), vicomtes de Pernan; famille ancienne et distinguée, originaire du duché de Bourgogne, où on la voit figurer dans les montres militaires, sous le nom de *la Motte* (1), dès le milieu du 14ᵉ siècle. Elle a été maintenue dans sa noblesse d'extraction, par arrêt du conseil-d'état du roi, du 2 avril 1672, rendu sur la production et vérification de ses titres, établissant sa filiation suivie depuis Viennot de la Motte, écuyer, sieur de la Motte de Varennes, dont le fils, Jacques de la Motte, écuyer, sieur de la Motte de Varennes, épousa, par contrat du 10 novembre 1524, Marguerite *Peret*, fille de Jean Peret, écuyer. Jacques Berbier, écuyer, oncle maternel de Jacques de la Motte, lui fit donation de tous ses biens en faveur de ce mariage, à la charge par lui et ses descendants de prendre exclusivement les nom et armes *de Berbier*. C'est

---

(1) Barthelemi *de la Motte*, écuyer, servait, en 1379, contre les grandes compagnies qui ravageaient la Bourgogne, sous Jean de Montagu, chevalier, seigneur de Sombernon, capitaine-général du duché. Gillequin et Renaud *de la Motte* furent du nombre des chevaliers qui, l'an 1394, accompagnèrent le duc de Bourgogne au voyage de Bretagne ; Thibaut *de la Motte* servait, en 1414, dans la compagnie de Jean de Vergy, chevalier banneret, et Pierre *de la Motte* dans celle du sire de Salenove, en 1417. Une branche de cette famille, connue sous le nom *de la Motte-Sery*, siégea aux états de Bourgogne, en 1572 et en 1662 : elle n'existait plus lors de la recherche de 1666 à 1667. Elle portait pour armes : *De gueules taillé sur sablé, arrondi en pointe en deux demi-cercles; au lion naissant d'or, sur le tout; au chef d'argent, chargé de trois coquilles de sable.* (Geliot).

depuis cette époque que cette famille a cessé de porter
le nom et les armoiries de la Motte. Elle s'est illustrée
successivement dans la magistrature et dans les armées
de nos rois. Pierre-Claude Berbier du Metz, seigneur de Chalette et de Corbeil, lieutenant-général
des armées du roi, gouverneur de Gravelines, tué à la
bataille de Fleurus, le 1er juillet 1690, fut l'un des généraux les plus estimés du règne de Louis XIV. Il
poussa la perfection dans l'arme de l'artillerie au point
où M. de Vauban porta celle du génie. Le roi daigna
honorer la mémoire de cet excellent capitaine des témoignages de regrets les plus honorables (1). Étant mort
sans postérité, ses biens passèrent à ses deux frères et
à sa sœur :

1°. Louis Berbier du Metz, conseiller-aumônier
du roi, et protonotaire du saint-siége apostolique, abbé commendataire de Saint-Martin
d'Huiron, et de Sainte-Croix de Clinchamp,
inhumé dans l'église paroissiale de Rosnay, où
se voit encore son tombeau;

2°. Gédéon, qui suit;

3°. Marguerite Berbier du Metz, mariée, en 1665,
avec Antoine *le Menestrel*, seigneur de Hanyvel
et de Saint-Germain, grand-audiencier de France, dont sont nées :

a. Marguerite le Menestrel, femme, en 1694,
de Jacques *Bazin*, comte de Bezons, qui

(1) On rapporte que Louis XIV, apprenant la mort de M. du
Metz, dit au frère de ce général : «Vous perdez beaucoup, mon-
»sieur : mais je perds encore davantage, par la difficulté que j'aurai
»de remplacer un si habile homme.» Dans la campagne de 1657,
il avait reçu au visage des éclats de mitraille qui lui crevèrent
l'œil gauche, et lui enlevèrent une partie du nez. Un jour, madame la dauphine l'ayant aperçu au dîner du roi, dit tout bas au monarque, qu'elle trouvait cet officier bien laid. «Et moi, répondit
»Louis XIV, je le trouve bien beau ; car c'est un des hommes les
»plus braves de mon royaume.» Il fut inhumé à Gravelines, où sa
famille lui fit élever un tombeau magnifique, exécuté par Girardon.
Son éloge a été publié dans le *Recueil des hommes illustres qui
ont paru en France dans le 17e siècle*, par Perrault, tom. II, pag. 41.
Voyez aussi le tom. II, pag. 130, du *Dictionnaire historique et biographique des généraux français*, depuis le 11e siècle jusqu'en
1822, par M. le chevalier de Courcelles.

fut maréchal de France et chevalier des Ordres du roi ;

b. Marie-Louise le Menestrel, femme, en 1703, de Léon *le Cirier,* marquis de Neuf-chelles.

Gédéon BERBIER DU METZ, chevalier, vicomte de Pernan, seigneur de Chalette, de Corbeil, etc., fut intendant et contrôleur-général des meubles de la couronne, garde du trésor-royal, en 1674, et président en la chambre des comptes de Paris, en 1692. Il acheta le comté de Rosnay (1), l'une des plus belles terres seigneuriales de la Champagne, relevante de la couronne, à cause de Chaumont, en Bassigny, en fit hommage au roi, le 4 août 1700, et le substitua aux aînés de ses descendants. Il eut trois fils :

1°. Jean-Baptiste du Metz, comte de Rosnay, capitaine des gardes de la porte de S. A. R. le duc d'Orléans, régent, chevalier des ordres royaux et militaire de N. D. du Montcarmel et de Saint-Lazare de Jérusalem, mort sans postérité ;

2°. Claude-Gédéon, qui suit ;

3°. Jacques du Metz, vicomte de Pernan, seigneur de Varâtre et de Chalette, reçu page du roi, en la petite écurie, le 29 avril 1697. Il fut successivement mousquetaire du roi, enseigne dans le régiment des gardes-françaises, colonel du régiment de Vexin, infanterie, brigadier des armées du roi, chevalier de Saint-Louis, et lieutenant pour S. M. en la ville de Nérac, en Condomois. Il mourut sans postérité, le 19 octobre 1730. Il s'était trouvé aux principales actions des campagnes d'Italie, en 1704, 1705 et 1706 ; à Malplaquet, en 1709 ; à l'armée de Flandre, en 1710 ; à l'attaque d'Arleux, en 1711 ; à l'affaire de De-

(1) Rosnay est une petite ville, située à une lieue et demie de la rive droite de l'Aube, à 2 lieues de Margerie et à 5 de Bar-sur-Aube. C'était une des sept pairies anciennes du comté de Champagne, et l'apanage ordinaire des puînés des comtes de cette province. (*Expilly, Dict. des Gaules de la France, tom. VI, pag.* 576.)

nain et aux siéges de Douay, du Quesnoy et de Boúchain, en 1712.

Claude-Gédéon DU METZ, comte de Rosnay, après son frère aîné, chevalier, seigneur de Rance, de Crépy, d'Ève et de Marchemorel, président en la chambre des comptes de Paris, en 1708, renouvela l'hommage au roi du comté de Rosnay, le 14 décembre 1731. Il fut père de :

1°. Claude-Gédéon-Denis, qui suit ;
2°. Anne-Marie-Claude du Metz, mariée : 1°, le 22 janvier 1736, à François-Joseph, marquis *de Hautefort d'Ajac*, mestre-de-camp du régiment de Toulouse, cavalerie ; 2°, avec Henri-Gabriel *de Berry*, marquis d'Esserteaux, mestre-de-camp de cavalerie.

Claude-Gédéon-Denis DU METZ, chevalier, comte de Rosnay, président en la chambre des comptes de Paris, épousa, le 6 janvier 1746, Geneviève *Pouyvet de la Blinière*, de laquelle il laissa :

1°. Claude-Gédéon-Joseph du Metz, comte de Rosnay, mort sans postérité, le 13 décembre 1762 ;
2°. Claude-Jean-Michel, qui suit.

Claude-Jean-Michel DU METZ, chevalier, comte de Rosnay, après son frère aîné, en vertu de la substitution de ce comté, conseiller du roi en tous ses conseils, maître des requêtes ordinaire de son hôtel, épousa, par contrat passé devant Quatremère, notaire à Paris, le 29 juin 1777, Armande-Catherine-Claudine *le Tellier de Morsan*, fille de Claude-François le Tellier de Morsan, brigadier des armées du roi, chevalier de l'ordre royal et militaire de Saint-Louis, d'une branche puînée de la maison de Louvois. De ce mariage sont issus :

1°. Alexis-Henri-Claude, qui suit ;
2°. Charles du Metz, chevau-léger de la garde du roi, mort sans postérité, en 1815. Il avait fait ses preuves pour être reçu chevalier de Malte.

Alexis-Henri-Claude du Metz, comte de Rosnay, a épousé : 1°, le 14 octobre 1813, Hélène *de Montangon*, d'une très-ancienne maison de Champagne ; 2°, le 9 mai 1821, Louise *de Valory*, fille de François-Florent, comte de Valory, maréchal-de-camp, commandeur de l'ordre royal et militaire de Saint-Louis, et de N.... née comtesse de Raigecourt.

Armes : D'azur, à trois colombes d'argent.

DE ROUGEMONT; maison puissante, ancienne et illustre de Franche-Comté, marquante parmi celles d'ancienne chevalerie et de haut baronnage, laquelle a possédé, depuis l'an 1000, et durant trois siècles, la vicomté héréditaire de la cité de Besançon, à laquelle elle a donné trois archevêques : Gérard, en 1220, après avoir été évêque de Lausanne ; Eudes, en 1269 ; et Thiébaut, en 1406, qui avait été d'abord évêque de Châlons, puis archevêque de Vienne.

Elle tenait son nom d'une grande terre composée de plusieurs villages et de la petite ville de Rougemont, défendue par un immense château, qui était une des principales baronnies primitives, et de laquelle relevaient grand nombre de seigneurs bannerets et châtelains. Les seigneurs de Rougemont, qualifiés, dès le 13e siècle, de cousins par les ducs et comtes de Bourgogne, ont été fréquemment leurs cautions, leurs pleiges et médiateurs ; aussi les voit-on toujours mentionnés des premiers dans tous les traités, chartes et diplômes importants. On remarque Thiébaud 1er, nommé le premier dans un diplôme adressé par l'empereur Henri IV (qui est mort en 1116), à Renaud, comte de Bourgogne, et aux principaux grands seigneurs du pays ; Thiébaud II, aussi le premier dans un diplôme de l'empereur Frédéric, en 1237, etc.

Les seigneurs de Rougemont ont toujours soutenu cet éclat et celui de leur ancienne origine, soit dans les tournois, où plusieurs s'acquirent beaucoup de célébrité, ainsi que dans plusieurs fameux pas d'armes, soit en contractant constamment les plus illustres alliances. Six seigneurs de ce nom furent reçus chevaliers de Saint-Georges, en 1390, à l'époque de la première restaura-

tion de ce corps illustre, qui, par déférence remarqua-
ble pour cette maison, et pour rendre hommage aux
vertus héroïques de Jacquette de Rougemont et d'Henriette de Vienne, veuve d'un seigneur de Rougemont,
leur accorda la décoration de cet ordre, seul exemple
d'une pareille faveur.

Cette maison posséda la dignité de connétable en fief
héréditaire, au 13e siècle, et également celle de gonfa-
lonnier jusqu'à son extinction, en 1374. Hue de Rougemont fut grand-maître des Templiers, en 1227; Thiébaud, puis Humbert, lieutenants-généraux, furent gouverneurs et gardiens du comté, en 1285 et 1305; et leurs
descendants ont toujours rempli les premières charges à la
cour et à la tête des armées de Bourgogne. Le nom est
reçu de toute ancienneté dans les chapitres nobles du
pays, et depuis 1300, dans celui de Remiremont. On
remarque dans la filiation la circonstance peu commune de deux sœurs, Louise et Françoise de Rougemont,
qui épousèrent, par le même contrat de mariage, en
1478, Jean de Saint-Mauris en Montagne, chambellan du duc de Bourgogne, et Pierre de Saint-Mauris,
son fils, gouverneur de Châtillon; bienfaiteurs de l'abbaye de Belvaux, ils y avaient établi leur sépulture,
jusqu'à leur extinction au 16e siècle.

Les autres alliances de cette grande maison sont avec
celles d'Aucelle, de Bauffremont, de Châlon, de Cham-
bornay-la-Roche, de Chauvirey, de Choiseul, de Durne, d'Estrabonne, de Faucogney, de Mello, de Montagu, de Montarbey, de Montbis, de Montmartin, de
Montureux, de Neufchâtel, d'Oiselet, de Ray, de Ruf-
fey, de Ruppes, de Rye, de Saulx, de Thoraise, de
Traves, de Vergy, de Vienne, etc., etc.

Armes : D'or, à l'aigle de gueules, couronnée, becquée et membrée d'azur.

SAINT-GEORGES. La liste que nous avons donnée,
tome II de cet ouvrage, des chevaliers de Saint-Georges
du comté de Bourgogne, d'après une prétendue liste qui
a été imprimée, en 1768, par un auteur anonyme, a
donné lieu à des réclamations, que nous devons accueil-
lir avec d'autant plus d'empressement, qu'elles doivent
contribuer à rectifier plusieurs erreurs graves contenues

dans cette nomenclature. Des gentilshommes qui ont
été reçus dans ce corps chevaleresque avaient déjà pro-
testé contre cette liste de 1768, et l'avaient fait rectifier,
sur un grand nombre de points, par des arrêtés des assemblées générales de ce corps illustre. Nous devons donc
signaler celles de ces erreurs et omissions dont les
preuves ont été mises sous nos yeux : telles sont, 1° la
date de la fondation de ce corps de chevalerie, dont l'é-
poque est difficile à préciser, par la perte de ses anciens titres et registres primitifs, mais qui paraît du moins
remonter au-delà du commencement du 14° siècle,
selon que l'expriment tous les anciens auteurs qui ont
fait mention de cette institution, sous la qualification de
chevalier de Saint-Georges, notament Gollut, Saint-Julien, le Père Honoré, Dunod, Paradin, en 1666; Fodo-
ré, en 1519; Surain, en 1611, dans son histoire du
comté d'Auxonne; Courteépée, dans sa description historique du duché de Bourgogne, et le précis des droits,
titres et qualités des chevaliers de Saint-Georges; et de
nos jours messieurs de Waroquier, de Saint-Allais, de
Saint-Ange, et la Blée, dans son Tableau de la chevalerie, etc. Mais ce qui constate cette ancienneté, plus
particulièrement encore, est un titre existant du parlement de Besançon, en date du 15 des calendes de juin
1366, par lequel Aimon, archevêque de cette ville,
invoque le secours des princes et seigneurs issus du
sang des anciens rois et comtes de Bourgogne, *premiers*
fondateurs de la confrérie de l'ordre des chevaliers de
Saint-Georges, et de beaucoup de nobles et puissants seigneurs et damoiseaux, qu'il désigne, (mais dont nous
ne citerons que ceux des maisons encore existantes ou
qui s'éteignent de nos jours), savoir : Philibert de Bauffremont, Jean de Vaudrey, Simon de Poligny, Amo-
roux de Falletans, Geoffroy de Beaujeu, Richard de
Saint-Mauris, Guillaume de Montrichard, Gérard de
Cléron, Thiebaud de Scey, Henri de Raincourt, et
Henri de Rosières. (La contexture du titre semble indiquer que tous ces gentilshommes ne sont rappelés col-
lectivement, que comme étant membres du corps de
Saint Georges, sans cependant le préciser.) Si ces différents auteurs varient dans leurs opinions sur le plus ou
moins d'ancienneté de l'institution de la chevalerie de
Saint Georges, ils sont du moins unanimes sur celle

qu'elle éprouva une restauration authentique, en 1390, époque où Philibert de Molans, écuyer du duc de Bourgogne, ayant rapporté de Palestine des reliques de ce saint, s'associa à un certain nombre de gentilshommes d'anciennes races, pour faire construire et fonder à son honneur une chapelle dans la petite ville de Rougemont, imposer de nouveaux statuts à cette pieuse et chevaleresque confrérie, fixer ses assemblées, et y agréger de nouveaux chevaliers. Car, si Philibert de Molans fut nommé bâtonnier à la restauration de 1390, cette déférence ne put lui être acquise, qu'en considération du don qu'il fit à l'ordre de reliques de son patron, de son zèle pieux et des frais qu'il fit pour y contribuer, n'étant pas, quoique d'ancienne race, d'une maison assez puissante pour être fondateur d'une institution trop étendue, antique et distinguée, pour ne pas avoir une origine plus importante.

Quant aux erreurs qui concernent les réceptions particulières, nous croyons également devoir les redresser, et ne pouvoir le faire d'une manière plus exacte, qu'en calquant nos corrections sur celles ordonnées par délibérations unanimes des assemblées générales de ce corps, au rapport de ses propres registres originaux, dont les attestations authentiques nous ont été représentées, notamment pour la maison de St.-Mauris en Montagne, qui est une des plus lésées, en portant, comme il suit, les noms des chevaliers omis, et transposés, ainsi que leurs quartiers et possessions, circonstances indispensables pour éviter qu'on n'en conteste l'identité. Tous ont porté *de sable, à deux fasces d'argent.*

1°. Marc *de Saint-Mauris*, seigneur de Peseux, en 1389, reçu en 1406, mort en 1429, fils de Richard de Saint-Mauris, chevalier, membre du conseil de régence du duc de Bourgogne, en 1349, et de Jeanne de Willafans. Ses quartiers sont : 1° Saint-Mauris, 2° Vennes, 3° Willafans, 4° et Say. (*Omis*).

2°. Thiébaud II *de Saint-Mauris*, seigneur de Mathey, Roye, etc., reçu en 1435, mort en 1483, fils de Thiébaud Ier, et de Jeanne de Durne. Ses quartiers : 1° St.-Mauris; 2° Darney; 3° Durne; 4° et Vergy. (*Omis.*)

3°. Jean.IV *de Saint-Mauris*, seigneur de Saint-Mauris en Montagne, Cour et Sancey, chambellan du duc, reçu en 1437, mort en 1482, fils de Guillaume et de Jeanne d'Aucelle. Quartiers : 1° Saint-Mauris; 2° Willafans; 3° Aucelle; 4° et Sancey. (*Omis.*)

4°. Jean V *de Saint-Mauris*, seigneur de Mathay et Bustal, gouverneur de Neuchâtel, reçu en 1485, mort en 1513, fils de Gérard et d'Agnès de Bustal, inhumé à Mathay, où l'on voit encore sur son tombeau ses quartiers : 1° Saint-Mauris; 2° Durne; 3° Bustal; 4° et Vesoul. (*Porté sous le nom de Berchenet.*)

5°. Pierre II *de Saint-Mauris*, seigneur de Saint-Mauris en Montagne, Cour et Sancey, capitaine et gouverneur de Châtillon, reçu en 1490, mort en 15...., fils de Jean IV, chambellan du duc, et de Gillette de Blandans. Quartiers : 1° Saint-Mauris; 2° Aucelle; 3° Blandans; 4° et Montureux.

6°. Adrien *de Saint-Mauris*, seigneur de Mathay et Bermont, capitaine-gouverneur de Neufchâtel et de Lisle, reçu en 1498, mort en 1533, fils de Thiebaud II, et de Marguerite de Bougne, inhumé à Mathay. Son tombeau porte pour ses quartiers : 1° Saint-Mauris; 2° Durnes; 3° Bougne; 4° Buffignecourt. (*Porté sous le nom de Berchenet.*)

7°. Marc *de Saint-Mauris*, seigneur de Bustal et Allanjoye, commandant 300 hommes d'élite, reçu en 1524, mort en 1552, fils de Jean V et de Gillette d'Orsans. Quartiers : 1° Saint-Mauris; 2° Bustal; 3° Orsans, 4° et Vellefaux. (*Attribué à la maison de Saint-Mauris-Crilla*).

8°. Thiebaud III *de Saint-Mauris*, seigneur de Mathay et Bermont, capitaine-gouverneur de Neufchâtel, reçu en 1528, mort en 1552, fils d'Adrien et de Marie de Grammont. Quartiers : 1° Saint-Mauris; 2° Bougne; 3° Grammont, 4° et Vellefaux. (*Attribué aux Saint-Mauris-Crilla.*)

9°. Jean V *de Saint-Mauris*, seigneur de Bustal et Allanjoye et Mathay, reçu en 1558, mort en 1575, fils de Thiébaud III et de Claudine de Colombier. Ses quartiers : 1° Saint-Mauris; 2° Grammont; 3° Colombier; 4° et Ferrière. (*Attribué aux Saint-Mauris Crilla.*)

10°. Jean V *de Saint-Mauris*, seigneur de Saint-Mauris en Montagne, Cour, Sancey, gouverneur du comté de la Roche et de la Franche-Montagne, reçu en 1569, mort en 1617, fils de Hugues chevalier, et de Claudine de Mugnans. Quartiers : 1° Saint-Mauris; 2° Rougemont; 3° Mugnans; 4° et Amance. (*Omis.*)

11°. Pierre III *de Saint-Mauris*, baron de Châtenois, seigneur de Saint-Mauris en Montagne, Cour, gouverneur du comté de la Roche, et de toute la Franche-Montagne, reçu en 1570, mort en 1585, fils de Hugues, chevalier, et de Claude de Mugnans. Quartiers : 1° Saint-Mauris; 2° Rougemont; 3° Mugnans; 4° et Amance. (*Attribué aux Saint-Mauris Crilla.*)

12°. Jean *de Saint-Mauris*, grand-prieur de Saint-Claude, abbé du Miroir, reçu en 1592, mort en 1622, fils de Hugues et de Claude de Mugnans. Quartiers : 1° Saint-Mauris; 2° Rougemont; 3° Mugnans; 4° et Amance. (*Omis.*)

13°. Marc *de Saint-Mauris*, grand-prieur de Saint-Claude, fils de Hugues, chevalier, et de Claudine de Mugnans. reçu en 1594, mort en 1600. Quartiers : 1° Saint-Mauris; 2° Rougemont; 3° Mugnans; 4° et Amance.

14°. François *de Saint-Mauris*, seigneur de Saint-Mauris, en Montagne, Cour, Sancey, gouverneur du comté de la Roche, et de la Franche-Montagne, reçu en 1597, mort en 1636, fils de Jean V et d'Anne d'Aroz. Quartiers : 1° Saint-Mauris; 2° Mugnans; 3° Aroz; 4° et Franquemont. (*Donné aux Saint-Mauris Crilla.*)

15°. Jean-Claude *de Saint-Mauris*, grand-prieur de Saint-Claude, reçu en 1605, mort en 1620, fils de Jean V et d'Anne d'Aroz. Quartiers : 1° Saint-Mauris;

V. 41

2° Mugnans; 3° Aroz; 4° et Franquemont. (*Donné aux Saint-Mauris Crilla.*)

16°. Adam *de Saint-Mauris*, baron de Châtenois et de la Villeneuve, colonel de cavalerie, reçu en 1695, tué en 1636, fils de Pierre III et de Philiberte de Willafans. Ses quartiers : 1° Saint-Mauris; 2° Mugnans; 3° Willafans; 4° et Lambrey.

17°. François *de Saint-Mauris*, baron de Châtenois et de la Villeneuve, général de bataille, commandant au comté de Bourgogne, reçu en 1662, mort en 1680, fils d'Adam de Saint-Mauris et de Bonne de Coinctet de Châteuvert. Quartiers : 1° Saint-Mauris; 2° Willafans; 3° Coinctet; 4° et la Tour-Saint-Quentin.

18°. Charles-Emmanuel, comte de *Saint-Mauris*, baron de Châtenois, maréchal-de-camp, inspecteur-général de la cavalerie, reçu en 1681, mort en 1719, fils de François et d'Ermeline d'Oyembrughe-Duras. Quartiers : 1° Saint-Mauris; 2° Coinctet; 3° Oyembru-ghe-Duras; 4° et Berloo.

19°. Antoine-Pierre *de Saint-Mauris*, commandeur de Malte, colonel de cavalerie, reçu en 1692, mort en 1706, fils de François et d'Ermeline d'Oyembrughe-Duras. Quartiers : 1° Saint-Mauris; 2° Coinctet; 3° Oyembrughe-Duras; 4° Berloo.

20°. Charles-César, marquis *de Saint Mauris*, seigneur de Saint-Mauris-en-Montagne, Cour, Sancey, lieutenant-général, commandeur de l'ordre de Saint-Louis, gouverneur de Péronne, commandant de l'Alsace, reçu en 1700, gouverneur de l'ordre en 1701, fils d'Hermanfroy, mestre-de-camp de 1500 montagnards, et d'Anne de Sibricht-Néverbourg. Quartiers : 1° Saint-Mauris; 2° Poligny; 3° Sibricht; 4° et Breitscheidt.

21°. Claude-Joseph *de Saint-Mauris*, chevalier de Malte, colonel et brigadier de cavalerie, reçu en 1703, mort en 1718, fils d'Hermanfroy, mestre-de-camp de 1500 montagnards, et d'Anne de Sibricht. Quartiers : 1° Saint-Mauris; 2° Poligny; 3° Sibricht; 4° et Breitscheidt.

22°. Charles-Emmanuel, comte *de Saint-Mauris*, comte de Lambrey, Saint-Mauris en Montagne, lieutenant-général, commandant-général aux colonies, gouverneur de Péronne, reçu en 1787, mort la même année. Quartiers : 1° Saint-Mauris; 2° Ligniville; 3° Lallemand; 4° et Choiseul.

23°. Charles-Emmanuel-Polycarpe, marquis *de Saint-Mauris*, baron de Châtenois, Saint-Mauris-en-Montagne, maréchal-de-camp, inspecteur-général de gardes nationales, reçu en 1788, fils de Charles-Emmanuel-Xavier, brigadier des armées du roi, et de Françoise de Raigecourt. Quartiers : 1° Saint-Mauris; 2° Lallemand; 3° Raigecourt; 4° et Gournay.

24°. Louis-Emmanuel-Alexandre *de Saint-Mauris*, comte de Lambrey et Sainte-Marie, chevalier de Malte, chef d'escadron, reçu en 1816, fils de Charles-Emmanuel-Xavier, brigadier des armées du roi, et de Françoise de Raigecourt. Quartiers : 1° Saint-Mauris; 2° Lallemand; 3° Raigecourt; 4° et Gournay.

25°. Gabriel-Bernard, comte *de Saint-Mauris*, chevalier de Malte, chef d'escadron, reçu en 1816, fils de Charles-Emmanuel-Xavier, brigadier des armées du roi, et de Françoise de Raigecourt. Quartiers : 1° Saint-Mauris; 2° Lallemand; 3° Raigecourt; 4° et Gournay.

26°. Charles-Emmanuel-Auguste, marquis *de Saint-Mauris* (dit le vicomte de Saint-Mauris), capitaine de cavalerie, chevalier de Saint-Louis, fils de Charles-Emmanuel-Polycarpe, maréchal-de-camp, et de Caroline de Raigecourt. Quartiers : 1° Saint-Mauris; 2° Raigecourt; 3° Raigecourt; 4° et Saint-Ignon.

27°. Victor-Alexandre, comte de *St.-Mauris*, officier dans la garde royale, gentilhomme d'ambassade, reçu en 1816, fils de Louis-Emmanuel-Alexandre et de Gabrielle de Raigecourt. Quartiers : 1° Saint-Mauris; 2° Raigecourt; 3° Raigecourt; 4° et Saint-Ignon.

DE SAINT-MAURIS. La maison de Saint-Mauris-en-Montagne, ou Châtenois, du comté de Bourgogne, justement froissée d'une note insérée tom. II, pag. 303, du *Dictionnaire universel de la noblesse*, portant qu'on trouve, dans des chartes des 11e et 12e siècles, une famille qui portait le nom de Saint-Mauris, *probablement à cause du patronage de cette église*, note adoptée de confiance, sur celle hasardée par Dunod, tom. III, pag. 181, et nous ayant prié de vouloir bien juger ses réclamations à cet égard, il résulte de la vérification des titres dont elles étaient appuyées, que, d'une part, cette maison établit sa filiation consécutive, et celle de neuf de ses branches, par titres originaux, reposant presque tous dans ses archives, jusqu'à Richard de Saint-Mauris, chevalier vivant au 11e siècle, et faisant, avec ses fils et petits-fils, et Adeline de Montjoye, sa femme, des donations, notamment à Saint-Paul, et qu'elle produit, dans le cours de cette filiation, nombre de nécrologes, chartes, et cartulaires des chapitres et abbayes de Saint-Étienne, Saint-Jean, Saint-Paul, Belchamp, Bellevaux, Clairefontaine, Lieucroissant, Vaucluse, Saint-Hippolyte, etc., qui, par la suite des filiations, fondations, possessions, circonstances et localités, démontrent l'identité des gentilshommes de ce nom qui se trouvent rappelés aux 11e et 12e siècles, avec la maison réclamante, et que Dunod lui-même en remonte la filiation jusqu'à cette époque ; d'autre part, qu'aucunes chartes, titres, monuments, ni auteurs quelconques, ni anciens ni modernes, ne font mention de cette prétendue maison de Besançon. Nous devons donc conclure que cette note est purement fictive et hasardée, et doit, dans notre ouvrage, être considérée comme erreur, ou non avenue, et avec d'autant plus de vérité, que tout coïncide à la démontrer, puisqu'en outre de la conviction qu'imprime une série aussi respectable de titres authentiques, il est de fait qu'on ne peut citer aucun acte faisant mention du nom de Saint-Mauris, comme nom patronimique, qui soit suivi de l'indication de (de Besançon), tandis qu'il est notoire, au contraire, que dans tous ceux de ces siècles, qui rappellent d'anciennes familles de cette cité, leurs noms sont constamment suivis de cette désignation. De plus, n'est-il pas évident qu'une maison, qui eût été assez puissante pour fonder une telle église, eût laissé de nombreuses traces de son existence, des fondations, des monuments, des armoiries? et aucun auteur ni manuscrit n'en cite. L'on observe, en outre, que cette maison de Saint-Mauris-en-Montagne ayant donné beaucoup de chanoines, dès ces temps, aux églises de Saint-Jean et de Saint-Étienne, il est tout naturel qu'eux et leur parent aient comparu dans des actes; les terres de leurs noms n'étant d'ailleurs qu'à une petite journée de cette ville.

Ces divers rapprochements nous laissent, au contraire, la conviction que tous les titres de cette province, antérieurs à 1300, qui rappellent le nom de Saint-Mauris, doivent leur être dévolus; la branche de la maison de Crilla, du bailliage d'Orgelet, qui a porté le nom de Saint-Mauris, ne l'ayant adopté qu'après cette époque. Nous avons cru devoir nous étendre sur cet article, pour constater que nous ne soutenons pas une erreur; mais que nous ne cédons qu'à la conviction d'une vérité démontrée.

DE SALIVET DE FOUCHÉCOURT; famille noble d'extraction, qui passa du duché de Bourgogne en Franche-Comté, après la mort de Charles le Téméraire, arrivée en 1477, époque à laquelle Louis XI s'empara du duché de Bourgogne, comme arrière-fief de la couronne. Cette famille étant attachée à Marguerite de Bourgogne, fille unique de Charles le Téméraire, suivit cette princesse en Franche-Comté, et s'y établit.

I. Jean MARQUIS, seigneur de Nonancourt, fut père de Joachim-Robert, qui suit.

II. Joachim-Robert MARQUIS, seigneur de Nonancourt, fut tué à la bataille de Morat, en 1476, dans les armées de Charles le Téméraire, duc de Bourgogne. Il avait épousé, le 7 mai 1454, à Dijon, Jeanne *Dard* (1), dont il eut :

III. Claude MARQUIS, seigneur de Nonancourt et du Brouais, qui, après la mort de Charles le Téméraire,

---

(1) On voyait encore son épitaphe dans l'église du grand Saint-Jean de Besançon, en 1789. Les armes sculptées sur sa tombe étaient d'azur, à trois dards d'or.

vint s'établir en Franche-Comté avec Jeanne Dard, sa
mère, et fut co-gouverneur de Besançon, alors ville
impériale et libre. Il épousa, le 17 octobre 1478, Isabelle *Poinsot* (1), de laquelle il laissa :

IV. Noble homme et sage messire Pierre MARQUIS,
seigneur du Brouais et d'Aglan, co-gouverneur de Besançon, mort dans l'exercice de cette charge, en 1570.
Il avait épousé, le 5 février 1516, Louise *Salivet*,
fille de Luc de Salivet, et de Jeanne de Malbouhans,
dont il eut trois fils :

1°. Claude Marquis, seigneur d'Aglan, co-gouverneur de Besançon, souche de la maison de Tal-
lenay, marié avec Claude *Sonnet*, laquelle étant
morte, Claude partagea ses biens avec Guyonne Sonnet, sœur de Jeanne, et femme de noble
homme et sage François Salivet, *dit* Marquis,
le 16 juillet 1580. Il eut pour fils :

a. Nicolas Marquis, seigneur d'Aglan, vivant
le 15 juillet 1591 ;
b. Simon Marquis, dont la descendance s'est
éteinte après 1721.

2°. Simon Marquis, qui servit en Allemagne, et
qu'on croit mort sans postérité, après l'an 1558;
3°. François, qui continue la descendance, et dont
l'article suit.

V. Noble homme et égrège personne messire François MARQUIS, seigneur du Brouais et de Fouchécourt,
par la substitution que lui fit de cette terre François
Salivet, son oncle maternel, à la charge de porter son
nom et ses armes, fut vicomte maïeur, et capitaine de
Vesoul. Il épousa en cette ville, le 18 août 1558,
Guyonne *Sonnet*, fille de feu noble homme Antoine
Sonnet, seigneur d'Auxon, et de Jeanne Terrier. Le
contrat porte qu'en ce qui n'y est pas réglé, les parties
se conformeront aux usages et coutumes du comté de

_____

(1) Isabelle Poinsot avait trois sœurs, qui épousèrent, la première N.... *de Meximieux*, baron de Bauffremont; la seconde
N.... *de la Terrade*, et la troisième N.... *Droz*, familles des plus
anciennes de la Franche-Comté.

Bourgogne, gardés entre gens nobles. François fit son testament, le 6 avril 1606. Ses enfants furent :

1°. Luc qui suit ;
2°. Guyonne Salivet, mariée avec noble Jacques *Terrier*, docteur ès-droits.

VI. Noble homme et sage messire Luc MARQUIS, dit *Salivet*, seigneur du Brouais, de Fouchécourt, etc., vicomte, maïeur et capitaine de Vesoul, en 1613, épousa, le 15 juillet 1591, Anne *de Montrivel*, fille de noble et égrège messire Jean de Montrivel, co-gouverneur de Besançon, et de Oudette Saulget. Luc fit son testament, le 8 mars 1630. Ses enfants furent :

1°. Claude-François I, dont l'article suit ;
2°. Oudette Salivet, mariée à noble Gaspard *Durant*, seigneur de Lantenot, docteur ès-droits ;
3°. Anne-Salivet, femme de noble Léonard *Maigrot*, écuyer, seigneur de Mutigny ;
4°. Jeanne-Baptiste Salivet, femme d'André *Parisey* ;
5°. Philiberte Salivet, ⎫ légataires de leur père, le
6°. Louise Salivet,   ⎭ 8 mars 1630.

VII. Noble Claude-François SALIVET, I⁰ʳ du nom, seigneur du Brouais, de Fouchécourt et de Blonchamps, né à Vesoul, le 17 septembre 1595, vicomte maïeur et capitaine de cette ville, en 1639 et 1651, fut l'un des commissaires chargés par le roi d'Espagne de faire l'échange avec l'empire d'Allemagne de la ville de Frankendal contre la ville de Besançon, qui devint la capitale de la Franche-Comté. Il épousa, le 3 septembre 1622, Valentine *Grosjean*, de Faucogney, dame de Blonchamps, dans la terre de Faucogney, fille de noble Nicolas Grosjean, de Faucogney, seigneur de Blonchamps, docteur ès-droits, et de Marguerite de Cramant. Claude-François rendit aveu et dénombrement à la chambre des comptes de Dôle, le 24 septembre 1647, d'une partie de la seigneurie de Blonchamps, et ne vivait plus, le 2 octobre 1671. Il eut pour enfants :

1°. Renobert de Salivet, jésuite ;
2°. Jean-François de Salivet, seigneur du Brouais

et de Blonchamps., docteur ès-droits, vicomte maïeur et capitaine de Vesoul. Il fut père de :

a. Jean-François de Salivet ;

b. Marie-Josephe de Salivet, épouse de Louis-Marie *Réud de Purgerot,* conseiller au parlement ;

3°. Claude-François II, qui suit ;

4°. Charlotte Salivet, femme de noble Jean-Georges *Aymonet,* seigneur de Contréglise ;

5°. Philiberte de Salivet, mariée à noble Renobert *Besancenot,* docteur ès-droits.

VIII. Messire Claude – François DE SALIVET, II° du nom, chevalier, seigneur de Fouchécourt, Purgerot, Baulay, etc., né à Vesoul, le 8 novembre 1652, fut fait cornette de dragons au service du roi d'Espagne, le 3 mai 1672. Deux certificats en langue espagnole attestent qu'il servit avec honneur et distinction, et qu'il fut blessé deux fois au siége du château de Faucogney et au blocus de Mons. Il fit reprise du fief de Fouchécourt, le 9 mai 1682, et en fournit le dénombrement à la chambre des comptes de Dôle, le 12 février 1708. La même cour l'admit à la foi et hommage qu'il devait à l'avénement du roi Louis XV à la couronne, à cause de sa terre de Fouchécourt. Il vivait encore le 25 mars 1735. Il avait épousé, le 9 avril 1692, Gabrielle *Chappuis de Rosière,* fille de feu noble Dominique Chappuis, de Vesoul, docteur ès-droits. Il en eut deux fils :

1°. Antoine-François, qui suit ;

2°. Jean –François-Ignace de Salivet, prêtre séculier.

XI. Messire Antoine-François DE SALIVET, chevalier, seul seigneur haut justicier de Fouchécourt, Purgerot, Baulay, etc., né au château de Fouchécourt, le 11 février 1694, page du duc de Lorraine, servit d'abord en qualité de cadet gentilhomme, depuis 1711 jusqu'en 1713, époque à laquelle il fut fait cornette dans la compagnie de Lucas, au régiment de Brion. Il devint lieutenant de milices, par commission du 1er mars 1719. Il épousa, le 1er décembre 1728, Louise *Damey de Saint-Bresson,* fille de messire Claude Damey, maître

ordinaire en la chambre des comptes de Bourgogne. Il
mourut, en 1751, ayant eu de son mariage :

1°. Jean-François-Ignace, qui suit ;
2°. Anne-Françoise de Salivet, femme de N...,
comte d'*Amédor*, seigneur de Saint-Gaut, de
Rougeau, etc.;
3°. Plusieurs autres filles.

X. Messire Jean-François-Ignace DE SALIVET, chevalier, comte de Fouchécourt, seigneur de Purgerot,
Baulay, etc., membre de la chambre de la noblesse
des états de Franche-Comté, né à Fouchécourt, le 20
avril 1738, entra enseigne au régiment de Rohan-Rochefort, en 1757; il y fut fait lieutenant, en 1758, puis
capitaine, et fit avec ce régiment toute la guerre de *sept
ans*, durant laquelle il reçut plusieurs blessures. Il
commandait un détachement de ce même régiment, en
1759. Le 20 mai 1785, il obtint des lettres-patentes
qui lui conférèrent le titre héréditaire de comte. Il avait
épousé : 1°, le 4 janvier 1759, Marguerite *Sébastien ;*
2°, le 8 mai 1770, Antoinette-Françoise *Damey de
Saint Bresson*, sa cousine-germaine. Ses enfants furent :

Du premier lit :

1°. Jean-François-Louis-Marie-Marguerite, qui
suit ;
2°. Louis-Auguste-Marguerite-Antoine-François
de Salivet, comte de Fouchécourt, né au château de Fouchécourt, le 25 janvier 1764, chevalier de l'ordre royal et militaire de Saint-Louis,
colonel des volontaires royaux du département
du Calvados, marié : 1°. le 19 avril 1789, avec
Charlotte-Jeanne-Aimée *Graindorge du Teil;*
2°, avec Aimée-Marie-Françoise *de Cheux du
Boulay;*

Du second lit :

3°. Louis-François-Xavier de Salivet, comte de
Fouchécourt, colonel d'artillerie, chevalier de
l'ordre royal et militaire de Saint-Louis, et de

l'ordre du Saint-Sépulcre de Jérusalem, né au château de Fouchécourt, le 19 juin 1771.

XI. Messire Jean-François-Louis-Marie-Marguerite de SALIVET, chevalier, comte de Fouchécourt, né à Fouchécourt, le 8 novembre 1759, lieutenant-colonel d'infanterie, chevalier de l'ordre royal et militaire de Saint-Louis, a épousé à Londres, le 26 décembre 1793, Charlotte-Agathe *Grant de Vaux*, et en a eu deux fils :

1°. William-Alpin-François-Charles, qui suit ;
2°. François de Salivet, chevalier de Fouchécourt, chevalier de Malte, et ex-garde-du-corps du roi, compagnie de Luxembourg, né à Southampton, en 1796, marié avec miss Charlotte-Fanny *Aylif*, nièce du lord d'Aigremont, de laquelle il a un fils.

XII. Messire William-Alpin-François-Charles DE SALIVET, chevalier, vicomte de Fouchécourt, né à Londres, le 31 octobre 1794, est lieutenant de cavalerie, garde-du-corps du roi, compagnie de Grammont.

Armes : D'azur, à trois besants d'argent ; au lambel de gueules.

DE SARSFIELD, en Irlande, en France et en Espagne. La maison de Sarsfield, d'origine de chevalerie du royaume d'Irlande, est du petit nombre de celles qui peuvent justifier d'une ancienneté de plus de six siècles, constamment soutenue par d'éminents services, de grandes charges, de riches possessions et de belles alliances. Elle a l'honneur d'être alliée en ligne directe à la maison royale d'Angleterre, ainsi qu'aux maisons de Wale, de Gallway, d'O-Calahan, de Fitz-Gérald, de Courcy, de Power, et autres des plus distinguées d'Irlande et d'Angleterre. Elle est connue depuis Thomas Sarsfield, Ier du nom, qui était premier porte-étendard de Henri II, roi d'Angleterre, dans la conquête du royaume d'Irlande, au mois d'octobre 1171. Richard Sarsfield, fils de Thomas Ier, était général de l'armée d'Henri III, roi d'Angleterre, en 1230.

On voit ensuite Thomas II et Étienne Sarsfield au

nombre des seigneurs irlandais, auxquels le roi Édouard Ier écrivit, le 23 février 1302, au sujet de la guerre en Écosse.

Jean Sarsfield fut pendant 13 ans amiral de la flotte du roi d'Angleterre Henri VI, qui régna depuis 1422 jusqu'en 1461.

Enfin Jacques et Guillaume Sarsfield commandaient pour le roi d'Angleterre en Irlande, en 1538 et 1548.

Cette maison a formé plusieurs branches, entr'autres :

1°. Celle des seigneurs de Sarsfield, aldermans de la ville de Cork, existants en 1620 ;

2°. Celle des préteurs de la ville et du comté de Limerick, et dont deux demoiselles étaient attachées à la princesse d'Angleterre, et vivaient à Saint-Germain-en-Laye, en 1752 ;

3°. Celle des comtes et vicomtes de Sarsfield, établie en Bretagne depuis la fin du 17e siècle, et dont on parlera plus bas ;

4°. Celle des vicomtes de Kilmalock, barons des Barrets, créés pairs d'Irlande par les rois Jacques Ier et Charles Ier, qui passèrent d'abord en France avec le roi Jacques II, et s'établirent ensuite en Espagne. L'un d'eux, parvenu au grade de colonel de dragons au service de cette puissance, fut tué à la bataille de Villaviciosa ;

5°. La branche établie à Bodmen, dans le pays de Cornouailles, en Angleterre ;

6°. Celle des comtes de Lucknan, dont était Patrice de Sarsfield, comte de Lucknan, pair d'Irlande, capitaine de la 2e compagnie des gardes-du-corps de Jacques II, roi d'Angleterre, maréchal-de-camp au service de France, tué à la bataille de Neerwinde, le 29 juillet 1693. Il avait épousé Honorée Barck de Clarinkar, dont il laissa un fils, appelé comte de Lucknan, mort en 1719.

Paul DE SARSFIELD, fils de Jacques de Sarsfield, préteur de la ville de Limerick, lequel était arrière-petit-fils de Jean de Sarsfield, frère aîné de Dominique, auteur de la branche des vicomtes de Kilmalock, suivit Jacques II, roi d'Angleterre, lorsque ce prince fut obligé de se retirer en France. Paul de Sarsfield s'établit à Nantes, en Bretagne, et s'y maria avec Guyonne-Françoise *de la Briandière*. Il eut pour fils :

Jacques, comte DE SARSFIELD, chevalier, vicomte de la Motte-Saint-Armel, seigneur de Chambierre, de Kercadio, de Kewern, et de Pouldaran, auquel le roi Jacques II, en reconnaissance des services que lui avait rendus son père, Paul de Sarsfield, accorda des lettres de notoriété, constatant son extraction masculine de l'illustre maison de Sarsfield ; extraction qui fut également reconnue, par arrêt du conseil-d'état du 4 août 1711. Jacques épousa, le 2 février 1716, Marie-Jeanne *Loz*, fille de Claude-Hyacinthe Loz, comte de Beaulieu, et de Françoise Magon. Il mourut à Paris, le 20 janvier 1748, ayant eu, entr'autres enfants :

1°. Gui-Claude, comte de Sarsfield, colonel du régiment de Provence, infanterie, chevalier de l'ordre royal et militaire de Saint-Louis. Il fit au cabinet des Ordres du roi les preuves de la cour, en vertu desquelles il eut l'honneur d'être présenté à S. M., le 26 septembre 1752. Son frère puiné le fut, le 2 mars 1758, et madame la comtesse de Sarsfield, épouse de Gui-Claude, le 6 novembre 1766. Il fit également registrer ses preuves au parlement de Bretagne, pour son admission aux états de cette province ;

2°. Jacques-Hyacinthe, qui suit ;

3°. Modeste de Sarsfield, morte en 1793, sans avoir été mariée.

Jacques-Hyancinthe, qualifié chevalier, puis vicomte DE SARSFIELD, lieutenant-général des armées du roi, inspecteur-général de la cavalerie et des dragons, gouverneur de la citadelle de Lille, commandant pour le roi dans la province de Hainaut et le Cambrésis (1),

_____

(1) Il sera fait mention d'une manière plus détaillée des services

épousa, le 28 octobre 1766, Marie *de Levis*, présentée au roi et à la famille royale, le 2 novembre suivant, fille de Marc-Antoine, marquis de Levis, baron de Lugny, et de Françoise de Gelas de Leberon, et veuve, depuis le 12 août 1759, de Philippe-Christophe-Amateur de Gallifet, baron de Dampierre, lieutenant-général au gouvernement de Bourgogne, gouverneur de Mâcon et du Mâconnais, maréchal-de-camp. Le vicomte de Sarsfield a eu de ce mariage :

1°. Marie-Gabrielle-Marguerite de Sarsfield, chanoinesse-comtesse de Neuville, mariée, par contrat du 28 juin 1784, avec Charles, baron *de Damas de Cormaillon*, colonel en second du régiment de Chartres, infanterie, et depuis du régiment de la Marche, infanterie, tué à la malheureuse affaire de Quiberon, au mois de juillet 1795, étant alors colonel de cavalerie, dont il y a postérité ;

2°. Caroline de Sarsfield, morte en bas âge.

Armes : Parti de gueules et d'argent, à la fleur de lys partie d'argent et de sable sur le tout. Cimier : Une tête de léopard d'or. Supports : Deux loups au naturel, ayant chacun un collier avec une chaîne d'or. Devise : *Virtus non vertitur.*

DE SAUNIER. La petite ville de Brantôme, sur la Drône, en Périgord, est le berceau de cette famille, qui a de l'ancienneté, des services, et a contracté de bonnes alliances. Son premier auteur connu est Arnaud Saunier, habitant de la ville de Brantôme, qui rendit des services importants au roi Philippe de Valois, dans la guerre de Gascogne ; comme en font foi des lettres de Guillaume, archevêque d'Auch, et de Pierre de la Palu, seigneur de Varembon, lieutenants de ce monarque en Languedoc, datées de Cahors, le 5 novembre 1340.

Hélie SAUNIER, damoiseau, qui était sans doute petit-

de cet officier-général, dans le *Dictionnaire historique et biographique des généraux français, depuis le onzième siècle jusqu'à nos jours.*

fils du précédent, et fils d'un autre Hélie, marié, en
1370, à Peyronne *de la Borie*, dame de Champagnac,
possédait plusieurs fiefs en Périgord, tels que la Barde,
le Pleissac, le Vergier, Ambelle, la Coste, etc., et fit
son testament, le 1ᵉʳ janvier 1430 (v. st.) Il en fit un
second en 1446, et sa femme testa en 1465. Il avait
épousé Guillemette *du Chastanet*, sœur de Guinot, dont
il eut, entr'autres enfants :

> 1°. Étienne, *dit* Estavenot, qui ne paraît pas avoir
> laissé de postérité ;
> 2°. Jean I, qui fut auteur des branches *de la Borie
> de Champagnac, de Ferrières et de Montplaisir;*
> 3°. Guy, *dit* Guinot, donna naissance aux bran-
> ches *de la Barde, du Pleissac, de Mondevis,* etc.;
> 4°. Honorette fut mariée à noble *Amanieu du Lau;*
> 5°. Gaillarde, etc.

On se borne à donner ici une notice succincte de ces
diverses branches, en suivant l'ordre de leur primogéniture.

1°. *La branche de la Borie de Champagnac* eut pour
auteur, comme il vient d'être dit :

Jean I DE SAUNIER, écuyer, qui épousa Marguerite
Bertin, dont il eut, entr'autres enfants :

Jean II, qui traita avec son père, le 10 août 1471,
et laissa de son mariage avec Marguerite *de Jaubert*,
quatre fils, dont chacun fut auteur d'une branche ;

> 1°. François I, qui continua la descendance des
> seigneurs de la Borie ;
> 2°. Gabriel, seigneur de Ferrières ;
> 3°. Guy, seigneur de Montplaisir ;
> 4°. Benoît, marié, en 1560, à Anne *de Bideran,*
> dont naquit François, qui épousa, en 1609, Dé-
> bora *de la Porte,* dont il eut Moïse Saunier, qui
> fit un partage, le 15 juillet 1638.

François I DE SAUNIER, seigneur de la Borie, partagea
avec Gabriel, Guy et Benoît, ses frères, le 13 août
1564; et testa, le 3 août 1573. De son mariage avec
Guillonne *de la Faye*, provint Guy de Saunier, écuyer,

seigneur de la Borie, qui fut marié, en 1571, à Peyronne *de Beaupoil-Saint-Aulaire*. Germain, leur fils, épousa, en 1598, Catherine *du Saillant*, et fut père de Sicaire de Saunier, écuyer, vivant en 1628 et 1629, et marié à Adrienne *de la Porte*, laquelle était veuve en 1634, et remariée avec le seigneur *de Royère*.

Bernard, fils aîné de Sicaire, vivait l'an 1665. Il avait formé deux alliances : la première, avec Jeanne *de la Marthonie*, et la seconde, avec Marie *de Hautefort-Marquessac*. Du premier lit, vinrent :

1°. Jean III, qui suit ;
2°. Gaston, chanoine de Périgueux.

Jean III DE SAUNIER, chevalier, seigneur de la Borie, Saint Crampassy, etc., épousa Blaise *de Jay*, fille de Bernard, écuyer, seigneur de Ferrières, lieutenant particulier au siége de Périgueux, et de Sicarie de Vins. Il testa, le 13 février 1683, et ne vivait plus, en 1687. Ses enfants furent :

1°. François, mort avant l'an 1687 ;
2°. Françoise, femme d'Hélie *d'Aydie*, chevalier, seigneur de Saint-Laurent et de Champagnac, en 1689 : elle était morte l'an 1696 ;
3°. Marie-Blaise de Saunier, qui épousa, le 25 janvier 1687, Thibaud *de la Garde de Saignes*, seigneur de Saint-Angel.

2°. *La branche de Ferrières* tire son origine de Gabriel DE SAUNIER et de Louise *de Bideran*. Bernard, leur fils, épousa, en 1597, Marie *du Lau*, et testa, le 1er octobre 1620, en faveur de Gaston et Germain, ses fils. Ce dernier, qualifié seigneur de la Forêt, eut pour femme, en 1660, Françoise *du Barry*, fille de Jean, seigneur de la Glaudie et de Louise du Fraisse ; ils testèrent, le 27 août 1674, et moururent sans postérité. Gaston, frère aîné de Germain, laissa de son mariage avec Guillemette *du Chassaing*, deux fils : Gaston II, seigneur de Ferrières, et Jean, seigneur du Répaire.

3°. *La branche de Montplaisir* a été formée par Guy DE SAUNIER, troisième fils de Jean II, et de Marguerite de Jaubert. Il partagea avec François, son frère aîné, en 1564 et 1568, et eut plusieurs enfants de son second mariage, contracté, le 10 mai 1571, avec Philippe *du Puy*, fille de Guillaume du Puy, écuyer, seigneur de la Jarte, et de Gabrielle de Ferrières. L'aîné de ces enfants fut François I de Saunier, écuyer, seigneur de Montplaisir, et en partie de Condat, qui fut institué héritier par le testament de son père, du 16 décembre 1586, et qui épousa, le 21 octobre 1601, Marthe *du Lau*, fille de Gaston, écuyer, seigneur de la Coste, et de Marthe de Blois. De ce mariage naquit :

François II DE SAUNIER, écuyer, seigneur de Montplaisir, de Condat en partie, et du Roc, qui s'allia, par contrat du 28 avril 1628, avec Gabrielle *de la Fillolie*, damoiselle de Burée, avec laquelle il testa, le 5 avril 1664, en faveur de leurs enfants, qui furent, entr'autres :

1°. François III, qui suit ;
2°. Gaston, prêtre, docteur en théologie, chanoine de l'église cathédrale de Périgueux, *dit* l'abbé de Montplaisir ;
3°. Daniel, sieur de la Bardonnelle et de Burée, vivant en 1664 et 1694, qui épousa Marguerite *de la Brousse*, fille de Thibaud de la Brousse et de Bertrande du Chesne, veuve de François de la Garde de Saint-Angel ; dont il eut une fille, Marie-Bertrande de Saunier, mariée, le 18 octobre 1699, à Jean-Louis de Hautefort-Marquessac ;
4°. Autre Daniel ;
5°. Guillaume, sieur de Montplaisir, enseigne des gardes-du-corps du roi ;
6°. François ;
7°. Marthe, mariée à Guillaume *de la Tour*, écuyer, seigneur d'Igonie et de Saint-Privat, en 1647 ;
8°. Et trois autres filles, dont deux religieuses.

François III DE SAUNIER, écuyer, seigneur de Montplaisir, de Condat en partie, et du Roc, ne laissa de son mariage, contracté le 11 décembre 1676, avec Adrienne *de Lannes*, fille de Henri, chevalier, seigneur de Saint-Michel, et d'Antoinette de Malingue-

hen, qu'une fille, Marie-Benoîte de Saunier de Montplaisir, mariée, par contrat du 15 novembre 1694, avec
Henri *d'Abzac*, marquis de Mayac, baron de Rouffiac,
Villotrange et Limérac, capitaine de carabiniers. De
cette branche sortit encore Guillaume Saunier, marquis
de Montplaisir, maréchal des camps et armées du roi,
tué à Malplaquet, le 11 septembre 1709.

4°. *La branche de la Barde* commence à Guy, *dit*
Guinot Saunier, troisième fils de Hélie et de Guillemette *du Chastanet*. Son père l'institua héritier de ce
que Pierre de la Barde, son oncle (frère du testateur),
avait à Saint-Crépin. Il épousa, en 1451, Antoinette
d'Arboliéras, fille de N...., damoiseau, du diocèse de
Limoges, et testa, le 28 mai 1492, en faveur de Charles, son fils, qui suit.

Charles Saunier, écuyer, seigneur de la Barde, du
Pleissac, du Vergier, d'Ambelle, etc., émancipé par
son père, le 3 septembre 1483, épousa, par contrat
accordé le 17 janvier 1484 (v: st.), Jeanne *Richard*, fille
de feu Aimar Richard, écuyer, et de Marguerite de
Frondebœuf, et fit son testament, le 20 septembre 1524,
en faveur de ses enfants, qui sont :

    1°. Jean, qui suit ;
    2°. Clément, qui fut auteur de la branche de....;
    3°. Pierre, religieux, à Brantôme ;
    4°. Annette, femme de noble Jean *de la Tour*,
       écuyer.

Il paraît que la branche de la Barde de Preissac s'est
éteinte dans la personne de Jeanne de Saunier, mariée
à François *de Saint-Astier*, écuyer, cadet de la maison
de Saint-Astier des Bories.

5°. *La branche du Pleissac* doit son origine à Jean
DE Saunier, auquel Charles, son père, donna, en
1524, les maisons nobles du Pleissac, d'Ambelle, du
Chastanet et de Larazat. Il fit hommage à la baronnie
de Bourdeille, en 1549, et laissa de son mariage avec
Jeanne *de Beauchamp*.

    1°. François, qui suit ;
    2°. Louis, duquel descend la branche *de Mondevis*;

V.   43

3°. Pierre, écuyer, seigneur d'Ambelle;

4°. Jean, marié, le 2 février 1595, à Jeanne *de Veau*, et auteur de la branche *de Pierre-Levée*.

François I DE SAUNIER, écuyer, seigneur du Pleissac, etc., épousa, en 1577, Marguerite *de Cherbaye*, et testa, le 2° novembre 1611. De son mariage provint, Étienne de Saunier, écuyer, seigneur du Pleissac et de Combaronnie, qui fut marié deux fois: 1°, le 21 juin 1598, avec Catherine *de Chaumont*; 2° en 1623, avec Anne *d'Arfeuille*. Joachim de Saunier, seigneur du Pleissac, son fils du premier lit, s'allia, le 26 mai 1631, à Marie *de Montberon*, fille de Michel, seigneur de Beauregard, et de Françoise le Faulcheur; et fut père de Gantonnet de Saunier, maintenu par M. Pellot, le 15 mars 1667, qui épousa, le 12 janvier 1660, Anne *de Lambertie*, demoiselle de Lespinasse, fille de feu Jean, et de Jeanne Coûstin de Masnadaud.

François II DE SAUNIER, fils de Gantonnet, écuyer, seigneur du Pleissac, etc., fut marié, le 30 août 1695, à Anne *de Marquessac*, fille de Simon, seigneur de la Reille, et de Renée de Lestrade-de-Floirac, et eut de son mariage François-Jacques-Philippe de Saunier, né le 1er mai 1707, et marié, par contrat du 8 janvier 1755, avec demoiselle Marie-Antoinette *de la Rocheaymon*, fille de messire Antoine de la Rocheaymon, chevalier, seigneur de la Roussie, et de dame Catherine d'Huard, dont est issue, entr'autres enfants, Catherine de Saunier, née le 29 novembre 1765.

6°. *La branche de Mondevis* reconnaît pour son auteur Louis DE SAUNIER, écuyer, seigneur d'Ambelle et de Bosredon, marié, le 18 juillet 1567, à Catherine *de Cherbaye*, fille de Louis, comptable à la comptablerie de Bordeaux, seigneur de Romefort, et de Jeanne de Brosset. Il est qualifié seigneur de Mondevis et de Champerdon, dans des actes de 1595 et 1599; et il fit son testament, le 10 décembre 1607, en faveur de ses deux enfants, qui sont:

1°. Étienne, qui suit;

2°. Jeanne de Saunier, mariée à Geoffroy *Huet*, écuyer, sieur de Lesturier.

Étienne I DE SAUNIER, écuyer, seigneur de Mondevis, dans la paroisse de Félix, châtellenie de Bourdeille, épousa, le 17 octobre 1599, Anne *de Nouveau*, fille de Jean, écuyer, sieur du Breuil, de la Renolfie et du Rouchat, gentilhomme servant de la maison du roi, et de Marie de Vigoureux. De ce mariage naquit Étienne II de Saunier, seigneur de Mondevis, qui épousa, le 9 juillet 1629, Marguerite *de la Garde de Vaion*. Pierre, de Saunier, leur fils, épousa N... *de Vassogne*, héritière de Chilliac; et leur petit-fils eut pour femme N... *de Conan*. Le chef de cette branche a été élevé au grade de contre-amiral, après avoir servi dans la marine avec beaucoup de distinction.

7°. *La branche de Pierre-Levée, ou de Peyrelevade,* vient de Jean DE SAUNIER, et de Jeanne *de Vedu*, sortis de la branche du Pleissac, et a pour auteur Guillaume, *dit* Guillem de Saunier, écuyer, seigneur de Pierre-Levée, dans la paroisse de Trois-Palis, établi à Angoulême. Il épousa, le 12 août 1622, Françoise *Martin*, fille de feu Jean Martin, écuyer, et de Jeanne de la Garde, dont naquirent :

1°. Étienne, marié ;

2°. François, écuyer, seigneur de Francillac, qui eut de son mariage, contracté, en 1671, avec Marguerite *Mercier*, Louis de Saunier, chevalier, seigneur de Pierre-Levée, marié, en 1714, à Françoise *l'Aisné*, et père de François-Louis, chevalier, seigneur de Pierre-Levée, lieutenant de dragons au régiment d'Orléans, qui épousa, en 1741, Anne *de Roquard de Saint-Mary.*

Cette famille a formé plusieurs autres branches ou rameaux, connus sous la dénomination de Vanloube, de Châtillon, des Ortes, de la Gontarie, de Laymarie, etc., sur lesquels on n'a pas de renseignements suffisants, pour en donner ici la généalogie.

Armes : D'azur, à un chardon d'or, tigé et feuillé de sinople, supportant deux chardonnerets du même, affrontés.

DE SÉGUR. La maison *de Ségur*, d'origine chevaleresque et de haut baronnage, doit le rang distingué
qu'elle tient parmi la principale noblesse à une ancienneté remontée à plus de sept siècles, aux dignités éminentes dont elle a été revêtue, aux services nombreux
qu'elle a rendus à l'état, et aux alliances illustres qu'elle
a contractées avec les plus anciennes races de la Guienne et des pays circonvoisins. Elle a donné, dès son berceau, un grand nombre de sujets, qui, par leurs faits
militaires, sont parvenus à la chevalerie réelle. Dans
des temps postérieurs, elle a fourni successivement des
gentilshommes des rois Henri II, Charles IX et Henri III; un sénéchal d'Albret; un surintendant de la maison de Henri, roi de Navarre (depuis Henri IV, roi de
France); des ambassadeurs en diverses cours; un évêque
de Saint-Papoul, en 1724; un maréchal de France,
ministre et secrétaire-d'état au département de la guerre; trois lieutenants-généraux, et cinq maréchaux des
camps et armées du roi; des commandeurs de l'ordre
du Saint-Esprit, des dignitaires des ordres de Saint-
Louis et de la Légion-d'Honneur, un capitaine de vaisseau, plusieurs colonels et mestres-de-camp de régiments de leur nom, etc. Cette maison réunit enfin tous
les avantages, tous les genres d'illustration qui peuvent
caractériser la noblesse du premier ordre.

Le nom de Ségur est connu depuis le 9e siècle; car ce
fut vers la fin de ce siècle que les barons du Limosin commencèrent à tenir leurs domaines en perpétuelle autorité
du roi, comme seigneur suzerain, et prirent le titre de
vicomtes. Au nombre de ces barons étaient les vicomtes
de Turenne, de Ventadour, de Comborn, de Rochechouart, d'Aubusson, *de Ségur*, de Brosse, de Bridiers,
et autres. On lit, dans une charte tirée du cabinet de
M. Guibert, aux manuscrits de Gaignières, à la Bibliothèque du Roi (portefeuille 186, part. III, p. 180), qu'en
l'année 888, les nobles du Limosin fortifièrent le château de Ségur contre les *infidèles*, qualification qu'on
donnait alors aux Normands.

On peut consulter, sur tous les personnages du nom
de Ségur connus antérieurement à la filiation suivie des
diverses branches de cette maison, le tom. 1er de l'*Histoire généalogique et héraldique des pairs de France*,

des grands-dignitaires de la Couronne, des principales
familles nobles du royaume, et des maisons princières.
de l'Europe, publié, en 1822, par M. le chevalier de
Courcelles, éditeur de la continuation de l'*Art de vé-*
rifier les dates. On se bornera à exposer sommairement
ici l'état de chacune de ces branches, suivant l'ordre de
primordialité, et avec la dénomination des diverses possessions seigneuriales ou titrées qui leur ont servi d'a-
panage.

1°. Les Captals de Puychagut, soudans de Preissac,
en Bordelais; seigneurs de Théobon, en Agénois; de
Cantenac, en Médoc; de Saint-Alvère, en Périgord;
alliés aux maisons de Bannals, de Casaubon, de Chassaignes, d'Escodeca de Boisse, de Grailly, de Lostanges
de Sainte-Alvère, de Maureillac, de Mayrac, de Montpezat, de Naujan, de Noailhan, de Pierre-Buffière, de
Roquefort, de Salignac de la Mothe Fénélon, etc., et
éteints au mois de janvier 1594.

2°. Les seigneurs de Montazeau, de Sainte-Aulaye et de
Montaigne, comtes de Ségur Montaigne (*branche aînée*
actuelle), alliés aux maisons de Bordes, de Borie, du
Bousquet de Clérans, de Boyrie, de Cazenave, de la Chassagne, de Chassaignes, du Cos, de Cousinier, de Fayolle,
de Gaillard de l'Aleu, de Gaufreteau de Blezignac, de
Grailly, le Lieur de Ville-sur-Arce, de Lur-Saluces,
de Mirat, de Montaigne, de Mosnier de Fouguerolles, de
Pellegrue, de Pontac, de la Roque de Budos, de Taillefer, etc.

3°. Les seigneurs et barons de Montazeau, des Ca-
banes, de la Roquette et de Fonpeyre, titrés comtes
et vicomtes de Ségur-Montazeau, dont il ne reste qu'une
demoiselle, et alliés aux familles de Grailly, de Guerre,
de Portelance, de Saint-Marc, de Spens, de Lancre, de
Taillefer-Barrière.

4°. Les seigneurs et barons de Pontchat, de Fouguerolles, de Romainville, comtes de Ségur, pairs de
France (*seconde branche actuelle*), alliée aux maisons
d'Aguesseau, de Belcier, de Binet Saint-Martin, de Bon-
nières, de Filhol, de Froissy-Orléans, le Gendre de
Luçay, de Grailly, de Rosptopsin, de Taillefer-Rous-
sille, Vallet de Villeneuve et de Vernon.

5°. Les seigneurs de la Molière et de Montbrun, titrés vicomtes de Ségur-Boirac (*troisième branche actuelle*), alliés aux maisons de Baily-Razac, de Bordes de la Fayardie, de Calvimont, de Canolle, de Corralh, Guion, de Montaigne, du Peuch de Pailhas, de Prieur et de Spens de Lancre.

6°. Les seigneurs de Saint-Vivien-Pitray et de Lespinassat, titrés vicomtes de Ségur (*quatrième branche actuelle*), alliés aux maisons de Bacalan, de la Borie-Campagne de Claveau, de Courson-Cailhavel, de la Fargue, de Grailly, de Madaillan, de Merland, d'Orgouilloux, du Peuch d'Estrac, de Ranlin et du Verger.

7°. Les seigneurs de Parsac et de Minzac, éteints au milieu du 18e siècle, après s'être alliés aux maisons de Beaupoil, de Julliot, etc.

8°. Les seigneurs de Bouzely et de Saint-Aulaye, marquis et vicomtes de Ségur (*cinquième branche actuelle*), alliés aux maisons de Bacalan, de Briançon, de Chancéaulme de Fonrose. Durége de Beaulieu, d'Eymeric de Pouzi, de Gervain, de la Jonie de la Pérouse, de Vidal, etc., etc.

9°. Les seigneurs et barons de Pardaillan, de Seiche d'Arzac et de Belfort, vicomtes de Cabanac (*sixième branche actuelle*), alliés aux maisons d'Arrérac d'Arzac, de Basterot, de Belcier, de Brun, de Carsac, de Chauveron, de Choupes, d'Escodéca, de Gilet de la Case, le Maistre du Marais, de Montberon, de Polignac, de Pontet, de Ricard-Gourdon, de Taillefer, de Thibault, de la Vergne, de Verthamon, de Vivans, etc., etc.

10°. Les seigneurs de Leschères et d'Arnoncouet, en Champagne, comtes de Ségur Cabanac (*septième branche actuelle*), établie à Vienne, en Autriche, alliée aux maisons d'Allonville, de Beaufort de Pothemont, du Val de Dampierre, etc., etc.

11°. Les seigneurs du Grand-Peuch et de la Loubière, comtes de Ségur, éteints en 1785, et alliés aux maisons de Grivel, le Maistre du Marais, de Mazières, de Montléart et de Stud de Solminiac.

12°. Les seigneurs de la Salle, dont on ne connait que quatre générations, et qui se sont éteints après l'an 1553.

Armes : Écartelé, aux 1 et 4 de gueules, au lion d'or; aux 2 et 3 d'argent pleins (1).

Notice sur quelques familles de Ségur, dont on n'a pas pu trouver encore la jonction avec la précédente.

1°. SEIGNEURS DE SÉGUR-DE-FRANS.

On peut attribuer à la maison de Ségur-de-Frans, ou Francs, dans le Puynormand, en Bordelais, Bernard de Ségur, qui fut abbé de Gondom, vers 1115, puis de Fontguilhem, et vivait encore en 1148. Cette maison a fait sa preuve, en 1773, pour être admise aux honneurs de la cour, et a fait remonter sa filiation, par titres authentiques, à Bernard de Ségur, chevalier, seigneur en tout ou en partie de Frans, vivant en 1289, et mort avant 1302, qui fut père d'autre Bernard, damoiseau, seigneur de Frans, auquel le roi d'Angleterre donna, le 7 août 1320, des lettres qui l'affranchissent de l'hommage que le vicomte de Benauges prétendait de lui, à cause de sa terre de Loupiac, située dans la mouvance de ce vicomte. Le même monarque lui permit, par lettres du 25 mars 1321, de construire une maison forte au lieu de Loupiac, près de Cadillac. Enfin Bernard de Ségur et ses frères furent maintenus dans la possession de la terre de Loupiac, en Benauges. Bernard de Ségur avait épousé, avant 1311, Gaillarde *Isambert*, dont il eut :

Pons DE SÉGUR, qualifié aussi damoiseau, seigneur de Frans, mort en 1352, laissant un fils, nommé Hugues, vivant en 1371.

Bertrand DE SÉGUR, chevalier, seigneur de Frans, qualifié *noble et puissant seigneur*, fils de Hugues, épousa, en 1362, demoiselle Jeanne *de Mayensan*, qui lui

_____

(1) La branche de Cabanac ajoute pour brisure une bordure d'azur, chargée de neuf besants d'or.

apporta la terre de Bégles, près de Bordeaux, dont Jean, roi d'Angleterre et duc de Guienne, avait gratifié, dit-on, un des auteurs de cette dame, en 1205.

Les descendants de Bertrand de Ségur ont toujours suivi la carrière des armes, jusqu'à Jacques de Ségur, seigneur de Frans, qui prit le parti de la robe, et fut conseiller au parlement de Bordeaux. Il mourut avant l'année 1695, laissant de Jeanne *de Gascq*, sa femme, quatre enfants, dont Alexandre, qui était l'aîné, devint président au même parlement de Bordeaux.

Les seigneurs de Ségur de Frans portent pour armes : *D'azur, à un lévrier rampant d'argent, accolé et bouclé d'or ; écartelé d'argent, à trois merlettes de sable, et sur le tout de gueules, à trois bandes d'or ; écartelé d'hermine, à une bordure de gueules.*

2°. SEIGNEURS DE SÉGUR-DE-DOISSAC.

I. Bernard DE SÉGUR, chevalier, était cousin de Guillaume Aymoin, chevalier de Belvès, qui, par son testament de l'an 1269, l'institua son héritier, conjointement avec Guillaume de Gasques (1). Il obtint, par acte du dimanche après l'octave de S.-Mathias apôtre, 1288 (v. st.), de Bernard de Beanville, seigneur de Limeuil, l'autorisation de faire construire *un chaufour (calfurnum)*, dans sa terre, sous le cautionnement d'Eblon de Campagne, damoiseau de Limeuil. On croit qu'il fut père des enfants suivants :

1°. Gaillard de Ségur, damoiseau, qui est énoncé frère de Bertrand, dans un acte de déguerpissement fait entre ses mains, à Belvès, le samedi après la fête de l'Ascension 1305, par Géraud de la Condamine, habitant de la paroisse de Saint-Chamassy, d'une terre située dans la même paroisse. Il fit, la même année, un partage avec Raimond de Gasques; reçut, en 1317, une recon-

***

(1) *Item.... facio heredes meos, Raymundum de Gasques, et Bernardum de Segur, fratres, milites consanguineos meos, in Repario meo de Mespoleto, etc.* (Ils étaient sans doute frères utérins.)

naissance qui lui fut faite, ainsi qu'à Géraud de Motes, damoiseau de Berbiguières, par Jean Marcilhac, du Bugue; et vivait encore le 17 avril 1319, suivant une autre reconnaissance faite en sa faveur par Pierre de la Baygue, de la paroisse d'Audrix, *pour l'avoir délivré*, est-il dit, *des mains et de la servitude de nobles hommes Eblon et Hélie de Campagne* ;

2°. Bertrand, qui suit;

II. Bertrand DE SÉGUR, damoiseau, connu par l'acte de 1305, déjà cité, ne vivait plus, le 12 mai 1314. Il laissa :

1°. Bernard II, dont l'article suit ;
2°. Gaillard de Ségur, curé d'Urval, témoin dans un acte de vente faite, en 1360, par Pierre la Coste, en faveur de Bernard de Virazel, damoiseau de Campagnac.

III. Bernard DE SÉGUR, II° du nom, damoiseau, de la paroisse de Doissac, reçut, le 12 mai 1314, conjointement avec Gaillard, son oncle, la reconnaissance que Guillaume la Vayssière, de la paroisse d'Audrix, lui fit pour un fief, appelé *Foncorba*; il rappelle dans cet acte défunt Bertrand de Ségur, son père. Il en reçut une autre, la même année, datée du port de Perdigat sur Vezère ; acquit, en 1321, une rente d'Arnaud Delmas, d'Audrix ; est mentionné dans l'acte de vente d'un fief situé dans la juridiction de Belvès, faite, en 1345, par Amalvin de Montauriol, et ne vivait plus en 1362. Il avait épousé, en 1348, Almoïs de Cazenac (ou Casnac), fille de noble Bertrand de Cazenac, chevalier, laquelle passa plusieurs actes, en 1362, 1365, etc., étant veuve et tutrice de ses enfants, qui sont au nombre de trois :

1°. Jean, dont l'article suit;
2°. Bonafos de Ségur,⎫
3°. Bernard de Ségur,⎭ dont le sort est ignoré.

Ces trois frères, désignés sous le nom générique d'héritiers de Bernard de Ségur, sont mentionnés dans un acte d'accord, fait, le 1er novembre 1365, entre noble

Déodat de Léobard, et Pierre Beriers, marchand de Gourdon (1).

IV. Jean DE SÉGUR, damoiseau, de Doissac, fit son testament, en 1409, en faveur de ses quatre filles, qui sont :

    1°. Barthélemie de Ségur, qui eut en partage le répaire de Ségur, et fut mariée à Folquet *de Soirits* (ou *Soyris*) ;

    2°. Marquise de Ségur, qui eut pour sa part le répaire de Mespoulet, et épousa Raimond *Both* ;

    3°. N.... de Ségur,   } dont le sort n'est pas connu.
    4°. N.... de Ségur,   }

3°. SEIGNEURS DE SÉGUR EN ROUERGUE.

I. Bertrand (ou Bernard) DE SÉGUR, est le premier de cette branche dont on ait une connaissance certaine par les titres : son nom se lit dans un acte de vente, faite entre deux particuliers, en 1212.

On trouve après lui :

II. Viguier, ou Vigier DE SÉGUR, avait épousé une dame nommée *Astrugia*, et ne vivait plus, en 1280, suivant l'acte de tutelle de ses enfants. Trois ans après, *Ségur de Beaumont* fit une convention avec le comte d'Armagnac et de Comminges.

III. Guillaume DE SÉGUR, damoiseau, et seigneur de Ségur, par indivis, avec le comte de Rodez, donna quittance, en 1293, à un particulier, pour raison d'une pièce de terre, située dans le mandement de Ségur, qu'il avait vendue à ce particulier, et dont il n'avait pas été payé ; fut témoin, en juin 1314, de la signification

_____

(1) Par cet acte, le seigneur de Léobard cède en paiement de la somme qu'il doit, plusieurs sommes qui lui sont dues ; savoir : par messire Raimond d'Auriol, 70 liv. 9 s. 6 d. ; par le seigneur de Beynac, 200 liv. ; par Jean de Gavis et Gérald de Cardailhac, 6 l.; par Pierre de Vassal, 10 liv. 18 s. ; et par les heritiers de Bernard de Ségur, 7 liv. 10 s., etc.

de la demande en retrait de la terre de Laval, par le tuteur des enfants de feu messire Astulphe *de Campolongo*, chevalier, à Hugues d'Adzemar, damoiseau, au cas qu'il voulût s'en défaire, et la mettre en d'autres mains ; rendit hommage au comté de Rodez, le samedi avant la fête de la Madeleine, 1323, pour raison de la moitié de la justice et juridiction haute, moyenne et basse du lieu de Ségur, qu'il possédait, par indivis, avec le même comte de Rodez, et pour plusieurs territoires désignés dans cet acte. Il en rendit deux autres, au même seigneur, le 1er septembre de la même année, l'un pour les territoires *de Cantaloba* et de Teroudel, situés dans la châtellenie de Ségur, dans lesquels il avait le domaine direct ; et l'autre, conjointement avec Pierre de Bertholène, pour ce qu'ils tenaient en fief franc et libre dans le territoire *de Cantaloba*, et ailleurs. Il fit son testament, le mardi après la fête de saint Pierre et de saint Paul, en 1331, en faveur de Brenguier, son fils; mais il paraît avoir vécu encore plus de dix ans. Il est nommé, avec Guillaume de Romiguière, damoiseau, et autres seigneurs, comme témoin d'une réquisition, faite le mercredi avant la fête de saint Barthélemi, apôtre, 1333, par Jeanne de Narbonne, dame de Sévérac, tutrice de Guy, son fils, seigneur de Sévérac, à Raimond de Bertholène, damoiseau, pour la reconnaissance des droits qu'il tenait en fief du seigneur de Sévérac. (Titres de Foix, à la bibl. du roi, vol. XXI, fol. 180.) Guillaume de Ségur vivait encore en 1341.

Il avait pour contemporains, et probablement pour proches parents :

Pierre *de Ségur*, habitant du bourg de Rodez, fils de Bertrand de Ségur, fit son testament, en 1295, par lequel il fit plusieurs legs aux couvents de Rodez, à l'évêque, au chapitre, etc.; donna 37 livres 10 sols *rodanois* à sa sœur, et institua héritier universel Hélie de Ségur, son frère.

Hélie *de Ségur*, institué héritier de Pierre, son frère, en 1295, est connu par deux autres actes, l'un de 1301, et l'autre de 1302.

Arnaud *de Ségur*, consentit, en 1300, avec Arnaud

de Landorre, à une obligation de la somme de 100 liv. tournois, en faveur d'un particulier, bourgeois de Rodez, et testa, en 1303.

IV. Bérenger, ou Brenguier DE SÉGUR, chevalier, seigneur de Ségur et de Roquesel, en Rouergue, qualifié *noble et puissant seigneur,* fut institué héritier universel par le testament de son père, en 1331, et rendit hommage au comte de Rodez, le 17 septembre 1341. Il servait, en 1343, le roi Philippe de Valois, dans la guerre de Gascogne, avec une compagnie de gendarmes et de pied, sous le commandement du comte d'Armagnac, et donna, les 28 et 31 décembre de cette année, deux quittances de ses gages, qu'il scella de son sceau, *écartelé aux 1 et 4, d'un lion ; et aux 2 et 3, de trois fasces.* Ce sont, à ces fasces près, les mêmes armes que porte aujourd'hui la maison de Ségur. Il passa, en 1349, un acte, dans lequel est nommé Mantelin, son fils, mineur ; reçut, en 1359, une reconnaissance, pour une terre située dans le bailliage de Ségur ; et il lui fut fourni un grand nombre d'autres reconnaissances, dans les années 1361, 62, 63, 64, 65, jusqu'en avril 1372. Il paraît qu'il n'était pas encore mort en 1373. On ne lui connaît d'autre enfant, que :

V. Mantelin DE SÉGUR, damoiseau, fit, en 1349, conjointement avec Brenguier, son père, un acte de vente, dans lequel il est qualifié de seigneur de Roucous et de Vareilles ; intervint, avec le même, dans plusieurs actes passés depuis l'an 1361 jusqu'en 1373, et ne vivait plus en 1412. On ignore s'il laissa des enfants.

Il avait pour contemporains :

Jean *de Ségur,* fils de Pierre, en 1363.

Jean et Bertrand *de Ségur,* habitants de la paroisse de Saint-Pierre de Canet, en 1363.

Hélie *de Ségur,* dont le nom se lit dans des actes de 1397 et 1398.

On ne connaît pas la suite de cette branche ; on trouve seulement, qu'en 1552 et 1554, noble Louis de la Barthe se qualifiait *seigneur de Ségur.*

4°. Seigneurs de Ségur-de-Luynes.

La maison *de Ségur-de-Luynes*, en Provence, est connue depuis Raphaël DE SÉGUR, qui, suivant un mémoire de famille, vint de Naples, avec Charles VIII, lorsque ce prince revint de conquérir ce royaume, en 1495. Il s'établit à Marseille, et acquit la terre de Luynes. Le roi Louis XII lui donna, en 1507, une commission pour commander 100 hommes en l'armée royale qui alla assiéger Gênes. Il fut père de Léon, qui suit.

Léon DE SÉGUR, seigneur de Luynes, chevalier de l'ordre du roi, contribua beaucoup à la réduction de la ville de Beaucaire en l'obéissance du roi, ainsi qu'il paraît par les lettres que le maréchal de Montmorency-Damville fit expédier, en sa faveur, à Nîmes, le dernier de janvier 1575, pour exercer la surintendance de l'artillerie. Il était frère de Madeleine de Ségur, mariée, en 1535, à Léon d'Albert, aïeul du connétable de Luynes.

Cette maison n'a formé que cinq degrés; l'héritière (Madeleine de Ségur) porta la terre de Luynes dans la maison de Margalot, par son mariage avec François de Margalot, seigneur de Saint-Anguille, conseiller en la cour des comptes de Provence.

Les seigneurs de Ségur de Luynes portaient pour armes : *D'or, au pont de gueules, à 2 arches. Supports : 2 louves, ou lions de sable, lampassés de gueules.* — La généalogie de la maison d'Albert-de-Luynes, leur donne seulement pour armes : *Deux louves affrontées.*

DE SIGNIER (1); ancienne noblesse de Toulon, en

---

(1) *Voyez* sur cette famille l'état de la noblesse de Provence, par l'abbé Robert de Briançon, tom. III, pag. 77; l'Histoire héroïque de Provence, par Artefeuille, tom. II, pag. 599; le Dictionnaire de la noblesse, par la Chesnaye-des-Bois, in-4°, tom. XII, pag. 537, etc. etc.

Provence, et originaire d'Italie (1), dont le nom se trouve indistinctement orthographié *Seignie, Signie, Segni* ou *Signi*. Nostradamus lui donne le nom *de Segnier*, et depuis il s'est écrit plus communément *Signier*. Artefeuille, d'après l'abbé Robert de Briançon, l'auteur du Dictionnaire in-4° de la noblesse, publié en 1778, en donne la filiation depuis :

I. Ferrand ou Ferdinand DE SIGNIER, écuyer, ainsi qualifié dans le contrat de mariage de son fils, qui suit.

II. Bertrand DE SIGNIER, Iᵉʳ du nom, écuyer, épousa, par contrat passé devant Vincent de Saint-Anthonin, notaire, le 16 janvier 1441, Laurence *de Saint-Pierre* (2), de laquelle sont issus :

    1°. Antoine de Signier, seigneur de Privin, mort sans postérité, après l'an 1527;

    2°. Jean, qui continue la descendance;

    3°. Ferrand de Signier, qui eut, entr'autres enfants :

        A. Bernardin de Signier, auquel Pierre de Signier, son oncle, fit donation de ses biens, par acte passé devant Chabert, notaire à Toulon, le 25 février 1513. Il ne vivait plus le 18 octobre 1516, et eut pour enfants :

            I. Bernardin de Signier, qualifié neveu et héritier de feu capitaine Antoine de Signier, dans un acte passé devant Tassy, notaire à Toulon, le 3 février 1569 Il avait épousé Anne *de Ferrier*, de la ville de Toulon, laquelle lui survécut, et le rendit père de :

---

(1) Il y a eu en Italie une maison des comtes de Ségni, dont étaient Innocent III, originaire d'Anagni, dans la campagne de Rome, élu pape, le 8 janvier 1198; Grégoire IX, élu pape, le 19 mars 1227; Alexandre IV, son neveu, élu pape, le 12 décembre 1254, et Hugolin, cardinal, évêque d'Ostie.

(2) *De Saint-Pierre* : D'azur, au lion couronné d'or; à la bande de gueules brochante sur le tout.

a. Annibal de Signier, marié, par contrat passé devant Louis Couchoux, notaire à Toulon, le 22 septembre 1596, avec Roxane *de Thomas*, fille de feu Honoré de Thomas, seigneur de Pierrefeu et de la Valdardenne, et de Lucrèce de Vintimille. Il en eut : — 1° Jean de Signier, docteur en théologie, archi-diacre de l'église cathédrale de Toulon, présent à une vente faite par Lucrèce de Signier, d'une maison sise près la poissonnerie, par acte passé devant Garely, notaire, le 24 novembre 1657; — 2° Lucrèce de Signier, dame de la Garde et de Quarqueranne, mariée avec Jacq. *de Thomas*, seigneur de Beaulieu: elle fit son testament, le 23 février 1669, devant Rainauld Julien, notaire royal de la Garde, en faveur d'Hippolyte de Garnier, femme de noble Pierre de Thomas, seigneur de l'Escaillon et de Quarqueranne :

b. Madelaine de Signier, qui partagea avec Anne de Ferrier, par acte passé devant Tassy, notaire à Toulon, le 24 mars 1576;

c. Lucrèce de Signier, mariée, par contrat passé devant Louis Couchoux, notaire, le 19 septembre 1596, avec Louis *de Thomas*, seigneur de Pierrefeu, frère de Roxane, femme d'Annibal de Signier;

II. Ferrand de Signier, qui épousa, vers 1530, Catherine *Garnier*, dont il eut:

a. Pierre de Signier, protonotaire du saint-siége apostolique, chanoine de la cathédrale de Toulon;

b. Melchior de Signier, dont on ignore la destinée;

c. Catherine de Signier, mariée, en présence de ses deux frères, par contrat passé devant Jouans Rennesons, notaire à Toulon, le 19 août 1558, avec noble Magdelon *de la Salle*, seigneur de la Pierre-Blanche;

B. **Corent de Signier**,
C. **Antoine**, surnommé le capitaine Signier, { qui étaient en instance, le 18 décembre 1516, devant le comte de Tende, grand-sénéchal et gouverneur de Provence, à l'effet d'élire un tuteur aux enfants mineurs de Bernardin de Signier, leur frère;

4°. **Pierre de Signier**,
5°. **Nicolas de Signier**, { qui, avec Antoine et Jean, leurs frères, fondèrent, le 9 juillet 1490, une messe journalière et perpétuelle dans l'église et chapelle de Saint-Sauveur de la ville d'Aix, par acte passé devant Jacq. Grasset, notaire à Toulon.

III. Jean DE SIGNIER, qualifié écuyer dans des lettres-patentes du roi René, signées et scellées, données, à Avignon, le 4 août 1477, fut maître-général des ports de mer et rivières, ponts et passages de la Provence. Dans une lettre particulière, ce prince le qualifie *son fidèle ami.* Louis XI, par lettres-patentes du 19 décembre 1481, le nomma capitaine, garde et châtelain de la ville, châtel et cité de Toulon, bailli de la même ville, et viguier d'Hières, pour jouir alternativement de ces offices et d'année en année, lui attribuant, pour fournir aux charges et frais des dits offices, la somme de 300 florins d'appointements; ce qui fut confirmé par lettres-patentes du roi Charles VIII, du 20 mars 1493, en considération des services qu'il avait rendus tant à lui qu'aux comtes et comtesses de Provence, ses prédécesseurs. Le même Jean de Signier, issu, dit Nostrada-

mus (*Hist. de Provence, pag.* 688), d'une famille ancienne et noble, assista, avec Gabriel Garjan, tous deux
en qualité de députés de la ville de Toulon et de son
viguerat, aux états de Provence, tenus à Aix, au mois
d'avril 1487. Il fit son testament, le 15 avril 1513, devant Jacques Parvesy, notaire public à Toulon, en présence de Jean Demary et Béranger Garnery, aussi notaires, par lequel testament il veut être enseveli dans
l'église cathédrale de Toulon au tombeau de ses ancêtres, en la chapelle de Saint-Sauveur : lègue 13 deniers
à cette église : fait plusieurs autres dispositions en faveur
de la même église, et en faveur des pauvres et des con-
fréries de la ville, qu'il veut avoir à son inhumation ; fon-
de différents anniversaires, entr'autres, un à perpétuité
dans l'église cathédrale de Toulon, pour lequel il donne 10 florins ; lègue une somme pour les messes, qu'il
veut être célébrées le jour de sa mort, et 10 florins à la
confrérie de la conception de la Sainte - Vierge, pour
être employés à doter, et à marier de pauvres filles ; et
nomme pour lui succéder en tous ses biens Antoinette
de Morance (1), sa femme, héritière d'une très-ancienne famille. Leurs enfants furent :

1°. Honoré de Signier,⎫ morts sans enfants ;
2°. Louis de Signier, ⎭

3°. Bertrand II, dont l'article suit ;

4°. Pierre de Signier, auteur de la branche des
    seigneurs de Rogny, rapportée en son rang ;

5°. Honorée de Signier, mariée, le 2 mai 1502,
    avec Pierre de *Thomas,* seigneur de Sainte-Mar-
    guerite, viguier de Toulon, en 1530, et maître
    des ports de toute la province, qui testa, le 23
    août 1562, fils de Jean de Thomas, et d'Antoi-
    nette de Julianis ;

6°. Jeanne, *aliàs* Antoinette de Signier, mariée avec
    Henri *de Nas,* second consul de la ville d'Aix,
    en 1529, fils de Simon de Nas, second consul
    de la même ville, en 1494 ;

7°. Madelaine de Signier, mariée, le 10 mai 1528,
    avec Jacques *de Cuers,* dont descendent les sei-
    gneurs de Cogolin ;

(1) *De Morance* : De gueules, à la bande d'or.

V.   45

8°. Louise ou Jeanne de Signier, mariée à N....
de Cambe.

IV. Bertrand DE SIGNIER, II° du nom, écuyer, seigneur de Piosin, par donation d'Antoine, son oncle, du
27 novembre 1527, passée devant Gilles, notaire de
Grasse, en rendit hommage à la comtesse de Sault, le
13 octobre 1525, acte dans lequel il est qualifié *noble
et généreux écuyer*. Il servit dans les guerres de son
temps, et fut fait prisonnier, en 1524, par les troupes
de l'empereur Charles-Quint, comme on le voit par une
quittance de 4°o écus d'or, qu'Antoinette de Morance,
sa mère, paya pour sa rançon. Il fut chargé, par commission de M. de la Rochefoucauld, du 26 août 1536, de lever
500 hommes de guerre, pour s'opposer aux troupes de
l'empereur, qui avaient pénétré en Provence, et fut établi
lieutenant-général à garde de Marseille, terres et mers.
Le 25 septembre 1642, M. de Grignan, gouverneur de
Toulon, lui donna l'ordre de mettre les habitants sous
les armes, et de les conduire pour s'opposer aux entre-
prises des ennemis. Il eut encore deux autres commissions,
savoir, le 25 août 1543, celle de lever 200 hommes, et de
les conduire à Antibes, au camp du duc d'Enghien; et, en
1556, celle donnée par le roi Henri II. de lever une compagnie de 270 hommes, pour aller joindre le maréchal de
Brissac, commandant l'armée en Piémont. Il fut chargé,
par le comte de Tende, en 1562, de gouverner la ville de
Toulon ; et le même comte lui donna une autre commission, le 19 février de la même année (v. st.) Bertrand II de Signier avait épousé, par contrat du 30 novembre 1525, passé devant Guerin, notaire à Riez, Honorée *de Ferrier* (1), fille de feu noble homme Honoré
de Ferrier, des seigneurs d'Auribeau et de Saint-Julien,
de la ville de Riez, et de noble Honorée de Roux. Elle
lui porta en dot 3000 florins ayant cours en Provence,
et renonça, par son contrat de mariage, au moyen de
cette somme, à 40,000 florins qu'elle espérait de la succession de son père. Il est qualifié *noble* Bertrand de Signier, seigneur de Piosin, dans l'acte de fondation de
six messes tous les ans, en l'église des frères prê-

_____

(1) *De Ferrier* : D'or, à cinq écussons de gueules, 2, 2 et 1.

cheurs de Toulon, dans la chapelle de St.-Jean-Baptis-
te, appartenante à la maison de Signier, qu'il fit, le 1er
mai 1533, devant Berenguier Garnier, notaire. Il fit
son testament devant Antoine Pavès, notaire de Toulon,
le 9 ou 19 décembre 1566, et institua pour son héritière
Honorée de Ferrier sa femme, lui substituant ses enfants :

1°. Honoré de Signier, mort sans postérité ;
2°. Claude de Signier, co-seigneur de Piosin, é-
poux de Catherine *de Blancard*, fille de François de Blancard, seigneur de Néaule, et père
de :

Françoise, *aliàs* Madelaine de Signier, femme
de Palamède *de Giraud*, lieutenant de l'a-
mirauté de Toulon, auquel elle porta une
partie de la terre de Piosin;

3°. Balthazard, qui continue la descendance.

V. Balthazard DE SIGNIER, écuyer, co-seigneur de
Piosin, fit l'acquisition des terres et seigneuries d'Evenos
et d'Orves, par acte passé devant Barnier, notaire de
Marseille, le 6 juillet 1612. Il en rendit hommage au
roi, le 20 octobre de la même année. Louis XIII, par
brevet et lettres-patentes du dernier juillet, lui avait
fait don du droit de lods desdites terres, en considération des bons et recommandables services qu'il avait
rendus à la couronne, durant l'espace de 35 ans, tant
en la charge de lieutenant-général au siége d'Hières, qu'en celle de lieutenant-général en l'amirauté de
Provence. Le roi Henri III l'avait aussi pourvu de l'état
et office de lieutenant de l'amirauté de la ville de Marseille, le 2 octobre 1579. Il avait épousé, par contrat
passé devant Louis Thaneron, notaire à Brignolles, Anne
de Vintimille (1), des comtes de Marseille, fille de Gaspard de Vintimille, seigneur d'Ollioules et d'Evenos,
et d'Anne d'Arcussia. Il eut de ce mariage :

VI. Bertrand DE SIGNIER, III du nom, écuyer, seigneur de Piosin et d'Evenos, viguier et capitaine pour

(1) *De Vintimille* : De gueules, au chef d'or.

le roi de la ville de Toulon. Il fit son testament devant
Aubert, notaire royal de la même ville, le 10 janvier
1637. Il avait épousé, par contrat passé devant Louis
Courrous ou Couchou. notaire à Toulon, le 7 octobre
1601, Anne *de Gombert* (1), fille de Gaspard de Gombert, seigneur d'Orves, et de Melchionne de Martin.
Leurs enfants furent :

   1°. Louis , dont l'article suit ;
   2°. Balthazard de Si-⎫
     gnier ,   ⎬ archidiacres de Toulon;
   3°. Jean de Signier,⎭
   4°. Jean-Pierre de Signier, auteur de la branche
     établie à Aix, rapportée ci-après;
   5°. Blanche de Signier, mariée, par contrat passé
     devant Boniface Alpheran , notaire d'Aix, le 16
     novembre 1637, avec Joseph *de Bourguignon*,
     élu premier consul de Marseille, en 1646, fils de
     Pierre de Bourguignon, et de Marguerite d'Al-
     phantis;
   6°. Claudine de Signier, mariée avec Balthazar
     d'André, reçu conseiller en la cour des comptes
     de Provence , le 25 juin 1637, fils de Paul d'An-
     dré, et de Gasparde de Félix.

VII. Louis DE SIGNIER, écuyer, seigneur de Piosin,
d'Evenos et d'Orves, vignier et capitaine pour le roi
Louis XIII de la ville de Toulon, suivant ses provisions
datées de Paris, le 4 septembre 1637, avait épousé, par
contrat passé devant Honoré Masse, notaire royal d'Hières, le 8 mai 1636, Lucrèce *d'Arcussia* (2). fille de
Francois d'Arcussia, seigneur d'Esparron, et de Louise
de Blancard, dame de la Mole. Étant devenu veuf, il se
fit ordonner prêtre, et fut ensuite archi-diacre de Toulon. Il fut maintenu dans sa noblesse, par les commissaires députés par le roi, en Provence, le 22 novembre
1667, sur la production de ses titres. Ses enfants furent :

---

(1) *De Gombert* : Écartelé, aux 1 et 4 d'azur, au lion d'or ; aux
2 et 3 de gueules , au château à trois tours d'or.

(2) *D'Arcussia* : D'or, à la fasce d'azur, accompagnée de trois
arcs de gueules.

1°. Jean-Baptiste-Henri qui suit;

2°. François de Signier, reçu chevalier de Malte, le 25 septembre 1655, au grand-prieuré de Toulouse, et officier de vaisseau;

3°. N..... de Signier, mariée avec N.... *de Barras-Mélan*;

4°. Marie-Anne de Signier, alliée par contrat passé devant Jean Martely, notaire de Toulon, le 17 octobre 1673, avec Vincent *de Martini*, auquel elle porta la terre d'Orves, et dont elle fut la première femme. Il était fils d'Antoine de Martini, et de Catherine de Blégier.

VIII. Jean-Baptiste-Henri DE SIGNIER, écuyer, seigneur de Piosin et d'Evenos. épousa, par contrat passé devant Aubert, notaire royal à Toulon, le 26 février 1671, Anne *d'Arène* (1), fille de Paul-Émile d'Arène, écuyer, premier consul de la ville de Marseille, et de Madelaine d'Arène, sa cousine. De ce mariage sont issus:

1°. François de Signier, né à Ollioules, le 4 juin 1674, reçu chevalier de Malte, le 9 octobre 1690, grand-commandeur, le 19 mars 1719, grand-prieur de Toulouse, mort à Toulouse, le 27 mai 1751, chef d'escadre des armées navales, et le dernier rejeton mâle de sa branche. Commandant le vaisseau *le Diamant*, il combattit avec une rare intrépidité contre 3 vaisseaux anglais qui l'avaient attaqué, en mit un hors de combat, coula l'autre à fond, et s'empara du troisième. C'est par allusion à ce combat que Louis XV répondit un jour à un courtisan qui lui vantait la beauté du diamant que ce prince avait à son chapeau : *Je conviens avec vous que ce diamant jette beaucoup de feu; mais non pas encore autant que celui que commandait Piosin*;

2°. Joseph de Signier-Piosin, reçu de minorité chevalier du même ordre, en 1700;

---

(1) *D'Arène* : De gueules, à 2 jumelles d'or ; et sur le tout d'azur, à la foi d'argent, parée de pourpre, posée en bande, et mouvante d'une nuée d'argent.

3°. N.... de Signier-Piosin, mariée avec Jean-Jo-
seph-Hyppolite *de Larras-la-Penne*, gentilhomme de Manosque, où elle est morte dans un âge
très-avancé, en 1777.

BRANCHE ÉTABLIE A AIX.

VII. Jean-Pierre DE SIGNIER, reçu conseiller au parlement d'Aix, en 1630, épousa Diane *de Saint-Marc* (1),
fille de François de Saint Marc, conseiller au parlement de Provence, et de Madelaine Dedons d'Istres.
De ce mariage sont issus :

1°. Louis, dont l'article suit ;
2°. Jean-Pierre-Bruno de Signier, maréchal-des-
camps et armées du roi. Il entra au régiment de
Provence, à sa création, le 4 décembre 1674; en
devint major, le 7 juillet 1686, et lieutenant colonel le 8 janvier 1689. Il se trouva à la bataille de Fleurus, en 1690; au siége de Mons, puis à
l'armée de Flandre, en 1691 ; au siége de Namur
et au combat de Steinkerque, en 1692; à la bataille de Nerwinde et au siége de Charleroi, en
1693; au combat de Tongres et au bombarde-
ment de Bruxelles, en 1695; à l'armée de Flandre, en 1696 et 1697. Créé brigadier d'infanterie, le 29 janvier 1707, il fut employé à l'armée
d'Allemagne, et commanda à Bonn pendant l'hiver. Employé à l'armée du Rhin, en 1703, il
servit aux siéges de Brisack et de Landau; et
donna une preuve d'une rare valeur à la bataille de Spire. Il commanda la brigade de Navarre
et de Provence à la funeste journée d'Hochstedt,
en 1704. Retranché dans un cimetière, près de
Plinthe m, il s'y défendit avec la plus grande intrépidité; et, quoiqu'il eût été estropié d'une main,
il refusa constamment de signer la capitulation
qu'on lui offrait. Après avoir taillé en pièces plusieurs détachements qu'on avait dirigés sur lui,

(1) *De Saint-Marc* : D'azur, au lion d'or, tenant entre ses deux
pates un livre ouvert d'argent.

pour le forcer à se rendre, on lui fit demander ce
qu'il voulait. Il répondit : *les honneurs de la guerre*; ce qui lui fut accordé sur-le-champ. Il sau-
va ainsi les corps qui étaient sous ses ordres,
avec plusieurs pièces de canon, et quantité d'armes, de bagages et de munitions de guerre (1).
Le roi le créa maréchal-de-camp, par brevet du
19 septembre de la même année. Il se démit a-
lors du régiment de Provence ; servit à l'armée
du Rhin, sous le maréchal de Marchin, en 1705;
à l'armée de Roussillon, sous le duc de Noail-
les, en 1706 et 1707; et commanda en Cerdagne
pendant l'hiver. Il fut nommé, le 10 novembre
1710, pour commander à Cambray, où il resta jusqu'au 3 octobre 1713. Il mourut sans enfants de
N... *de Cormis de Beaurec...*, sa femme, à Salon,
en 1720 ou 1721, temps où la peste ravageait la
Provence, et fut inhumé dans l'église des Cordeliers. Le régiment de Provence, dans lequel il
avait servi d'une manière très-distinguée, se
trouvant près de cette ville, vint exprès lui rendre les derniers honneurs. (*Chronologie militaire, par Pinard, tom. VI, pag.* 549.)

VIII. Louis DE SIGNIER, écuyer, conseiller au parlement d'Aix, après son père, épousa Cassandre *de Cadenet* (2), dame de Seneguier, dont il eut 22 enfants,
entr'autres :

1°. Jean-Pierre de Signier, qui servit long-temps
dans le régiment de Provence, dont il devint
lieutenant-colonel. Il passa ensuite à la lieute-
nance de roi de Cambray, où il mourut sans enfants ;

2°. Joseph, dont l'article suit ;

---

(1) Voyez le siècle de Louis XIV, par Voltaire, qui, par une légère erreur, le nomme *Sivière* au lieu de Signier. Quelques courti-
sans ayant eu dessein de le desservir auprès de Louis XIV, ce
monarque voulut le voir; et le roi, lui ayant demandé pourquoi il
n'avait pas voulu signer la capitulation, « Sire, répondit-il avec sa
» franchise naturelle, *c'est que je n'étais pas là pour écrire.* »

(2) *De Cadenet* : D'azur, au taureau ailé et furieux d'or.

3°. N. .. de Signier, mariée à N.... *des Henriquez*, morte à Salon, en 1770.

IX. Joseph DE SIGNIER, chevalier, seigneur de Senneguier, servit ainsi que son frère dans le régiment de Provence, et se retira du service avec le grade de capitaine de grenadiers et couvert de blessures. Il avait épousé, en 1740, Césarée *d'Icard de Pérignan* (1), fille de Nicolas d'Icard de Pérignan, III° du nom, et de Marthe-Henriette de Sade, des seigneurs d'Aiguières. Il laissa :

X. Nicolas-Gabriel-Magloire DE SIGNIER, chevalier, seigneur de Senneguier, qui entra dans la marine, au département de Toulon, en 1756, et s'est retiré enseigne de vaisseau, en 1767. Il épousa, la même année, Agricole-Françoise-Elzéarde-Josèphe-Michelle *de Guilhens de Montjustin* (2), fille d'Ignace-François de Guilhens de Montjustin, viguier de la ville d'Avignon. Ils vivaient sans enfants à Arles, en 1777.

SEIGNEURS DE ROGNY, *en Picardie.*

IV. Pierre DE SIGNIER, I°° du nom, fils puîné de Jean de Signier, écuyer, et d'Antoinette de Morance, n'embrassa point l'état ecclésiastique, auquel son père l'avait destiné, et se maria, suivant quelques-uns, avec Marquise *d'Andréa* (3), veuve de N.... de Forbin-Janson. Le 22 octobre 1562, il fit, devant Antoine Pavès, notaire à Toulon, son testament, par lequel il légua ses biens de Provence à Pierre de Signier, son fils qui suit.

V. Pierre DE SIGNIER, II° du nom, chevalier, gentilhomme ordinaire de la chambre de François, duc d'A-

---

(1) *D'Icard de Pérignan* : D'azur, au lion d'or, tenant de ses pates une lance du même.

(2) *De Guilhens* : D'argent, au rosier de sinople, fleuri et boutonné de gueules; à la bordure d'azur, chargée de huit étoiles d'or.

(3) *D'Andréa* : De gueules, à deux lions affrontés d'or, tenant un anneau de sable; à la bordure d'azur, chargée de huit fleurs de lys d'or.

lençon, frère unique du roi Henri III, écuyer de la grande et petite écurie, gouverneur d'Oisy, de la ville et du château de Marle, etc., eut, le dernier décembre 1580, commission de lever une compagnie de 100 arquebusiers à cheval; fut pourvu, le 24 avril 1583, de la charge d'écuyer ordinaire du même duc d'Anjou ; eut ordre, le 21 mars 1584, de commander 2 compagnies d'infanterie et de les conduire à la guerre; fut fait capitaine et gouverneur d'Oisy et des places en dépendantes, par lettres du 12 avril de la même année, en vertu du pouvoir qu'il en avait reçu de Jean de Montluc-Balagny : et, le 8 mars 1585, ce seigneur de Balagny le chargea de tenir lesdites places et ses dépendances sous l'autorité du roi, à cause de la mort de François, duc d'Anjou. Henri III le confirma, le 23 décembre 1585, dans son gouvernement d'Oisy, et lui conserva sa compagnie d'infanterie, qui tenait garnison à Cambray, sous la charge et le commandement du seigneur de Balagny, gouverneur et lieutenant-général de Cambray et du Cambrésis. Le 25 août 1587, il eut ordre de commander, en qualité de maréchal-de-camp, les troupes envoyées au duc de Guise sous la conduite de M. de Fontenelle, neveu du maréchal de Montluc. Le 8 novembre de la même année, on lui donna pouvoir d'engager sa foi envers les capitaines et soldats qui tenaient garnison dans les châteaux de Saixe-Fontaine et autres. Il obtint, le 29 avril 1594, du roi Henri IV, des provisions de gouverneur de la ville et du château de Marle; fut nommé, le 29 septembre 1594, maréchal-des-camps et armées du roi, pour servir en cette qualité dans l'armée du Cambrésis, sous la conduite du maréchal de Balagny, qui lui donna ordre de lever le plus de troupes qu'il pourrait dans le Cambrésis, et les Pays-Bas, soit à pied soit à cheval, et fut créé en même temps aide des maréchaux-de-camp de l'armée royale, par provisions registrées à Laon, le 18 février 1595. Le roi lui donna encore une commission, le 19 août 1593, pour faire vendre, par les officiers de justice de Marle, une coupe extraordinaire de bois dépendants dudit comté, pour payer les troupes de la garnison du Marle, ne pouvant l'être par les habitants, qui venaient d'essuyer un grand incendie. Il mourut le 8 février 1597, et fut enterré dans l'église principale de cette ville, ainsi qu'on le voyait par son

épitaphe, placée à côté de la porte de la sacristie. Il avait
épousé, par contrat du 4 décembre 1588, passé devant
Pierre de Maison et Pierre Carlier, notaires royaux, Marie *le Clerc* (1), fille d'Imbert le Clerc, écuyer, seigneur
de Rigebay et de Druelle-sur-Somme, terre qu'elle lui
apporta en mariage, et de Madelaine de Lignières. Elle
se remaria à Pierre de la Salle, gouverneur de Marle,
seigneur de Rogny, de Rigebay et Houry; et, en étant
autorisée, elle renonça au douaire de son premier mari, en
faveur de Pierre-Alexandre de Signier, son fils aîné, par
acte du 1er mai 1624. Devenue veuve de ce second mari, elle passa un traité, le 14 février 1636, avec Philbert de Neufville, écuyer, seigneur de Forest, demeurant à Misery,
comme épouse de Marie ou Madelaine de la Salle, fille
unique du susdit Pierre, en vertu duquel Philbert de
Neufville et sa femme renoncèrent aux successions é-
chues et à échoir de Pierre de la Salle et de Marie le
Clerc, se réservant néanmoins leurs droits et actions au
cas où Pierre-Alexandre de Signier, seul enfant mâle
de ladite Marie le Clerc, viendrait à la prédécéder. C'est
par suite de ce traité que la terre de Rogny et la moitié de celle de Houry sont entrées dans la maison de
Signier. Marie le Clerc fit son testament le 15 juillet
1637. Elle eut de son premier mari :

1°. Pierre-Alexandre, dont l'article suit ;
2°. Renée de Signier, mariée, le 21 août 1623, a-
    vec Jérome *Seguier*, écuyer, seigneur de Cham-
    pigny, capitaine d'une compagnie de chevau-
    légers ; 2° à Nicolas *du Boulay*, chevalier, sei-
    gneur de Sery, conseiller, maître-d'hôtel ordi-
    naire du roi. Elle fit son testament le 11 janvier
    1663.

VI. Pierre-Alexandre DE SIGNIER, chevalier, seigneur
de Rogny, de Regibay et de Houry, d'abord lieutenant
au régiment de Rambures, ensuite commandant de 400
lances et de 15 compagnies de 100 hommes d'infanterie,
succéda à Pierre de la Salle, dans la charge de capitai-

---

(1) *Le Clerc* : D'argent, à la bande de sable, accompagnée en
chef d'une aigle, et en pointe d'une molette, le tout du même.

ne et gouverneur de la ville et du château de Marle, par
provisions du 22 septembre 1629, pour lequel gouvernement il prêta serment, le 30 mai 1630, entre les mains
de M. de Marillac, garde-des-sceaux de France; eut
commission, le 23 mars 1635, de lever une compagnie
de 100 mousquetaires à cheval; et, le 30 du mois de mai
suivant, reçut l'ordre de réunir sa compagnie de mousquetaires en corps avec d'autres, sous la charge de M. de
Jouy, maréchal-de-camp. le 10 mai 1638, celui de mettre sa compagnie de cavalerie à la hongroise, en compagnie de chevau-légers, laquelle fut réformée, en novembre de la même année; et, le 4 octobre 1641, celui
de lever 100 hommes adroits aux armes, et de se faire aider pour cela par les gentilshommes voisins, et les
maïeur et échevins de Marle; enfin fut fait prisonnier en
défendant cette ville avec vigueur contre l'armée ennemie, la place étant attaquée de tous les côtés par l'artillerie. Le roi, ayant eu égard à sa bravoure et à sa belle conduite, lui écrivit une lettre signée de S. M. et de la
reine régente, et contresignée *le Tellier;* et, comme il
avait été fait prisonnier à la défense de cette place, il reçut, le 9 novembre 1650, une lettre de cachet qui le réta-
blit dans son gouvernement de Marle. Il paya 3000 livres pour sa rançon; eut commission, les 7 et 14 novembre 1651, de lever une compagnie franche de 100
hommes pour tenir garnison à Marle; mourut en son
gouvernement, le 27 janvier 1658, et fut inhumé à côté de son père. Son épitaphe lui donne la qualité de
maréchal-des-camps et armées du roi. Il avait épousé,
par contrat du 24 mars 1640, passé devant Warnet, notaire à Marle, Catherine *Arnould* (1), veuve de Charles de la Salle, écuyer, seigneur de Marcy, capitaine
au régiment de Longueval, et fille de Simon Arnould,
écuyer, sieur du Buisson, conseiller-secrétaire ordinaire
de la reine-mère, et de Lucrèce Bourges. Elle lui apporta la terre de Marcy, acquit celle de Lugny, dont
elle rendit hommage au roi, le 8 mars 1664, et en
donna, le 24 juillet de l'année suivante, son dénombrement, dans lequel elle se dit veuve de Pierre-Alexandre

---

(1) *Arnould :* D'azur, à l'épervier d'argent, empiétant une perdrix du même.

de Signier, chevalier, gouverneur des ville et château de Marle, maréchal de bataille des armées du roi ; seigneur des villages de Rogny, de Marcy et de Rigebay. Il avait fait hommage au roi, et fut admis au relief de la terre de Rogny, par acte du 29 octobre 1640 ; fut reçu de même, par les officiers de S. M., au relief de la terre et seigneurie de Marcy et des fiefs de Beguin, Pillois et Guerlot, le 8 janvier 1642 : sa veuve en fournit dénombrement au roi, le 23 mai 1665. Elle mourut au château de Marcy, le 5 janvier 1681, ayant eu de son mariage :

1°. Henri, qui suit ;

2°. Claude de Signier, qui fut nommé capitaine de dragons au régiment de Silly, le 26 juin 1691, et était, en 1697, capitaine au régiment de Peysac-Dragons. Il mourut au château de Marcy, le 2 février 1714 ;

3°. François de Signier, co-seigneur de Marcy, lieutenant du régiment de Bandeville infanterie, mort sans enfants en Allemagne, en 1695 ;

4°. Antoine de Signier, né en 1648, mort en bas âge.

VII. Henri DE SIGNIER, chevalier, seigneur de Rogny, de Lugny, de Marcy et de Houry, né à Marle, en 1644, entra d'abord page du roi dans sa grande écurie, et fut fait, le 25 octobre 1667, lieutenant dans le régiment Dauphin infanterie. Il fut maintenu dans son ancienne noblesse, par arrêt du conseil-d'état du roi du 10 juin 1669 ; fit hommage au roi pour la terre de Lugny, le 2 mai 1671 ; en fournit le dénombrement, le 23 septembre 1676, et celui de la terre de Rogny et de la moitié de la terre de Houry, le 4 juin 1677 ; fit son testament, le 23 septembre, et mourut le 1er octobre 1680, au château de Rogny. Il fut inhumé en la paroisse du même lieu. Il avait épousé, par contrat passé devant la Campagne, notaire à Laon, le 3 mai 1670, Élisabeth *Ponssin*, fille de Jean Ponssin, conseiller du roi, lieutenant-général civil et criminel à Laon, et de Marguerite Carlier. Devenue veuve, elle demanda au roi, le 12 janvier 1681 et le dernier juillet 1686, des lettres de souffrance, pour les terres de Rogny, Lugny et Houry, et mourut à Rogny, le 5 octobre 1717. Ses enfants furent :

1°. Jean-Baptiste, dont l'article suit ;

2°. Charles de Signier, né le 8 mars 1676, mort en bas âge;

3°. Louise-Colombe de Signier, mariée, par contrat du 5 février 1689, avec Charles-Antoine *de Martigny*, écuyer, seigneur de Varincourt, de Berlancourt et de Boisfry.

VIII. Jean-Baptiste DE SIGNIER, chevalier, seigneur de Rogny, de Lugny, de Marcy et de Houry, né le 19 mars 1671, reçu page du roi en sa grande écurie, au mois de mars 1688, sur les preuves faites, le 27 mars de cette dernière année, devant Charles d'Hozier, juge d'armes de France; servit ensuite en qualité de cornette de dragons dans le régiment de Silly, et fut maintenu dans sa noblesse, par arrêt du conseil-d'état du roi, du 14 septembre 1700. portant que ce n'est point une grâce qu'on lui fait, mais une justice qu'on lui rend, avec d'autant plus de raison que les preuves de sa noblesse avaient déjà été faites par Henri, son père, qui avait été page du roi. Il rendit foi et hommage à S. M. pour sa terre de Rogny, le 27 février 1692, et en fournit le dénombrement, ainsi que de la terre de Lugny, le 25 juillet 1698. Il rendit encore foi et hommage au roi, le 17 août 1722, pour les terres et fiefs de Rogny, Marcy, Beguin, Pillois, Ponssin, Guerlot, Lugny et Houry, pour moitié, à cause du joyeux avénement à la couronne. Il fit son testament, le 9 février 1722, légua tous ses biens à son fils aîné, mourut à Laon, le 17 décembre de la même année, et fut inhumé dans l'église de Saint-Julien, sa paroisse. Il avait épousé, par contrat du 23 juin 1699, passé devant le Nain, notaire à Laon, Marie-Anne *Chevalier*, fille de Pierre Chevalier, seigneur de Châtillon, et de Marie Ponssin. Elle testa le 3, et mourut le 22 mars 1728, et fut inhumée à côté de son mari. Leurs enfants furent :

1°. Claude-Alexandre, dont l'article suit ;

2°. Marie-Jeanne-Élisabeth de Signier, morte à l'âge de 16 ans;

3°. Marie-Marguerite de Signier, alliée : 1°, le 7 juin 1723, à Michel-Raimond *de Chocquard de Saint-Etienne*, chevalier; 2°, le 11 mai 1728, à

Josné-Louis-*Laumonier*, chevalier, seigneur de
la Motte ; 3°, le 3 mai 1741, à Paul-Fran-
çois *de Warel*, écuyer, gendarme de la garde
du roi ;

4°. Marie-Anne-Élisabeth de Signier, alliée : 1° à
Louis-François *de Foucault*, chevalier, seigneur
de Touly ; 2°, à Louis-Dieudonné *de Mongeot*,
chevalier, seigneur de Cambron ;

5°. Louise-Colombe de Signier, mariée : 1°, le 14
mars 1728, à Nicolas *d'Arras*, chevalier, seigneur d'Handrecy et de Bussy, capitaine au régiment de Condé, infanterie ; 2° à N.... *de Bou-*
chaud, chevalier de Saint-Louis, major d'un régiment d'infanterie ;

6°. Marie-Jeanne de Signier, femme de Méry *de*
Bayard, chevalier de Saint-Louis, brigadier des
gardes-du-corps du roi.

IX. Claude-Alexandre DE SIGNIER, chevalier, seigneur de Rogny, de Lugny, de Marcy et de Houry, né
le 21 mars 1704, rendit hommage au roi, avec sa mère,
le 5 mai 1724, servant alors dans le corps royal de l'artillerie, à la Fère ; donna au roi le dénombrement de
Rogny, le 3 juin 1730, et celui de Lugny, le 2 septembre 1739 ; celui de la moitié de la terre de Houry, le
4 janvier 1745, et celui de Marcy, le 30 avril suivant. Il
mourut au château de Rogny, le 1er juin 1757, et fut enterré dans l'église de cette paroisse. Il avait épousé, par
contrat du 10 juillet 1724, passé devant le Nain, notaire à Laon, Marie-Anne-Geneviève *de Recourt* (1),
fille de François de Recourt, chevalier, seigneur du
Sart, et d'Anne-Geneviève le Carlier. Elle mourut à
Soissons, le 10 décembre 1757, et fut inhumée dans
l'église de Saint-Léger de la même ville. Ils eurent pour
enfants :

1°. Claude-Alexandre de Signier, né le 14 novembre 1727, mort au collège de Soissons ;

2°. Pierre-Alexandre de Signier, né le 11 août
1730, mort le 16 octobre suivant ;

_____

(1) *De Recourt* : Bandé de vair et de gueules, au chef d'or.

3°. Grégoire-François-Alexandre, qui suit ;

4°. Marie-Jeanne-Élisabeth de Signier, née le 3 juillet 1725, religieuse de l'ordre de Fontevrault, au couvent de Collinance ;

5°. Marie-Anne-Geneviève de Signier, né le 16 août 1726, morte dans un couvent à Paris ;

6°. Marie-Marguerite de Signier, née le 22 mars 1729, religieuse à la congrégation de Laon ;

7°. Marie-Reine de Signier, née le 5 janvier 1732, mariée, le 3 octobre 1759, avec Jacques-Antoine *du Chesne*, chevalier, seigneur de Jouy, capitaine au corps royal de l'artillerie, et chevalier de Saint-Louis ;

8°. Élisabeth de Signier, née le 7 juillet 1733, mariée, le 11 février 1760, avec Philogène-Charles *de Montfort*, chevalier, seigneur de Saint-Euphraise, Villette, etc., mousquetaire du roi en la seconde compagnie. Elle mourut le 9 avril 1761 ;

9°. Marie-Charlotte de Signier, née le 14 avril 1735 ;

10°. Marie-Françoise-Raimonde de Signier, née le 6 octobre 1738, morte en bas âge.

X. Grégoire-François-Alexandre DE SIGNIER, chevalier, seigneur de Rogny, de Lugny, de Marcy et de Houry, né le 16 mai 1737, fut reçu chevalier de Malte par bref de dispense d'âge, du 2 octobre 1745. Ayant quitté l'ordre à la mort de son frère aîné, il entra lieutenant au régiment de Condé infanterie, le 11 décembre 1755 ; se retira du service, en 1759, et, le 7 avril de la même année, rendit hommage au roi pour ses terres et seigneuries de Rogny, Lugny, Houry et Marcy en partie, et au duc d'Orléans, à cause de son comté de Marle, pour un huitième de la terre de Marcy, le 30 mai 1765 ; fournit au même prince son dénombrement des terres de Lugny et de Houry, le 17 août 1769, de Rogny, le 19 du même mois, et de la moitié de Marcy, le 20 février 1772. Il avait épousé, le 9 août 1763, par contrat passé devant de Sains, notaire à Reims, Marie-Marguerite *de Chocquard de Saint-Étienne* (1), fille de

_____

(1) *De Chocquard-Saint-Étienne* : D'argent, au chevron de sable, accompagné de trois merlettes du même.

François-Raimond de Chocquard de Saint-Étienne, chevalier, et de Marie-Madelaine-Françoise Marquetti. Elle lui apporta en dot la terre et seigneurie d'Erlon, et partie de celle de Marcy, dont elle avait hérité de Marie-Marguerite de Signier, son aïeule maternelle. Elle fit hommage pour Erlon au duc d'Orléans, le 3 avril 1765; et son mari en fournit le dénombrement, le 24 août 1775. De leur mariage sont issus:

1°. Jacques-Alexandre de Signier qui suit;

2°. Alexandre-Jean-Gabriel de Signier, né le 4 janvier 1770;

3°. Alexandre-François de Signier, né le 24 mars 1774, mort en bas âge;

4°. Alexandre-François-Magloire de Signier, né le 4 mai 1775, chevalier de Malte de minorité, mort officier aux gardes-wallonnes, en 1792;

5°. Antoine-Alexandre de Signier, né le 14 juillet 1776, mort en bas âge;

6°. Marie-Marguerite de Signier, née le 26 août 1764, morte en bas âge;

7°. Marie-Françoise-Victoire de Signier, née le 30 novembre 1771, décédée en bas âge;

8°. Marie-Thérèse de Signier, née le 14 novembre 1780, chanoinesse de l'ordre de Malte, à Saint-Antonin, en 1788, morte en 1791.

XI. Jacques-Alexandre comte de SIGNIER DE ROGNY, né le 6 mai 1768, entra à l'École-Militaire de Brienne, en 1780. Il fut fait officier au régiment de Condé infanterie, en 1783; émigra, au mois de juillet 1791, avec les officiers de son corps, pour se rendre à Worms auprès de S. A. S. Mgr. le prince de Condé, sous les ordres duquel il a fait toutes les campagnes de l'émigration, en Allemagne et en Russie, dans le corps des chasseurs nobles et dans le régiment de Damas infanterie. Il fut nommé chevalier de Malte par le grand-maître d'Hompech, en 1799. Lors du licenciement de l'armée, effectué en Styrie, en 1801, il rentra en France, reprit du service à la rentrée du roi, et fut nommé chevalier de Saint-Louis, le 25 août 1814, et, le 29 novembre 1815, chef de bataillon dans la légion de la Haute-Saône, devenue 16º régiment d'infanterie de ligne, à la nouvelle formation de l'armée, en novembre 1821. Il avait été nommé, le 25 avril précédent, chevalier de l'ordre royal de la Légion-d'Honneur.

Armes : De gueules, à 6 têtes d'aigle arrachées d'argent, couronnées d'or. Cimier : Une aigle d'argent, couronnée d'or.

Suivant l'état de la Provence dans sa noblesse, publié, en 1693, par l'abbé Robert de Briançon, les mêmes armes se trouvaient alors peintes, depuis 200 ans, à un écu suspendu dans *l'église des Jacobins de Toulon*, en la chapelle des *Signier*, sous le titre de Saint-Jean-Baptiste, que cette famille eut de la succession de la maison de Morance.

DE **SOLAGES**, seigneurs et barons de Tholet, de Castelnau, de Peyralès, de Miremont, du Cayla, de Gabriac, de Robal, marquis de Saint-Vensa, de Carmaux, etc., comtes et vicomtes de Solages, en Rouergue et en Albigeois ; maison d'ancienne chevalerie, qui a pris son nom d'une châtellenie située à trois lieues et demie d'Espalion, en Rouergue. On la voit figurer avec distinction parmi la principale noblesse du pays, dès le commencement du 11e siècle, et remplir successivement les emplois et les grades les plus éminents de la cour et des armées des comtes de Rodez. Son ancienneté est constatée par les chartes et les monuments historiques depuis Rigaud seigneur de Solages, en Rouergue, vers la fin du 10e siècle, qui était frère ou très-proche parent de Raimond de Solages, qui, l'an 1028, souscrivit un traité avec Hugues Ier, comte de Rouergue et de Rodez, Aldebert d'Estaing (1), et plusieurs autres seigneurs (*Histoire généalogique des comtes de Rouergue et de Rodez, pag.* 5). Dom Vaissète rapporte, tom. II, pag. 161 de son Histoire de Languedoc, qu'en l'année 1032, Séguin de Roquefeuil donna plusieurs terres qu'il possédait dans les comtés de Lodéves et de Rouergue, à l'abbaye de Saint-Guillem-du-Désert, et

_____

(1) Moréri, qui commence la généalogie de la maison d'Estaing par cet acte, le date mal à propos de l'an 1010.

V. 47

que Rigaud de Solages, en Rouergue, vassal du comte Hugues et du vicomte Richard, ayant quitté sa femme et ses enfants, y prit l'habit monastique quelques années après. La descendance de Rigaud de Solages a formé plusieurs branches :

1°. Les seigneurs et barons de Tholet, de Castelnau, de Peyralès, de Gabriac, de Miremont, de Centres, de Geyrac, de Lacan, de Virres, etc. qui, après avoir subsisté avec éclat pendant onze générations, s'être alliés aux maisons de Barrière, d'Esparrou, de Montels, de la Panouse et de Ricard, et avoir produit plusieurs personnages décorés de la chevalerie militaire, donné un maréchal des armées du comte de Rodez et du duc de Berry, qui soumit les places de Champaignargues, de Charlus et autres forteresses situées dans les montagnes d'Auvergne, se sont éteints dans deux héritières qui épousèrent : l'aînée, en 1582, le chef de la seconde branche, dont le fils recueillit tous les biens de cette branche, en vertu d'une clause testamentaire du dernier rejeton mâle, du 17 février 1417 ; la cadette, en 1393, Amaury de Séverac, chevalier, seigneur de Séverac, du château de Beaucaire et de Chaudes-Aigues, sénéchal de Quercy, conseiller et chambellan du régent, dauphin de Viennois, en 1419, créé maréchal de France, le 1er février 1424, assassiné par les gens du comte de Pardiac dans le château de Gages, en 1427 ;

2°. Les seigneurs et barons du Cayla, qui, à l'époque où ils héritèrent de tous les biens de la branche aînée, étaient depuis plusieurs générations substitués aux nom et armes d'Arjac. Lorsque cette seconde branche se subdivisa au 14e degré, l'aîné prit le nom de Solages d'Arjac, qui était obligatoire envers le possesseur des biens de l'ancienne et illustre maison d'Arjac. Son fils porta le nom d'Arjac de Solages, et son petit-fils ne prit que celui d'Arjac. Les descendants de ce dernier, par suite d'un mariage contracté, en 1578, avec la maison de Valette-Morlhon, devinrent barons de Castelmary et de Blazac, et marquis de Saint-Vensa, et portèrent les noms d'Arjac de Morlhon. Cette branche s'éteignit au 20e degré, vers la fin du 17e siècle, après avoir contracté des alliances immédiates avec les maisons d'Albignac, d'Aroux de la Serre, d'Azemar, de Belcastel, de Bessuéjouls, de Carmain, d'Ébrard, de Felsins de Montmurat, de Gourdon, de Luzech, du Tilhet d'Orgueil et de la Valette-Cornusson et Parisot ;

3°. La troisième branche, dite seconde des barons de Tholet, de Castelnau de Peyralès, de Gabriac, de Miremont, de Centres, de Ceyrac, etc., etc. fut formée, au 14ᵉ degré, par un puîné, qui n'étant point astreint à porter le nom d'Arjac, nom qui n'était imposé qu'à l'héritier des biens de cette maison, reprit celui *de Solages*, qui était le nom propre de ses ancêtres, et le transmit à ses descendants. Cette branche s'éteignit au 17ᵉ degré, après avoir fourni deux gentilshommes de la maison de nos rois, un chevalier de l'ordre de Saint - Michel, et deux gouverneurs et sénéchaux du comté de Rodez, et s'être alliée aux maisons d'Albignac, d'Apchon, de Castelpers, du Château de Sainte-Fortunade, de Gozon, de Grolée, de la Guesle, de Lustrac, de Montboissier, de Montlaux, de Peyre de Cardaillac, de Raimond, du Rieu et de Voisins-Montaut ;

4°. Les seigneurs d'Alzac, de Saint- Jean d'Alcapiès, de Robal, de Saint-Étienne de Naucoules et de Lauras, en Rouergue, marquis de Carmaux, en Albigeois, comtes et vicomtes de Solages, seule branche existante de cette ancienne maison. Elle a été formée, au 14ᵉ degré, par Antoine de Solages, troisième fils de Jean Iᵉʳ de Solages, chevalier, baron de Tholet (tige commune des deux autres branches précitées), et de Rose de Carmain de Négrepalisse. Les descendants d'Antoine de Solages ont servi avec distinction dans les armées de nos rois, auxquelles elles ont donné plusieurs officiers supérieurs, entr'autres, un maréchal - de - camp commandant de la province d'Albigeois, un mestre-de-camp d'une brigade de carabiniers, et un brigadier des armées du roi ; et se sont alliés aux maisons de Blanc de Valhausy, de Cahuzac, de Charrier-Mitterant, de Ciron, de Cucural, de la Fare, de Galatrave, de Goudon, de Gozon, d'Hugous, de Juillot de Longchamps, de Lauzières-Thémines, de Loubeyrac, de Madières, de Montsaulnin du Montal, de Monstuéjouls, de Morlhon-Laumière, de Moustier, de la Planche des Mortières, de

Provenquières, de Raybaud, de Raynaldi, de Robal, de Rodez, de Rogier, de la Roque-Bouillac, de Roquefeuil et de la Valette-Montégut.

XXI. François-Gabriel, vicomte DE SOLAGES, chef des nom et armes de cette maison, chevalier, seigneur et baron de la Bastide-Gabausse, de Blaye et de Saint-Benoît, au diocèse d'Alby, né au Neuffour, près de Clermont, en Argonne, le 27 septembre 1752, entra élève à l'école-royale militaire, le 24 avril 1763. Il fut reçu chevalier de l'ordre de Saint-Lazare, par Mgr. le dauphin, le 12 janvier 1769, et fut nommé sous-lieutenant dans les carabiniers, le 28 avril de la même année.

Le 15 mai 1805, le collége électoral du département du Tarn, élut le vicomte de Solages candidat au sénat-conservateur. S. M. Louis XVIII, par ordonnance du 3 juin 1818, l'a nommé membre du conseil-général de ce département; par autre ordonnance du 24 août 1819, président du collége électoral pour la session qui s'est ouverte, le 11 septembre suivant; et par une troisième ordonnance du 1er mai 1821, l'a créé chevalier de l'ordre royal de la Légion-d'Honneur. Il a épousé : 1° le 9 février 1772, Jeanne-Élisabeth *de Clary*, décédée le 18 juin 1807, fille de Blaise-Jacques-Pierre-Gabriel de Clary, chevalier, seigneur de Vindrac, de la Capelle, de Sainte-Luce, de Nartous, etc., et de dame Claude-Hyppolite d'Yzarn de Freissinet ; 2° Françoise-Joséphine-Corrégie *du Tertre*, née à la Martinique, fille de Charles du Tertre, ancien capitaine de cavalerie, et de Louise Gaugain. Il a eu pour enfants ;

Du premier lit :

1°. Gabriel-Hyppolite, dont l'article suit;
2°. Paulin-Guillaume-Auguste de Solages, né le 20 mars 1776, reçu de minorité chevalier de justice dans l'ordre de Saint-Jean de Jérusalem, dit de Malte, sur preuves faites, le 19 juin 1781 ; nommé ensuite élève au collége de la marine d'Alais, puis reçu élève de la marine de 1re classe, au mois d'avril 1790. Au mois de mai suivant, il fut embarqué sur la frégate la *Belette*; et le

commandeur de Ligondès, chef de l'escadre, le débarqua, en novembre 1792, à Malte, où il a continué de servir sur les galères et les vaisseaux de l'ordre. Deux mois avant la prise de cette île par les Français, il était passé à Barcelonne avec un congé du grand-maître;

3°. Paulin-Auguste de Solages, né le 16 décembre 1778, mort, en 1790, au collége du Plesiss, à Paris;

4°. Marie - Gabrielle - Rose de Solages, née le 17 novembre 1774, mariée, le 2 mars 1797, avec M. *Jacobé de Naurois*;

5°. Jeanne - Charlotte - Zoé de Solages, née le 23 juillet 1789, mariée, le 22 juin 1812, avec Amédée, comte *d'Imbert du Bosc*;

6°. Jeanne-Élisabeth-Françoise de Solages, née le 5 avril 1792, alliée, le 28 juin 1812, à Marie-Philibert-Robert marquis *de Cugnac*, fils d'Arnaud-Louis-Claude-Simon-Marianne, marquis de Cugnac, et de Marie-Charlotte du Bouzet de Marin;

Du second lit :

7°. Marie-Gabrielle de Solages, née à Paris, le 4 juillet 1813.

XXII. Gabriel-Hyppolite, comte DE SOLAGES, né le 10 novembre 1772, entra, au mois d'octobre 1787, à l'école-royale militaire de Paris, d'où il sortit, pour passer officier au régiment des gardes-françaises, en mai 1788. Il suivit à Coblentz la majeure partie des officiers de ce corps, et fut radié de la liste des émigrés, par un arrêté particulier du 25 germinal an X. Il se maria, le 13 floréal suivant (3 mai 1802), avec Blanche-Louise-Antoinette *de Bertier de Sauvigny*, fille de Louis-Benigne-François de Bertier de Sauvigny, intendant de Paris, et de Marie-Josephine de Foulon, dont le père, conseiller-d'état, ainsi que M. de Bertier de Sauvigny, son gendre, furent si horriblement massacrés par les révolutionnaires, le 22 juillet 1789. Le comte de Solages est décédé, le 24 décembre 1811, au château de la Verrerie de Blaye, laissant :

1°. Achille-Ferdinand-Gabriel de Solages, né le 22 septembre 1804;

2°. Gabriel-Hippolyte-Louis de Solages, né le 4 avril 1809;

3°. Amalric-Charles-Gérard de Solages, né le 22 janvier 1811;

4°. Élisabeth-Gabrielle de Solages, née le 25 mai 1803, mariée, le 2 mai 1820, avec Joseph *d'Y-zarn*, comte de Frissinet, chevalier de l'ordre de Saint-Jean de Jérusalem;

5°. Anne-Ide-Marie de Solages, née le 18 mai 1806;

6°. Blanche-Françoise-Pauline de Solages, née le 28 août 1807.

La généalogie de la maison de Solages est comprise dans le tom. II de *l'Histoire Généalogique et héraldique des pairs de France, des grands-dignitaires de la couronne, des principales familles nobles du royaume, et des maisons princières de l'Europe*, publié en 1822.

Armes : Écartelé, aux 1 et 4 d'azur, au soleil agissant d'or, qui est *de Solages* : aux 2 et 3 d'azur, à trois rocs d'échiquier d'argent, qui est *de Robat*. Couronne de marquis. Tenants : Deux sauvages de carnation couronnés et ceints de lauriers, appuyés sur leurs massues. Devise : *Sol agens.*

DE SOLMIGNAC, Solminhac ou Solminiac; noble et ancienne maison, qui a pris son nom du château de Solminiac (appelé par corruption *Solvignac*), situé près de Beynac-sur-Dordogne, en Périgord; elle est connue depuis l'an 1250, et elle a toujours joui d'un rang distingué dans l'ordre de la noblesse de cette province. Elle s'honorera à jamais, ainsi que les familles qui lui sont alliées, d'avoir donné naissance au bienheureux Alain de Solmignac.

Aimeri et Raimond de Solmignac (*de Solminhac*), chevaliers, furent du nombre des seigneurs qui, en 1251, intentèrent procès devant le sénéchal de Toulouse, contre Gaillard et Mainard, seigneurs de Beynac, frères, au sujet des fours, moulins, alberges, pâturages et autres droits dépendants de la justice du châ-

teau de Beynac : ce procès fut terminé par une sentence
arbitrale, qui fut rendue, la même année, par Bertrand de Cardaillac, chevalier, en présence de Guillaume de Gourdon et d'Hélie de Siorac.

Gérald de Solminiac, fut un des seigneurs qui se
rendirent cautions, en 1269, d'une donation que Mainard de Beynac fit en faveur d'Adémar de Beynac, fils
de Pons, son neveu : et il fut témoin, en 1288, avec
Raimond, son fils, du testament d'Adémar de Beynac,
chanoine de Saintes. Il est sans doute le même qu'un
Gérald de Solmignac, qui rendit hommage, en 1304,
à Adémar, seigneur de Beynac. Rainaud de Solmignac,
prieur d'Eymet, mourut en 1324. Gérald et Raimond
de Solmignac, donzels, reçurent une procuration, en
1309. Le dernier, que nous appellerons Raimond 1er,
est mentionné seul dans des actes de 1324, 1335 et
1340, et ne vivait plus en 1342.

Arnaud de Solmignac, damoiseau, fils de feu Raimond, rendit hommage à Adémar, seigneur de Beynac, en 1342. Le même Arnaud, ou son fils du même
nom, mourut avant l'an 1417, laissant de son mariage
deux enfants :

    1°. Raimond, qui suit ;
    2°. Réale ou Royale de Solmignac, qui fut mariée :
        1° à Radulfe *de la Roque de Saint-Pompon*, et
        dotée par son père d'une somme de 1000 florins ;
        2° à Hugues *de Montlouis,* de Plazac.

Raimond II, de Solmignac, damoiseau de Beynac,
fit son testament, le 7 août 1415. Il avait épousé Marguerite *de la Roque,* dont il eut :

    1°. Raimond III, qui suit ;
    2°. Pons de Solmignac, auteur de la branche des
        seigneurs de Bellet ;
    3°. Alaïs de Solmignac.

Raimond III, de Solmignac, damoiseau, fut institué par le testament de son père, en 1415, héritier des
biens que sa famille avait en-deçà de la Dordogne, du
côté du château de Beynac, et fit son testament, le 22 no-

vembre 1480, dans lequel il nomma Guy, son fils, qu'il
fit son héritier, et 7 filles, mariées dans les maisons de
Marquessac, de Campniac, de la Treille-du-Su-
quet, etc.

Guy de Solmignac, damoiseau, testa le 14 septembre 1491. Bertrand et François, ses fils, étant morts
sans enfants, Jeanne de Solmignac, sa fille, recueillit la
succession de ses frères, et la porta en mariage, avant
l'an 1514, à noble Michel, *dit* Michelet *Stut* ou *Estut*,
seigneur d'Assay, originaire d'Ecosse (de la même famille que MM. de Tracy), fils de Thomas, archer de la
garde du corps des rois Louis XI et Charles VIII, et
d'Agnès le Roy. Ses descendants ont pris le nom de
Solmignac de Boisverdun, et se sont alliés aux maisons
ou familles de Marquessac, de Cussac, de Vivans, de
Griffon, de Belrieu, de Noaillan, de Ségur, de Di-
geon, etc. Paul-Florent-Alain de Solmignac, ou Solminiac, vicaire-général de Cahors, et abbé de Cadoin,
était issu de cette famille.

La branche de Solmignac de Bellet a été formée par
Pons, *dit* Poncet de Solmignac, deuxième fils de Raimond II, et de Marguerite de la Roque, lequel fut
institué, en 1415, héritier des biens que sa famille possédait au-delà de la Dordogne, relativement au château de Beynac, et testa le 20 mars 1407 (v. st.). Il
avait épousé Marie *de Bellet*, héritière du fief de Bellet, près de Grignols, et de plusieurs biens situés dans
la paroisse de Saint-Aquilin. Il eut de ce mariage :

    1°. Antoine, mort sans postérité légitime ;
    2°. Pierre, qui suit ; et cinq filles.

Pierre DE SOLMIGNAC, seigneur de Bellet, etc., fut
élu maire de la ville de Périgueux, en 1525, et fit son
testament, le 20 novembre 1535. Il avait épousé, le
8 août 1511, demoiselle Sibille *de Chaumont*, sœur de
Louis, seigneur de Labatut, et de François, abbé de
Saint-Astier, et fille de Guillaume, seigneur de Labatut, et de Catherine de Clermont de Piles. Ils eurent
pour *enfants* :

    1°. Jean, qui suit ;
    2°. Jeanne de Solmignac, mariée avec Arnaud *de*

Turenne, écuyer, seigneur de la Massoulie, dont vinrent Clinet de Turenne, et Marguerite de Turenne, qui s'allia, le 3 décembre 1556, avec Aymar *de la Rocheaymon*, seigneur de Prémilhac et de la Brousse.

Jean I DE SOLMIGNAC, écuyer, seigneur de Bellet, de Récidou et de Chône, épousa, le 8 février 1537 (v. st.), Jeanne *Després*, fille de Charles, écuyer, seigneur de la Court, en Poitou, et testa, le 22 septembre 1550, en faveur de ses cinq fils, nommés :

1º. Jean II, qui suit ;
2º. Antoine de Solmignac, seigneur de la Vigerie ;
3º. Gabriel de Solmignac ;
4º. Arnaud de Solmignac, abbé de Chancelade, en 1581, qui résigna à Alain, son neveu, en 1614 ;
5º. André de Solmignac, auteur de la branche de Chône et de Strabourg, en Bordelais.

Jean II DE SOLMIGNAC, écuyer, seigneur de Bellet, etc., épousa, le 29 novembre 1579, Marguerite *de Marquessac*, fille de Pierre de Marquessac, juge-mage de Périgueux, et de Marguerite de Belcier, dont naquirent :

1º. André de Solmignac, mentionné dans des actes de 1615, 1620, 1632 et 1636 ; il vendit Bellet à André de Talleyrand, comte de Grignols ;
2º. Jean III de Solmignac, seigneur de la Vigerie et de Récidou, dans la paroisse de Saint-Aquilin, épousa, le 21 décembre 1623, Marie *de Thinon,* dont il eut :

   A. Hélie de Solmignac, qui eut de Marie *de Chabans*, sa femme, une fille unique, Marie de Solmignac, mariée, le 10 décembre 1697, à Nicolas, seigneur *de Fayole* ;
   B. Charlotte de Solmignac, mariée, en 1663, à Laurent *de la Rigaudie*, écuyer, sieur de la Ferrière.

3º. Raimond de Solmignac, seigneur de Chaumont ;

V.   48

4°. Le bienheureux Alain de Solmignac, abbé de Chancelade, par résignation de son oncle, en 1614, fut nommé, par le roi, à l'évêché de Cahors, le 17 juin 1636, et mourut en odeur de sainteté, le 31 décembre 1659;

5°. Isabeau de Solmignac, damoiselle de la Borie, fut mariée, en 1624, avec Poncet *de la Faye*, écuyer, seigneur de Puylier, qui fut auteur des seigneurs de la Faye de la Renaudie, fondus dans la maison de Tessières de la Bertinie et de Miremont.

La branche de Chône, qui s'est sous-divisée en plusieurs rameaux, a pour auteur :

André DE SOLMIGNAC, écuyer, seigneur de Chône, né posthume, cinquième et dernier fils de Jean I de Solmignac, seigneur de Bellet et de Jeanne Després. Il épousa, le 15 juin 1580, Françoise *Blanchard*, qui le rendit père de :

Jean DE SOLMIGNAC, écuyer, seigneur de Chône, qui reçut, le 9 août 1620, une commission de capitaine d'une garnison de 200 hommes, au château de la ville de Bazas, commandée par M. de Barraut. Il servit sous les mêmes ordres, et en la même qualité, au siége de Montauban, suivant sa commission, du 14 septembre 1621; et il fut fait ensuite capitaine du vaisseau *la Licorne*, par brevet du 10 juillet 1622. Il avait épousé, par contrat du 15 août 1610, Isabeau *du Temple*, dont provinrent :

1°. André de Solmignac, qui fut fait lieutenant-colonel, par commission du 23 mai 1646 ;

2°. Jean de Solmignac, écuyer, seigneur de Fargues, qui épousa, le 17 mars 1641, Charlotte *Boyer*, et fut père d'autre Jean, seigneur de Fargues, marié, le 12 août 1669, à Marquèse de *Strabourg*. Il est auteur de la branche de ce nom, établie près de la ville de Castillon-sur-Dordogne, au diocèse de Bordeaux ;

3°. Antoine de Solmignac, écuyer, seigneur de la Borie, s'allia, le 23 avril 1668, à Marie de Gresly ;

4°. Ézéchiel, dont l'article suit.

Ézéchiel DE SOLMIGNAC, épousa, le 26 juillet 1660, Antoinette *du Mirat*, dont il eut :

Paul-Léonard DE SOLMIGNAC, capitaine au régiment de Normandie. qui épousa, le 22 octobre 1691, Radegonde *du Bois*, et fit avec elle un testament mutuel, le 12 janvier 1717. De leur mariage vinrent :

1°. René-Paul, qui suit ;
2°. Jean-Baptiste la Mothe de Solmignac, qui passa dans l'Inde, dès son enfance, et servit sur les vaisseaux de la compagnie des Indes. Il est mort, le 6 juillet 1783, âgé de 81 ans, laissant trois garçons, qui ont servi aussi dans les vaisseaux de la même compagnie des Indes.

René-Paul DE SOLMIGNAC prit alliance, le 14 août 1718, avec Dorothée *du Tuc*, et vivait encore en 1764. Il était père de :

Jean-Baptiste de SOLMIGNAC, seigneur de Chône, etc., né en 1725, épousa, le 25 septembre 1761, Marie *Desarnaud*, dont sont issus :

1°. Arnaud de Solmignac, nommé sous-lieutenant dans le régiment d'Auvergne, le 31 décembre 1784 ;
2°. Alain de Solmignac, placé à l'école militaire, à l'abbaye de Sorrèze, en 1781 ;
3°. N.... de Solmignac, né en 1777.

Armes : D'argent à cinq pals d'azur, et un chef d'argent, chargé d'un cœur de gueules, qui supporte un croissant du même. Les seigneurs de Bellet portaient : *De gueules à trois belettes d'or, 2 et 1.*

T

TARDY DE MONTRAVEL : à l'article de cette famille inséré à la page 176 du volume précédent, il faut ajouter l'alliance de la branche établie en Vivarais avec la maison de Fay-Solignac, de race chevaleresque, qui, de même que la branche des marquis de Fay de la Tour-Maubourg, est issue des plus anciens barons du Velay.

Une erreur de prénom, et l'omission d'un nom y sont à réparer dans la citation du second des deux actes en latin qui rappellent le mariage d'Aimar de Montravel avec Agnès Tardy. Cette citation, pour que le sens ne soit pas affaibli, doit être lue ainsi : Une autre transaction passée, en 1355, entre *nobilis monacus Tardy et Petrus Tardy de Montravel, domicillus, ejus nepos*, dans laquelle ce dernier est dit fils d'Aimar de Montravel et d'Agnès Tardy, etc., etc., etc.

Dans ce même article, il faut effacer les mots : en 1755, qui n'ont aucun sens à la suite de la mention des preuves de noblesse faites, en 1721, pour une admission comme chevalier de justice des ordres de Saint-Lazare et de Notre-Dame du Mont-Carmel.

Armes : D'argent, à trois cyprès de sinople, arrachés et rangés; au chef de gueules, chargé de trois besants d'or.

V

DE LA VERGNE (en latin, *de Vernha, la Vernha*, ou *de Vernia*); noble et ancienne famille, originaire du Limosin, qui s'est divisée en plusieurs branches, répandues dans cette province et dans le Périgord, et qui n'a de commun que le nom avec celle des comtes de la Vergne de Tressan, seigneurs de Montainard, Montbasin, etc. Elle est connue depuis :

Hugues DE LA VERGNE (*de la Vernha*), chevalier, qui est qualifié seigneur de Saint-Exupéry, et rappelé comme défunt dans un acte de l'an 1287, concernant *Gaillarde*, sa veuve. (*Manuscrits de Gaignières, à la bibliothèque du roi, vol.* 668, *fol.* 293.)

Hélie DE LA VERGNE, chevalier, assista comme témoin au contrat de mariage ou acte de constitution dotale, passé à Mortemart, en 1291, entre Jeanne, fille émancipée d'Itier, seigneur de Maignac, et Guy le Sénéchal, seigneur d'Yène, chevalier.

On trouve ensuite :

Philippe, *dit* Phelipon DE LA VERGNE, damoiseau de la paroisse de Saint-Priest-Ligoure, en Limosin, qui épousa Marguerite *Gastinel* ou *Gastineau,* par contrat passé, le 20 novembre 1388, dans lequel est rappelé défunt Antoine de la Vergne, damoiseau, son père. Il accensa le moulin du Teil, en 1406, et assista comme témoin à un acte de 1410, et à un autre de 1413.

On juge, par le rapprochement des temps et des lieux, qu'il peut avoir eu pour fils :

Imbert, *dit* Imberton ou Humberton DE LA VERGNE, damoiseau, qui fit un bail à cens dans la paroisse de Saint-Priest-Ligoure, le 17 septembre 1433, et passa différents actes, dans les années 1463, 1466, 1467, etc. Il eut pour femme Jeanne *de Cramaud,* dont provinrent, entr'autres enfants :

1°. Jean, qui suit ;
2°. Hélis de la Vergne, qui fut mariée à Jacques *Audour,* seigneur de la Ferrière, dans la châtellenie de Riberac; son père lui avait promis en dot 220 livres, monnaie courante. Le contrat en fut passé, le 2 février 1466 (v. st.), en présence de Pierre de Roziers, de Roger de Jaubert, de la paroisse d'Allemans, etc.

Jean I DE LA VERGNE, écuyer, seigneur de la Vergne, dans la paroisse de Saint-Priest-Ligoure, mourut avant l'année 1502, laissant de Marie *de Rosiers,* sa femme :

1°. Raimond, qui suit ;
2°. Antoinette de la Vergne, qui fut mariée, par contrat du 23 janvier 1502 (v. st.), à noble homme Raimond *de Tessières,* écuyer, seigneur de Tessières et de Beaulieu, fils de Jean de Tessières, seigneur des mêmes lieux, et d'Almoïs de Pelisses.

Raimond DE LA VERGNE, écuyer, seigneur de la Vergne et de Malefont, épousa, par contrat passé le der-

nier jour de novembre 1497, noble demoiselle Antonie ou Antoinette *d'Abzac*, fille de Guillaume d'Abzac, seigneur de Mayac et de Limérac, et d'Antonie
de la Cropte, et fit son testament, le 10 juin 1525, en
faveur de ses trois fils, qui suivent :

1°. Jacques, qui continua la descendance de la
branche aînée, connue depuis sous la dénomination de seigneurs d'Estivaux, et dont l'article
va suivre ;
2°. Jean de la Vergne ;
3°. Henri de la Vergne, qui fut auteur de la branche des seigneurs de Lavand, dans la paroisse de
Château-Chervix, en Limosin. Il épousa, par
contrat du 19 juin 1550, demoiselle Antoinette
Merchieu ou *Merchière*, et fit son testament, le
2 juin 1567, par lequel il institua héritier Gabriel de la Vergne, écuyer, son fils unique, lequel épousa, le 7 juin 1587, demoiselle Françoise *authière* (du Authier).

Raimond de la Vergne pouvait avoir pour frère ou
proche parent :

Noble Jean DE LA VERGNE, seigneur de Juillac, et co-
seigneur de Maissac, en Limosin, qui eut pour femme
Catherine *Faucher* ou *Fouenier*, veuve, en 1519, et
mère : 1° de Bertrand de la Vergne, seigneur de Juillac,
dans la paroisse de Sarliac, et co-seigneur de Maissac ;
et 2° de Françoise de la Vergne, mariée, le 2 octobre
1519, à Jacques *du Douhet*, seigneur de Cussac, en
Auvergne.

SEIGNEURS DE LA VERGNE-D'ESTIVAUX.

Jacques DE LA VERGNE, co-seigneur de la Vergne, et
seigneur d'Estivaux, fut institué héritier universel par
le testament de Raimond, son père, de l'an 1525, et
épousa, par contrat du 19 février 1538 (v. st.), demoiselle Marguerite *de Coignac*, qu'on croit fille d'Annet
de Jaubert, *dit* de Coignac ou Cougnac, chevalier, seigneur de la Bastide, Coignac et Châteaumorand, et de
Françoise d'Aubusson. De ce mariage vinrent :

1°. Jean II, qui suit ;

2°. Albert de la Vergne, qui a formé la branche des seigneurs de la Vergne de Champagnac. Il épousa, par contrat du pénultième jour de septembre 1571, demoiselle Jeanne *Bazin*, fille du seigneur de Puyfaucon, dont il eut :

> Jean de la Vergne, écuyer, seigneur de Champagnac, marié, le 29 décembre 1596, à demoiselle Anne *de Coraii* ;

3°. Françoise de la Vergne, qui fut mariée, le 2 août 1572, à Jacques de la Rocheaymon, seigneur du Bostbertrand, ou Boisbertrand, deuxième fils d'Antoine de la Rocheaymon, seigneur de Prémilhac, et de Marguerite Vigier.

Jacques de la Vergne avait pour contemporain, et probablement pour proche parent :

Antoine DE LA VERGNE, écuyer, seigneur de la Vergne et de la Valade, gentilhomme de la vénerie du roi, et capitaine d'Aubusson, qui épousa, par contrat, accordé le 25 janvier 1552, demoiselle Françoise *de Pompadour*, dame de Châteaubouchet, et de Peiraux en partie, de Sarrazac et de Combas, fille de feu François de Pompadour, seigneur de Châteaubouchet et de Peiraux.

Jean DE LA VERGNE, seigneur d'Estivaux, et en partie de la Vergne, épousa, par contrat du 24 mars 1561 (v. st.), demoiselle Marguerite *de Joussineau*, fille de Pierre de Joussineau, écuyer, seigneur de Fraissinet et de Tourdonnet, et d'Hélène de Badefol, dont vinrent, entr'autres enfants :

> 1°. Françoise de la Vergne, mariée, par contrat du 11 novembre 1584, avec Jacques de la Rocheaymon, chevalier, seigneur de Prémilhac et de la Brousse, dont elle fut la première femme ; elle mourut, sans laisser d'enfants, avant le mois de juin 1596 ;
>
> 2°. Isabeau de la Vergne,
> 3°. Hélène de la Vergne, } légataires par le testament d'Hélène de Badefol, leur aïeule maternelle, du 9 décembre 1586.

On leur donne pour sœur : Gasparde de la Vergne, première femme de Roland de Joussineau, écuyer, seigneur du Fayat.

On trouve vers le même temps : Jeanne de la Vergne, dame de Tourdonnet, mariée : 1° à Gaston *de la Marthonie*, chevalier, seigneur de Tranchelian ; 2° à Jean-François *de Gain*, seigneur de Linars.

SEIGNEURS DE LA PEYTAVINIE ET DE FONTENILLES.

Pierre DE LA VERGNE, écuyer, seigneur de l'hospice de la Peytavinie, de Fontenilles, etc., et qu'on croit sorti des précédents, fit son testament, le 11 février 1464 (v. st.), par lequel il demanda à être enterré dans l'église de Sivrac, près de Ribérac. Il fait mention de Contor de la Vergne, son neveu, et nomme ses exécuteurs testamentaires, Marguerite *de Siorac*, sa femme, et Hélie de Mellet, qu'il appelle *son gendre affilié*, et qu'il institua son héritier universel, conjointement avec Audour, son fils ; il fait différents legs, notamment un de six blancs à l'évêque de Périgueux. Il était déjà mort, en 1467, laissant de Marguerite *de Siorac*, sa femme, héritière de Fontenilles et de la Peytavinie, et nommée avec son mari, dans plusieurs actes, depuis l'an 1458, jusqu'en 1466 :

1°. Audour, qui suit ;
2°. Odette, ou Audette de la Vergne, mariée avant l'an 1464, à noble homme Hélie *de Mellet*, écuyer, seigneur de St.-Pardoux, des Arras, etc.; et vivante encore le 23 mars 1501 (v. st.);
3°. Gaillarde de la Vergne, morte sans alliance ;
4°. Catherine de la Vergne,
5°. Borguète de la Vergne, } légataires, en 1464.

Audour, Oudour, ou Audouard DE LA VERGNE, damoiseau, seigneur de la Peytavinie, de Fontenilles, et de Bureye, ou Burée, épousa Anne, dite Annette *de Mellet*, sœur d'Hélie de Mellet, mari d'Odette de la Vergne, et fille de Jaubert Ier de Mellet, damoiseau, seigneur de Mellet, etc., et de N... de Mosnier de Masduran. Il reçut une reconnaissance féodale, le 17 septembre 1492, dans laquelle il est qualifié damoiseau, seigneur de la Peytavinie et de Burée. De son mariage naquit:

Marguerite DE LA VERGNE, mariée, avant l'année 1510, à noble Jean *de Belcier*, seigneur de Borieporte, qui par ce mariage devint seigneur de Fontenilles et co-seigneur de Saint-Mer ou Saint-Méard de Drône, et dont la petite-fille, Débora de Belcier, porta ces terres dans la maison de Saint-Aulaire par son mariage, le 29 août 1588, avec Annet *de Beaupoil de Saint-Aulaire*, deuxième fils du seigneur de Coutures et de Lanmary.

Armes : De gueules, à trois pals d'or, chargés chacun d'une molette d'éperon en chef.

DE VIDART; ce nom se trouve aussi écrit *de Bidart* et *de Vidard* dans quelques-uns des titres de la famille: mais la première manière est plus conforme à l'étymologie Basque *Vide-Arte*, (chemin entre, maison entre deux chemins), ce qui était en effet la position de l'ancien château de Vidart, situé dans la seigneurie de Béhasque, près Saint-Palais, en Basse-Navarre, d'où la maison de Vidart tire son origine; et l'on sait que chez les Basques les noms propres ont tous une signification quelconque. (*Voyez* l'essai sur la noblesse des Basques, Pau, 1785).

La famille de Vidart, une des plus anciennes de la Basse-Navarre, possède de temps immémorial la seigneurie de Béhasque. Cette seigneurie est une de ces terres qui, avec le titre de *Cavalleros*, chevaliers, donnaient à leurs propriétaires le droit de prendre séance dans le corps de la noblesse, aux états-généraux du royaume de Navarre; ces terres n'étaient qu'au nombre de 144; les *Cavalleros*, chevaliers, prenaient rang dans l'état avant les Infançons, qui cependant étaient aussi des gentilshommes. La famille de Vidart a constamment joui de ce droit de séance aux états, depuis l'époque la plus reculée jusqu'au moment de la révolution, comme on peut s'en convaincre en consultant les registres des états-généraux du royaume de Navarre, déposés à Pau,

V.

aux archives de la préfecture du département des Basses-Pyrénées. L'ancienneté de cette famille a été constatée par une délibération desdits états-généraux, du
30 juin 1741, qui se trouve dans les mêmes registres.
Il y est dit que *la noble maison ancienne de Vidart,
laquelle possède depuis tout le temps les maisons et gen-
tillesses d'Aguerre, de Béhasque, de la Béague, de
Saint-Palais et de la Salle de Béhasque, en Mire, qui
ont le droit d'entrée dans les états, est une des nobles et
des plus anciennes de la Basse-Navarre, qu'elle est noble de race et d'extraction, qu'elle est comprise sous le
nom de Béhasque dans tous les rôles des gentilshommes
et dans les registres des états, que c'est la même que celle que Martin Viscay a comprise dans son recueil, sous
le nom de Béhasque, et qu'au surplus il est d'usage,
dans le pays, que les gentilshommes portent plus communément le nom de leurs seigneuries ou terres que leur
nom propre; mais que les messieurs de Béhasque n'ont
jamais quitté leur nom de famille dans les registres des
états, et qu'ils signent et sont nommés Vidart-Béhasque.
Signé au registre: pour le clergé, Decheto, prieur de
Saint-Palais; pour la noblesse, Biscondatia, Saint-
Martin; pour le tiers-état, Dufourq, député de Saint-
Jean Pied-de-Port; Saint-Tonna, député de Saint-Palais; Campagne, député de la Bastide; Darralde, député de Cize.*

Ce Martin Viscay, dont il est parlé ci-dessus, est auteur d'une histoire de l'incorporation du royaume de
Navarre à la couronne de Castille; cet ouvrage, écrit
en espagnol, a été imprimé à Sarragosse, en 1621, dans
un état des gentilshommes de la Mérindade de Saint-
Jean-Pied-de-Port: il comprend la maison de Béhasque, blasonne ainsi ses armes: De gueules, au sanglier de sable, passant contre un cyprès de sinople, ac-
compagé de huit croix de Saint-André d'or, posées 3,
2 et 3, et ajoute que les seigneurs, de Béhasque, ainsi
que plusieurs autres seigneurs du royaume, prirent dans
leurs armoiries ces huit croix de Saint-André, à l'époque
de l'insigne victoire que les chrétiens remportèrent sur
les Maures, le jour de Saint-André, du règne de Ferdinand III, roi de Castille, qui régnait au commencement
du 13ᵉ siècle. C'est à cet événement que se rapporte

la devise de la famille de Vidart qu'on trouvera plus loin.

I. **Pierre-Arnaud DE VIDART**, seigneur de Béhasque, obtint une sentence rendue, l'an 1357, par la *cour majour* de Pampelune, et qui constatait ses droits sur les Landes de Sardasse, près Saint-Palais, comme fief dépendant de la seigneurie de Béhasque. Cette sentence est rappelée dans une transaction, du 12 avril 1636, passée entre noble Tristan de Vidart et de la Salle et maison noble de Béhasque, d'une part, et de l'autre le bailli royal de Saint-Palais et les jurats de la dite ville. Il eut pour fils Guillaume qui suit.

II. **Guillaume DE VIDART**, chevalier, seigneur de Béhasque; il est rappelé dans le testament de Jacques de Vidart, son fils.

III. **Jacques DE VIDART**, chevalier, seigneur de Béhasque, testa le 11 avril 1477. Le testateur ordonne qu'il soit enterré en l'église paroissiale, et au même lieu où Guillaume de Vidart, chevalier, seigneur de Béhasque, son père, a été enseveli. Il déclare qu'il laisse de Françoise *de Lalande*, sa femme, les enfants dont les noms suivent :

1°. Jean dont l'article viendra ;
2°. Florence, qui testa le 1er septembre 1555, et déclara qu'elle voulait être ensevelie au même lieu où l'avait été Jacques de Vidart, chevalier, seigneur de Béhasque, son père. Elle ne laissa point de postérité ;
3°. Jeanne morte sans postérité.

IV. **Jean DE VIDART**, chevalier, seigneur de Béhasque, vivant en 1543. Il a eu pour fils :

1°. Egregy-Tristan qui suit ;
2°. Pierre de Vidart, auteur de la branche des seigneurs *de Stibes, de Lesgor, et de Soys*, dont la descendance est rapportée plus bas.

V. **Egregy-Tristan DE VIDART**, chevalier, seigneur de Béhasque, de la Béague et d'Aguerre, obtint, le 30

mai 1552, des lettres de Henri II, roi de Navarre, portant provision de la charge de procureur-général du
royaume de Navarre. Le 15 février 1578, à l'époque du
mariage de son frère, il était conseiller en la chancellerie de Navarre. Il a eu pour fils Pierre, qui suit.

VI. Pierre DE VIDART, chevalier, seigneur de Béhasque, de la Béague et d'Aguerre, conseiller, maître des
requêtes en la chancellerie de Navarre, épousa Agnès
d'Amorots, en novembre 1589, et fut père de Tristan
de Vidart, qui le 12 avril 1636, passa la transaction dont
on a parlé au premier degré.

On n'a point réuni les titres des seigneurs de Béhasque depuis Pierre de Vidart, dernier nommé jusqu'à
ce jour ; mais on trouve dans les registres des états-généraux du royaume de Navarre, à l'époque de la réception de chacun des membres de la famille, la preuve
qu'ils ont constamment possédé la terre de Béhasque, qui,
jusqu'au moment de la révolution, leur a donné entrée
auxdits états-généraux dans le corps de la noblesse.

SEIGNEURS DE STIBES ET DE CARCEN.

V. Pierre DE VIDART, écuyer, second fils de Jean
de Vidart, seigneur de Béhasque, est nommé dans
le testament de Florence de Vidart, sa tante, du 1er septembre 1555. Il épousa, le 15 février 1578, à Tartas,
en Gascogne, où il vint s'établir, Montine *de Labattut*,
fille d'Arnaud-Guillaume de Labattut, et fut assisté à
son contrat de mariage par Égregy-Tristan de Vidart,
son frère. Il a laissé de son mariage :

1°. Jean le Bon, dont l'article suit ;
2°. Françoise de Vidart, mariée à noble Bernard
de Muret, seigneur de Cuquerain.

VI. Jean le Bon DE VIDART, écuyer, seigneur de Lesgor et de Soys, épousa, par contrat du 17 février 1613,
Marguerite *de Bédora*, dont il eut :

1°. Jean, baptisé, le 9 septembre 1618, mort sans
postérité ;
2°. Guillaume, qui suit ;

3°. Jean-Arnaud, auteur de la branche des seigneurs de Soys. (*Voyez plus loin.*)

4°. Louise de Vidart, qui épousa, Jean *de Foix-Candale*, baron de Doazit. (*Voyez le Dictionnaire de la noblesse de la Chesnaye-des-Bois et les autres ouvrages sur ces matières.*) Jean de Foix-Candale descendait, au 5e degré, en ligne directe de Gaston de Foix, IIe du nom, qui fut marié : 1°, par contrat du 5 juin 1479, avec Catherine *de Foix*, princesse de Navarre, et 2°, par autre contrat du 30 janvier 1494, avec Isabeau *d'Albret*, sœur de Jean d'Albret, roi de Navarre, et fille d'Alain d'Albret et de Françoise de Bretagne. Du mariage de Jean de Foix-Candale avec Louise de Vidart, sortit :

Joseph-Henri de Candale, qui a continué jusqu'à ce jour la descendance de cette illustre maison ;

5°. Françoise de Vidart, mariée, le 21 octobre 1654, à noble Pierre *de Garnit*, et en secondes noces à noble Jean *de Marsan*, baron de Sainte-Croix.

VII. Guillaume DE VIDART, IIe du nom, écuyer, seigneur de Stibes et de Lesgor, marié, le 8 novembre 1637, à Jeanne *de Sanguinet*, a eu quatre enfants, tous rappelés dans le testament de leur mère, du 3 janvier 1676 :

1°. Jean le Bon, dont l'article suit ;

2°. Jean-Joseph de Vidart, né le 28 juillet 1642, qui fit son testament à Agen, le 6 mars 1675, et mourut sans postérité ;

3°. François de Vidart, qui testa le 8 septembre 1666, et mourut aussi sans postérité ;

4°. Joseph de Vidart, capucin à Villefranche, en Rouergue, où il testa le 11 juillet 1663.

VIII. Jean le Bon DE VIDART, IIe du nom, écuyer, seigneur de Stibes et de Lesgor, épousa, le 3 mars 1669, Catherine *de Corados*, fille de Louis de Corados, seigneur de Marsillac, et de Marthe de Maurian. Il testa à Paris, le 28 juin 1692, et y mourut. Il avait assisté, le 20 novembre 1688, au contrat de mariage de Guillaume de Vidart, écuyer, seigneur de Soys, son cousin-germain. Ses enfants sont :

1°. Louis, qui suit ;

2°. Guillaume de Vidart, écuyer, seigneur de Lesgor, qui fut nommé officier au régiment des dragons de Fontenay, par brevet du 7 octobre 1695. Il épousa Marthe *de Fos Durrau*, dont il a eu :

> A. Jean-Louis de Vidart, écuyer, seigneur de Lesgor, marié à N.... *de Marsillac*, dont il a eu pour enfants :
>
>> a. Germain de Vidart, décédé, le 15 octobre 1775, sans postérité ;
>> b. Alexandre de Vidart, mort en Amérique, en novembre 1777, également sans postérité ;
>> c. Guillaume de Vidart, curé de Suzan ;
>> d. Laurent-Joseph de Vidart, prieur de Saint-Mont, diocèse d'Aire, décédé le 14 novembre 1810 ;
>> e. Gertrude de Vidart, religieuse au couvent de Sainte-Ursule de Dax.
>
> B. Laurent, officier, au régiment de Conti, infanterie, mort, en 1746, sans postérité ;

3°. Marthe de Vidart, qui épousa Jean *du Prulh*, écuyer, seigneur d'Ibos.

IX. Louis DE VIDART, écuyer, seigneur de Stibes, né le 30 décembre 1669, servit pendant 9 mois dans la compagnie des gentilshommes de la citadelle de Tournay, comme le prouve un certificat du commandant de cette compagnie du 14 janvier 1694. Il fut ensuite nommé officier dans le régiment de Vaubecourt, et quitta le service, après avoir été blessé en Italie, à l'armée commandée par le maréchal de Catinat. Le 24 novembre 1698, il épousa, en présence de Guillaume de Vidart, II° du nom, écuyer, seigneur de Soys, Marthe *de Maurian*, fille de Louis de Maurian, écuyer, et mourut en 1724. De son mariage sont issus :

1°. Guillaume qui suit ;

2°. Marthe de Vidart, qui fut mariée, le 16 mai 1724, à Bernard *du Prat*, conseiller du roi en la sénéchaussée d'Albret ;

3°. Claire de Vidart, religieuse au couvent de Sainte-Ursule de Dax.

X. Guillaume DE VIDART, IIIe du nom, écuyer, seigneur de Stibes, né le 12 septembre 1699, épousa Suzanne *de la Goeyte*, fille unique et héritière de noble Jean de la Goeyte, écuyer, seigneur du Pin, et de Marie-Gracie de Laurens de Hercular. Jean de la Goeyte, était fils de noble Jean-Charles de la Goeyte, et de Suzanne de Bédorède de Gayrosse, sœur de noble Jean de Bédorède de Gayrosse, qui a eu de Marie-Madelaine de Poudenx, Jeanne de Bédorède, mariée à Jean *de Caupenne*, marquis d'Amon. Jean-Charles de la Goeyte était lui-même fils de Jean de la Goeyte et de Marie de Biaudos de Castéjà.

Guillaume de Vidart décéda le 27 mars 1758. Il a laissé de son mariage :

1°. Louis, qui suit ;

2°. Bernard de Vidart, né en septembre 1737, officier au corps royal du génie ; il entra à l'école de Mézières, et fut ensuite employé à Nantes, puis en Amérique, au fort royal de la Martinique, où il est mort le 6 septembre 1766 ;

3°. Jean-Joseph de Vidart, né le 3 janvier 1742, curé de Saint-Martin de Seignanx, près Bayonne, depuis le 2 septembre 1770 jusqu'en 1792. Il a fait bâtir à ses frais, dans cette commune, l'église paroissiale qui subsiste aujourd'hui, et qui est une des plus belles du pays. Prêtre déporté, en 1792, il fut inscrit sur la liste des émigrés, et passa plusieurs années en Espagne. Lors de sa rentrée en France, il fut nommé chanoine de la cathédrale de Bayonne. Par son testament, du 7 septembre 1818, il a laissé au séminaire de cette ville le domaine de Landarèche, dans le département des Basses-Pyrénées, et a ordonné que le revenu en fût employé à l'éducation de jeunes gens qui se destineraient à la prêtrise ; toutefois,

c'est à sa propre famille qu'il a réservé le droit
de nommer à ces places gratuites. Il est décédé
à Mezos, le 14 septembre 1818. (Voyez *la Ga-*
zette des Landes du 22 novembre 1818);

4°. Jeanne-Marie de Vidart, née le 16 novembre
1735, qui épousa Jean *du Montier de Priscé*,
chevalier de l'ordre royal et militaire de Saint-
Louis, lieutenant-colonel au corps royal du
génie;

5°. Marthe de Vidart, religieuse au couvent de
Sainte-Ursule de Dax;

6°. Françoise de Vidart, religieuse au couvent de
Sainte-Claire de la même ville.

XI. Louis DE VIDART, IIᵉ du nom, seigneur de Stibes, né le 30 septembre 1736, a épousé, par contrat
passé à Pau, le 8 février 1766, Marie-Josèphe *de Lar-*
mand, en présence de noble Mathieu de Vidart, seigneur de Soys. Marie-Josèphe de Larmand était sœur
aînée de Cyprienne de Larmand, mariée à messire
Louis-Achille *Monck d'Uzer*, capitaine au régiment de
Conty, et chevalier de l'ordre royal et militaire de St.-
Louis, duquel mariage est issu Louis Monck d'Uzer,
officier de la Légion-d'Honneur, chevalier de Saint-
Louis, colonel du 60ᵉ régiment de ligne, en 1820.

Louis de Vidart a fait, avec la république française,
le 5 thermidor an 4, un partage de présuccession, à
raison du sequestre mis sur ses biens par suite de l'é-
migration de Jean-Joseph de Vidart, officier au régiment des chasseurs des Vosges, son fils aîné. (*Voyez*
un arrêt de la cour de cassation du 15 avril 1812, rapporté dans Sirey et dans Denevers, année 1813.) Louis
de Vidart est décédé le 28 octobre 1808, laissant de
son mariage:

1°. Jean-Joseph de Vidart, qui suit;

2°. Joseph-Achille de Vidart, marié, par contrat
du 27 mars 1806, à Marie-Anne *Lafargue*, dont
est née une fille unique;

3°. Marie-Quitterie-Cyprienne de Vidart, qui é-
pousa, par contrat du 10 mars 1790, Jérôme *le*
Doux de Sainte-Croix, chevalier;

4°. Émilie-Charlotte de Vidart, mariée, par con-

trat du 10 décembre 1808, à noble François
d'Estangue.

XII. Jean-Joseph DE VIDART, chevalier, seigneur de
Carcen et de Stibes, né le 21 décembre 1766, fut nommé officier au régiment des chasseurs des Vosges, le 14
septembre 1784, et servit dans ce corps jusqu'en 1791.
Il émigra, en 1792; se rendit à Coblentz, et joignit, le
31 juillet 1792, l'armée commandée par S. A. S. Mgr.
Louis-Joseph de Bourbon, prince de Condé, qui lui a
délivré un certificat de ses services, signé de sa propre
main, au palais Bourbon, à Paris, le 15 septembre 1815.
Il fit, sous les ordres de ce prince, la campagne de 1792,
dans la compagnie noble de la province de Guienne, et
en obtint ensuite un congé, au moyen duquel il passa
en Italie, et de là en Espagne. Il est rentré en France
en 1801.

Jean-Joseph DE VIDART avait épousé, par contrat du
10 mars 1790, Marie-Louise de Maurian, fille et héritière de messire Louis de Maurian, seigneur de Carcen,
et de Marie de Vacquier d'Aubaignan. La maison de
Maurian possédait la seigneurie de Carcen, depuis le 14
janvier 1582, qu'elle fut achetée de Bernard de Poy
par Jacques de Maurian, écuyer; cette terre provenait
de la maison d'Albret, ayant été vendue au seigneur de
Poy, en 1486, par Alain, sire d'Albret, vicomte de
Tartas. Louis de Maurian était fils de Guillaume-Antoi-
ne de Maurian, écuyer et de Claire de Bédora, sœur
de la baronne d'Antin, dont descend N..., baron d'Antin, préfet du département des Basses-Pyrénées,
en 1814, membre de la chambre des députés, en 1815.
Marie d'Aubaignan, sœur de la vicomtesse de Castelnau, était fille de Mathieu, de Vacquier baron d'Aubaignan, dont la sœur a eu pour fils le baron de la Hou-
se, successivement ministre plénipotentiaire de France
auprès du roi des Deux-Siciles, du saint siége, de l'in-
fant don Ferdinand, duc de Parme, et le dernier ministre de Louis XVI auprès du roi de Danemark. La mère de Marie d'Aubaignan était Marie-Louise d'Abbadie,
sœur de N.... d'Abbadie de Saint-Loubouer, qui a eu
une fille mariée à N....., baron de Crouseilhes, dont le
frère, Pierre-Vincent, a été sacré évêque de Quimper, le
21 avril 1805, et dont le petit-fils, Jean-Pierre, baron de

Crouseilhes, maître des requêtes au conseil-d'état, en 1820, a épousé Clémentine-Louise-Henriette *de Choiseul-Gouffier*, fille du comte de Choiseul-Gouffier, pair de France, ancien ambassadeur à Constantinople.

Jean-Joseph DE VIDART, a eu de son mariage deux enfants :

1°. Jean-Louis-Joseph DE VIDART, né le 6 février 1791 ; il était, en avril 1814, pour l'entrée de sa majesté Louis XVIII dans sa capitale, membre de la garde nationale de Paris, et en a obtenu la médaille par brevet du 10 novembre 1816; nommé mousquetaire noir, le 22 juillet 1814, il a été, en 1816, capitaine aide-de-camp de M. le maréchal-de-camp, inspecteur-général des gardes nationales du département des Landes, jusqu'à la suppression des états-majors de la garde nationale, en 1818;

2°. Jean Joseph-Jules-Léon de Vidart, né le 29 pluviôse an 12 (19 février 1804) ; il est entré à l'école militaire de Saint-Cyr, en novembre 1821.

SEIGNEURS DE SOYS.

VII. Jean-Arnaud DE VIDART, écuyer, seigneur de Soys, troisième fils de Jean le Bon de Vidart, épousa, le 4 novembre 1641, Françoise *de Sanguinet*, sœur de Jeanne de Sanguinet, mariée, le 8 novembre 1637, à Guillaume *de Vidart*, seigneur de Stibes, frère de Jean-Arnaud. Il est mort, le 29 novembre 1660, laissant de son mariage :

1°. Jean le Bon de Vidart, qui n'a point laissé de postérité;

2°. Guillaume, qui suit ;

3°. Claire de Vidart, mariée, le 12 janvier 1671, à noble Jean-Louis *de Bédora*.

VIII. Guillaume DE VIDART, II° du nom, écuyer, seigneur de Soys, né le 13 novembre 1648, épousa, le 20 novembre 1688, Marie-Anne *du Lou*, en présence de Jean le Bon de Vidart, seigneur de Stibes, son cousin-

germain. Le 10 mai 1695, il reçut une lettre de M. le
marquis de Lausac, portant ordre de se trouver à Bazas
le dernier de mai de ladite année, à l'assemblée de la
noblesse : et, le 4 juin 1695, il lui fut délivré, par M. le
marquis de Montferrand, grand-sénéchal et commandant de la noblesse de Guienne, un certificat constatant
qu'il s'était trouvé à cette assemblée. Il a eu de son
mariage :

1°. Mathieu de Vidart, dont l'article suit ;
2°. Claire de Vidart mariée à noble Jean-Marie
de Prugne, seigneur de Cezeron et Lazareus,

IX. Mathieu DE VIDART, écuyer, seigneur de Soys,
né le 1er janvier 1690, a eu pour femme Marie *d'Espa-
nesse*. En 1753, après le décès de son épouse, il fit ériger en son honneur, dans une chapelle qui appartenait
à la famille de Vidart, en l'église des Cordeliers de la
ville de Tartas, un monument sur lequel étaient placées
ses armoiries. C'est à sa demande qu'a été prise la délibération des états-généraux du royaume de Navarre,
du 30 juin 1741, rapportée plus haut. Il est décédé, le 10
novembre 1766, laissant quatre enfants :

1°. Mathieu de Vidart, né le 5 juillet 1717, mort
à Paris, le 11 décembre 1781, sans postérité ;
2°. Jean-Marie de Vidart, qui suit ;
3°. Laurent-Joseph de Vidart, curé de Sore, né
le 6 mai 1751 ; prêtre déporté en 1792, il est
mort en Espagne pendant son émigration ;
4°. Claire de Vidart, née le 10 octobre 1718, qui
n'a point été mariée.

X. Jean-Marie DE VIDART, chevalier, seigneur de
Soys, né le 17 avril 1726, lieutenant au régiment de
Lorraine, le 20 mars 1746, capitaine au régiment d'Angoumois, le 12 mars 1748, chevalier de l'ordre royal et
militaire de Saint-Louis, en 1771. Embarqué sur *le
Northumberland*, en 1780, il s'est trouvé à la bataille
livrée en Amérique, le 12 avril 1782, par le comte de
Grasse, contre l'amiral Rodney. Devenu major, le 13
avril 1783, il obtint sa retraite, le 1er mars 1784, avec
grade de lieutenant-colonel.

Il, avait épousé, par contrat du 8 octobre 1782, Marie-Catherine *de Neurisse de la Luque*, fille de Salvat de Neurisse, baron de la Luque, conseiller du roi, lieutenant-général de la sénéchaussée de Tartas, et de Catherine-Ursule de Chambre d'Urgons, fille d'André de Chambre, baron d'Urgons. Ursule de Chambre était sœur de N.... de Chambre d'Urgons, chanoine du chapitre noble de Metz, l'un des aumôniers de Sa Majesté Louis XVIII, et de N.... de Chambre d'Urgons, chanoine de Metz évêque d'Orope *in partibus*, suffragant du cardinal de Montmorency, grand-aumônier de France, évêque de Metz.

Jean-Marie de Vidart, décédé le 17 octobre 1807, a laissé de son mariage :

1°. Louis de Vidart, né le 15 thermidor an 4 (2 août 1796). Il a eu pour parain Louis de Vidart, seigneur de Stibes. Il est entré dans la compagnie des gendarmes de la garde du roi, le 1er juillet 1814, et a été nommé, en 1815, lieutenant dans le 6e régiment de hussards, *dit* du Haut-Rhin ;

2°. Claire de Vidart, mariée, le 17 janvier 1809, à Guillaume-Bertrand *de Brun,* écuyer.

Armes : Écartelé, aux 1 et 4 de gueules, au sanglier de sable, passant contre un cyprès de sinople, accompagné de huit croix de Saint-André (petits sautoirs) d'or, posées 3, 2 et 3 ; au 2 de gueules, à trois dards d'argent, futés et empénés d'or, l'un en pal, et les deux autres passés en sautoir, la pointe en bas ; au 3 de gueules, à trois dards, rangés d'or, futés et empénés d'argent, la pointe en bas. Devise : *Aux Maures.*

VIRÉ. *Liste des gentilshommes du bailliage de Viré, convoqués, en 1789, pour l'élection des députés aux états-généraux du royaume.*

GENTILSHOMMES POSSÉDANT FIEFS.

M. le comte Louis de Vassy, pour son fief de la forêt Auvray et autres.

M. le marquis de Morant, représenté par M. de Nantier, pour son fief d'Annebesc.

M. le comte d'Arclais de Montamy, pour son fief d'Arclais.

M. de Nicolaï, représenté par le comté de Néel, pour son fief de Bény.

M. le Cordier, pour son fief de Burcy.

M. de Combault, comte d'Auteuil, représenté par M. de Cheux de Saint-Clair, pour son fief de Burcy.

M. le Pelletier de Molandé, pour son fief de Bremoy.

M. Billeheust d'Argenton, pour son fief de Beslou.

M. Ury de Carquenay, et M. de Pierrefite, représentés par M. de Pierrefite, pour leur fief de Tuley-le-Patry.

M. Gautier, et Madame la marquise de Campigny, représentée par M. son fils, pour leur fief de Carville.

M. de Banville, pour son fief de Coulonces.

M. de Bilheurt, pour son fief de Champ-du-Boult.

M. de la Roque de Caham, représenté par M. de Menillet, pour son fief de Caham.

M. Drudes, représenté par M. Drudes, son fils, pour son fief de Campagnolles.

M. de Rosnay des Meillières, représenté par M. de la Boderie.

M. de Hainault de Canteloup, et mademoiselle de la Bigne, représentée par M. de Croisilles, pour leur fief dans Clessy.

M. du Rozel, représenté par M. d'Anjou de Boisnantier, et M. de Gouvest de Langerie, représenté par M. d'Auray de Sainte-Poix, pour leur fief dans Courson.

M. de Pierrefite, pour son fief de Cauville.

M. le marquis du Quesnoy, représenté par M. de Banville, pour son fief de Clinchamps.

M. de Saint-Germain de la Bazoche, et M. du Chatel de la Varinière, pour leur fief d'Estry.

M. Thoury de la Corderie, représenté par M. Drudes de la Tour, et M. de Freval, pour leur fief de Fresnes.

M. Angot, comte de Flers, représenté par M. de Canisy, pour son fief de Flers.

M. de Malherbe, représenté par M. d'Anjou de Boisnantier, pour son fief de Gathemot.

M. Gohier du Gast, pour son fief du Gast.

M. Viel de la Graverie, pour son fief de la Graverie.

M. Avenel, pour son fief de Lonchamp.

M. Picard de Noré, pour son fief de Fourmilly et autres.

M. des Rotours de Quatre-Puits, et madame de Colardin de la Pinsonnière, représentée par M. de Colardin, son fils, pour leur fief de Lassy.

Madame la marquise de Brassac, représentée par M. le comte de Vassy, pour le fief de Landelles.

M. des Rotours de Chaulieu, pour son fief de la Lande-Vaumont.

M. de Campion d'Aubigny, pour son fief de la Selle.

M. de Conespel, pour son fief de Landisac.

M. Poret de la Chaslerie, pour son fief de la Villette.

Madame Blanchard de Cremer, représentée par M. de Tracy, pour son fief de Mesnil-Ozouf.

M. Fouasse, baron de Noirville, pour son fief de Mesnil-Hubert.

Madame de Saint-Manvieux, pour son fief de Montchauvet.

M. des Rotours de Monchamp, représenté par M. des Rotours de Quatre-Puits, pour son fief de Monchamp.

M. de la Mariouze de Monbray, représenté par M. le baron de Chaulieu, pour son fief de Monbray.

M. de Billeheust de Boisset, représenté par M. Billeheust d'Argenton, pour son fief de Marguerin.

M. de la Roque de Monsegré, représenté par M. de la Roque de Menillet, et madame de Freval, représentée par M. de la Pommeraye, pour leur fief de Monsegré.

M. le comte du Rozel Beaumanoir, pour son fief de Montilly.

M. le Doulcet, marquis de Pontécoulant, pour son fief de Pontécoulant.

M. d'Ampheruel, pour son fief de Pont-Bellenger.

MM. de Corday d'Arclais, pour leur fief de Pierres.

M. le baron de Moupinson, pour son fief de Presles.

Madame de Thoury, représentée par M. Noël du Parc, pour son fief de Roullour.

Madame veuve Valhébert, pour son fief de Reculey.

M. de Beaudre, pour son fief de Roucamp.

M. Haillet de Couronne, représenté par M. de Frotté, pour son fief des Sept-Frères.

M. de Saint-Germain du Houlme, pour son fief de Sainte-Cécile.

Madame de Clinchamps de Saint-Fraguière, représentée par M. du Châtel de la Morlière, pour son fief de Saint-Fraguière.

M. du Rozel, pour son fief de Saint-Germain de Crioult.

M. de Cheux de Saint-Clair, M. de Collardin de la Pinsonnière, et M. de la Croix de Tallevende, représentés par M. son fils, pour leur fief dans Saint-Germain de Tallevende.

M. Deslandes de la Ruardière, pour son fief de Saint-Georges-des-Groiseliers.

M. Brouard de Clermont, pour son fief de Saint-Martin-de-Tallevende.

M. le comte de Néel, et M. de Moisson de Tirgrey, pour leur fief de Sainte-Marie-Laumont.

M. le Cordier de Bonneval, M. de Morant, représentés par M. Gaultier, pour leur fief dans Saint-Maur-des-Bois.

M. de Bonenfant, représenté par M. Achard, pour son fief.

Madame la comtesse de Corday d'Orbigny, représentée par M. de Pontécoulant, pour son fief de Saint-Pierre-de-la-Vieille.

MM. les héritiers de M Blanchard, baron de Crasne, pour leur fief de Saint-Pierre-Tarentaigne.

M. le chevalier de Beaudran, pour son fief de Saint-Vigor-des-Mezerets.

M. le Beaudre de Soubressin, M. Pepin de Feugray, pour leur fief de le Tourneur.

M. Bourdon de Lisle, et M. de Beaudre de Noyers, pour leur fief de le Theil.

M. de Banville-Truttemer, pour son fief de Truttemer.

M. de Carbonnel, marquis de Canisy, pour son fief de Vassy.

M. le comte de Rabodanges, représenté par M. le Billeheust d'Argenton, pour son fief de Ferrière-du-Val.

M. du Rozel, représenté par M. de Cheux de Saint-Clair, pour son fief de Vaudry.

GENTILSHOMMES NON POSSÉDANT FIEFS.

MM.

Le Brun de la Franquerie.
Jean-François-Noel du Rocher.
Du Buisson de Courson.
Noël du Parc.
De Percy.
Le Cordier.
Drudes de la Tour.
Le chevalier Henri de Néel.
Le chevalier de Thoury de Rouloure.
Houll de Morigny.
De la Croix.
Du Chastel de la Morlière.
Joachim d'Anjou de Boisnantier.
Billeheust de la Colombe.
Le chevalier de Canisy.
Le Grand d'Auerville de Clécy.
Du Chatel d'Etry.

DE VISSAC (1), maison d'ancienne chevalerie d'Auvergne, qui tirait son nom d'une seigneurie et d'un ancien château situés au diocèse de Brioude. Elle est connue depuis Pierre de Vissac, chanoine-comte de Brioude, en 1161. Elle a donné un chancelier de France au milieu du 14ᵉ siècle, un évêque de Saint - Flour, en 1384, puis de Lavaur, en 1394; et a contracté des alliances avec les maisons les plus considérables. Elle remonte, par preuves filiatives, à Pons, qui suit:

I. Pons, Iᵉʳ du nom, seigneur DE VISSAC, vivant en 1205 et 1245, sans doute frère de Pierre de Vissac, vivant en 1240, portait deux sautoirs sur son contre-scel. Il eut pour fils:

1°. Gaspard, dont l'article suit;

---

(1) De nombreuses additions, et quelques erreurs graves à rectifier, nous engagent à reproduire ici cette généalogie, déjà mentionnée au tome IV, pag. 222 de cet ouvrage.

2°. Pierre de Vissac, chanoine-comte dé Brioude, en 1254, mort le 1er août 1286, suivant l'obituaire de ce chapitre ;

3°. Dalmas de Vissac, reçu chanoine-comte de Brioude, de 1254 à 1274. (*Histoire de la maison d'Auvergne, par Baluze, preuv. pag. 377.*)

II. Gaspard, seigneur de Vissac, Ier du nom, vivant en 1247, épousa Marguerite *du Puy*, et en eut :

1°. Étienne, dont l'article suit ;

2°. Françoise de Vissac, dame d'Aurose, morte au mois d'août 1286.

Dans le même temps vivait :

Silve de Vissac, seigneur de la Brosse de Vissac, père de Maragde de Vissac, mariée, vers l'an 1330, avec Armand *de Rochebaron*, seigneur d'Usson.

III. Étienne, Ier du nom, seigneur de Vissac, vivant en 1278, épousa Guigonne, dame *d'Arlenc*, fille et héritière de Pons, seigneur d'Arlenc, et de Béatrix de la Roche en Regnier. Il fut présent à un traité passé, l'an 1287, entre Guillaume de Bourbon et Robert, comte d'Auvergne. Il vivait encore en 1331. (*Baluze, pag.* 151.) Ses enfants furent :

1°. Pons, dont l'article suit ;

2°. Hugues, qui fonda la seconde branche, rapportée ci-après.

Dans le même temps vivaient :

Pons de Vissac, chanoine-comte de Brioude, en 1314 ;

Géraud de Vissac,   } chanoines-comtes du même
Armand de Vissac,   } chapitre, en 1323 et 1333.

IV. Pons, IIe du nom, seigneur de Vissac, d'Arlenc et de Val-le-Chastel, près Brioude, fut présent à l'émancipation que fit Bertrand, seigneur de Chalançon, en 1295, de son petit-fils, Guillaume de Chalançon,

V.   51

en le mariant avec Clémence *de la Roche*. Il se rendit garant en 1304, de la dot que le comte Dauphin donnait à sa fille, en la mariant à Pierre de Montagu ; fut l'un des exécuteurs testamentaires de Beraud, seigneur de Mercœur, en 1314 ; fut assigné le samedi avant la Saint-Michel 1321, pour assister à l'ouverture de ce testament ; alla en Hainaut de la part du roi, avec Hüe de Lannoy, en 1316 ; fit, la même année, hommage au roi du château du Val et de celui de Marsat, que Henri de la Rouère lui avait donnés, et au sujet desquels il plaida depuis contre Humbert de Beaujeu et sa femme, en 1320 et 1322, et fut maintenu en possession de la moitié. Pons acquit, en 1326, la seigneurie de Marsat, près de Riom, de Catherine de Royer. Étienne et lui plaidaient, conjointement avec la noblesse d'Auvergne, contre le clergé, en 1331. (*Baluze, pag.* 154). Il vivait encore en 1347. Il avait épousé Alix *de Montboissier*. De ce mariage sont issus :

1°. Pierre de Vissac, qui fut substitné par Eracle de Montboissier, son oncle, en 1328;

2°. Louis, seigneur de Vissac, qui suit ;

3°. Dalmas de Vissac, seigneur de Marsat, dont il fit hommage au seigneur de Tournouelle, en 1350. Deux ans auparavant il s'était obligé, avec son frère, au traité de mariage de Beraud Dauphin, seigneur de Mercœur, avec Yolande de Genève. Il servit en Languedoc, en 1346, et sous Amaury, sire de Craon, en 1352. Il fut père de :

A. Guillaume, seigneur de Vissac ;

B. Pierre de Vissac, chanoine de Clermont;

C. Pons de Vissac, qui s'empara, avec son frère, de nuit et par force, du château de Vissac, sur leurs cousines : ce qui les fit poursuivre criminellement, en 1367 et 1370 ;

D. Dalmas de Vissac, seigneur du Val et de Marsat, qui assista, en 1418, à la donation que Jeanne, comtesse d'Auvergne et de Boulogne, fit à Marie d'Auvergne, femme de Bertrand de la Tour. (*Baluze, tom. II, pag.* 621 *et* 622). Sa succession fut partagée, le 23 mars 1472, entre François de

Tournon de la Chaise et Antoine de Rochebaron ;

4°. Pons de Vissac, chanoine de Meaux, qui fit
une fondation dans la terre du Val-le-Chastel,
en faveur des religieux de la Chaise-Dieu, au
mois de juin 1357. (*Coutumes d'Auvergne, t. IV,
pag.* 589)

V. Louis, seigneur de Vissac et de Marsat, vivait en
1340. Il épousa Béatrix *de Saissac,* qui resta veuve en
1361, étant mère de deux filles :

1°. Dauphine de Vissac, qui était, avec sa sœur,
sous la tutelle de Guy de Prohynes, en 1367 et
1370 : l'une et l'autre plaidaient contre leurs
cousins, qui s'étaient emparés de force du château de Vissac. Dauphine fut religieuse ;

2°. Marguerite de Vissac, qui épousa Raymond *de
Prohynes,* seigneur de Prohynes et de Saint-
Privas, fils de son tuteur.

SECONDE BRANCHE.

IV. Hugues de Vissac (1), chevalier, seigneur d'Arlenc, second fils d'Étienne, seigneur de Vissac, et de
Guigonne, dame d'Arlenc, est nommé au traité de mariage de Guillaume Comptour avec Mathilde Dauphine,
en 1288. Il se rendit garant, en 1299, pour le seigneur de
Beaujeu, du traité que ce dernier fit avec Robert, comte
d'Auvergne. Le roi l'envoya, en 1312, avec plusieurs seigneurs, au royaume de Navarre, pour en prendre le gouvernement ; et il y fit de temps en temps des voyages. Il
alla aussi en cour de Rome, en 1314, ainsi qu'en Savoie
et en Dauphiné, pour tâcher d'établir une ferme paix entre le comte et le dauphin ; et eut ordre, au mois de décembre 1318, de se trouver à Clermont en Auvergne,
quinze jours après la Saint-André, en armes et chevaux,
pour accompagner le duc de Bourgogne et le comte de
Boulogne dans leur voyage. Le seigneur de Mercœur le

_____

(1) On ne croit pas que ce soit le même que Hugues de Vissac,
conseiller au parlement de Paris en 1315.

fit un des exécuteurs de son codicile, le 16 avril 1320.
Il vivait encore le 13 août 1333, époque à laquelle il
transigea avec Jean, abbé de la Chaise-Dieu. (*Baluze*,
pag. 154). Ses enfants furent :

1°. Pons, seigneur de Vissac, mort sans enfants de
   Guigonne de Joyeuse ;
2°. Étienne de Vissac, seigneur d'Arlenc, chancelier de France, qui suit ;
3°. Hugues de Vissac, chanoine de Brioude et archidiacre de Troyes, en 1336.

V. Étienne de Vissac, seigneur d'Arlenc et de Murs,
chancelier de France, fut présent au traité de mariage
fait, le 7 avril 1334, entre Guyot de Chalançon et Isabelle Dauphine. Il prétendit droit, à cause de sa femme,
en la succession de Beraud, seigneur de Mercœur ; et
dans la suite il en obtint le châtelet et la châtellenie de
Murs, avec 200 livres de rente sur le péage de Ciste-
rès, dont le fief et l'hommage furent, à sa prière, réunis à la couronne de France, sans en pouvoir être jamais séparés, par lettres du roi Philippe de Valois, données à Conflans, au mois de juin 1339. Il remit, peu de
temps après, les sceaux, et vivait encore en 1350. Il eut
pour femme Alix *de Poitiers*, fille de Guillaume de Poitiers, seigneur de Chancoc et de Luce, baronne de Bau-
diner et de Montregand. Il en eut :

1°. Étienne, seigneur de Vissac, d'Arlenc et de
   Murs, qui suit ;
2°. Pierre de Vissac, chanoine de Meaux, en 1359,
   comte de Brioude, en 1374 ;
3°. Jean de Vissac, chevalier, qui épousa Blanche
   Aycelin *de Montagu*, dont il n'eut point d'enfants. Étienne de Vissac, son frère, plaidait, en
   1370 et 1372, contre les héritiers de cette dame ;
4°. Alix de Vissac, femme de Jean, seigneur *de
   Lastic*, vivante en 1370.

VI. Étienne, seigneur de Vissac, d'Arlenc et de
Murs, vivait en 1370 et 1382, et mourut à l'armée, en
1385. Il avait épousé Jeanne-Gabriélle *de Goui*, fille et

héritière de Gaspard de Gout (1), sous la condition que
Étienne de Vissac et ses descendants ajouteraient les
nom et armes de sa maison aux nom et armes de Vissac.
Ses enfants furent :

1°. Antoine de Vissac, seigneur d'Arlenc, qui
suit ;

2°. Pierre de Vissac, religieux de l'ordre de Saint-
Benoît, puis évêque de Saint-Flour, fut témoin,
en 1384, d'un traité fait, le jeudi après l'épiphanie, entre Beraud, comte de Clermont, dauphin
d'Auvergne, et Geoffroy de Bologne, seigneur
de Mont-Gascon, et transigea, le samedi après
la fête de Saint-Mathieu, 1385, avec l'abbé de
Pebrac, pour la juridiction épiscopale sur les
bénéfices dépendants de cette abbaye. Il fut
transféré à l'évêché de Lavaur, en 1394, donna
en 1397, 60 écus d'or aux frères prêcheurs de
Saint-Flour, pour bâtir une église, et fut enterré dans le monastère de Chaise-Dieu, devant
le grand autel ;

3°. Louis de Vissac, seigneur de Thory-sur-Allier
et de Saint-Pierre, vivait en 1400. Il avait épousé Jeanne de Chauvigny, qui plaidait, en 1420,
contre Hélion de Saint-Julien. Il en eut :

A. Louis de Vissac, seigneur de Thory, qui
épousa Annette du Puy, fille de Jean du
Puy, seigneur de Bermond, et d'Isabeau de
Saint-Palais. Elle se remaria, en 1426, à
Jean, seigneur de Chaseron ;

B. Alix de Vissac, femme d'Astorge, seigneur
de Talhac, dont elle était veuve en 1423.

VII. Antoine, baron de Vissac, seigneur de Gout,
d'Arlenc et de Murs, vivant en 1392, fit hommage à
Jean de Berry, duc d'Auvergne, de ses terres d'Arlenc
et de Murs, en 1415. Il avait épousé Marguerite d'Ap-

(1) La maison de Gout, fondue dans celle de Vissac, était très-
ancienne, et portait pour armes : d'azur, à deux chevrons d'or, som-
més d'une fleur de lys et accompagnés de trois étoiles, le tout du
même.

chon, fille de Louis d'Apchon et de Marguerite d'Estaing. Il en eut :

1°. Claude, seigneur de Vissac, qui suit ;
2°. Antoine, baron de Vissac, d'Arlenc et de Murs, après l'an 1476. Il épousa Anne *de la Roue*, fille de Claude, seigneur de la Roue, et de Billette de Tournon, dont il eut :

> Jeanne, dame de Vissac, d'Arlenc et de Murs, qui épousa, le 3o août 1497, Just, baron *de Tournon*, conseiller et chambellan du roi François Ier, fils de Jacques, baron de Tournon, et de Jeanne de Polignac (1) ;

3°. Marguerite de Vissac, qui fut la première femme de Pierre *de Montmorin*, seigneur de Saint-Hérem, chevalier, fils de Jacques de Montmorin, seigneur d'Auzon et de Rillac, et de Jeanne Gouge, *dite* de Charpagne, dame de Saint-Hérem. Pierre de Montmorin se remaria, le 9 janvier 1459, à Isabeau de Faudoas, fille de Béraud, chevalier, baron de Faudoas et de Barbazan, et d'Anne de Billy, sa seconde femme ;
4°. Jeanne de Vissac, femme de François *Maréchal*, chevalier, seigneur de Meximieux et de Montaney ;
5°. Marguerite de Vissac, qui s'opposa, avec ses frères, en 1477, aux criées des biens et héritages de son père.

VIII. Claude Ier DE VISSAC, seigneur de Gout, d'Arlenc et de Murs, assista le seigneur de Thinières, son beau-frère, dans la surprise du château de Vernières, et fut pour cela poursuivi criminellement, en 1440. Il fit hommage, en 1443, au duc de Bourbon, comte d'Auvergne, de ses terres d'Arlenc et de Murs. Il plaidait contre Jacques de Thinières, en 1454 et 1460, et vivait encore en 1476. Il avait épousé Marguerite *de Thinières*, dont il eut :

---

(1) La baronnie de Vissac fut vendue, en 1622, par les descendants de Jeanne de Vissac et de Just de Tournon, à Jean Motier de Champestières. La terre d'Arlenc passa dans la maison d'Hostun, en 1613.

1°. Claude de Vissac, seigneur de Montréal, du vivant de son père, mort sans alliance;
2°. Jean, dont l'article suit.

IX. Jean DE VISSAC, seigneur de Gout, vivant en 1525, épousa Marie *du Roure*, fille et héritière de Guillaume du Roure, seigneur de Saint-Paul des Tartas, près le Puy, élection de Brioude. Il en eut:

X. Gaspard DE VISSAC, II° du nom, seignèur de Gout et de Saint-Paul des Tartas, vivant l'an 1570, marié avec Louise *de Fournier*, qui le rendit père de Jean-Louis, qui suit.

XI. Jean-Louis DE VISSAC, seigneur de Gout et de Saint-Paul des Tartas, épousa, le 1er mars 1588, Marguerite *de Ginestoux*, fille de Charles de Ginestoux, baron de la Tourette, seigneur de la Bastide, et d'Anne d'Agrain des Hubas. Il eut pour fils:

XII. Claude DE VISSAC, II° du nom, seigneur de Gout, marié, le 6 octobre 1633, avec Marie *d'Esparviers*, fille et héritière de Jacques d'Esparviers, seigneur de Blazère. De ce mariage est issu:

XIII. Annet DE VISSAC, seigneur de Blazère, qui, par contrat du 15 août 1674, épousa Gabrielle *de Gamon*, de laquelle il eut seize garçons. Quinze entrèrent au service; deux y devinrent officiers-supérieurs et y furent décorés de la croix de Saint-Louis: les autres parvinrent à divers grades, et onze sont morts au service ou au champ d'honneur (1). Louis de Vissac, l'un des fils d'Annet, a continué la descendance. Ils avaient deux sœurs, l'une mariée à Henri *du Roure*, seigneur de Deuxaigues; la seconde à N.... *de la Tronchère*, seigneur de la Chabanne.

***

(1) La maison de Vissac comptait encore dans le même siècle plusieurs capitaines d'infanterie et de cavalerie, décorés de la croix de Saint-Louis; un officier aux gardes-wallonnes, qui passa du service de France à celui d'Espagne, y devint officier supérieur, et fut décoré des ordres de S. M. C.

XIV. Louis DE VISSAC, seigneur de Blazère, épousa, le 3 septembre 1706, Marie-Anne *de Jossouin*, fille de Joseph Jossouin de la Tour, et de Madelaine de la Tourette. Elle le rendit père d'Annet-Joseph, qui suit :

XV. Annet-Joseph DE VISSAC, épousa, le 22 mai 1748, Jeanne-Rose *d'Abrigeon*, dont sont issus :

    1°. Joseph, qui suit ;
    2°. Louis de Vissac, ancien officier de cavalerie, qui fut nommé commandant du Bas-Vivarais, pour l'ordre de la noblesse, lors de l'élection des députés aux états-généraux, à Villeneuve de Berg, en 1789.

XVI. Joseph DE VISSAC, ancien officier d'infanterie, qui s'allia, par contrat du 11 septembre 1772, avec Marie-Marguerite *de Rivière*, fille de Jean-Pierre de Rivière, seigneur de Veyrière. De ce mariage est issu :

XVII. Joseph-Alexandre DE VISSAC, marié, le 6 septembre 1796, avec Marguerite-Victoire *de Jossouin*, fille de Jean-Roch de Jossouin, Ier du nom, seigneur de Valgorge et de Planzolles, capitaine de cavalerie, chevalier de Saint-Louis, bailli d'épée des états du Vivarais, et de Christine de Peyret de Malerive. De ce mariage sont issus :

    1°. Joseph-Auguste-César-Alexandre de Vissac ;
    2°. Louis-Charles-Hippolyte de Vissac ;
    3°. Jules-Philippe-César de Vissac ;
    4°. François-Aubin-Eugène de Vissac ;
    5° Louis-Adolphe de Vissac ;
    6°. Henri-Régis-Ferdinand de Vissac ;
    7°. Marie-Sophie-Émilie de Vissac ;
    8°. Marie-Julie-Caroline de Vissac.

Armes : De gueules, à trois pals d'hermine. Couronne de comte.

W

DE WILLOT DE BEAUCHEMIN; famille noble, anciennement établie dans la Franche-Comté, et fixée maintenant à Paris.

I. Jean DE WILLOT, seigneur d'Annoire et de Beauchemin, l'un des gentilshommes de la reine Catherine de Médicis, et gouverneur du château de Montereau, en l'an 1560, ainsi qu'il est constaté par un brevet signé *Catherine*, et scellé du grand-sceau de la reine (1), avait épousé Charlotte *de Valedieu*, et a laissé pour fils :

II. Jean-Baptiste DE WILLOT, seigneur d'Annoire et de Beauchemin, qui épousa, en 1580, Marguerite *de Mouky*, et fut père de :

III. Jean-François DE WILLOT, co-seigneur d'Annoire, lequel fut établi, le 4 février 1669, par François de Poligny, pour commander en son absence dans plusieurs cantons de la Franche-Comté, à cause de sa longue expérience dans les armes, et de son zèle pour le service du roi ; *telles sont les expressions de la commission qui nous a été exhibée.* Il a épousé Claudine *de Verdun*, et a laissé :

IV. Jean - Baptiste-Joseph DE WILLOT, co-seigneur d'Annoire, qui fut père de :

V. Jean-Claude-Joseph DE WILLOT, co-seigneur d'Annoire, qui épousa N.... *Ménier*, et eut pour fils :

VI. Pierre-Joseph DE WILLOT de Beauchemin, qui épousa Barbe *Munier*, et fut père de :

---

(1) Ce brevet nous a été exhibé, ainsi qu'un acte patent et authentique du 29 février 1589, qui qualifie Jean de Willot de *noble homme, d'écuyer* et de *gentilhomme* de la reine-mère, avec titre de *gouverneur* du château de Montereau. Plusieurs autres titres originaux, qui nous ont été également produits, constatent que la famille de Willot avait été convoquée, dès avant l'an 1562, aux assemblées de la noblesse de la Franche-Comté.

1°. Jean-Joseph de Willot, né le 2 octobre 1748, officier dans le régiment de Vermandois, chevalier de l'ordre royal et militaire de Saint-Louis, maréchal des camps et armées du roi, en 1792, vivant à Montpellier, et marié à Gabrielle *du Crouzet*, de laquelle il n'a point d'enfants;

2°. Jacques-François-Simon, qui suit.

VII. Jacques-François-Simon DE WILLOT de Beauchemin, a épousé N.... *Pyot*, fille de M. Pyot, trésorier à la chambre des comptes de Dole. De ce mariage est né, entr'autres enfants :

VIII. Joseph DE WILLOT de Beauchemin, né à Dole, en Franche-Comté, en 1775, qui a émigré en Espagne, en 1792. Il a épousé Laure *de Roussillon*, ancienne chanoinesse-comtesse de Neuville, de laquelle il a :

1°. François - Joseph - Hippolyte - Léonce, né en 1803;

2°. Etienne-Hippolyte, né en 1805.

Armes : D'azur à trois têtes de lion d'or, lampassées de gueules; l'écu timbré d'une couronne de comte. Cimier: Un lion issant. Devise : *Is mihi pro aris et rege animus.*

Z

ZYLOF, seigneurs de Steenbourg, Obigny, Wynde, Créquy, etc., famille qui descend en ligne directe de :

Henri ZYLOF, seigneur de Hildernesse, capitaine du château de Louveslein, pour le comte de Hollande, qui le créa chevalier après la bataille de Fulkammingen, contre les Frisons, en 1238. Il épousa Plectrude *de Heuvlick*, fille du seigneur de Heuvlick, et mourut en 1267. Son petit-fils, bourgmestre de Leyden, fut envoyé, en 1297, en ambassade par le comte Jean I de Hollande, à Édouard I, roi d'Angleterre, pour demander, au nom du comte, la main d'Élisabeth, fille de ce monarque.

Ses descendants ont constamment occupé des places honorables en Angleterre, en Espagne et en Hollande; l'un d'eux fut tué dans le combat qui eut lieu immédiatement après l'assassinat de Jean sans Peur, duc de Bourgogne, sur le pont de Montereau, le 10 septembre 1419, après avoir servi ce prince avec beaucoup de distinction.

Cette famille, à l'époque des troubles religieux, vint s'établir, en 1483, dans la Flandre maritime, où est mort, à Steen, près Bergues, le 14 mai 1805, Floris-François-Félix-Ignace Zylof de Steenbourg, seigneur d'Obigny, Wynde, Créquy, etc., qui avait épousé Louise-Antoinette-Joséphine *du Portal*, fille de Jean-Jacques du Portal, lieutenant-général des armées du roi (*Voyez au supplément*), et de Marie-Jeanne-Louise de Raulet de Ramsault, sa seconde femme. Il existe de ce mariage quatre fils et quatre filles :

1°. Louis-Joseph Zylof, né à Bergues, le 7 mars 1786, marié avec Marie-Marguerite-Françoise *de Dreuille*, fille de messire N.... de Dreuille, chevalier de Saint-Louis, et de Marie-Catherine-Françoise de Digoine du Palais, dont il y a postérité ;

2°. Jean-Henri-Omer Zylof, ancien officier de hussards retraité pour blessures ;

3°. Charles-Pierre Zylof, officier de marine au département de Rochefort ;

4°. Alphonse-Paul Zylof, officier au 3e régiment d'infanterie de la garde ;

5°. N.... Zylof, mariée à Nicolas-Jacques-Eugène *Clays de Wallesweede* ;

6°. Et trois autres demoiselles.

Armes : De gueules, au chevron d'or, accompagné de trois pommes de pin du même.

SUPPLÉMENT.

B

ᵭᴇ BARRAL, marquis de la Bastie d'Arvillard et de
Montferrat, comtes d'Allevard, barons de la Roche-Commiers, comtes, vicomtes et barous de Barral, en Dauphiné et à Paris.

La maison de Barral, originaire du Dauphiné, est recommandable par son ancienneté, ses alliances et les illustrations qu'elle s'est acquises dans la prélature, dans
les armées de nos rois et dans les premières charges de
la haute magistrature. Les titres établissent sa filiation depuis Jean de Barral, né vers 1290, qui reçut
en inféodation, conjointement avec Guigues de Barral,
son frère, de Henri, dauphin, élu de Metz, régent du
Dauphiné, et de Guigues, dauphin du Viennois, certain
droit de picot ou de vingtain dont ces princes leur donnèrent l'albergement perpétuel, le 8 octobre 1323. C'est
par suite de cette inféodation que la maison de Barral
se trouva en possession de la co-seigneurie et mistra-
lie (1) d'Allevard, qu'elle a conservée jusqu'en 1532.
La postérité de Jean de Barral s'est divisée en plusieurs
branches, dont on donnera plus bas l'état actuel, et
s'est alliée aux maisons de Bellehousse, de Blondel de

(1) L'Histoire du Dauphiné (tom. I, pag. 109), par M. de Val-
bonnais, fait mention de l'office de mistral comme d'une charge
d'épée qui ne se confiait qu'aux nobles qui faisaient profession des
armes. Cet office était tenu en fief par plusieurs familles des plus
considérables de la province, telles que celles de Falcos et de
Montdragon. La fonction du mistral était de percevoir les droits
du dauphin, et de protéger l'exécution de ses jugements dans l'é-
tendue de ses domaines.

Sissonne, de Céserin, de Chambaran, de Chaste-Ges-
sans-de-Clermont, de Chaumout-Quitry, de Com-
miers, de Fontanges, de Genton, de Guérin de Tencin, de Guignard de Saint-Priest, de Monnet, du Mot-
tet, de Peyrenc de Saint-Cyr, du Pouget de Nadaillac,
de Rachais, de Vachon, etc.

La maison de Barral a donné des capitaines châtelains
de Voiron, un capitaine et major de la ville de Metz,
un gouverneur du château d'Entremont pour le roi
Louis XIII. un gouverneur du château de Culan pour
le roi Louis XIV, tué au siége de Montroud, un grand
nombre d'officiers-généraux et autres de divers grades. la plupart morts au champ d'honneur, et décorés de la croix de l'ordre royal et militaire de Saint-
Louis, un maître des requêtes de la reine-mère Anne
d'Autriche, trois présidents à mortier au parlement de
Grenoble, et plusieurs conseillers en la même cour
souveraine, nombre d'ecclésiastiques recommandables,
entr'autres un évêque de Castres, en 1752, mort en
1773, un évêque de Troyes, en 1761, mort en 1791, et
un archevêque de Tours, pair de France, décédé le 7
juin 1816.

Le marquisat de la Bastie d'Arvillard fut érigé au mois
d'août 1739; celui de Montferrat, au mois d'avril 1750;
le comté d'Allevard, au mois de juillet 1751, et la baronnie de la Roche-Commiers, au mois de mars 1755.

PREMIÈRE BRANCHE.

XIII. Pierre-François-Paulin, comte DE BARRAL,
chevalier, né le 30 décembre 1745, reçu de minorité
chevalier de l'ordre de Saint-Jean de Jérusalem, le 17
décembre 1747, décédé le 1er février 1822, avait épousé :
1°, par contrat signé par le roi et la famille royale, le 12
février 1764, Marie-Séraphine de la Motte, petite-fille
du marquis de la Motte, lieutenant-général des armées
du roi; 2°, par contrat du 11 juin 1803, Constance-
Pauline-Zoé le Roy de Mondreville, fille du comte
le Roy de Mondreville, chevalier de Saint-Louis, capitaine au régiment de Monsieur, cavalerie. Le comte de
Barral, a eu, entr'autres enfants:

Du premier lit :

1°. Eugène de Barral, mort sans avoir été marié;
2°. Charles-Auguste, dont l'article suit;

Du second lit :

3°. Joseph-Paul, chevalier de Barral, né à Paris,
le 11 juin 1806.

XIV. Charles-Auguste, comte DE BARRAL, chevalier
de Malte, né à Paris, le 8 avril 1778, aide-de-camp du
maréchal Macdonald, duc de Tarente, décédé le 1ᵉʳ
septembre 1815, avait épousé, par contrat signé, en
1805, Aimée-Marie-Louise-Delphine *le Gendre d'Onz-
en-Bray*, fille du comte d'Onz-en-Bray, et de Benoîte
de Tolozan. De ce mariage est issu :

Louis-Benoît-Eugène de Barral, né à Paris, le 21
avril 1806.

SECONDE BRANCHE.

XIII. Joseph-Marie DE BARRAL, marquis de Montferrat, né le 21 mars 1742, ancien président à mortier
au parlement de Grenoble, premier président de la
cour royale de cette ville, a épousé, en 1769, N.... *de
Guérin de Tencin*, veuve de N.... de Cros, comte de
Grolée. Il a eu de ce mariage :

1°. Charles-Antoine de Barral, né à Grenoble, le
29 juin 1770, ancien capitaine de grenadiers,
chevalier de l'ordre royal de la Légion-d'Honneur;
2°. Louis de Barral, né à Grenoble, le 9 juin 1783.

TROISIÈME BRANCHE.

XIII. André-Horace-François, vicomte DE BARRAL,
(frère du marquis de Montferrat), né le 1ᵉʳ août 1743,
nommé, le 13 décembre 1791, maréchal des camps et
armées du roi, chevalier de l'ordre royal et militaire de

Saint-Louis, a épousé, le 21 août 1781, Anne-Amédée-
de Beauharnais (1) fille de Claude de Beauharnais,
chevalier, comte des Roches-Baritaud, chef d'escadre
des armées navales, et de Marie-Anne Mouchard de la
Garde, dite comtesse Fanny de Beauharnais. De ce mariage sont issus :

1°. François-Joseph-Amédée-Hippolyte, dont l'article suit ;

2°. Philippe-Anne-Amédée-Octave, chevalier de
Barral, né le 1er juillet 1791, capitaine de cavalerie, marié, le 15 février 1819, avec Marie-A-
lexandrine *Robin de Scévole*, dont il a :

Eugénie de Barral, née le 11 mai 1820.

XIV. François-Joseph-Amédée-Hippolyte, baron DE
BARRAL, né le 21 août 1787, capitaine de cavalerie, aide-
de-camp du maréchal Masséna, membre de l'ordre royal
de la Légion-d'Honneur, chevalier de l'ordre du mérite
militaire de Bade et de Hesse-Darmstadt, a épousé, le
23 décembre 1811, Catherine-Amélie *Robin de Scévole*, sœur aînée de Marie-Alexandrine ; l'une et l'autre
filles de F. L. J. Robin de Scévole, député de l'Indre,
et de Jeanne Catherinot de Barmes. De ce mariage sont
issus :

1°. Jean-Horace-Joseph-Eugène de Barral, né le
19 octobre 1812 ;

2°. Napoléon-Hortense-Amédée-Scévole de Barral, né le 10 décembre 1813 ;

3°. Marie-Joséphine-Isaure de Barral, née le 16
août 1817 ;

4°. Jeanne-Catherine-Isabelle de Barral, née le 18
avril 1821.

---

(1) Tante de la princesse Stéphanie Beauharnais, de Bade, et
cousine-germaine d'Alexandre, vicomte de Beauharnais, lieutenant-général des armées, et père, par Joséphine *Tascher de la
Pagerie,* son épouse, depuis impératrice, d'Eugène de Beauharnais, duc de Leuchtenberg, prince d'Eichstadt, et d'Hortense de
Beauharnais, mariée, en 1802, avec Louis *Bonaparte.*

QUATRIÈME BRANCHE.

XIII. Charles-Joseph, baron DE BARRAL, né à Grenoble, le 25 février 1755 (frère du marquis de Montferrat et du vicomte de Barral), lieutenant-colonel de dragons, en 1797, créé chevalier de l'ordre royal et militaire de Saint-Louis, en 1798, a épousé, en 1783, Marie-Thérèse-Hippolyte *Barnave de Boudra*, née le 15 septembre 1767. De ce mariage sont issus :

1º. Louis-Gabriel-Ernest de Barral, né à Grenoble, le 2 octobre 1790, marié, en 1820, avec mademoiselle de Galabert;

2º. Alix-Claudine-Olympe de Barral, née à Grenoble, le 29 septembre 1786, mariée, le 11 janvier 1810, avec Henri-Bénoît *de Pierre*, vicomte de Bernis.

CINQUIÈME BRANCHE.

XII. Claude-Louis DE BARRAL, seigneur du Bellier et du Montagneux, capitaine au régiment de Belsunce, chevalier de l'ordre royal et militaire de Saint-Louis, né le 10 juin 1717, (oncle de Pierre-François-Paulin, comte de Barral), épousa : 1º Anne-Claire *de Richard de Crécy*; 2º, le 27 juin 1795, Marie-Jacqueline *Farconet du Mas*, née le 31 janvier 1767. De ce second mariage sont issus :

1º. Camille-Edouard-Frédéric de Barral, né le 22 février 1798;

2º. Joséphine-Pierrette-Émilie-Désirée de Barral, née le 26 décembre 1796.

Armes : De gueules, à trois bandes d'argent. Couronne de marquis.

La généalogie de cette maison est imprimée dans le tom. II, de l'*Histoire généalogique et héraldique des pairs de France, des grands dignitaires de la couronne, des principales familles nobles du royaume et des maisons princières de l'Europe*, publié en 1822.

DE BLOT; noble et illustre maison, issue des anciens sires de Bourbon, de la première lignée, qui apris son nom d'une ancienne baronnie, située près de la rivière de Scioule, sur les confins de l'Auvergne et de la Combraille, qui lui fut donnée pour son apanage.

Archambaud V, seigneur de Bourbon, de Montaigu et de Blot, vivant, en 1120, eut, suivant le témoignage d'Audigier, auteur d'une histoire manuscrite de l'Auvergne (*tom. I et II, pag.* 311, 390, 391, *et tom. V et VI, pag.* 107), deux enfants de *Luque*, sa femme, savoir :

1°. Archambaud VI, qui continua la branche aînée ;
2°. Aymon, surnommé *Vairevache* (1), seigneur de Blot, de la Rocheaymon et de Montaigu, qui s'empara de Bourbon, au préjudice de son neveu Archambaud VII, sous prétexte qu'Archambaud VI était mort avant Archambaud V, son père. Aymon prétendait que la représentation d'Archambaud VII n'avait point lieu, et que par conséquent il était plus habile à succéder que ce dernier. Voilà pourquoi il est appelé *seigneur de Bourbon*, dans la Vie de Louis le Gros, par l'auteur des gestes des comtes d'Anjou. Le roi Louis le Gros jugea le différend en faveur du neveu ; mais Aymon n'ayant pas voulu se soumettre à son jugement, ce prince vint l'assiéger, le fit prisonnier et conduire à Paris, en 1125. (2)

---

(1) *Vairevache*, en vieux langage, signifie *cheveux mêlés*, ou *poil de diverses couleurs*.

(2) Le récit d'Audigier, dont on vient de donner ici un extrait, est en opposition avec celui de la plupart des auteurs qui ont traité de l'histoire et de la généalogie des anciens sires de Bourbon. Ces écrivains s'accordent à dire qu'Aymon *Vairevache* était frère et non pas fils d'Archambaud V ; qu'il s'empara de la succession de ce dernier, au préjudice d'un fils qu'il avait laissé, qui s'appelait Archambaud ; enfin, que la plainte en fut portée devant le roi, qui condamna Aymon, pour avoir refusé, ainsi que le raconte Audigier, de se soumettre au jugement de ce monarque, qui l'assiégea dans Germiny, le prit et le fit conduire à Paris, l'an 1115, (ou, suivant Audigier, l'an 1125) ; mais qu'Aymon resta paisible possesseur de l'héritage de Bourbon, parce qu'Archambaud, son neveu, mourut sans postérité. Ces écrivains disent aussi qu'Aymon

Aymon paraît avoir conservé paisiblement la seigneurie de Bourbon, non pas parce que son neveu était
mort sans postérité, mais apparemment en vertu de
quelque arrangement particulier dont on ignore les
dispositions, et auquel le roi avait sans doute consenti.
Après sa mort, il survint, au sujet d'une partie de sa succession, une grande contestation, entre Archambaud
VII, seigneur de Bourbon, et Pierre, seigneur de Blot,
qu'Aymon avait eu de son mariage avec Aldesinde de
Nevers, fille du comte de Tonnerre, puîné des comtes
de Nevers Pierre réclamait la ville de Montaigu-les-
Combraille, comme ayant fait partie du domaine de son
père. Le pape Alexandre III délégua, l'an 1161, l'archevêque de Bourges, pour les accommoder; mais ce
fut sans succès. On nomma, dans la suite, des champions,
pour terminer ce différent en champ-clos, et le combat
allait s'engager, lorsque les parties s'arrangèrent par la
médiation du roi d'Angleterre, duquel Montaigu rele-

---

eut d'Alsuinde (ou Aldesinde) de Nevers un fils, appelé Archambaud VI, dont vint Archambaud VII, qui fut père de Mahaud,
dame de Bourbon, mariée à Guy *de Dampierre*, auteur de la 2e
lignée des sires de Bourbon. Audigier dit au contraire, comme on
vient de le voir, qu'Archambaud VI, fils d'Archambaud V, fut
le père d'Archambaud VII, lequel eut d'Alix de Bourgogne,
Mahaud, dame de Bourbon; ainsi, d'après le même écrivain,
Mahaud serait petite nièce d'Aymon, et non pas son arrière-petite
fille.

S'il n'y avait que cette narration d'Audigier pour contredire un
fait, qui paraît avoir été généralement adopté jusqu'à présent, on
pourrait avoir raison de le révoquer en doute. Il serait même plus
convenable de s'en rapporter au témoignage unanime de plusieurs
auteurs, (quoique souvent ils ne fassent que se rappeler les uns les
autres), qu'à l'autorité d'un seul. Ce qui confirme le sentiment
d'Audigier, et en forme pour ainsi dire la base, est l'acte de l'an
1171, déjà cité, qui a été publié par D. Luc d'Achery. On ne con-
çoit pas comment une pièce de cette importance, imprimée depuis long-temps dans un ouvrage répandu partout, n'a pas été connue des généalogistes de la maison de Bourbon, et par quelle bi-
zarrerie l'auteur de l'art de vérifier les dates, qui l'a connue, n'en a
pas fait un meilleur usage.

Mahaud, dame de Bourbon, dont il a été parlé plus haut, avait
été mariée en premières nôces, dès l'an 1145, à Gaucher *de Vienne*, sire de Salins, puîné de la première race royale des ducs de
Bourgogne, dont elle fut séparée pour cause de parenté. Cependant elle en avait eu une fille, appelée Marguerite de Vienne, qui
épousa en premières nôces Guillaume *de Sabran*, comte de For-
calquier, et en secondes nôces *Josserand*, seigneur de Brancion.

vait : ce qui eut lieu en présence de plusieurs personnages
notables et qualifiés, qui avaient été convoqués, tant de
la part du roi d'Angleterre, que de celle des seigneurs
de Bourbon et de Blot. On voyait de la part du premier,
Éléonore de Guienne, reine d'Angleterre, Richard d'Angleterre, leur fils, alors duc de Guienne et comte de
Poitou, Rotrou de Beaumont-le-Roger, archevêque de
Rouen, Raoul de Varneville, évêque de Lisieux, chancelier d'Angleterre, le prévôt de Lescar, et Barthélemi
Moral. Du côté d'Archambaud parurent François de
Rochedagoux, Guillaume, seigneur du Bost, Jourdain, seigneur de Scoraille, Bernard, seigneur de Bra-
ville, et Bernard, son fils, Hugues, seigneur de Déols,
Guillaume, surnommé *le Jeune*, comte de Montferrand,
Pierre, seigneur de Mereurot, Châtard, seigneur de Bus-
seol, Châtard, seigneur de Charbonnières, Étienne Pé-
rol, surnommé Dauphin et autres; et pour le seigneur
de Blot, on voyait Bertrand de Murol, abbé de Clermont, Guy, seigneur de Pongibaud, Gerbert, seigneur
de Sonaville, Étienne, seigneur de Grandevel, (ou Grand-
val) et Jourdain de Saillan. Cet acte n'est pas daté; les
uns le mettent, en 1171, et d'autres, en 1169 (*Voyez le
spicilège de D. Luc d'Achery*); mais, suivant l'opinion
la plus probable, il est de l'an 1171.

L'alliance de Pierre de Blot est ignorée; mais il est
certain qu'il fut père de Beraud, seigneur de Blot, de
Josteran et Besse. Il céda, en 1220, ces deux terres, qui
venaient de l'évêque de Clermont, à Archambaud IX,
seigneur de Bourbon (Dampierre). Beraud fut père de
Pierre II, seigneur de Blot et de Montespedon, qui
rendit hommage de cette dernière terre, à Archambaud, seigneur de Bourbon, en 1243. Pierre II eut pour
fils. Aymon II, seigneur de Blot et de Montespedon,
qui fut père de Guillaume et aïeul de Jean, lequel accompagna le roi Charles VI, au voyage de Flandre, en 1388,
avec 3 chevaliers et 18 écuyers, et fut tué, en 1390. Il
avait épousé Catherine *de Bressols*, dame de Montmo-
rillon, laquelle, étant veuve, rendit au même roi hommage de Blot, pour Jean son fils, alors mineur. Il ne
provint de son mariage que deux enfants :

1°. Jean II, seigneur de Blot, dont on vient de
parler, et qui mourut sans postérité;

2°. Catherine de Blot, qui épousa Jean *de Chauvigny*, seigneur de Nades, à qui elle apporta les terres de Blot et de Montespedon, et dont elle é-
tait veuve, en 1417.

Armes : De sable, au lion d'or.

DE BRAY ; maison d'origine chevaleresque de la province de Normandie, où elle possédait des biens considérables. dès le milieu du 11ᵉ siècle. Les chartes et les
historiens la font connaître depuis Baudry *de Bray*, qui,
suivant du Moulin et Ordéric Vital, moine de Saint-
Evroult, accompagna Guillaume le Bâtard, duc de Normandie, à la conquête de l'Angleterre, en 1066. Ce prince, pour perpétuer le souvenir des chevaliers qui l'a-
vaient accompagné dans cette mémorable expédition,
fit paver l'une des salles de son palais de Caen, *appelée
la salle des gardes*, avec des carreaux de brique, sur
lesquels étaient peintes et repétées en plusieurs com-
partiments les armoiries de ces chevaliers ; on y voyait
celles de Baudry de Bray, telles que toutes les branches
de cette maison les ont constamment portées depuis, à
côté de celles de Harcourt, de Montgommery, de Ma-
than, de Guiffard, du Bec-Crespin, de Tony et de
Ma et (1).

L'histoire des croisades (*tom. I, liv.* 2), fait mention
d'un chevalier du nom de de Bray, qui se croisa, en
1099, avec Roger de Barneville, Odon, évêque de
Bayeux, et Hugues de Grandmesnil, tous chevaliers
normands.

Baudry Iᵉʳ fut père de Baudry de Bray, IIᵉ du nom,
qui, conjointement avec Enguerrand de Trie et plusieurs
autres chevaliers, eut de grands différents avec Gode-
froi, évêque de Rouen, en 1118 et 1122. Guillaume,
moine de Jumiéges, rapporte dans sa chronique que
Baudry de Bray fit une forte guerre à Hugues, seigneur

_____

(1) Cette salle fut dépavée en 1808, et les carreaux qui s'y trouvaient furent recueillis par plusieurs personnes, notamment par
M. Delaire, conseiller de préfecture, qui voulut bien, en faveur
d'un parent du comte de Bray, se dessaisir d'un des carreaux qui
représentent ses armes.

de Neuchâtel. Sa postérité s'est divisée en deux branches principales; l'une s'est fixée en Angleterre, où l'on assure qu'elle existe encore; l'autre est restée en France. Ces deux branches mères ont toujours porté les mêmes armes. La filiation de la branche française est établie depuis:

I. Guillaume DE BRAY, Ier du nom, chevalier, qui, en vertu des possessions seigneuriales qu'il avait en Normandie, servait les rois Philippe Auguste et Louis VIII, en 1210 et 1226. (*Registres de la chambre des comptes de Paris*). Il est qualifié chevalier dans une vente qu'il fit sous son sceau, en 1233, de tout le bien qu'il possédait à Véron et à Bretteville-la-Pavée, près de Caen, en faveur de l'abbaye du Mont-Saint-Michel. (*Cartulaire de cette abbaye*). Il fut père de Guillaume II, qui suit.

II. Guillaume DE BRAY, IIe du nom, qui vivait en 1271, ainsi qu'il résulte des bans et arrières-bans de ladite année, cités dans la Roque, pag. 65, où il est indiqué au nombre des chevaliers du bailliage du Cotentin, qui servirent en l'armée de Foix. Il eut trois fils:

1°. Guillaume III, qui suit;
2°. Jean de Bray, chevalier, ainsi qualifié, avec l'épithète *de Monseigneur*, dans un rôle original en parchemin joint aux titres de la vicomté de Pont-Audemer, du 20 septembre 1328. On y voit figurer avec Jean de Bray, Jean Toustain, Guillaume de Harcourt, Guillaume du Mesnil, Robert de Landry, Jean le Lièvre, Nicole de la Planchée, N.... le Bessin, etc.;
3°. Renaud de Bray, écuyer, qui servit avec Jean, son frère, contre les Anglais, en 1337.

III. Guillaume DE BRAY, IIIe du nom, chevalier, seigneur de Cherveuil et de Bosc-Grimoult, accompagna Jean de Harcourt, amiral de France, et Geoffroi de Harcourt, gouverneur de Normandie, dans les expéditions maritimes qu'ils firent, en 1295 et 1308. Il est rappelé comme vivant à Saint-Eny, en cette dernière année, dans un arrêt de maintenue de noblesse obtenu par ses descendants, le 18 décembre 1542, lequel arrêt porte qu'il eut deux fils:

1°. Guillaume IV, dont l'article suit ;

2°. Colin de Bray, auteur de la seconde branche, rapportée ci-après.

IV. Guillaume DE BRAY, IV° du nom, chevalier banneret, sire de Cernon, seigneur de Barenton, de Rouilly, de Vassy et de Pontécoulant, par son mariage avec N.... *de Cernon*, fille d'Olivier, seigneur de Cernon et du Grippon, fut cité, suivant les arrêts de la cour de l'échiquier de Normandie, en 1336, pour les différents qu'il avait avec Roger Baron et autres ; et, l'an 1356, pour ceux qu'il avait eus avec l'abbé, et les religieux de Saint-Étienne de Caen. Il n'eut, suivant l'histoire de la maison de Harcourt, et l'arrêt de maintenue de noblesse du 18 décembre 1542, qu'un fils et une fille :

1°. Guillaume V, dont l'article suit ;

2°. Blanche de Bray, mariée, avant l'an 1372, à Guillaume *de Harcourt*, seigneur de la Ferté-Imbault, chevalier banneret, auquel elle porta tous les biens de sa branche, après la mort de son frère.

V Guillaume DE BRAY, V° du nom, chevalier, sire de Cernon, comparut à une montre de 1373 à 1374 Il se trouva au siége et à la journée de Cognac, en 1375 ; fut reçu à Orléans, sous Charles VI, avec sa compagnie, le 8 août 1383, et mourut sans postérité.

SECONDE BRANCHE.

IV. Colin DE BRAY, I°° du nom, écuyer, fils puîné de Guillaume, III° du nom, suivant l'arrêt de maintenue précité, vivait à Saint-Eny, le 24 février 1379. Il eut pour fils :

1°. Jean, dont l'article suit ;

2°. Pierre de Bray, auteur de la troisième branche, rapportée ci-après.

V. Jean DE BRAY, I°° du nom, fut maintenu en 1408. Il est cité dans l'arrêt de maintenue de 1542, comme ayant, à l'exemple de ses ancêtres, suivi les guerres,

avec Guillaume de Bray, son oncle, et comme étant père d'autre Jean, qui suit.

VI. Jean DE BRAY, IIe du nom, est cité dans l'arrêt
de 1542, comme ayant justifié sa noblesse, en 1442, et
avoir eu pour fils, Colin II, qui suit.

VII. Colin DE BRAY, IIe du nom, justifia de sa noblesse, en avril 1480, suivant l'arrêt de maintenue de 1542.
Il épousa Mariette *Jeanson*, fille de N.... Jeanson, seigneur de Groucy et d'Orglandes, (maison noble de Normandie), et eut de ce mariage :

    1°. Michel, dont l'article suit ;
    2°. Gervais de Bray, écuyer, qui épousa Annette
       de Bray, fille de Fouques de Bray, écuyer, de
       Saint-Germain-le-Vicomte, et ne paraît pas avoir
       eu de postérité.

VIII. Michel DE BRAY, écuyer, épousa, par contrat
du 14 juillet 1503, Anne *de Bray*, fille de Jean de Bray,
écuyer, de Saint Germain-le-Vicomte. Il partagea la
succession paternelle, le 15 janvier 1533, avec Michel,
son frère, et fut maintenu avec lui dans sa noblesse,
d'après sa généalogie, remontant à messire Guillaume
de Bray, chevalier, seigneur de Cherveuil et de Boscri-
gnoult, vivant en 1295 et 1308, par arrêt de la cour
des aides de Rouen, du lundi 18 décembre 1542, constatant qu'ils portaient pour armes : *D'argent au chef
de gueules, chargé d'un léopard d'or*, etc. Michel de
Bray fut père de Charles, qui suit.

IX. Charles DE BRAY, sieur de Neuville, est nommé
dans une maintenue rendue en faveur de Jacques, son
fils, de l'année 1598. Il est cité aussi dans l'acte d'émancipation de Jacques de Bray, de Saint-Germain-le-Vicomte, du 15 juillet 1575.

X. Jacques DE BRAY, maintenu en 1598, ne laissa
que deux filles, dont l'une, nommée Péronne de Bray,
fut mariée à noble homme Christophe *Boudier*, écuyer.

TROISIÈME BRANCHE.

V. Pierre DE BRAY, Ier du nom, écuyer, second fils de Colin Ier, vivait à Saint-Germain-le-Vicomte, en 1410, ainsi que le constate un arrêt de maintenue du 3 février 1555, qui sera rapporté plus loin. Il fut père de Jean, qui suit.

VI. Jean DE BRAY, Ier du nom, écuyer, est nommé dans un bail à fief, passé devant le Cloux, tabellion, le 19 mars 1446; dans une transaction passée, le 21 novembre 1461, par Fouques et Jean de Bray, ses fils; dans le partage de ses biens, fait par ces derniers après son décès, le 3 janvier 1466, devant de Rivière, tabellion à Periès. Ses enfants furent :

1°. Fouques, dont l'article suit;
2°. Jean de Bray, qui a fait branche *.

---

* VII. Jean de Bray, IIe du nom, écuyer, vivait, comme son père, à Saint-Germain-le-Vicomte. Le 8 décembre 1495, il fit le retrait d'une rente provenant de Gervais de Bray, écuyer, de Saint-Eny, qui la tenait de Fouques de Bray, son beau-père. Il eut de Denise *de la Moussaye* :

1°. Pierre II, qui suit;
2°. Anne de Bray, mariée, le 14 juillet 1503, avec Michel *de Bray*, écuyer, son cousin, de la paroisse de Saint-Eny.

VIII. Pierre *de Bray*, IIe du nom, cité dans une maintenue du 30 juillet 1533, qui précède, et dans une autre du 3 février 1555, eut pour fils :

1°. Guillaume, qui suit;
2°. Charles de Bray,   } vivants en 1555.
3°. Jean de Bray,

IX. Guillaume *de Bray*, IVe du nom, fut maintenu, avec ses frères, par arrêt de la cour des aides de Rouen du 30 juillet 1533. Cet arrêt est rapelé dans celui rendu, le 3 février 1555, en faveur de Julien de Bray. Il est dit qu'ils étaient issus de noblesse ancienne, et Julien y est qualifié cousin desdits Guillaume, Charles et Jean de Bray. Le premier fut père de Jacques qui suit.

X. Jacques DE BRAY, émancipé, le 15 juillet 1575, en présence de ses cousins, Charles de Bray, écuyer, sieur de Neufville, de Saint-Eny, et Julien de Bray, petit-fils de Fouques. Jacques de Bray ne paraît pas avoir laissé de postérité. On croit que c'est lui qu'on voit figurer à Paris au temps de la ligue.

3°. Perrine de Bray, mariée, avant le 20 septembre 1474, avec Geoffroi *Lamay;*

4°. Marie de Bray.

VII. Fouques DE BRAY, écuyer, cité, avec son père et son frère, dans le Dictionnaire de la Chesnaye-des-Bois (*tom. III, pag.* 148), et dans l'Histoire de la maison de Harcourt, où ces deux frères sont désignés sous la qualité de chevaliers. Il vivait à Saint-Germain-le-Vicomte, comme ses auteurs, et s'allia avec Michelle *du Clos.* Il mourut, en 1505, à Gonfreville, où se trouvaient les biens qui lui venaient du chef de Robine, sa mère, et laissa :

1°. Jacques, qui suit;

2°. Adrien de Bray, qui fut prêtre;

3°. Annette de Bray, mariée à Gervais *de Bray,* son cousin.

VIII. Jacques DE BRAY, Ier du nom, écuyer, fit preuve, en 1481, et épousa, par contrat passé au siége présidial de Carentan, le 8 juillet 1494, Anne *d'Auxais,* fille de Philippot d'Auxais, d'une ancienne noblesse de Normandie. Il est cité comme cousin de Pierre dans l'arrêt de maintenue du 3 février 1555, et dans un acte du 17 décembre 1555. Il n'eut qu'un fils, qui suit.

IX. Julien DE BRAY, écuyer, sieur de Hautquesney, épousa, par contrat du 13 février 1533, Michelle *Poisson.* Il fut maintenu dans son ancienne noblesse, par arrêt du 3 février 1555, rappelant celui rendu, le 30 juillet 1533, par la cour des aides de Normandie, en faveur de Guillaume, Charles et Jean de Bray, ses cousins. Julien fit en la vicomté de Carentan, le 5 juin 1573, le partage de ses biens entre ses enfants, savoir :

1°. Antoine, dont l'article suit;

2°. Jacques de Bray, écuyer, sieur de la Couillardière, cité dans une reconnaissance du 15 avril 1568. Il épousa Anne *de Terré,* dont il eut : — Jean de Bray, écuyer, sieur de la Couillardière, cité dans le jugement du 16 janvier 1586, et maintenu en 1598. Il transigea, le 22 mai 1613,

avec les veuves de Jacques et Jean de Bray, ses
oncles et tuteurs, et eut pour fils :

Bernard de Bray, écuyer, gouverneur de Coutances, qui fut père de :

Bernardin de Bray, écuyer, qui ne laissa que deux filles, Françoise et Olive.

X. Antoine DE BRAY, Iᵉʳ du nom, écuyer, sieur de
Hautquesney, épousa, par contrat du 16 avril 1559, N...
Anquetil, fille de N.... Anquetil, bailli de Fécamp, de
laquelle il eut :

1°. Jacques II, dont l'article suit ;
2°. Jean de Bray, écuyer, sieur de Lesmonderie,
qui servit au camp devant Amiens, avec son frère,
en 1597, et s'allia avec Barbe *le Paincteur*, dont
il eut quatre fils et trois filles, entr'autres :

A. Jacques de Bray, sieur de Lesmonderie,
époux de Anne *Cleret*, et père de Jean de
Bray, sieur de Lesmonderie, qui fit registrer ses armes : D'argent, au chef de gueules, chargé d'un léopard d'or, à l'armorial
général (*Généralité de Caen*, pag. 63,
art. 88), et n'eut pas d'enfants de Jeanne
Plessard, son épouse ;
B. Gilles de Bray, écuyer, seigneur d'Arcy,
procureur du roi, à Valognes, marié avec
N.... *du Praël,* dont il n'eut qu'une fille ;
C. Henri de Bray, père de Jean de Bray, sieur
de Valcauville, décédé exempt des gardes-
du-corps du roi, et célibataire ;
D. Antoine de Bray, qui servit en Picardie,
avec Jean, son cousin.

XI. Jacques DE BRAY, IIᵉ du nom, écuyer, sieur du
Hautquesney, servit au camp devant Amiens, suivant
le certificat à lui délivré par Henri de Bourbon, duc
de Montpensier, le 26 septembre 1591. Il y fut rempla-
cé par son frère, le 5 septembre 1597, suivant un autre certificat de M. de Canisy, capitaine de 50 hommes
d'armes. Il fit son testament, le 30 octobre 1605, et
mourut le 30 octobre 1606. Il avait épousé, par con-

trat du 15 décembre 1596, Catherine *Pleurbœurre*, dont il eut :

1°. Pierre II, qui suit ;
2°. Jean-Baptiste de Bray, mort sans postérité ;
3°. Jean de Bray, auteur de la quatrième branche, établie en Picardie, et mentionnée ci-après ;
4°. Gilles de Bray, décédé en bas âge.

XII. Pierre DE BRAY, IIIe du nom, écuyer, épousa, en 1625, Françoise *Beauquet*, fille de Jacques Beauquet, seigneur de Mauny. Il eut de ce mariage :

1°. Jacques de Bray, mort célibataire ;
2°. Philippe de Bray, } jumeaux, morts en bas
3°. Jean de Bray,   }   âge ;
4°. Henri, dont l'article suit.

XIII. Henri DE BRAY épousa Jeanne *de Hauchemaille*, dont il eut :

1°. Jean-François, dont l'article suit;
2°. Pierre de Bray, qui ne laissa que deux filles :

   A. Marie-Anne-Catherine de Bray ;
   B. Jeanne-Françoise-Henriette de Bray.

XIV. Jean-François de Bray, Ier du nom, fit registrer ses armoiries : D'argent, au chef de gueules, chargé d'un léopard d'or, à l'armorial général, le 27 mars 1697. (*Généralité de Caen, art.* 68.) Il épousa, par contrat passé à Carentan, le 16 février 1688, Anne-Charlotte *de la Gonivière*, qui le rendit père de cinq garçons et sept filles, dont plusieurs furent religieuses. Parmi les fils étaient :

1°. Jean-François II de Bray, né le 14 septembre 1688, qui fut capitaine de dragons, chevalier de Saint-Louis, et mourut célibataire;
2°. Michel de Bray, garde-du-corps de *Monsieur*;
3°. Joseph, né le 7 décembre 1697, *dit* le chevalier de Bray, décédé célibataire à Carentan, en 1770.

QUATRIÈME BRANCHE.

XII. Jean DE BRAY, IIe du nom, écuyer, troisième fils de Jacques II de Bray, écuyer, et de Catherine de Pleurbœurre, s'établit en Picardie, par suite du service qu'il avait fait pour le roi dans cette province, suivant un rôle en parchemin joint aux titres, de même que son père, son oncle de Lesmonderie, et Antoine de Bray, son cousin. Il fut marié : 1°, vers l'année 1626, avec N....; 2°, à Amiens, au mois de décembre 1642, avec Françoise *Maupin* (1), dont il n'eut pas d'enfants. Ceux du premier lit furent :

    1°. Adrien Ier, dont l'article suit;
    2°. François de Bray, époux de Madelaine *Godde* (2), et père de :

        A. Adrien de Bray, prêtre;
        B. Catherine de Bray.

XIII. Adrien DE BRAY, IIe du nom, épousa, vers 1654, Marie *Godde*, de laquelle il laissa :

    1°. Jean – Baptiste de Bray, né le 12 juillet 1655,
    2°. Jacques de Bray, né le 19 janv. 1657,   } morts sans postérité ;
    3° Adrien III, qui suit.

XIV. Adrien DE BRAY, IIIe du nom, né à Amiens, le 2 mai 1658, fut échevin de cette ville, et épousa, le 10 août 1687, Catherine *le Maire*, fille de François le Maire, échevin d'Amiens, et de Marie Durieux. Il en eut trois enfants :

---

(1) Cette famille est fort ancienne. On voit dans le Nobiliaire de Picardie que Pierre de Latteignant, sieur du Vivier, épousa, en 1518, Marguerite *Maupin*, et que le sieur de Bussy, qui avait justifié de sa noblesse, en 1495, épousa, en 1519, Geneviève *Maupin*.

(2) Une demoiselle Godde, mariée au sieur de la Haye, écuyer, était la belle-mère de M. le comte Morgan de Frucourt, maréchal-de-camp. Marie-Angélique Godde, de la même famille, fut mariée à N.... de Nothelff, commandant de bataillon au régiment de Saxe.

1°. François de Bray, né le 25 septembre 1688*;
2°. Pierre IV, qui suit.

---

* XV. François *de Bray*, I⁰ʳ du nom, épousa, le 17 février 1718, Marie-Jeanne *Galand,* sœur du maire de la ville d'Amiens, et mourut en 1726, laiss·nt :

XVI. François *de Bray,* II⁰ du nom, écuyer, qui fut marié, le 6 février 1748, par l'évêque d'Amiens, à Marie Jeanne Angélique *de Lalau,* sœur de Joseph-Hyacinthe de Lalau, contrôleur de la maison du roi. De ce mariage sont issus :

1°. Joseph-François, qui suit :
2°. Alexandre-Joseph de Bray, écuyer, sieur de Valfresne, ancien chef de légion. chevalier de l'ordre royal de la Légion-d'Honneur, député vers le roi, en 1815 et 1817, référendaire au sceau de France. Il a pour fils :

  A. Charles - François
  de Bray de Valfresne, } qui ont été officiers des volon-
  B. François - Joseph } taires royaux;
  Théodore de Bray de
  Valfresne,
  C. François-Léon de Bray de Valfresne, licencié en droit;
  D. François-Paul de Bray de Valfresne, décédé en 1814, âgé de 19 ans, et officier au 1ᵉʳ régiment des gardes d'honneur. des suites des fatigues des campagnes de 1813 et 1814;

3°. Marie-Jeanne-Angélique de Bray, mariée à Pierre *Gassou d'Aston,* écuyer, auditeur de la chambre des comptes de Paris;
4°. Henriette-Charlotte de Bray, existante, mariée au sieur *Buquerel,* d'une ancienne famille.

XVII. Joseph-François *de Bray,* écuyer, ancien député du commerce de la province de Picardie, décédé à Paris en 1792, membre de l'assemblée législative, eut pour fils :

1°. François-Antoine, qui suit ;
2°. François-Marie-Eugène de Bray, écuyer, chevalier de l'ordre royal de la Légion-d'Honneur, député vers Sa Majesté Louis XVIII, en 1814 et 1817, conseiller du roi près le conseil-général des manufactures, père de :

  A. François-Eugène de Bray, garde-du-corps du roi, et lieutenant de cavalerie;
  B. François-Eugène-Auguste-Ernest de Bray, élève de l'école royale et militaire de Saint-Cyr.

XVIII. François-Antoine *de Bray,* écuyer, ancien premier adjoint du maire d'Amiens, député vers le roi, en 1815, maintenant receveur-général des finances, a trois fils en bas âge.

3°. François-Alexandre, qui a laissé postérité *.

XV. Pierre DE BRAY, IVe du nom, né le 16 janvier 1692, épousa à Rouen, le 30 juin 1721, Élisabeth *Taillet*, fille de N.... Taillet, échevin. Il eut de ce mariage Pierre-Auguste-Camille, qui suit.

XVI. Pierre-Auguste-Camille DE BRAY, épousa, à Nantes, le 1er juin 1750, Anne *le Faon de la Tremissinière*, dont sont issus :

   1°. Pierre-Augustin-Laurent de Bray, chevalier de l'ordre royal de la Légion-d'Honneur, ex-président du collége électoral du département de la Somme, et ancien maire de la ville d'Amiens, marié, 1° avec Julie *Thierry* (cousine-germaine du baron Thierry de ville d'Avray); 2° avec N...., veuve DU MOULIN, dont le premier mari était trésorier de France et receveur-général du département de l'Oise. Il n'a point d'enfants de ce second mariage. Ceux du premier lit sont :

-----

* XV. François-Alexandre *de Bray*, écuyer, seigneur de Flesselles, né le 4 juillet 1700, marié, en 1724, avec Antoinette *de Court*, de laquelle il eut :

   1°. Nicolas-Alexandre de Bray, écuyer, seigneur de Flesselles, Bussu, Ailly, Fonches, etc., marié avec Louise *de Court*, sa cousine, dont il laissa :

     A. Alexandre-François de Bray,   } qui émigrèrent, et dont l'un fut massacré à Quiberon;
     B. Louis - Maximilien de Bray,

     C. Henriette de Bray, mariée, le 14 octobre 1786, à Louis Jules-Claude, comte *de Saisseval*, dont le fils, décédé en 1818, ne laissa qu'une fille, Marie-Louise-Rosalie-Juliette de Saisseval, née le 13 avril 1811;

     D. Antoinette de Bray, épouse de Jean-Baptiste *Duricux*, écuyer, seigneur de Gournay et de Beaurepaire, décédé en 1818;

   2°. Marie-Henriette-Constance de Bray, mariée avec François *Sentier*, écuyer, seigneur de Chuigne, dont elle a eu un fils, qui fut conseiller au parlement de Paris, et une fille, maintenant veuve de Gaston, comte de Vauvineux, décédé capitaine des vaisseaux du roi, ne laissant qu'un fils, le vicomte de Vauvineux, marié à Amiens, en 1816, avec N.... de Sachy de Saint-Aurin.

A. Augustin-Jules de Bray;

B. N.... de Bray, mariée à N...., *Boulet*, écuyer, substitut du procureur-général près la cour royale du département de la Somme ;

2°. François-Gabriel, dont l'article suit.

XVII. François-Gabriel, comte DE BRAY, né à Rouen, le 24 décembre 1765, chevalier de Malte, seigneur comte de Vilback, de Schamback, de Triechyng et autres lieux, en Bavière, ministre plénipotentiaire de S. M. le roi de Bavière près la cour de Russie, grand'croix de plusieurs ordres, et membre de plusieurs académies, émigra, en 1789. Il fut chargé d'affaires de l'ordre de Malte près la diète germanique, en 1790; fut nommé conseiller de la légation de l'ordre au congrès de Rastadt, en novembre 1797, et jusqu'en avril 1799, et fut affilié aux langues d'Allemagne et de Bavière de l'ordre de S.-Jean de Jérusalem, par délibération et adoption unanime des deux chapitres. Au mois de septembre 1799, il fut nommé ministre plénipotentiaire de la cour de Bavière près celle de Russie, et député de la langue de Bavière près l'empereur Paul ; en 1801, envoyé extraordinaire et ministre plénipotentiaire en Angleterre, par la même cour ; en 1802, envoyé extraordinaire en Prusse, en conservant le poste d'Angleterre ; en 1805, accrédité en Prusse en qualité de ministre plénipotentiaire et d'envoyé extraordinaire, et décoré du grand ordre de l'Aigle-Rouge de S. M. prussienne ; en 1807, accrédité auprès du chef du gouvernement français; en 1809, conseiller-d'état, grand' croix de l'ordre de la Couronne de Bavière; créé comte du royaume de Bavière, en 1812, et envoyé extraordinaire en Russie; chargé, en 1813, de négocier pour l'accession à la grande alliance; accrédité de nouveau, en 1815, en la même qualité auprès de S. M. l'empereur Alexandre; créé, en 18.6, chambellan de S. M. le roi de Bavière; décoré, en 1818, du grand-cordon de Sainte-Anne de Russie, et, la même année, créé l'un des douze pairs héréditaires du royaume de Bavière ; décoré, en 1819, de la grande décoration de l'étoile polaire de Suède; nommé successivement membre et président de la société botanique de Ratisbonne, membre ordinaire de l'académie royale de Munich, des académies d'Amiens et de Rouen, de la société philographique de

Gorencky, de celle d'histoire naturelle de Moscou, de la société minéralogique de Pétersbourg, des sociétés savantes et littéraires de Marbourg, de Courlande et de Livonie; nommé, en 1819, docteur de l'université de Dorpat; et, le 22 mai de la même année, confirmé et maintenu dans sa noblesse, par lettres-patentes de S. M. Louis XVIII. Le comte de Bray a épousé, le 3 septembre 1805, demoiselle Sophie-Catherine-Marie *de Loewenstern*, fille de Charles-Otton de Loewenstern, l'un des douze conseillers de la noblesse ou du corps équestre de Livonie. De ce mariage sont issus :

1°. Otton-Camille-Hugues de Bray, né à Berlin, le 17 mai 1807, tenu sur les fonts baptismaux au nom de S. M. le roi de Prusse, et actuellement page de S. M. le roi de Bavière ;

2°. Caroline Élisabeth-Amélie-Anne-Thérèse de Bray, née à Pétersbourg, le 9 mars 1809, tenue sur les fonts au nom de L.L. M.M. le roi et la reine de Bavière ;

3°. Gabrielle-Marie-Sophie de Bray, née le 9 mars 1818, tenue sur les fonts au nom de S. M. le roi de Saxe.

Armes : D'argent, au chef de gueules, chargé d'un léopard d'or.

Tous les titres énoncés dans cette généalogie sont en la possession de la famille de Bray.

LE GENDRE, à la Martinique ; famille ancienne, originaire de Normandie, dont les titres, remontant à l'an 1415, époque à laquelle l'un de ses premiers auteurs périt à la bataille d'Azincourt, furent vérifiés et enregistrés au conseil supérieur de l'île Martinique, par arrêt du 6 septembre 1815, constatant que plusieurs membres de cette famille ont été tués au service du roi et de la patrie ; qu'elle a fourni un capitaine des bandes de Picardie, plusieurs écuyers des ducs de Lorraine, un intendant du duc d'Aumale, prince de Lorraine, un conseiller au parlement de Paris, un gentilhomme servant sous Louis XIV, un commandeur de l'ordre de N.-D. du Mont-Carmel et de Saint-Lazare de Jérusalem, plusieurs officiers supérieurs et chevaliers de Saint-Louis, et qu'elle a porté le titre de *vicomte*.

Thomas-Pierre LE GENDRE, seigneur de la Bretesque, vicomte de Fougainville, s'étant transplanté, au commencement du 18ᵉ siècle, de la province de Normandie à la Martinique, épousa dans cette colonie une demoiselle *le Canut d'Escaveries*, d'une ancienne et noble famille, qui est la première enregistrée comme telle au conseil supérieur de cette île. De ce mariage naquirent plusieurs enfants, entr'autres :

1°. Charles-Alexis, dont l'article suit ;
2°. N... le Gendre, sieur de la Bretesque ;
3°. Christophe le Gendre, duquel sont issus :

A. Thomas le Gendre, non marié ;
B. Charles le Gendre, chevalier, sieur du Boullay, marié avec Adèle *du Rieux* ;
C. Marie-Anne-Mélanie le Gendre, mariée avec son cousin-germain, Pierre-Charles *le Gendre*, vicomte de Fougainville ;
D. Élisabeth-Églé le Gendre, épouse de Louis-Amable *de Louvau de la Guigneraye*, gentilhomme de Poitou, chevalier de Saint-Louis, et, avant la révolution, lieutenant de vaisseau dans la marine royale, maintenant commandant du port de la Guadeloupe ;
E. Félicité-Lise le Gendre, mariée avec Joseph *de Villars* (de la province de Bretagne), ancien officier de marine ;
F. Adélaïde le Gendre, mariée à Julien Chevalier *de Verteuil* (de la province du Poitou), avant la révolution, élève dans la marine royale, et depuis officier dans les armées royales du Poitou et de la Vendée ;
G. Marie-Rose le Gendre, épouse de Pierre-Antoine *dè Germon*, avant la révolution, officier de cavalerie, maintenant commandant le quartier de Saint-Joseph à l'île de la Trinité ;

4°. Victor-Amédée le Gendre, sieur d'Oneille, père de Régisse le Gendre d'Oneille, qui fut mariée à N.... *de Beauregard de Brillancourt* ;

5°. Robert le Gendre, sieur de Soupli;

6°. Madeleine le Gendre, qui épousa N.... *Fantin des Odoards,* capitaine des grenadiers royaux.

Charles-Alexis LE GENDRE, vicomte de Fougainville, servit dans sa jeunesse dans les gardes-du-corps de Louis XV, et se maria, à la Martinique, avec noble Barbe-Nicole *Millet de la Bourdelière,* d'une ancienne famille noble de Bourgogne, fille de N.... Millet, seigneur de la Bourdelière, officier dans les armées du roi, et d'une demoiselle de Girardin. Barbe-Nicole Millet de la Bourdelière avait trois frères, qui tous trois étaient officiers dans les armées du roi, et dont deux chevaliers de Saint-Louis. De ce mariage sont issus :

1°. Louis-Eusèbe le Gendre de Fougainville, qui, étant cadet gentilhomme au régiment de la Martinique, eut, à l'âge de 17 ans, les deux cuisses emportées par un boulet de canon, et mourut, peu d'instants après, dans la bataille navale livrée dans le canal de la Dominique, par l'escadre française, commandée par le comte de Guichen, contre l'escadre anglaise;

2°. Pierre-Charles, qui a continué la lignée;

3°. Claire-Euphrasie le Gendre de Fougainville, mariée : 1°, le 11 mai 1786, avec Jean-Chrisostôme *le Brun,* écuyer, seigneur de Rabot, co-seigneur de Cadalen, officier au régiment de la Martinique, d'une famille d'ancienne extraction de la province de Languedoc; 2°, le 19 mars 1793, et avec dispense du pape, à Bernard-Joseph, chevalier *le Brun de Rabot,* officier au régiment de la Martinique, son beau-frère; 3°, le 29 août 1796, avec Jérôme-François *de Berthelot,* chevalier, seigneur de la Villesion et autres lieux, capitaine d'infanterie, d'une famille de race chevaleresque de la province de Bretagne;

4°. Laure-Agathe le Gendre de Fougainville, épouse d'Amand-Georges *d'Artur,* d'une ancienne noblesse d'extraction de Normandie, seigneur du Plessis, chevalier de Saint-Louis, avant la révolution, officier au régiment de la Martinique, maintenant commandant supérieur des quartiers du marin de la rivière pilote de Sainte-Anne et de Sainte-Luce, à l'île Martinique;

5°. Rose-Sophie-Adélaïde le Gendre de Fougainville, mariée à Charles-François *de Francqueville*, chevalier de Saint-Louis, ancien page du roi Louis XVI, et qui a fait en qualité d'officier dans l'émigration les campagnes de l'armée des princes. La famille de Francqueville est de race chevaleresque de la Normandie.

Pierre-Charles LE GENDRE, chevalier, vicomte de Fougainville, chevalier de l'ordre royal et militaire de Saint-Louis, ancien commandant du quartier de la rivière pilote à l'île Martinique, maintenant conseiller à la cour royale de cette île, épousa sa cousine-germaine, noble demoiselle Marie-Anne-Mélanie *le Gendre*. De ce mariage naquirent :

1°. Amédée le Gendre, baron de Fougainville, officier dans le régiment des hussards de la garde royale;

2°. Timoléon le Gendre, chevalier de Fougainville;

3°. Deux demoiselles.

Armes : D'azur, au chevron d'or, accompagné en chef de deux quintefeuilles d'argent, et en pointe d'un rencontre de cerf, le tout du même. Couronne de marquis. Supports : Deux lévriers.

GODET, famille noble des plus anciennes de la province de Normandie, où elle est connue depuis l'an 1333, époque à laquelle Guillot Godet prenait le titre d'écuyer, comme en fait foi un extrait des registres de la cour des aides de Normandie, communiqué par M. de la Roque, auteur de la généalogie de la maison de Harcourt. Cette famille a possédé les seigneuries de Tournay, de Saint-Amand, des Hautes-Terres, des Marets et du Parc en Normandie, de Talcy, en Beauce, à une lieu de Marchénoir, cinq lieues de Blois, etc., et de Falaise sur Aisne, auprès de Grand-Pré, en Champagne.

Elle fut maintenue dans sa noblesse d'ancienne extraction par M. de Chamillard, en 1666. Dès l'an 1502, Olivier Godet épousa Gillette *d'Escorches*, fille de Guillaume d'Escorches, seigneur de Montormel, et d'Isabeau le Cloutier; et, l'an 1527, Cléofas Godet s'allia avec Jeanne de *Tilly*, fille de Louis de Tilly, chevalier, seigneur de Moissy. Les personnages les plus marquants de cette famille sont François Godet, gouverneur d'Argentan, en 1567.—Un autre François Godet, seigneur de Saint-Amand et des Hautes-Terres, servant dans la compagnie d'hommes d'armes du prince de Conty, gentilhomme de la grande vénerie du roi et chevalier de son ordre.— Claude Godet, commandant de la côte d'Honfleur, en 1607.— François Godet, seigneur du Parc, son frère, qui épousa, en 1607, Catherine *de Ruppière*.— François Godet, capitaine de cavalerie, mort d'une blessure reçue à la bataille de Saint-Antoine, servant dans les troupes du prince de Condé; il avait épousé, en 1645, Marie *de la Mark*, fille de Louis de la Marck, marquis de Mouy. Françoise de Godet, sa sœur épousa, en 1661, Antoine *de Rouilly*, marquis de Piennes, chevalier des ordres du Roi. — Louis Godet, comte de l'Isle, seigneur de Talcy, maréchal-de-camp, commandant à Marseille. Son fils Louis fut reçu page du roi dans la grande écurie, en 1689. — Paul Godet, évêque de Chartres, en 1690.

Cette famille est représentée de nos jours par messire Charles-Anne, chevalier de Godet de Thuiley, né le 11 juin 1775, chef de bataillon commandant les grenadiers du 1er bataillon du 5e régiment de la garde royale, chevalier de l'ordre royal et militaire de Saint-Louis, émigré, en 1791, rentré en France, par ordre du roi en 1801, pour servir la cause royale dans l'intérieur. (*Voyez l'histoire de la Vendée par M. Alphonse de Beauchamps, vol. IV, p. 528*). Il a fait toutes les campagnes de l'émigration à l'armée des princes et à l'armée de Condé, et a épousé, le 29 juin 1809, noble demoiselle Emélie-Adélaïde *de Ronnay*, fille de messire Thomas-François de Ronnay, d'une des plus anciennes familles de Normandie.

Il existe encore plusieurs autres branches de cette famille, entr'autres, une, dont est issu Louis-Simpli-

ce Godet de Mondezert, né le 2 mars 1786, marié,
le 16 septembre 1808, à demoiselle Marie-Célestine
de Surmont, dont il a :

1°. Henri-Louis-François, né à Paris, le 9 août
1809 ;
2°. Évélina-Louise, née à Paris, le 24 février
1811 ;
3°. Charles-Gaspard-Auguste, né à Melun, le 2
mai 1813.

Armes : De gueules, à trois godets ou coupes d'argent. Support : Deux panthères. Couronne de comte.
Devise : *Fides potens.*

du PORTAL ; famille originaire du Languedoc, qui
a fourni beaucoup d'officiers distingués dans l'arme du
génie.

Antoine du Portal, qui commanda en chef les ingénieurs au siége de Kehl, en 1733, et à l'attaque des lignes d'Etlingen et au siége de Philisbourg, en 1734,
fut créé maréchal des camps et armées du roi, le 1er
août de cette dernière année, et mourut à Strasbourg,
le 10 octobre 1750, laissant, entr'autres enfants :

Jean-Jacques du Portal, créé lieutenant-général des
armées du roi à la promotion du 16 avril 1767, chevalier de l'ordre royal et militaire de Saint-Louis, directeur des fortifications de la Normandie, puis des Iles-sous-le-Vent, mort au Havre, le 7 janvier 1773. Il avait
épousé : 1° Marie-Élisabeth *de la Tour Châtillon-Zurlauben*, fille de Beat-François-Placide, baron de la
Tour-Châtillon-Zurlauben, seigneur de Hembrunn et
d'Anglicken, commandeur de l'ordre royal et militaire
de Saint-Louis, lieutenant-général des armées du roi,
et de Marie-Martine de Pinchène ; 2° Marie-Jeanne-Louise *de Rault de Ramsault*, dont la famille compte
aussi nombre d'officiers-supérieurs dans l'arme du génie. Jean-Jacques du Portal a eu pour enfants :

Du premier lit :

1°. N.... du Portal, chevalier de Saint-Louis, le-

quel, avant la révolution, était chef de bataillon
dans la légion du Cap, où l'on croit qu'il est
mort;

Du second lit :

2°. Antoine-Jean-Louis, chevalier du Portal, chevalier de Saint-Louis, capitaine du génie à Brest,
créé brigadier d'infanterie, le 13 juin 1783, et
maréchal-de-camp, le 9 mars 1788. Il était directeur du génie, à Bergues, avant son émigration. Il périt à Quiberon, en 1795, et ne laissa
point d'enfants ;

3°. N... du Portal, mariée et n'ayant pas d'enfants ;

4°. Louise-Antoinette-Joséphine du Portal, mariée
à Floris-François-Félix-Ignace *Zylof de Steenbourg*, dont il y a postérité.

Armes : D'azur, au portail d'or, traversé d'une lance
d'argent.

ADDITIONS,

RENVOIS ET CORRECTIONS.

D'ARLOT, tom. I, pag. 35, lig. 14, après Antoine et Jacques d'Arlot, *ajoutez :* mariés, l'un avec Marie, et l'autre avec Madelaine Chapelle-de-Jumilhac. On remarque parmi les alliances directes que la famille d'Arlot a contractées, celles de Chapt de Rastignac, de Coustin, de la Cropte, de Fayole, de Foucauld, de Hautefort, de Jaubert, de la Rochefoucauld, de Taillefer, de Touchebœuf-Clermont, de Vigier, etc.

DE BEAUROIRE, tom. I, pag. 93, lig. 39, *au lieu de :* Marie Capol, *lisez :* Marie Chabrol ou Cabrol, en latin *Capreoli*, fille de Hugues Chabrol, etc. Et pag. 94, lig. 6, *après ces mots :* subsiste encore, *ajoutez :* en deux frères, dont l'aîné, Jean-Marc de Beauroire, titré comte de Vilhac, et marié avec Marguerite de Calvimont ; et le second, nommé François-Jules César, vicomte de Beauroire, capitaine au régiment de Penthièvre-Dragons, a fait ses preuves pour les honneurs de la cour, au mois d'avril 1784, et a épousé, le 12 septembre 1808, demoiselle Anne-Zoé-Sophie-Martin *Vaucresson de Cormainville*, dont il a des enfants.

Les principales alliances de la maison de Beauroire, sont avec celles de Beynac, de Boysseulh, de Chabrol, de Châteigner, de Clermont, de Coustin, de Cugnac, d'Escars, de Foucauld, de Hautefort, de Monneins, de Peyrals, etc.

Armes : D'azur, à trois pates de grifon couronnées d'or, deux en chef et une en pointe. Les deux en chef surmontées d'une étoile double, aussi d'or. Devise : *Bien sert, jamais ne dessert.*

DE BERNAGE, tom. V, pag. 39, lig. 6, *Thistel*, lisez : *Chistel*. Lig. 16, Riville, *lisez* : Rieuville.

DE BÉRULLE, tom. IV, pag. 279, lig. 19, Trigny, *lisez* : Thorigny. Ligne 5, en remontant, de Maubon, *lisez* : de Mauléon.

DE BOMBELLES, tom. IV, pag. 297, lig. dernière, de la Fayette, *lisez* : de la Sayette.

DE CAMPNIAC, tom. III, pag. 133, lig. 13, *après ces mots* : Le devint aussi, *ajoutez* : de celle de Romain.

DE CAUCHON, tom. IV, pag. 340, lig. 13, de Roussy, *lisez* : de Roucy.

DE CRESTIN, tom. III, pag. 166, *au lieu de* : Claude CRESTIN D'ARGELET, servit, en 1535, l'empereur Charles-Quint au siége de Turin, *lisez* : Claude CRESTIN, d'Orgelet, servit, en 1535, l'empereur Charles-Quint au siége de Tunis.

DE GOUJON DE THUISY, tom. IV, pag. 397, lig. 23, Vandelicourt, *lisez* : Vaudelincourt. Pag. 399, art. 4°. d'Auguste-Charlemagne-Machabée de Goujon de Thuisy, *ajoutez* : chevalier de Malte. Même page, lig. 22, après *Béarn*, ajoutez : *Brassac*.

DE LAUTHIER, tom. III, pag. 415, *ajoutez* : Que cette famille est alliée directement à celle de Boulier de la Tour d'Aigues, en Provence, et rétablissez ainsi les faits relatifs aux deux frères qui la représentent de nos jours :

1°. Victor, chevalier de Lauthier, qui a émigré avec Joseph de Lauthier, son frère, à Coblentz, a fait la campagne de l'armée des princes, et, à son licenciement, a passé dans l'armée de Mgr. le prince de Condé. Il suivit le roi à Mittau, d'où il ne partit qu'avec S. M. Il est lieutenant-colonel de cavalerie en retraite, et chevalier de l'ordre royal et militaire de Saint-Louis;

2°. Joseph Lauthier d'Aubenas, capitaine de cavalerie en retraite, chevalier de l'ordre royal et

..militaire de Saint-Louis. Il a épousé Marie *de Pontevès*, dont sont issus :

A. Joseph de Lauthier, mort au service;

B. César de Lauthier d'Aubenas, capitaine-adjudant-major dans la légion des Basses-Alpes, chevalier de l'ordre royal de la Légion-d'Honneur;

C. Alexandre-François, chevalier de Lauthier, retiré du service.

D'ALBERT DE LAVAL, tom. III, pag. 12, degré V, art. 2°, rétablissez ainsi le premier mariage de Jeanne-Marie d'Albert de Laval : 1°, par contrat passé devant Leroux, notaire au Châtelet, le 17 juin 1648, avec messire Jean de Fontaines, chevalier, seigneur d'Estrujeux, près Abbeville, en Picardie, fils de feu Oudart de Fontaines, chevalier, seigneur d'Estrujeux, de Metigny, de Bulleux et autres lieux, et de dame Michelle de Montmorency. Le futur époux fut assisté, entr'autres parents et illustres témoins, de haut et puissant prince, Mgr. Charles de Valois, duc d'Angoulême, comte d'Auvergne et de Ponthieu, colonel de la cavalerie légère de France, de haute et puissante princesse, madame Françoise de Nargonne son épouse, de dame Marie de Valois, veuve de messire Eliambert de Barradas, chevalier, seigneur de Verneuil, etc., etc. Même page, ligne dernière, au lieu de cette compagnie, *lisez :* Ce régiment. Pag. 13, avant dernière lig. au lieu du 6, *lisez :* du 2. Pag. 14, lig. 8, 12 décembre 1659, *lisez :* 12 décembre 1649. Lig. 26, 1er mai 1757, *lisez :* 1er mai 1747. Avant-dernière lig., après épousa, *lisez :* le 16 août 1780.

LEBRUN DE RABOT, tom. IV, pag. 419 : noble Jacques Lebrun, seigneur direct de Serrebrune, qui forme le Ier degré de cette généalogie, était très-probablement fils de Guillaume Lebrun, juge-mage de Toulouse, en 1467, et conseiller du roi Louis XI, auprès duquel il jouissait d'un grand crédit. Un personnage de cette famille, connu sous le nom de *capitaine le Brun*, se distingua dans les guerres contre les religionnaires, et fut massacré par eux dans la ville d'Albi.

Pag. 424, article du chevalier Bernard-Joseph Le-

V. 56

brun de Rabot, rétablissez ainsi les dates de plusieurs de ses grades. Il fut fait sous-lieutenant du régiment du Port-au-Prince, par ordonnance du 13 août 1785; passa au régiment de la Martinique avec le même grade, le 15 décembre 1786, et fut nommé lieutenant au même régiment, par ordonnance du 5 mars 1789. Pag. 426, lig. 12, au lieu de Caldien, *lisez :* Caldière; et lig. 11, en remontant, au lieu d'Ula, *lisez :* Ala.

Les armoiries de cette famille sont gravées dans la planche héraldique qui termine ce volume.

DE MOULEYDIER, tom. III, pag. 493, lig. 26, au lieu de Gerault de Gensac, *lisez :* Géraude de Gensac. *Ib.*, note 1, ligne 5, après vestiges, *ajoutez :* rebâti dans le XVe siècle, il a été détruit de fond en comble dans la révolution. Pag. 495, lig. 12, au lieu de Raimond de Monlaut, *lisez :* Raimond de Montaut. *Ib.*, lig. 20, après Montclar, etc., *ajoutez :* qui fit, etc.

DE LOUBERT, t. V, pag. 183, lig. 4, en remontant, fief de Hautier, *lisez :* fief de Haubert.

OUTREQUIN, t. IV, p. 47, lig. 1re, *Bichard*, lisez : *Richard*. Lig. 5, Charles-Jean-Louis, *lisez :* Claude-Jean-Louis.

PAYEN DE LA BUCQUIÈRE, tom. V, pag. 255, on a mis par erreur DE LA BACQUIÈRE.

DE PINS, tom. IV, pag. 68, lig. 6, en remontant, 714, *lisez :* 754.

DE PRÉAUX, tom. IV, pag. 85, ligne 18 de cet article, au lieu de : Une branche, *dite* de Priaulx, subsiste encore en Angleterre de nos jours, où elle s'était fixée, dès l'an 1400, d'abord à Guernesay, puis au comte de Southampton, *lisez :* Une branche, *dite* de Préaulx, subsiste encore de nos jours à Guernesey, où elle s'était fixée dès l'an 1400, et dont est sortie une seconde branche qui s'est établie, au 16e siècle, dans le comté de Southampton. Cette branche, répandue dans quelques provinces d'Angleterre, s'est éteinte.

DU PUY, tom. V, pag. 281, lig. 3, en remontant, après
Périgueux, *ajoutez* : En 1326. Lig. 12 de la note d'U-
sac, *lisez* : d'Ussac.

DE LA ROCHEAYMON, tom. II, pag. 247, lig. 18,
lisez : sénéchal de Bourbon, *au lieu* de Bourbonnais
(*hist. manus. de Souvigny, par D. Triperet, à la bibliothéque du roi*). Pag. 248, lig. 1, au lieu d'Auduzier,
lisez : Audigier : ainsi l'écrivent Baluze, Piganiol de la
Force et M. de Chabrol, dans son IVe vol. de la Coutume d'Auvergne, pag. 192. Même pag., supprimez la
note 2, comme faisant suite de la note 1, même pag. :
La note 3 devenue 2, ajoutez en note, après ces mots :
sur Dordogne : Le château de Montauban, appelé aussi
le château des quatre fils Aymon, était situé sur une
hauteur de la rive droite de la Dordogne, non loin de
Saint-André de Cubzac. (*Antiq. des villes et châteaux
de France, par A. Duchesne, p.* 757, *et l'abbé Baurein,
variétés bordelaises,* 1784.) P. 249, lig. 10, après ces
mots : *Des chevaliers,* ajoutez en note : entr'autres, Jean
de la Rocheaymon qui rendit hommage et prêta le serment de fidélité, le jeudi après la fête de St.-Marc 1293,
pour le comté de Bigorre, à l'évêque du Puy et aux doyen
et chapitre de la même ville, au nom de Jeanne, reine de
Navarre, femme du roi Philippe le Bel *Hist. du Languedoc, par D. Vaissète, t. IV, p.* 78). Même pag. 249, à
la suite de la note 1, qui deviendra note 2, *ajoutez ce qui
suit* : L'abbé de Camps observe que ce maréchal avait
été inconnu jusqu'àprésent : en effet il n'est mentionné
dans aucune nomenclature moderne des maréchaux de
France. Pag. 250, lig. 1, au lieu de Jean, seigneur,
de la Rocheaymon, *il faut lire* : Jean, sire de la Rocheaymon (Saint-Maixent), seigneur de Chabannes-
Guergny, etc. (*Hist. du Languedoc, par D. Vaisset-
te, etc.*) Même pag., lig. 3, de la note 2, après le mot
chevalier, ajoutez : *feu, de bonne mémoire (quondam
bonæ memoriæ, etc.*) Même pag., lig. 12, après ces mots
chevaliers de Saint-Louis, *mettez en note ce qui suit* :
Parmi lesquels il faut nommer, pour honorer leur mémoire, deux victimes de leur dévouement à l'autel et au
trône, Jacques de la Rocheaymon, de la branche de la
Roussie ; et Jean-Aubin de la Rocheaymon, de celle
des Essarts (toutes deux en Périgord, et aujourd'hui

éteintes en mâles) ; le dernier, capitaine au régiment de
Beaujolais, infanterie, a péri dans le funeste combat
de Quiberon ; et le premier, ayant été du nombre des
prisonniers, a subi leur sort dans la prairie d'Aurai,
connue actuellement sous le nom *de Prairie des Mar-
tyrs* (*voyez le Tableau des victimes de Quiberon, imprimé à Brest, chez Michel, en* 1814). Même pag., à
la suite de la note 3, *ajoutez ce qui suit :* voyez aussi
l'histoire de la maison d'Auvergne, par Baluze, tom. I,
pag. 78, et tom. II, à la table. Puis à *l'alinea :* Les archevêques de Lyon étaient pour lors souverains de cette ville : ils n'en perdirent la souveraineté que dans le
siècle suivant par le traité fait, en l'an 1310, qui termi-
na la guerre que Philippe le Bel faisait à Pierre de Savoie, archevêque de Lyon. Pag. 251, lig. 25, après ces
mots, émanché de trois pièces, *il faut ajouter :* et chargé d'une fasce (d'après un aucien sceau de l'an 1388).

DE LA TOUR DU PIN, tom. IV, pag. 50, lig. 16, colonne 2, le comte de la Charce, *lisez :* Le vicomte de
la Charce. Pag. 51, lig. 13, col. 2, le comte de Gouver-
net, *ajoutez :* Fils du ministre de la guerre.

DE VATHAIRE, pag. 208 du tom. IV de cet ouvra-
ge, rectifiez ainsi les armoiries : *D'azur, au chevron d'or,
accompagné de trois roses du même.* L'écu accolé de
deux palmes et timbré d'une couronne de comte.

P. 199 du t. XVIII du Nobiliaire, *ajoutez* aux enfants.
du premier lit de Nicolas-François de Vathaire de
Guerchy,

    Marie-Anne de Vathaire, mariée avec Jean-Fran-
    çois *Gentil de la Breuille.*

Pag. 200, *ajoutez* aux enfants de Jean-Georges de
Vathaire, VII° degré :

    3°. Marie-Louise de Vathaire, mariée à Pierre-
    Charles *de Bellanger de Rebourceaux.*

Pag. *id.*, degré VIII, *rétablissez* ainsi les enfants de
Claude II de Vathaire :

    1°. Louis de Vathaire, chevalier, capitaine au corps
    royal d'artillerie, marié, le 12 février 1822,

avec Émilie *de Vathaire de Guerchy*, sa cousine;

2°. Charles de Vathaire, écuyer;

3°. Alexandrine-Louise de Vathaire, mariée à Georges-Philippe-Léon *de Bellanger de Rebourceaux*.

Pag. 202, degré VIII, *lisez :*

6°. Auguste-Victor-Octave de Vathaire, page du roi;

7°. René-Maurice-Alphonse de Vathaire;

Et plus bas, au n° 10, Marie-Adolphe-Ferdinand *du Chesne de Denant*, et non (*de Dinant*), écuyer calvacadour de S. A. R. madame la duchesse de Berry.

DE **VERGEUR**, tom. IV, pag. 215, lig. 18, au lieu de la Granche de Courlandon, *lisez :* De la branche de Courtagnon. Lig. 24, Lauchon, *lisez :* Cauchon.

DE **MAREUIL** tom. V, lig. 221, Guillaume III, sire de Mareuil, fit, le mercredi avant la fête de Saint-Laurent, son testament, par lequel il déclara avoir eu de son mariage avec dame Hélis (*Haelytz*) de Rochefort:

1°. Raymond de Mareuil, mort avant 1313, qui suit;

2°. Guillaume, légataire en 1313;

3°. Mathive,
4°. Hélis, } mariées avant 13

Raymond de Mareuil, marié avec Isabelle *de Grezignac*, fut père de :

1°. Guillaume de Mareuil, institué héritier universel par le testament de son aïeul en 1313;

2°. Hélie, substitué à Guillaume, son frère aîné;

3°. Isabelle,
4°. Imbergie, } légataires en 1313..

ERRATA

AU TOME XVIII

DU NOBILIAIRE UNIVERSEL

DE FRANCE (1).

DU BOT. On a donné, pag. 153 du IIIe tom. du Dictionnaire de la noblesse, une notice sur cette famille, ex-
traite d'un article inséré au tom. XVIII et dernier du Nobiliaire de France. A la pag. 3 de ce dernier t., lig. 7,
ajoutez : la Noe- Couetpeur, Blanchart de la Buharaie.
P. 113, l. 4, de la note, de la Fouchais, *lisez :* la Fonchais.
Pag. 221, lig. 16, fille du marquis de Keralbeau, *a-
joutez :* et de N... de la Chapelle. Lig. 18, au lieu de
Keralbeau, *lisez :* Kerisouet. Lig. 21, après les mots
de la Marche, *ajoutez :* Adèle du Bot, sœur de Pauline-
Pelagie-Armande, a épousé, en 1821, M. Blanchart de
la Buharaie, ancien gentilhomme breton.

DE COLLARDIN, p. 117, lig. 3, mesdemoiselles le
Large, *lisez :* mesdemoiselles de Collardin. Ligne 6, en
remontant, exercer, *lisez :* exercées. Pag. 119, dernière lig., avant les armoiries, après les mots Bois-Olivier;
ajoutez : On y a mal à propos imprimé Collas - Rollin,
au lieu de Collardin. Pag. 221, dernière ligne avant la
note, après Banville, *ajoutez :* Angot de Flers, le Doulcet de Pontécoulant, Gouvest, Saint-Germain, etc.

---

(1) Le tom. XVIII du Nobiliaire étant le dernier de cet ouvrage,
on a cru pouvoir insérer ici quelques corrections indiquées par les
familles qui y sont comprises.

DE TOUSTAIN, pag. 103, ligne 1, après la branche, *ajoutez :* ou maison. Ligne 3, après les mots des fondateurs et, *ajoutez :* dans toutes ses subdivisions. Pag. 217, lig. 22, cotées, *lisez :* citées. Lig. 28, après le mot nommé, *ajoutez :* dès l'an 1450. Pag. 219, lig. 9 de la note, exercé ou présidé, *lisez :* exercée ou présidée. Lig. 10, des marches, *lisez :* des maréchaux. Lig. 16, *ajoutez :* de Montmorency-Tancarville, et lig. dernière, *ajoutez :* des Mares-Trebons. Pag. 220, lig. 3, Hugand, *lisez :* Hugaud. Lig. 12, après le mot mariage, *ajoutez :* (titré baron par S. M. Louis XVIII). Lig. 18, et sa cousine, *lisez :* avec sa cousine.

TABLE DES MATIERES

CONTENUES

DANS LES CINQ PREMIERS VOLUMES

DU DICTIONNAIRE UNIVERSEL

DE LA NOBLESSE DE FRANCE.

A

B

I

L

N

O

P

V. 58

V

FIN DE LA TABLE DES MATIÈRES.

TABLE GÉNÉRALE

DES

NOMS ET SURNOMS DES FAMILLES

MENTIONNÉES

DANS LES CINQ PREMIERS VOLUMES DU DICTIONNAIRE
DE LA NOBLESSE DE FRANCE.

———

Les chiffres romains indiquent les tomes, et les chiffres arabes indiquent
les pages.

———

A

d'Aubier.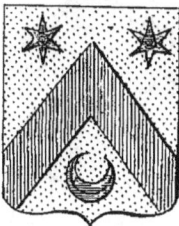

d'Auvergne.

Avice.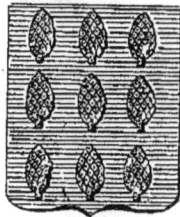

de Barral.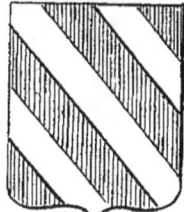

Berbier du Metz.

de Berenger.

de Bray.

de Busquet.

de Calbiac.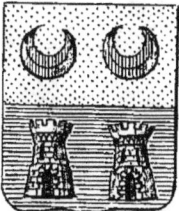

Carlet de la Rozière.

Le Carruyer.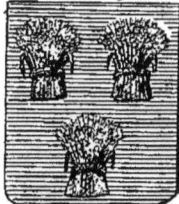

de Chambarlhac.

de Chefdebien.

de Cornely.

Croquet de Belligny.

de Damas.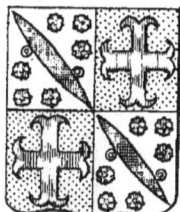

de l'Espine.

de l'Espine.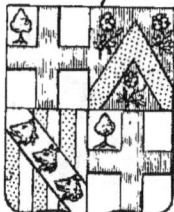

de Fonton.

de Fonton.

Gay.

Le Gendre.

Godet.

d'Haranguier.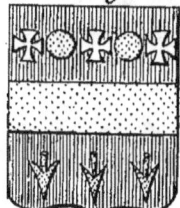

Husson. 	Lambert. 	Lebrun. 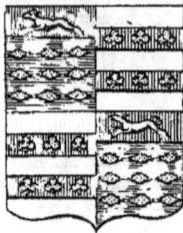	de Lencquesaing. 
de Loubert. 	de Maître. 	de Malet. 	de Maxellière. 
de Méallet. 	de Montard. 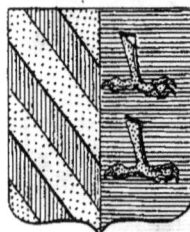	Le Normand. 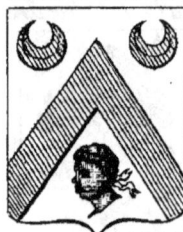	d'Orlan. 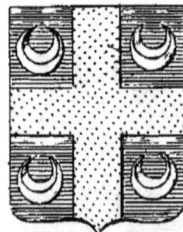
de Rocles. 	Rolland. 	de Ronnay. 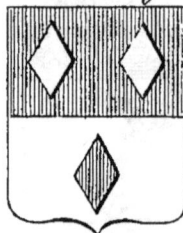	de Sativet. 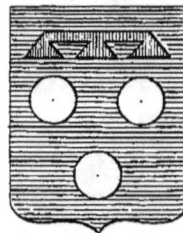
de Sarsfield. 	de Signier. 	de Solages. 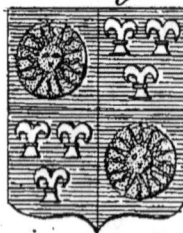	de Tartereau. 
de Vathaire. 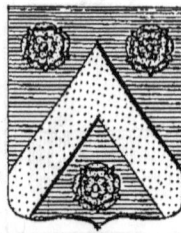	de Vidart. 	de Vissac. 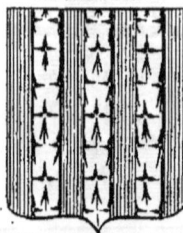	de Willot. 

B

V.

C.

D

E

F

Fabry, II, 68.
de Fadate, I, 247.
de la Faire, I, 247.
Faivre de Bonvot, III, 206.
de Falcimagne, v. de Giou.
de Faferans, III, 206.
de Faletans, v. Garnier.
de Falletans, III, 206.
de Fallon, III, 207.
de Faraincourt, v. Véron.
de la Fare, v. Lopis.
de la Farge v. de Malet.
de Farges, I, 247.
de Fargues, v. de Méallet.
Farine, IV, 382.
de Faubournet-Montferrand, IV, 382.
de Faucher, III, 207.
de la Faucherie, I, 248.
le Fauconnier, I, 248.
de Faudran, III, 207.
de Faugère, v. Billatte.
de Faulat, v. de Méallet.
Fauque de Jonquières, I, 248, IV, 384.
de Fauquemberge (vicom.), v. d'Urre.
de Fauquemont (marquis), v. de Haraucourt.
de Faure-Montpaon, I, 248.
de Fauris Saint-Vincent, III, 207.
Fauvel, III, 208.
Fauvelet, I, 249.
de Fauverges (barons), v. de Virieu.
Favier, I, 91.
Favière, III, 208.
de Fayat (marquis), v. de Joussineau.
de Faydit de Tersac, I, 249.
de la Faye, v. Lériget.
de Felzins, III, 208.
de Fenoyl, I, 249.
Feraud, I, 249.
de Ferix, III, 209.
Ferrand de Mauvesin, I, 250.
Ferré, IV, 385.
de Ferrouzac (marquis), v. de Gironde.
de Ferreux (marquis), v. de Bélot.
de Ferrier, V, 354.
de Ferrier, en Franche-Comté, III, 209.
de Ferrier, en Provence, III, 209.
de Ferrier Saint-Julien, III, 209.
de Ferrier, v. l'Eglise.
de la Ferrière, III, 210.
de la Ferrière, v. Argiot.
de Ferrières (marq.), v. de la Briffe.
de Ferrières (comtes), v. de Manissy.
de Ferry-Bellemare, I, 250.
de Fertans, III, 210.
de la Ferté, V, 62.
de la Ferté Fresnel (barons), v. de Hellouville et d'Ouville.

de la Ferté-Imbault, (marquis), v. Estampes.
de la Ferté-Senneterre (marquis), v. Thibault de la Carte.
de Fesque I, 250.
du Feu, I, 250.
de Fenardent, I, 250.
de Feugerolles, I, 251.
de Feuillasse, v. Perrault de Jotemps.
de la Feuillée, v. du Ban.
le Fevre de Sormont, II, 68.
de Ficte de Soucy, I, 251.
de Fiennes (marquis), v. d'Estampes.
de Fierville, v. de Cahaignes.
de Figuières, III, 210.
de Fisicat, I, 254.
de Fisson, I, 259.
de Flamerons, III, 210.
de Flandres, I, 259.
de Flavigny, v. de Geps.
Flayelle, III, 210.
de Flers, II, 68.
de Fleury, V, 245.
de Fleury, v. Joly.
de Fleury (ducs), v. de Rosset.
de Florac (barons), v. de Grimoard.
de Florans, III, 215.
de Florensac (marq.), v. de Crussol.
de Florensolles, v. de Gebelin.
de Florian, v. de Claris.
de Florimond, v. de Grenet.
du Flos, III, 217.
de Flotte, I, 259.
de Flotte d'Agoult, I, 259.
de Flotte de Montauban, I, 259.
de Flotte de Revel, I, 260.
Flotte de Roquevaire, I, 260.
Foillenot, III, 217.
de Foissard, III, 217.
de la Folie des Chars, I, 260.
de Folin, I, 260.
de Folleville, I, 260.
de Folleville de Manancourt, I, 261.
de Folleville (marquis), v. le Sens.
de la Folye, I, 261.
de Fombel, v. Gentil.
de Foudragon, v. de Mengin.
de la Fontaine, v. Gohier.
de la Fontaine-Folin, I, 261.
de Fontaines de Logères, IV, 385.
de Fontaines v. de Bérenger, et Huston.
de Fontanes, III, 218.
de Fontanieu, I, 261.
de Fontarèches (bar.), v. de Rossel.
de Fontcolombe, v. Boyer.
de Fontenailles (marquis), v. Gouyn de Chapizeaux.
de Fontenay, I, 261.
de Fontenay, v. Hotman et le Trésor.

de Guiramand, I, 339.
de Guiran, V. 64.
de Guirard, III, 267.
de Guiry du Perchay, I, 339.
de Guisard, I, 340.
de Guise I, 540.
Guison, I, 340.
de Guitard, III, 267.
Guivreau, III, 267.
de Gumery, III, 267.

de Guron, v. de Rechignevoisin.
de Guyencourt (vicomtes), v. de Bé-
    rulle.
Guyon de Montlivault, I 341; V,236.
Guyot, en Lorraine III, 267.
Guyot de la Garde, III, 268.
Guyot des Herbiers, V 138.
Guyot de Maiseigne, III, 267.
·Guyot de Saint-Michel, I, 341.

H

Habert, III, 268.
Habert du Ménil, I, 342.
de Hac, III, 268.
de Hacqueville, I, 342; III, 268.
du Haget, III, 269.
Haincque, I, 342.
du Halde, I, 342.
du Halgoet, I, 342.
du Hallay-Coetquen, I, 343.
Hallé, III, 269.
Hallé, à Paris, I, 343.
Hallé de Cerbourg, I, 343.
Hallé de Chanteloup, I, 343.
Hallé de Fretteville, I, 344.
Hallé d'Orgeville, I, 344.
de Hallebout, I, 344.
Hallée d'Airval, I, 344.
de Hallencourt, I, 344.
de Hallot, I, 345.
Hallouin, III, 269.
de Hallwin, I, 345.
de Ham (barons), v. du Val de Dam-
    pierre.
de la Hamaïde, III, 269.
du Hamel de Savigny, I, 346.
Hamouin, III, 270.
du Han, I, 346; III, 270.
d'Hanache (comtes), v. Alexándre.
de Hangest, I, 348; II, 189.
de Hangest d'Argenlieu, I, 348.
de Hangest (barons), v. de la Myre.
Hanicque, I, 349.
Hannicque, I, 349.
d'Harambure, I, 349.
de la Hante, v. Quatresols.
le Hanyvel, III, 270.
Hapiot, III, 271.
d'Haranguier, V, 140.
de Haraucourt, I, 349.
de Haraucourt (marquis), v. de Lon-
    gueval.
de Harchies, II, 68.
de Hardentun, III, 271.
Hardouin de la Girouardière,III,271.
d'Hardouineau, I, 350.
le Hardy, III, 271.

Hardy, IV, 12.
le Hardy de la Trousse, I, 350.
Harel, v. Lesné-Harel.
d'Hargeville (comtes), v. du Fourc.
de Hargicourt, I, 351.
Harispe, III, 272.
de Harlay, III, 272.
de Harins, I, 351.
Harpaillé, I, 351.
de Harville, III, 273.
Hanchemail, I, 351.
de Haucourt, III, 274.
de Haucourt (marquis), v. d'Aumale.
de la Haulle, I, 351, 352.
des Haulies, I, 352.
d'Haussonville (comtes), v. de Cleron
    et de Nettancourt.
de Hauteclaire, I, 352.
de Hauteclocque, I, 352; IV, 401.
de Hautefort, en Périgord, III, 274.
de Hautefort, en Provence, III, 275.
de Hautemer, I, 353.
d'Hauteporte, v. Acquet.
d'Hauteville, v. de Thieulaine.
du Hautoy, I, 353.
de Hautpoul, II, 189; III, 276.
de Hautvilar, III, 277.
Havart, en Picardie, III, 278.
de Havart-Senantes, III, 277.
Haxo, III, 278.
Hay, III, 278.
de la Haye, I, 353.
de la Haye, en Artois, III, 279.
de la Haye de Ventelay, III, 278.
des Hayes d'Espinay, I, 242; III,
    279.
Hays, III, 279.
de la Hazardière, I, 354.
Hebert, I, 355; III, 280.
Hébert, en Lorraine, III, 280.
Hebert, en Normandie, III, 280.
Hebert, en Picardie, III, 280.
Hébert des Angles, III, 280.
Hébert du Bailleul, I, 355.
Hebert du Bosc, III, 280.
Hebert du Bouton, I, 355.

I

J

K

L

M

N

O

P

Q

R

S

T

(1) Et non *du Puisart*, comme on a
mis par erreur.

W

Y

Z

FIN DE LA TABLE GÉNÉRALE.

www.ingramcontent.com/pod-product-compliance
Lightning Source LLC
Chambersburg PA
CBHW050544270326
41926CB00012B/1903